VîPCPA 高顿教育旗下CPA个性化培训高端品牌
— 注会个性化辅导专家 —

CPA十年真题研究手册

审计

2010—2019

高顿CPA个性化辅导研究院 编著

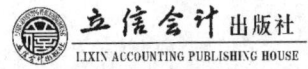
立信会计出版社
LIXIN ACCOUNTING PUBLISHING HOUSE

图书在版编目(CIP)数据

CPA十年真题研究手册. 审计 / 高顿CPA个性化辅导研究院编著. —上海：立信会计出版社，2020.5
ISBN 978-7-5429-6463-2

Ⅰ.①C… Ⅱ.①高… Ⅲ.①审计—资格考试—自学参考资料 Ⅳ.①F23

中国版本图书馆CIP数据核字(2020)第062390号

策划编辑　　方士华
责任编辑　　方士华

CPA十年真题研究手册 审计
CPA Shinian Zhenti Yanjiu Shouce Shenji

出版发行	立信会计出版社		
地　　址	上海市中山西路2230号	邮政编码	200235
电　　话	(021)64411389	传　　真	(021)64411325
网　　址	www.lixinph.com	电子邮箱	lixinaph2019@126.com
网上书店	http://lixin.jd.com		http://lxkjcbs.tmall.com
经　　销	各地新华书店		
印　　刷	常熟高专印刷有限公司		
开　　本	787毫米×1092毫米	1/16	
印　　张	25.75		
字　　数	656千字		
版　　次	2020年5月第1版		
印　　次	2020年5月第1次		
书　　号	ISBN 978-7-5429-6463-2/F		
定　　价	58.00元		

如有印订差错，请与本社联系调换

编委会

陈淑慧	邓韶君	丁 文	董凤娟	董 婷
高凌燕	高胜男	高 羽	何建红	黄河波
李 莉	李 宁	林 珑	彭宇聪	秦 怡
沈甜甜	王 翠	王笑炎	吴 昊	颜晓蕾
姚 远	张 娜	周 元		

前 言

怒刷真题十页，不如深入研究一题。

真题的质量是很多练习题、模拟题都无法媲美的，它充分体现了命题者的意图、考查重点、考查方向，甚至考查偏好。因此，我们应该在做题的时候对真题充满敬畏之心，找到做真题的正确方法。

CPA 个性化辅导研究院的老师们在多年一对一辅导的过程中，收集了考生在学习中碰到的各式各样的问题。

会计：

——选择题如何不写分录就可以直接计算出金额？

——四个选项我都看得懂，就是不知道该选哪个！

——"有借必有贷，借贷必相等"，都会背，不会写，到底怎么办？

——综合题里好多数字啊，头疼！根本不知道用在哪里！

审计：

——我知道注册会计师 A 的做法不恰当，但我不知道哪里不恰当。

——一会儿说"应当"，一会儿说"可以"，到底是"应当"还是"可以"？

财务成本管理：

——这个公式是哪里来的？到底怎么用？公式也太多了！

——为什么会有这么多专业名词呢？长得还都差不多，期望报酬率和必要报酬率，我都晕了！

——看到有表格的题目就懵，不知道从哪里下手。

税法：

——税收优惠记不住，税率老记错。为什么老是算错？

——怎么一会儿要价税分离，一会儿又不要价税分离？

——税法综合题简直"一步错，步步错"，这么多坑，该怎么办？

经济法：

——甲乙丙丁戊己庚辛，一个选择题就出来这么多人，物权到底该归谁？

——证券法里怎么一会儿"首发"，一会儿"定增"，一会儿"非上市"？法律规定看上去都差不多，谁能帮我归纳一下？

公司战略与风险管理：

——背都会背，就是选不对！

不同于市面上其他教辅资料，《CPA 十年真题研究手册》由高顿 CPA 个性化辅导研究院近百位一对一辅导私教老师精心研究，悉心整理而成。从百万考生提出的两千多个高频问题入手，结合上百位私教老师自身复习备考、应试冲刺的经验，筛选了2010年—2019年十年经典真题，逐一深度解读。

本书致力于为所有参加2020年CPA考试的考生提供一套有效的方法论，让过去深受"看不懂、没思路、易丢分"三大问题困扰的考生，迅速转变为"会审题、会分析、巧得分"的考霸！

本书三大板块使用攻略：

1. 本章考情Q&A：以问答的形式，对近十年真题考点和题型分布进行分析、梳理，有助于考生对章节重点形成更直观的认识，迅速抓住考核的重点。

2. 经典例题：编者选取了历年考试中最具代表性的题目，分析此类经典真题的考试套路。不同于市面上的传统真题集简单分析正确选项的解析方式，编者结合了每一个选项中常见的理解误区及考查陷阱，逐一深入解析。另外，针对考生"不会审题、审了不会做题"的实际困难，本书更具独创性地在主观题中加入了"审题过程"这个模块，逐字逐句带考生审题，帮助考生更精准地切入真题，抓住最为关键的题干信息。

3. 真题演练：本书汇总整理了2010年—2019年十年的CPA经典真题，除了例题精讲部分，每章最后还设置了真题演练模块，为考生留出了充足的练习空间，有助于考生形成"训练—总结—反思—升华"的做题习惯，能做对真题，也能做透真题，从而更大地发挥出真题的价值。

本书可作为指导考生复习备考之用，如有错误之处，欢迎指正，请扫描封底二维码联系我们。疏漏之处，还望海涵。

"授人以鱼，不如授人以渔"，我们衷心希望编者提炼出的这套深度应试方法论，能够帮助广大考生披荆斩棘，顺利通过2020年考试。

高顿CPA个性化辅导研究院

CPA 审计学习困难调查报告

累计浏览 80498 | 有效反馈 78045

1 会计基础比较薄弱，学审计时觉得和会计联系大吗？ 单选

	占比	数量
A. 是	28.76%	22446
B. 否	71.24%	55599

2 审计学完一遍，你怀疑自己的什么能力？ 单选

	占比	数量
A. 语文没学好	59.45%	46398
B. 理解能力有问题	40.55%	31647

3 解答审计题目时你感觉有哪些困难？ 单选

	占比	数量
A. 审计题目太抽象，读不懂题干	31.37%	24482
B. 知识点太多，容易记混淆	26.47%	20659
C. 题干千变万化，定位不到考点	42.16%	32904

4 审计的综合题第一问不会，原因在哪？ 单选

	占比	数量
A. 无会计基础，读不懂题	33.12%	25849
B. 有会计基础，但未掌握做题方法，无从下手	25.32%	19761
C. 题目较灵活，内心比较抗拒	41.56%	32435

5 审计中的"信息技术对审计的影响"章节难度很大却很少考核，出于成本效益原则你会放弃吗？ 单选

	占比	数量
A. 是	85.37%	66627
B. 否	14.63%	11418

6 一句话形容审计的难度，你觉得是？ 单选

	占比	数量
A. 天书	57.87%	45165
B. 唯一一门靠感觉通过的考试	42.13%	32880

7 你觉得在审计的学习、练习过程中有哪些困难？ 单选

	占比	数量
A. 没有实务经验，太抽象，不理解	52.38%	40880
B. 逻辑性太强，没有现成的总结	16.19%	12635
C. 需要记忆的内容太多，容易忘	31.43%	24530

目 录

第一编 审计基本原理

第一章 审计概述 ... 002
本章考情 Q&A ... 002
经典例题 ... 003
【考点一】审计定义 ... 003
【考点二】注册会计师的业务及其保证程度 ... 004
【考点三】审计要素 ... 005
【考点四】审计目标 ... 006
【考点五】审计基本要求 ... 007
【考点六】审计风险模型 ... 009
真题演练 ... 010
真题答案及解析 ... 012

第二章 审计计划 ... 016
本章考情 Q&A ... 016
经典例题 ... 017
【考点一】初步业务活动 ... 017
【考点二】审计的前提条件 ... 017
【考点三】审计业务约定条款的变更 ... 018
【考点四】总体审计策略和具体审计计划 ... 019
【考点五】重要性 ... 020
【考点六】明显微小错报 ... 024
真题演练 ... 025
真题答案及解析 ... 028

第三章 审计证据 ... 033
本章考情 Q&A ... 033
经典例题 ... 034
【考点一】审计证据的性质 ... 034
【考点二】审计证据的特殊考虑 ... 035

【考点三】函证决策 ·· 036
【考点四】函证的内容 ·· 037
【考点五】函证的实施与评价 ·································· 039
【考点六】分析程序 ·· 041
真题演练 ··· 044
真题答案及解析 ·· 050

第四章　审计抽样方法 ··· 058
本章考情 Q&A ··· 058
经典例题 ··· 059
【考点一】审计抽样特征 ·· 059
【考点二】审计抽样的适用性 ·································· 060
【考点三】抽样风险 ·· 061
【考点四】统计抽样与非统计抽样 ···························· 062
【考点五】属性抽样与变量抽样的辨析 ····················· 064
【考点六】样本规模 ·· 065
【考点七】评价样本结果 ·· 067
【考点八】传统变量抽样的计算 ······························ 069
真题演练 ··· 070
真题答案及解析 ·· 075

第五章　信息技术对审计的影响 ································· 083
本章考情 Q&A ··· 083
经典例题 ··· 083
【考点一】信息技术中的一般控制和应用控制测试 ····· 083
【考点二】信息技术对审计过程的影响 ····················· 085
真题演练 ··· 087
真题答案及解析 ·· 087

第六章　审计工作底稿 ··· 088
本章考情 Q&A ··· 088
经典例题 ··· 088
【考点一】审计工作底稿的编制要求与性质 ··············· 088
【考点二】审计工作底稿的格式、要素和范围 ············ 091
【考点三】审计工作底稿的归档 ······························ 092
真题演练 ··· 095
真题答案及解析 ·· 097

第二编　审计测试流程

第七章　风险评估 ………………………………………………………… 100
　　本章考情 Q&A …………………………………………………………… 100
　　经典例题 …………………………………………………………………… 101
　　【考点一】风险评估程序和项目组讨论 ………………………………… 101
　　【考点二】了解被审计单位及其环境 …………………………………… 102
　　【考点三】了解被审计单位内部控制 …………………………………… 102
　　【考点四】评估重大错报风险 …………………………………………… 105
　　真题演练 …………………………………………………………………… 111
　　真题答案及解析 …………………………………………………………… 115

第八章　风险应对 ………………………………………………………… 122
　　本章考情 Q&A …………………………………………………………… 122
　　经典例题 …………………………………………………………………… 123
　　【考点一】总体应对措施 ………………………………………………… 123
　　【考点二】总体审计方案 ………………………………………………… 124
　　【考点三】进一步审计程序 ……………………………………………… 126
　　【考点四】控制测试 ……………………………………………………… 127
　　【考点五】实质性程序 …………………………………………………… 130
　　真题演练 …………………………………………………………………… 133
　　真题答案及解析 …………………………………………………………… 138

第三编　各类交易和账户余额的审计

第九章　销售与收款循环的审计 ………………………………………… 146
　　本章考情 Q&A …………………………………………………………… 146
　　经典例题 …………………………………………………………………… 147
　　【考点一】主要业务活动及认定 ………………………………………… 147
　　【考点二】销售与收款循环重大错报风险的评估 ……………………… 148
　　【考点三】内部控制设计与运行 ………………………………………… 155
　　【考点四】销售与收款循环的实质性程序 ……………………………… 157
　　真题演练 …………………………………………………………………… 160
　　真题答案及解析 …………………………………………………………… 163

第十章　采购与付款循环的审计 ·· 166
　　本章考情 Q&A ·· 166
　　经典例题 ·· 166
　　【考点一】采购与付款循环重大错报风险的评估 ···················· 166
　　【考点二】内部控制的设计与运行 ································ 169
　　【考点三】采购与付款循环的实质性程序 ·························· 171
　　真题演练 ·· 172
　　真题答案及解析 ·· 173

第十一章　生产与存货循环的审计 ·· 174
　　本章考情 Q&A ·· 174
　　经典例题 ·· 174
　　【考点一】生产与存货循环相关的内部控制 ························ 174
　　【考点二】生产与存货循环重大错报风险的评估 ···················· 176
　　【考点三】存货监盘 ·· 178
　　【考点四】存货计价测试 ·· 185
　　真题演练 ·· 188
　　真题答案及解析 ·· 191

第十二章　货币资金的审计 ·· 194
　　本章考情 Q&A ·· 194
　　经典例题 ·· 194
　　【考点一】监盘库存现金 ·· 194
　　【考点二】银行存款的实质性程序 ································ 195
　　【考点三】定期存款的实质性程序 ································ 197
　　真题演练 ·· 198
　　真题答案及解析 ·· 198

第四编　对特殊事项的考虑

第十三章　对舞弊和法律法规的考虑 ·· 202
　　本章考情 Q&A ·· 202
　　经典例题 ·· 203
　　【考点一】舞弊风险因素 ·· 203

【考点二】识别和评估舞弊导致的重大错报风险 …………………… 204
　　【考点三】应对舞弊导致的重大错报风险 …………………………… 205
　　【考点四】会计分录测试 ……………………………………………… 208
　　【考点五】财务报表审计中对法律法规的考虑 ……………………… 211
　　真题演练 …………………………………………………………………… 213
　　真题答案及解析 …………………………………………………………… 216

第十四章　审计沟通 ………………………………………………………… 220
　　本章考情 Q&A …………………………………………………………… 220
　　经典例题 …………………………………………………………………… 220
　　【考点一】与治理层沟通的事项 ……………………………………… 220
　　【考点二】与治理层沟通的过程 ……………………………………… 224
　　【考点三】前后任注册会计师的沟通 ………………………………… 226
　　真题演练 …………………………………………………………………… 231
　　真题答案及解析 …………………………………………………………… 233

第十五章　注册会计师利用他人的工作 …………………………………… 236
　　本章考情 Q&A …………………………………………………………… 236
　　经典例题 …………………………………………………………………… 237
　　【考点一】内部审计与注册会计师审计的关系 ……………………… 237
　　【考点二】确定是否利用、在哪些领域利用以及在多大程度上利用内部审计的
　　　　　　　工作 ………………………………………………………… 238
　　【考点三】专家的定义 ………………………………………………… 239
　　【考点四】与专家达成一致意见 ……………………………………… 240
　　【考点五】评价专家工作的恰当性 …………………………………… 243
　　真题演练 …………………………………………………………………… 244
　　真题答案及解析 …………………………………………………………… 244

第十六章　对集团财务报表审计的特殊考虑 ……………………………… 246
　　本章考情 Q&A …………………………………………………………… 246
　　经典例题 …………………………………………………………………… 247
　　【考点一】集团财务报表审计中的责任设定 ………………………… 247
　　【考点二】集团审计业务的承接与保持 ……………………………… 248
　　【考点三】了解组成部分注册会计师 ………………………………… 249
　　【考点四】组成部分重要性 …………………………………………… 249
　　【考点五】对组成部分需执行的工作 ………………………………… 250
　　【考点六】参与组成部分注册会计师的工作 ………………………… 252

【考点七】与集团管理层和治理层的沟通 ⋯⋯⋯⋯⋯⋯⋯⋯⋯⋯⋯⋯⋯⋯⋯⋯⋯⋯⋯ 253
真题演练 ⋯⋯⋯⋯⋯⋯⋯⋯⋯⋯⋯⋯⋯⋯⋯⋯⋯⋯⋯⋯⋯⋯⋯⋯⋯⋯⋯⋯⋯⋯⋯⋯⋯⋯⋯ 254
真题答案及解析 ⋯⋯⋯⋯⋯⋯⋯⋯⋯⋯⋯⋯⋯⋯⋯⋯⋯⋯⋯⋯⋯⋯⋯⋯⋯⋯⋯⋯⋯⋯ 258

第十七章 其他特殊项目的审计 ⋯⋯⋯⋯⋯⋯⋯⋯⋯⋯⋯⋯⋯⋯⋯⋯ 264

本章考情 Q&A ⋯⋯⋯⋯⋯⋯⋯⋯⋯⋯⋯⋯⋯⋯⋯⋯⋯⋯⋯⋯⋯⋯⋯⋯⋯⋯⋯⋯⋯⋯ 264
经典例题 ⋯⋯⋯⋯⋯⋯⋯⋯⋯⋯⋯⋯⋯⋯⋯⋯⋯⋯⋯⋯⋯⋯⋯⋯⋯⋯⋯⋯⋯⋯⋯⋯⋯⋯ 265
【考点一】会计估计的不确定性 ⋯⋯⋯⋯⋯⋯⋯⋯⋯⋯⋯⋯⋯⋯⋯⋯⋯⋯⋯⋯⋯⋯⋯ 265
【考点二】会计估计的风险评估程序 ⋯⋯⋯⋯⋯⋯⋯⋯⋯⋯⋯⋯⋯⋯⋯⋯⋯⋯⋯⋯ 267
【考点三】应对评估的重大错报风险 ⋯⋯⋯⋯⋯⋯⋯⋯⋯⋯⋯⋯⋯⋯⋯⋯⋯⋯⋯⋯ 268
【考点四】应对会计估计导致的特别风险 ⋯⋯⋯⋯⋯⋯⋯⋯⋯⋯⋯⋯⋯⋯⋯⋯⋯⋯ 269
【考点五】评价会计估计的合理性并确定错报 ⋯⋯⋯⋯⋯⋯⋯⋯⋯⋯⋯⋯⋯⋯⋯⋯ 270
【考点六】其他相关审计程序 ⋯⋯⋯⋯⋯⋯⋯⋯⋯⋯⋯⋯⋯⋯⋯⋯⋯⋯⋯⋯⋯⋯⋯ 271
【考点七】识别和评估重大错报风险 ⋯⋯⋯⋯⋯⋯⋯⋯⋯⋯⋯⋯⋯⋯⋯⋯⋯⋯⋯⋯ 272
【考点八】识别出管理层未向注册会计师披露的关联方关系或重大关联方交易时的
应对程序 ⋯⋯⋯⋯⋯⋯⋯⋯⋯⋯⋯⋯⋯⋯⋯⋯⋯⋯⋯⋯⋯⋯⋯⋯⋯⋯⋯⋯⋯ 273
【考点九】识别超出正常经营过程的重大关联方交易 ⋯⋯⋯⋯⋯⋯⋯⋯⋯⋯⋯⋯ 274
【考点十】对持续经营的责任 ⋯⋯⋯⋯⋯⋯⋯⋯⋯⋯⋯⋯⋯⋯⋯⋯⋯⋯⋯⋯⋯⋯⋯ 275
【考点十一】应对与持续经营相关的重大错报风险 ⋯⋯⋯⋯⋯⋯⋯⋯⋯⋯⋯⋯⋯ 275
【考点十二】持续经营对审计报告的影响 ⋯⋯⋯⋯⋯⋯⋯⋯⋯⋯⋯⋯⋯⋯⋯⋯⋯ 277
【考点十三】期初余额的审计目标 ⋯⋯⋯⋯⋯⋯⋯⋯⋯⋯⋯⋯⋯⋯⋯⋯⋯⋯⋯⋯ 279
【考点十四】期初余额的审计程序 ⋯⋯⋯⋯⋯⋯⋯⋯⋯⋯⋯⋯⋯⋯⋯⋯⋯⋯⋯⋯ 279
真题演练 ⋯⋯⋯⋯⋯⋯⋯⋯⋯⋯⋯⋯⋯⋯⋯⋯⋯⋯⋯⋯⋯⋯⋯⋯⋯⋯⋯⋯⋯⋯⋯⋯⋯⋯⋯ 280
真题答案及解析 ⋯⋯⋯⋯⋯⋯⋯⋯⋯⋯⋯⋯⋯⋯⋯⋯⋯⋯⋯⋯⋯⋯⋯⋯⋯⋯⋯⋯⋯⋯ 287

第五编　完成审计工作与出具审计报告

第十八章 完成审计工作 ⋯⋯⋯⋯⋯⋯⋯⋯⋯⋯⋯⋯⋯⋯⋯⋯⋯⋯⋯⋯⋯⋯ 296

本章考情 Q&A ⋯⋯⋯⋯⋯⋯⋯⋯⋯⋯⋯⋯⋯⋯⋯⋯⋯⋯⋯⋯⋯⋯⋯⋯⋯⋯⋯⋯⋯⋯ 296
经典例题 ⋯⋯⋯⋯⋯⋯⋯⋯⋯⋯⋯⋯⋯⋯⋯⋯⋯⋯⋯⋯⋯⋯⋯⋯⋯⋯⋯⋯⋯⋯⋯⋯⋯⋯ 297
【考点一】评价错报 ⋯⋯⋯⋯⋯⋯⋯⋯⋯⋯⋯⋯⋯⋯⋯⋯⋯⋯⋯⋯⋯⋯⋯⋯⋯⋯⋯ 297
【考点二】项目合伙人复核 ⋯⋯⋯⋯⋯⋯⋯⋯⋯⋯⋯⋯⋯⋯⋯⋯⋯⋯⋯⋯⋯⋯⋯⋯ 299
【考点三】项目质量控制复核 ⋯⋯⋯⋯⋯⋯⋯⋯⋯⋯⋯⋯⋯⋯⋯⋯⋯⋯⋯⋯⋯⋯⋯ 300
【考点四】调整事项与非调整事项 ⋯⋯⋯⋯⋯⋯⋯⋯⋯⋯⋯⋯⋯⋯⋯⋯⋯⋯⋯⋯ 301
【考点五】审计报告日期 ⋯⋯⋯⋯⋯⋯⋯⋯⋯⋯⋯⋯⋯⋯⋯⋯⋯⋯⋯⋯⋯⋯⋯⋯⋯ 302
【考点六】各时段期后事项的处理 ⋯⋯⋯⋯⋯⋯⋯⋯⋯⋯⋯⋯⋯⋯⋯⋯⋯⋯⋯⋯ 303

　　　　【考点七】书面声明 ………………………………………………………… 305
　　　　真题演练 …………………………………………………………………… 307
　　　　真题答案及解析 …………………………………………………………… 311

第十九章　审计报告 ………………………………………………………………… 317
　　　　本章考情 Q&A ……………………………………………………………… 317
　　　　经典例题 …………………………………………………………………… 318
　　　　【考点一】审计报告的基本内容 …………………………………………… 318
　　　　【考点二】在审计报告中沟通关键审计事项 ……………………………… 319
　　　　【考点三】非无保留意见审计报告 ………………………………………… 321
　　　　【考点四】在审计报告中增加强调事项段和其他事项段 ………………… 323
　　　　【考点五】比较信息 ………………………………………………………… 326
　　　　【考点六】注册会计师对其他信息的责任 ………………………………… 329
　　　　真题演练 …………………………………………………………………… 331
　　　　真题答案及解析 …………………………………………………………… 334

第六编　企业内部控制审计

第二十章　企业内部控制审计 ……………………………………………………… 340
　　　　本章考情 Q&A ……………………………………………………………… 340
　　　　经典例题 …………………………………………………………………… 340
　　　　【考点一】内部控制审计的概念 …………………………………………… 340
　　　　【考点二】自上而下的方法 ………………………………………………… 342
　　　　【考点三】内部控制缺陷的评价 …………………………………………… 343
　　　　【考点四】内部控制审计报告 ……………………………………………… 344
　　　　真题演练 …………………………………………………………………… 346
　　　　真题答案及解析 …………………………………………………………… 347

第七编　质量控制

第二十一章　会计师事务所业务质量控制 ………………………………………… 350
　　　　本章考情 Q&A ……………………………………………………………… 350
　　　　经典例题 …………………………………………………………………… 351
　　　　【考点一】控制目标及领导责任 …………………………………………… 351
　　　　【考点二】相关职业道德要求 ……………………………………………… 351

【考点三】客户关系和具体业务的接受与保持 ················· 352
【考点四】人力资源 ················· 352
【考点五】项目质量控制复核 ················· 353
【考点六】业务工作底稿 ················· 354
【考点七】监控 ················· 356
真题演练 ················· 357
真题答案及解析 ················· 360

第八编 职业道德

第二十二章 职业道德基本原则和概念框架 ················· 366
本章考情 Q&A ················· 366
经典例题 ················· 366
【考点一】职业道德基本原则 ················· 366
【考点二】注册会计师对职业道德概念框架的具体运用 ················· 367
真题演练 ················· 369
真题答案及解析 ················· 370

第二十三章 审计业务对独立性的要求 ················· 370
本章考情 Q&A ················· 371
经典例题 ················· 372
【考点一】经济利益 ················· 372
【考点二】贷款和担保 ················· 374
【考点三】商业关系 ················· 375
【考点四】家庭和私人关系 ················· 377
【考点五】人员交流 ················· 379
【考点六】长期业务关系 ················· 382
【考点七】为审计客户提供非鉴证服务 ················· 384
真题演练 ················· 387
真题答案及解析 ················· 391

第一编
审计基本原理

CPA 2010—2019

第一章 审计概述

本章考情 Q&A

Q：本章的重要性如何？
A：本章考点多却相对简单，考试频率高但易拿分，每年平均考查分值为 6 分左右，属于绝对重要章节。

Q：本章知识点在考试中通常以什么形式出现？
A：本章知识点在考试中主要以选择题的形式考查，其中"认定"会结合综合题考查。

Q：本章考点有什么特点？
A：本章主要考查基本概念的辨析，相对简单，但是考得很细，需要考生在真正理解的基础上作出判断。

Q：本章 2020 年的主要变动有哪些？
A：无实质性变动，只修改注册会计师提供相关服务的表述。

Q：本章主要考点历年分布如何？
A：以下是老师们的统计。

考点	2010 年	2011 年	2012 年	2013 年	2014 年	2015 年	2016 年	2017 年	2018 年	2019 年
审计定义					√		√		√	√
注册会计师的业务及其保证程度						√		√	√	√
审计要素					√	√	√	√	√	√
审计目标			√	√	√					
审计基本要求							√	√	√	
审计风险模型							√	√	√	√

经 典 例 题

【考点一】审计定义

【例题1·2018年·单项选择题】下列有关财务报表审计的说法中,错误的是(　　)。

A. 财务报表审计的目的是改善财务报表的质量或内涵

B. 财务报表审计的基础是独立性和专业性

C. 财务报表审计可以有效满足财务报表预期使用者的需求

D. 财务报表审计提供的合理保证意味着注册会计师可以通过获取充分、适当的审计证据消除审计风险

【答案】 D

【解析】 本题考查对财务报表审计的理解,具体分析如下:

选项A,审计过的财务报表是被鉴定过的,其内涵和质量可以得到改善,不选;

选项B,审计是由独立(独立性)的第三方——注册会计师(专业人士,专业性)对财务报表进行鉴证,不选;

选项C,预期使用者有需求,这是审计存在的根本原因,不选;

选项D,审计是合理保证,也就意味着审计风险不会为零(即不可以消除审计风险),当选。

【例题2·2014年·单项选择题】下列有关财务报表审计的说法中,错误的是(　　)。

A. 审计可以有效满足财务报表预期使用者的需求

B. 审计的目的是增强财务报表预期使用者对财务报表的信赖程度

C. 审计涉及为财务报表预期使用者如何利用相关信息提供建议

D. 财务报表审计的基础是注册会计师的独立性和专业性

【答案】 C

【解析】 本题考查对审计定义的掌握,具体分析如下:

选项A,预期使用者有需求,这是审计存在的根本原因,不选;

选项B,审计过的财务报表是被鉴定过的,其内涵和质量可以得到改善,这样会增强财务报表预期使用者对财务报表的信赖程度,不选;

选项C,审计只涉及鉴定、证明财务报表的作用,怎么使用财务报表是预期使用者自己的事情,当选;

选项D,审计是由独立(独立性)的第三方——注册会计师(专业人士,专业性)对财务报表进行鉴证,不选。

【私教点拨】 审计定义可以通过以下分解的方式去掌握,见表1-1。

表1-1 审计定义的分解

用户	预期使用者（谁用财务报表谁就是预期使用者）
目的	改善财务报表的质量或内涵（审计是鉴证业务，鉴证是鉴定、证明的意思，被鉴定证明过的财务报表，当然质量更高）
基础	独立性、专业性
保证程度	合理保证（高水平的保证）
最终产品	审计报告（虽然财务报表是被鉴定证明过的，但毕竟注册会计师不对财务报表负责，注册会计师只对自己的鉴定负责，也就是对审计报告负责）
【提示】理解上述定义的根本，是要把握鉴证业务的定义。 鉴证，即鉴定、证明。被鉴定证明的财务报表，注册会计师会以审计报告的形式把其情况写清楚，使得该财务报表质量会更高。但鉴证并不能绝对保证财务报表完全没有问题，如何进一步利用财务报表是使用者自己的事情	

【考点二】注册会计师的业务及其保证程度

【例题1·2018年·多项选择题】下列各项中，属于鉴证业务的有（　　）。

A. 财务报表审计

B. 对财务信息执行商定程序

C. 财务报表审阅

D. 代编财务信息

【答案】　AC

【解析】　本题考查鉴证业务的划分，鉴证业务分为审计、审阅和其他鉴证业务，所以选项AC当选。选项BD属于相关服务。

【例题2·2018年·多项选择题】下列有关鉴证业务保证程度的说法中，正确的有（　　）。

A. 审计提供合理保证，审阅和其他鉴证业务提供有限保证

B. 合理保证是高水平的保证、有限保证是中等水平的保证

C. 合理保证以积极方式得出结论，有限保证以消极方式得出结论

D. 合理保证所需证据数量较多，有限保证所需证据数量较少

【答案】　CD

【解析】　本题考查鉴证业务的保证程度，要注意基础概念的掌握，具体分析如下：

选项A，审计提供合理保证，审阅提供有限保证，其他鉴证业务并非必然提供有限保证（可能是合理保证也可能是有限保证），不选；

选项B，有限保证是低于高水平的保证（没有中等水平保证的说法），不选；

选项C，高水平的保证是以积极方式得出结论，低于高水平的保证则以消极的方式得出结论，当选；

选项D，保证水平较高的业务所需的审计证据数量更多一些，当选。

【私教点拨】　注册会计师的业务及其保证程度，见表1-2。

表1-2 注册会计师的业务及其保证程度

注册会计师的业务		保证程度
鉴证业务	审计：年报审计；验资审计；内部控制审计；合并、分立、清算审计等	合理保证（以积极方式得出结论）
	审阅	有限保证（以消极方式得出结论）
	其他鉴证业务：预测性财务信息的审核	合理/有限
相关服务	税务代理	不提供保证程度
	代编财务信息	
	对财务信息执行商定程序	

【提示】合理保证是高水平的保证，有限保证的水平低于这个高水平，但并不是说有限保证就是中等水平或者低水平的保证，针对有限保证没有这样的划分。

【考点三】审计要素

【例题·2017年·多项选择题】下列各项中，属于审计业务要素的有（　　）。

A. 财务报表
B. 审计证据
C. 财务报表编制基础
D. 审计报告

【答案】ABCD

【解析】本题考查审计要素的识记，要在理解的基础上进行判断，具体分析如下：

选项A，财务报表是鉴证对象信息，当选；

选项B，审计证据是得出鉴证结论的基础，当选；

选项C，财务报表编制基础是鉴证业务的标准，当选；

选项D，审计报告是鉴证结论的载体，当选。

【私教点拨】审计要素归纳总结，见表1-3。

表1-3 审计要素

审计要素	对审计要素的理解
三方关系人	审计始于经营权（管理层）和所有权（治理层）的分离，所有者要定期对其"所有"进行检查，这才有了独立的第三方（注册会计师）的出现，如果没有这三方关系人，就不是审计
财务报表	鉴证业务，要有被鉴证的对象信息
财务报表编制基础	鉴证业务，要有标准
审计证据	鉴证业务，要得出鉴定的结论，得出结论要有证据支持
审计报告	鉴证结论的载体

记忆技巧："人"用"标准"审计"对象"，拿到了"证据"得出了"结论"

续表

审计要素	对审计要素的理解
【提示】要素是指构成一个客观事物的存在并维持其运动的必要的最小单位，是构成事物必不可少的现象。审计要素，简单地说就是构成审计必不可少的现象（少一个都不是审计）。 (1) 在三方关系人中，管理层可以是预期使用者，但不可以是唯一的预期使用者，如果是唯一的预期使用者，那么管理层和治理层重合，就不构成"三方"，三方关系人不存在就不是审计； (2) 审计的目的是改善财务报表的质量或内涵，增强**除管理层之外**的预期使用者对财务报表信赖的程度（也可以通过审计要素的三方关系人去理解）	

【考点四】审计目标

【例题1·2012年·多项选择题】关于注册会计师执行财务报表审计工作的总体目标，下列说法中，正确的有（　　）。

A. 对财务报表整体是否不存在由于舞弊或错报导致的重大错报获取合理保证，使注册会计师能够对财务报表是否在所有重大方面按照适用的财务报告编制基础编制发表审计意见

B. 对被审计单位的持续经营能力提供合理保证

C. 对被审计单位内部控制是否存在值得关注的缺陷提供合理保证

D. 按照审计准则的规定，根据审计结果对财务报表出具审计报告，并与管理层和治理层沟通

【答案】　AD

【解析】　本题考查对总体审计目标的理解，具体分析如下：

选项A，财务报表审计对财务报表整体是否不存在由于舞弊或错报导致的重大错报获取合理保证，使得注册会计师能够对财务报表是否在所有重大方面按照适用的财务报告编制基础编制发表审计意见，当选；

选项B，注册会计师对持续经营的责任是就管理层在编制和列报财务报表时运用持续经营假设的适当性获取充分、适当的审计证据，并就持续经营能力是否存在重大不确定性得出结论，不选；

选项C，对被审计单位内部控制是否存在值得关注的缺陷提供合理保证，是内部控制审计的目标，不选；

选项D，按照审计准则的规定，根据审计结果对财务报表出具审计报告，并与管理层和治理层沟通是财务报表审计总体目标之一，当选。

【例题2·2012年·单项选择题】对于下列应收账款认定，通过实施函证程序，注册会计师认为最可能证实的是（　　）。

A. 准确性、计价和分摊　　　　　　B. 分类

C. 存在　　　　　　　　　　　　　D. 完整性

【答案】　C

【解析】　本题考查函证应收账款所获取的审计证据与具体认定的关系，具体分析如下：

选项A，函证不可以为准确性、计价与分摊认定提供审计证据，不选；

选项B，函证不可以为分类认定提供审计证据，不选；

选项 C，函证可以为存在认定提供充分、适当的审计证据，即最可能证实，当选；

选项 D，函证可以为完整性认定提供部分审计证据，不选。

【私教点拨】 有关财务报表审计目标及认定的总结，见表1-4。

表1-4 财务报表审计目标及认定

总体目标	(1) 发表意见（对错报）。 (2) 出具报告		
具体目标	具体目标是与认定相联系的		
认定	与所审计期间各类交易、事项及相关披露相关	发生	解决定性问题（即该不该入账的问题）；不该入账而入账了违反了发生，该入账而没入账违反了完整性
		完整性	
		准确性	解决定量问题，该入账只是数据有问题
		截止	解决期间问题，入账时间不对，可能提前入账，也可能推迟入账
		分类	解决分类问题，报表项目使用不当导致分类错误
		列报	解决报表填列问题，账没问题只是报表列报披露可能存在问题
	与期末账户余额及相关披露相关	存在	同上，解决定性问题
		完整性	
		准确性、计价与分摊	同上，解决定量问题
		权利和义务	资产负债表独有，这是由资产负债表的性质决定
		分类	同上，解决分类问题
		列报	同上，解决报表填列问题
判断认定的原则：**先定性，解决完定性问题再判断其他**（即先判断该不该入账，若该入账则再看金额有没有问题、期间对不对等）			

【考点五】审计基本要求

【例题1·2018年·多项选择题】下列各项中，属于审计基本要求的有（　　）。

A. 遵守审计准则
B. 合理运用职业判断
C. 遵守职业道德守则
D. 保持职业怀疑

【答案】 ABCD

【解析】 本题考查对审计基本要求的识记，考生要在理解的基础上进行记忆。具体分析如下：

选项 A，遵守审计准则是审计基本要求的"两条红线"之一，当选；

选项 B，合理运用职业判断是审计基本要求的精髓，当选；

选项 C，遵守职业道德守则是审计基本要求的"两条红线"之一，当选；

选项 D，保持职业怀疑是审计基本要求的理念，当选。

【例题2·2018年·单项选择题】下列有关职业怀疑的说法中，错误的是（　　）。
A. 保持职业怀疑是注册会计师的必备技能
B. 注册会计师应当在整个审计过程中保持职业怀疑
C. 保持职业怀疑是保证审计质量的关键要素
D. 保持职业怀疑可以使注册会计师发现所有由于舞弊导致的错误

【答案】　D
【解析】　本题考查对职业怀疑的理解，具体分析如下：
选项A，保持职业怀疑是审计基本要求的理念，是注册会计师的必备技能，不选；
选项B，注册会计师应当在整个审计过程中保持职业怀疑，不选；
选项C，保持职业怀疑要求审慎评价审计证据，是保证审计质量的关键要素，不选；
选项D，保持职业怀疑促使注册会计师在考虑获取的相关信息和得出结论时采用质疑的思维方式，这并不意味着可以使注册会计师发现所有由于舞弊导致的错误，当选。

【例题3·2017年·多项选择题】下列各项中，通常需要注册会计师运用职业判断的有（　　）。
A. 确定财务报表整体的重要性　　　　B. 确定审计工作底稿归档的最晚日期
C. 确定是否利用被审计单位的内部审计工作　　D. 评价审计抽样的结果

【答案】　ACD
【解析】　解答本题的关键在判断，没有明确规定的内容是需要判断的，根据这个思路具体分析如下：
选项A，财务报表整体的重要性，是基于对预期使用者的了解，在了解的基础上判断对他们重要的是什么（能影响他们经济决策的就是重要的），属于职业判断，当选；
选项B，工作底稿的归档期限为审计报告日后60天内，这是准则规定，无需判断，不选；
选项C，是否利用内审，首先要对被审计单位内部审计进行了解，再判断是否利用，属于职业判断，当选；
选项D，根据审计抽样获取的审计证据，评价审计证据对审计结论的影响，属于职业判断，当选。

【私教点拨】　审计基本需求重点关注以下两点：
1. 审计基本要求的记忆方法
两条红线：遵守审计准则、遵守职业道德。
一个理念：保持职业怀疑。
一个精髓：合理运用职业判断。
2. 保持职业怀疑的要求
（1）秉持质疑的理念。
（2）对疑虑保持警觉。
（3）审慎评价（证据）。
（4）客观评价（人）。

【考点六】审计风险模型

【例题 1·2018 年·单项选择题】 下列有关固有风险和控制风险的说法中，正确的是（　　）。

A. 固有风险和控制风险与被审计单位的风险相关，独立于财务报表审计而存在

B. 财务报表层次和认定层次的重大错报风险可以细分为固有风险和控制风险

C. 注册会计师无法单独对固有风险和控制风险进行评估

D. 固有风险始终存在，而运行有效的内部控制可以消除控制风险

【答案】　A

【解析】　本题考查对固有风险和控制风险的理解，具体分析如下：

选项 A，重大错报风险包括财务报表层次重大错报风险和认定层次重大错报风险，认定层次的重大错报风险包含固有风险和控制风险，属于审计前的风险，与审计无关，当选；

选项 B，财务报表层次的重大错报风险不可以进一步细分，不选；

选项 C，注册会计师既可以对固有风险和控制风险进行单独评估，也可以对其进行合并评估，不选；

选项 D，控制风险因内部控制的固有局限性，其风险是不可以消除的，不选。

【例题 2·2016 年·多项选择题】 下列关于重大错报风险的说法中，正确的有（　　）。

A. 重大错报风险包括固有风险和检查风险

B. 注册会计师应当将重大错报风险与特定的交易、账户余额和披露的认定相联系

C. 在评估一项重大错报风险是否为特别风险时，注册会计师不应考虑控制对风险的抵销作用

D. 注册会计师对重大错报风险的评估，可能随着审计过程中不断获取审计证据而做出相应的变化

【答案】　CD

【解析】　本题考查对重大错报风险的理解，具体分析如下：

选项 A，认定层次的重大错报风险包括固有风险和控制风险，不包括检查风险，不选；

选项 B，财务报表层次的重大错报风险无法与特定的交易、账户余额和披露的认定相联系，不选；

选项 C，因为针对特别风险的控制很可能无效，所以注册会计师不应考虑控制对风险的抵销作用，当选；

选项 D，风险评估基于对被审计单位的了解，随着审计的进行，有可能对被审计单位的了解发生变化，那么相应风险评估也会随之发生变化，当选。

【例题 3·2018 年·多项选择题】 下列各项中，导致审计固有限制的有（　　）。

A. 许多财务报表项目涉及主观决策、评估或一定程度的不确定性

B. 注册会计师的胜任能力可能不足够

C. 注册会计师获取审计证据的能力受到实务和法律上的限制

D. 注册会计师只能在合理的时间内以合理的成本完成审计工作

【答案】 ACD

【解析】 本题考查对审计固有限制的识记，具体分析如下：

选项 A，许多财务报表项目涉及主观决策、评估或一定程度的不确定性，比如会计估计，其金额本身就存在一定的变动幅度，当选；

选项 B，注册会计师的胜任能力可能不足够就不能承接该业务，不选；

选项 C，注册会计师获取审计证据的能力受到实务和法律上的限制，如舞弊可能涉及精心策划和蓄意实施以进行隐瞒，当选；

选项 D，注册会计师只能在合理的时间内以合理的成本完成审计工作，如注册会计师会将审计资源投向最有可能存在重大错报风险的领域，并相应减少在其他领域的资源，当选。

【私教点拨】 有关审计风险模型的总结，见表 1-5。

表 1-5 审计风险模型

适用性	认定层次
审计风险	不会为零；因为审计的固有限制（三个方面）
重大错报风险	不会为零；重大错报风险分为固有风险和控制风险；注册会计师有时可以对两者进行单独评估
检查风险	不会为零；因为风险导向审计下通常不会全查
反向变动	因为审计风险既定（如果一项业务是审计业务，那么风险就定好了），检查风险跟评估的重大错报风险呈反向变动关系

真 题 演 练

1. （2019年·单项选择题） 下列有关财务报表审计的说法中错误的是（　　）。

A. 审计不涉及为如何利用信息提供建议

B. 审计的目的是增强预期使用者对财务报告的信赖程度

C. 审计只提供合理保证，不提供绝对保证

D. 审计的最终产品是审计报告和已审计财务报表

2. （2019年·单项选择题） 下列各项中，不属于审计固有限制的来源的是（　　）。

A. 注册会计师获取审计证据的能力受到法律上的限制

B. 注册会计师可能满足于说服力不足的审计证据

C. 管理层可能不提供编制财务报表相关的全部信息

D. 管理层在编制财务报表的过程中可能运用到判断

3. （2019年·单项选择题） 下列有关重大错报风险的说法中，错误的是（　　）。

A. 注册会计师应当从财务报表层次和各类交易、账户余额和披露认定层次考虑重大错报风险

B. 重大错报风险指财务报表在审计前存在重大错报的可能性

C. 重大错报风险可进一步区分为固有风险和检查风险

D. 注册会计师可以定性或定量评估重大错报风险

4. （2018年·单项选择题）下列各项中，通常不属于审计报告预期使用者的是（　　）。

A. 被审计单位的股东

B. 被审计单位的管理层

C. 对被审计单位财务报表执行审计的注册会计师

D. 向被审计单位提供贷款的银行

5. （2017年·单项选择题）下列各项中，不属于鉴证业务的是（　　）。

A. 财务报表审计
B. 对财务信息执行商定程序
C. 财务报表审阅
D. 预测性财务信息审核

6. （2017年·单项选择题）下列有关检查风险的说法中，错误的是（　　）。

A. 检查风险是指注册会计师未通过审计程序发现错报，因而发表不恰当审计意见的风险

B. 检查风险取决于审计程序设计的合理性和执行的有效性

C. 检查风险通常不可能降低为零

D. 保持职业怀疑有助于降低检查风险

7. （2017年·单项选择题）下列有关职业判断的说法中，错误的是（　　）。

A. 职业判断能力是注册会计师胜任能力的核心

B. 注册会计师应当书面记录其在审计过程中作出的所有职业判断

C. 注册会计师保持独立有助于提高职业判断质量

D. 注册会计师工作的可辩护性是衡量职业判断质量的重要方面

8. （2017年·单项选择题）下列有关职业怀疑的说法中，错误的是（　　）。

A. 职业怀疑要求注册会计师摒弃"存在即合理"的逻辑思维

B. 职业怀疑要求注册会计师对引起疑虑的情形保持警觉

C. 职业怀疑要求注册会计师审慎评价审计证据

D. 职业怀疑要求注册会计师假定管理层和治理层不诚信，并以此为前提计划审计工作

9. （2017年·单项选择题）下列有关财务报表审计和财务报表审阅的区别的说法中，错误的是（　　）。

A. 财务报表审计所需证据的数量多于财务报表审阅

B. 财务报表审计提出结论的方式与财务报表审阅不同

C. 财务报表审计采用的证据收集程序少于财务报表审阅

D. 财务报表审计提供的保证水平高于财务报表审阅

10. （2016年·单项选择题）下列有关审计业务的说法中，正确的是（　　）。

A. 审计业务的最终产品是审计报告和后附财务报表

B. 如果不存在除责任方之外的其他预期使用者，则该项业务不属于审计业务

C. 审计的目的是改善财务报表质量，因此，审计可以减轻被审计单位管理层对财务报表的责任

D. 执行审计业务获取的审计证据大多数是结论性而非说服性的

11. （2015年·单项选择题）下列有关职业怀疑的说法中，错误的是（　　）。

A. 职业怀疑与所有职业道德基本原则均密切相关

B. 职业怀疑是保证审计质量的关键要素

C. 职业怀疑要求注册会计师质疑相互矛盾的审计证据的可靠性

D. 保持职业怀疑可以提高审计程序设计和执行的有效性

12.（2015年·单项选择题）下列有关审计风险的说法中，错误的是（　　）。

A. 如果注册会计师将某一认定的可接受审计风险设定为10%，评估的重大错报风险为35%，则可接受的检查风险为25%

B. 实务中，注册会计师不一定用绝对数量表达审计风险水平，可选用文字进行定性表述

C. 审计风险并不是指注册会计师执行业务的法律后果

D. 在审计风险模型中，重大错报风险独立于财务报表审计而存在

13.（2015年·单项选择题）下列有关注册会计师执行的业务提供的保证程度的说法中，正确的是（　　）。

A. 鉴证业务提供高水平保证
B. 代编财务信息提供合理保证
C. 财务报表审阅提供有限保证
D. 对财务信息执行商定程序提供低水平保证

14.（2019·多项选择题）下列各项中，不属于鉴证业务的有（　　）。

A. 财务报表审计
B. 财务报表审阅
C. 代编财务信息
D. 对财务信息执行商定程序

15.（2018年·多项选择题）注册会计师需要对职业判断作出适当的书面记录。下列各项记录内容中，有利于提高职业判断的可辩护性的有（　　）。

A. 注册会计师得出的结论及理由

B. 注册会计师解决职业判断相关问题的思路

C. 注册会计师收集到的相关信息

D. 注册会计师就决策结论与被审计单位进行沟通的方式和时间

16.（2018年·多项选择题）下列各项中，导致审计固有限制的有（　　）。

A. 注册会计师没有被授予调查被审计单位涉嫌违法行为所必要的特定法律权力

B. 许多财务报表项目涉及主观决策、评估或一定程度的不确定性，并且可能存在一系列可接受的解释或判断

C. 被审计单位管理层可能拒绝提供注册会计师要求的某些信息

D. 注册会计师将审计资源投向最可能存在重大错报风险的领域，并且应减少其他领域的审计资源

真 题 答 案 及 解 析

1.【答案】D

【解析】本题考查审计的定义，具体分析如下：

选项A，财务报表审计的目的是增强财务报表的质量和内涵，不涉及为如何利用信息提供建议，不选；

选项 B，财务报表审计的目的是增强财务报表的质量和内涵，增强预期使用者对财务报告的信赖程度，不选；

选项 C，在风险导向审计下，审计只提供合理保证，不提供绝对保证，不选；

选项 D，审计的最终产品是审计报告，不包括已审计财务报表，当选。

2. 【答案】 B

【解析】 本题参查审计固有限制的来源。审计的固有限制源于：

(1) 财务报告的性质（选项 D）。

(2) 审计程序的性质（选项 AC）。

(3) 在合理的时间内以合理的成本完成审计的需要。

3. 【答案】 C

【解析】 认定层次的重大错报风险又可以进一步细分为固有风险和控制风险，选项 C 的说法错误。

4. 【答案】 C

【解析】 本题考查对审计三方关系人的理解，具体分析如下：

选项 A，被审计单位的股东是财务报表和审计报告的主要使用者，不选；

选项 B，被审计单位的管理层也可能使用财务报表和审计报告，不选；

选项 C，注册会计师对财务报表进行审计，是三方关系人之一，不是预期使用者，当选；

选项 D，向被审计单位提供贷款的银行也可能使用财务报表和审计报告，不选。

5. 【答案】 B

【解析】 本题考查鉴证业务的辨析，鉴证业务分为审计、审阅和其他鉴证业务。选项 B 不属于鉴证业务，对财务信息执行商定程序属于相关服务。

6. 【答案】 A

【解析】 本题考查对检查风险的理解，具体分析如下：

选项 A，检查风险是指注册会计师实施审计程序后没有发现重大错报的风险，当选；

选项 B，检查风险取决于审计程序设计的合理性和执行的有效性，不选；

选项 C，因为在风险导向审计下，通常不会进行全查，就算全查，还会存在审计程序设计的合理性和执行的有效性等问题，所以检查风险通常不可能降低为零，不选；

选项 D，保持职业怀疑要求审慎的评价审计证据，有助于降低检查风险，不选。

7. 【答案】 B

【解析】 本题考查对职业判断的理解，具体分析如下：

选项 A，职业判断能力是注册会计师胜任能力的核心，这是审计准则对职业判断的定位，不选；

选项 B，注册会计师需要对职业判断作出适当书面记录，并不需要对所有职业判断进行记录，当选；

选项 C，保持独立性和客观与公正是提高职业判断的质量的三个特征之一，不选；

选项 D，可辩护性是衡量职业判断质量的三个依据之一，不选。

8. 【答案】 D

【解析】 本题考查职业怀疑的内涵和要求，具体分析如下：

选项A，职业怀疑要求注册会计师摒弃"存在即合理"的逻辑思维，不选；

选项B，职业怀疑要求注册会计师对引起疑虑的情形保持警觉，不选；

选项C，职业怀疑要求注册会计师审慎评价审计证据，不选；

选项D，职业怀疑要求客观评价管理层和治理层，本选项中的假定与客观性原则相悖，当选。

9. 【答案】 C

【解析】 本题考查审计和审阅的区分，具体分析如下：

选项A，审计的保证程度高于审阅，所以审计所需的证据多于审阅，不选；

选项B，审计以积极的方式表述结论，审阅以消极的方式表述结论，不选；

选项C，审阅通常仅采用询问和分析程序获取证据，审计程序不仅包括询问与分析，而且包括检查、观察、函证、重新计算、重新执行等程序，远多于审阅程序，当选；

选项D，财务报表审计提供的保证水平高于财务报表审阅，不选。

10. 【答案】 B

【解析】 本题考查对审计业务的理解，具体分析如下：

选项A，审计业务的最终产品是审计报告，不包括后附财务报表，不选；

选项B，如果不存在除责任方之外的其他预期使用者，那么就不满足审计要素之一的三方关系人，不满足审计要素，也就不是审计业务，当选；

选项C，审计的目的是改善财务报表质量，但并不减轻被审计单位管理层对财务报表的责任，不选；

选项D，执行审计业务获取的审计证据大多数是说服性而非结论性的，不选。

11. 【答案】 A

【解析】 本题考查职业怀疑的内涵和要求，具体分析如下：

选项A，职业怀疑与客观和公正、独立性密切相关，并非与所有职业道德基本原则均密切相关，当选；

选项B，职业怀疑是保证审计质量的关键要素，不选；

选项C，职业怀疑要求注册会计师质疑相互矛盾的审计证据的可靠性，不选；

选项D，保持职业怀疑可以提高审计程序设计和执行的有效性，不选。

12. 【答案】 A

【解析】 本题考查对审计风险模型的理解和运用，具体分析如下：

选项A，根据审计风险模型，可接受检查风险 = 可接受审计风险 ÷ 评估的重大错报风险 = 10% ÷ 35% = 28.6%，而不是25%，当选；

选项B，实务中，注册会计师不一定要用绝对数量表达审计风险水平，可选用文字进行定性表述，比如"高""中""低"，不选；

选项C，审计风险指的是注册会计师未通过审计程序发现错报，因而发表不恰当审计意见的风险，并不是指注册会计师执行业务的法律后果，不选；

选项D，重大错报风险独立于财务报表审计，注册会计师只能对其进行评估，不能减低或消除重大错报的风险，不选。

13. 【答案】 C

 【解析】 本题考查注册会计师执行的业务提供的保证程度，具体分析如下：

 选项 A，审计业务提供高水平保证，不选；

 选项 B，代编财务信息属于相关服务，不提供保证水平，不选；

 选项 C，财务报表审阅提供有限保证，当选；

 选项 D，对财务信息执行商定程序属于相关服务，不提供保证水平，不选。

14. 【答案】 CD

 【解析】 本题考查对鉴证业务的识记，选项 CD 属于相关服务，当选。

15. 【答案】 ABCD

 【解析】 注册会计师需要对职业判断作出适当的书面记录，对下列事项进行书面记录，有利于提高职业判断的可辩护性：

 （1）对职业判断问题和目标的描述。

 （2）解决职业判断相关问题的思路（选项 B）。

 （3）收集到的相关信息（选项 C）。

 （4）得出的结论及理由（选项 A）。

 （5）就决策结论与被审计单位进行沟通的方式和时间（选项 D）。

16. 【答案】 ABCD

 【解析】 审计的固有限制源于：

 （1）财务报告的性质（选项 B）。

 （2）审计程序的性质（选项 AC）。

 （3）在合理的时间内以合理的成本完成审计的需要（选项 D）。

第二章 审计计划

本章考情 Q&A

Q：本章的重要性如何？
A：本章属于非常重要的章节，平均考查分值为 5 分，尤其是围绕重要性这一知识点，每年都会涉及考题。

Q：这章知识点在考试中通常以什么形式出现？
A：本章考试题型以选择题、简答题为主，偶尔也会涉及综合题。

Q：本章难学吗？
A：本章内容涉及审计基本概念较多，知识点跨度较大，尤其是围绕重要性这一知识点，经常涉及跨章节命题，学习难度较大。

Q：本章 2020 的主要变动有哪些？
A：增加"错报"产生的原因；修改"判断错报"相关概念解释；完善"审计业务约定书""审计方向"相关内容。

Q：本章主要考点历年分布如何？
A：以下是老师们的统计。

考点	2010 年	2011 年	2012 年	2013 年	2014 年	2015 年	2016 年	2017 年	2018 年	2019 年
初步业务活动					√					√
审计的前提条件				√	√				√	
审计业务约定条款的变更					√				√	
总体审计策略和具体审计计划						√	√			
重要性				√	√	√	√	√	√	√
明显微小错报					√		√	√		

经 典 例 题

【考点一】初步业务活动

【例题·2014年·单项选择题】注册会计师应当在审计业务开始时开展初步业务活动。下列各项中，不属于初步业务活动的是（ ）。

A. 评价遵守相关职业道德要求的情况
B. 针对保持客户关系和具体审计业务实施相应的质量控制程序
C. 在执行首次审计业务时，查阅前任注册会计师的审计工作底稿
D. 就审计业务约定条款与被审计单位达成一致意见

【答案】 C

【解析】 本题考查初步业务活动的内容，具体分析如下：

选项A，评价遵守相关职业道德要求的情况，确保具备执行业务所需的独立性和专业胜任能力，自身够资格，才能承接业务，不选；

选项B，针对保持客户关系和具体审计业务实施相应的质量控制程序，确保不存在因管理层诚信问题而可能影响注册会计师保持该项业务的意愿的事项，对方可信赖，才能承接业务，不选；

选项C，接受委托前，前任注册会计师几乎不可能允许查阅其审计工作底稿，当选；

选项D，有误解要消除误解，最终达成一致意见，才能承接业务，不选。

【私教点拨】 关于初步业务活动，需掌握要点：

1. 明确初步业务活动的时间

接受委托前（接受委托后所做的工作不选）。

2. 明确初步业务活动的目的

（1）确保自己够资格——评价自身（相关职业道德要求）。
（2）确保对方可信赖——评价对方（质量控制程序）。
（3）确保双方无误解——消除误解（达成一致意见）。

【考点二】审计的前提条件

【例题1·2013年·多项选择题】为确定审计的前提条件是否存在，下列各项中，注册会计师应当执行的工作有（ ）。

A. 确定管理层在编制财务报表时采用的财务报告编制基础是否是可接受的
B. 确定被审计单位是否存在违反法律法规的行为
C. 确定被审计单位的内部控制是否有效
D. 确定管理层是否认可并理解其与财务报表相关的责任

【答案】 AD

【解析】 本题考查审计的前提条件，具体分析如下：

选项 A，属于接受委托前最低要求，编制基础不可接受，不得承接，当选；

选项 B，属于接受委托后需要考虑要做的工作内容，不选；

选项 C，属于接受委托后需要考虑要做的工作内容，不选；

选项 D，属于接受委托前最低要求，管理层不认可其责任，不得承接，当选。

【例题 2·2018 年·单项选择题】下列各项中，不属于财务报表审计的前提条件的是（　　）。

A. 管理层按照适用的财务报表编制基础编制财务报表，并使其实现公允反映

B. 管理层设计、执行和维护必要的内部控制，以使财务报表不存在由于舞弊或错误导致的重大错报

C. 管理层承诺将更正注册会计师在审计过程中识别的重大错报

D. 管理层向注册会计师提供必要的工作条件

【答案】　C

【解析】　本题考查审计的前提条件之一"管理层认可并理解其责任"，具体分析如下：

选项 ABD，均属于管理层责任，管理层不认可其责任，不得承接，不选；

选项 C，管理层是否更正重大错报不影响承接业务，属于接受委托后的考虑因素，当选。

【私教点拨】　关于审计的前提条件，需掌握要点：

1. 明确时间

审计的前提条件是在承接业务之前对对方提的最低要求，接受委托后考虑的因素不选（比如，提到"审计过程中"等因素则不选）。

2. 明确最低"要求"

（1）编制基础可接受（下层基础决定上层建筑）。

（2）管理层责任要认可（编制报表、设计和维护必要的内部控制、提供条件，即允许接触相关信息、人员）。

【考点三】审计业务约定条款的变更

【例题 1·2014 年·多项选择题】在注册会计师完成审计业务前，被审计单位提出将审计业务变更为保证程度较低的业务。下列各项变更理由中，注册会计师通常认为合理的有（　　）。

A. 环境变化对审计服务的需求产生影响

B. 对原来要求的审计业务的性质存在误解

C. 管理层对审计范围施加限制

D. 由于超出被审计单位控制的情形导致审计范围受到限制

【答案】　AB

【解析】　本题考查审计业务约定条款的变更理由，具体分析如下：

选项 A，大环境变了，当然可以变更，当选；

选项 B，有误解，也可以变更，当选；

选项 C，审计范围受限，该业务可继续，不得变更，不选；

选项 D，审计范围受限，该业务可继续，不得变更，不选。

【例题2·2018年·多项选择题】下列各项中，通常可以作为变更为审计业务的合理理由的有（　　）。

A. 环境变化对审计服务的需求产生影响

B. 客观因素导致审计范围受到限制

C. 委托方对原来要求的审计业务的性质存在误解

D. 管理层对审计范围施加限制

【答案】　AC

【解析】　本题考查审计业务约定条款的变更理由，具体分析如下：

选项A，大环境变了，当然可以变更，当选；

选项B，审计范围受限，该业务可继续，不得变更，不选；

选项C，有误解，也可以变更，当选；

选项D，审计范围受限，该业务可继续，不得变更，不选。

【私教点拨】　该审计业务约定条款的变更通常以选择题形式考查，答题技巧如下：

（1）正面记忆法。变更审计业务的合理理由只有两个，抓住关键字：一个是"环境变化"，一个是"存在误解"。

（2）排除法。不管是任何原因导致的审计范围受到限制，都不属于变更审计业务的合理理由（因为审计范围受到限制，可以反映在审计报告中，该业务还能继续下去）。

【考点四】总体审计策略和具体审计计划

【例题1·2015年·单项选择题】下列有关审计计划的说法中，正确的是（　　）。

A. 制定总体审计策略的过程通常在具体审计计划之前

B. 总体审计策略不受具体审计计划的影响

C. 制定审计计划的工作应当在实施进一步审计程序之前完成

D. 具体审计计划的核心是确定审计的范围和审计方案

【答案】　A

【解析】　本题考查总体审计策略和具体审计计划的关系，具体分析如下：

选项A，总体审计策略指导具体审计计划的制定，所以，制定总体审计策略的过程通常在具体审计计划之前，但不是绝对的，两项计划具有内在紧密联系，对其中一项的决定可能会影响甚至改变对另外一项的决定，当选；

选项B，两项计划具有内在紧密联系，对其中一项的决定可能会影响甚至改变对另外一项的决定，不选；

选项C，此项表述太绝对，制定审计计划的工作通常在实施进一步审计程序之前完成，但如果实施进一步审计程序之后发现新情况等，可能会导致修改审计计划，不选；

选项D，具体审计计划更加详细，指的是拟实施的具体审计程序的性质、时间安排和范围，不选。

【私教点拨】 总体审计策略和具体审计计划的关系如下：

（1）两者相互影响。不能说总体审计策略不受具体审计计划的影响。

（2）时间顺序。制定总体审计策略的过程通常在具体审计计划之前，但不是绝对的，不能说一定；制定审计计划的工作通常在实施进一步审计程序之前完成，但也不是绝对的，不能说一定。

【例题2·2016年·多项选择题】 下列各项中，属于具体审计计划活动的有（　　）。

A. 确定重要性

B. 确定风险评估程序的性质、时间安排和范围

C. 确定进一步审计程序的性质、时间安排和范围

D. 确定是否需要实施项目质量控制复核

【答案】 BC

【解析】 本题考查总体审计策略和具体审计计划的内容，具体分析如下：

选项A，确定重要性属于总体审计策略的内容，不选；

选项B，风险评估程序属于具体审计程序，属于具体审计计划的内容，当选；

选项C，进一步审计程序属于具体审计程序，属于具体审计计划的内容，当选；

选项D，确定是否需要实施项目质量控制复核，属于总体审计策略的内容，不选。

【私教点拨】 总体审计策略和具体审计计划的内容如下：

（1）总体审计策略。审计范围、时间安排、方向、资源（内容很多，不用刻意记忆，排除具体审计计划所对应的程序，剩下的都属于总体审计策略）。

（2）具体审计计划。具体审计计划更加详细，指的是拟实施的具体审计程序的性质、时间安排和范围（提到程序选具体审计计划）。

【考点五】重要性

【例题1·2013年·单项选择题】 注册会计师在确定财务报表整体的重要性时通常选定一个基准。下列各项因素中，在选择基准时不需要考虑的是（　　）。

A. 被审计单位的所有权结构和融资方式　　B. 基准的相对波动性

C. 被审计单位所处的生命周期阶段　　　　D. 基准的重大错报风险

【答案】 D

【解析】 本题考查在选择基准时需要考虑的因素，具体分析如下：

选项A，所有权结构和融资方式不同，所选择的基准可能会不同，比如，某企业主要通过债务融资，注册会计师可能更关注企业资产及资产的索偿权，而非企业的收益，不选；

选项B，如果波动较大，可能需要考虑其他的基准，如果波动较小，比如，企业的盈利水平保持稳定（波动小），可能选择经常性业务的税前利润为基准，不选；

选项C，初创期收入较少，注册会计师可能选择总资产为基准，成熟期利润较稳定，可能选择利润为基准，不选；

选项 D，确定重要性水平的目的之一就是识别和评估重大错报风险，顺序不能颠倒，当选。

【例题 2·2016 年·单项选择题】下列有关在确定财务报表整体的重要性时选择基准的说法中，正确的是（　　）。

A. 注册会计师应当充分考虑被审计单位的性质和重大错报风险，选取适当的基准
B. 对于以营利为目的的被审计单位，注册会计师应当选取税前利润作为基准
C. 基准一经选定，须在各年度中保持一致
D. 基准可以是本期财务数据的预算和预测结果

【答案】 D

【解析】 本题考查在选择基准时需要考虑的因素，具体分析如下：
选项 A，确定重要性水平的目的之一就是识别和评估重大错报风险，顺序不能颠倒，不选；
选项 B，如果企业的盈利水平保持稳定，注册会计师应当选择经常性业务的税前利润作为基准，不选；
选项 C，选择基准无需考虑以前年度情况，考虑因素发生变化，基准也可能发生变化，不选；
选项 D，基准可以是前期财务成果和财务状况、本期最新的财务成果和财务状况以及本期的预算和预测结果，当选。

【私教点拨】

1. 选择基准时需要考虑的因素

(1) 财报**要素**(资产、负债、所有者权益、收入费用等)。

(2) 是否存在特定会计主体的财务报表使用者**特别关注**的项目（比较人性化，有特别关注的，可以加以考虑。比如，对于以营利为目的的企业，利润可能是大多数财务报表使用者最为关注的财务指标，因此，注册会计师可能考虑选取其经常性业务的税前利润作为基准）。

(3) **被审计单位**的性质（对于营利性质和非营利性质的单位，关注的点是不同的）、所处的生命周期阶段（初创期收入较少，可能选择总资产为基准/成熟期利润较稳定，可能选择利润为基准）以及所处行业（比如，对于新兴行业，如果目前侧重于抢占市场份额、扩大企业知名度和影响力，那么选取营业收入为基准可能是比较合适的）和经济环境（比如，最近几年经济环境不稳定，企业盈利和亏损交替发生，或者由正常盈利变为微利或微亏，可能选择其过去 3~5 年经常性业务的平均税前利润或亏损（取绝对值）比较合适。

(4) 被审计单位的**所**有权结构和**融**资方式（债务性或权益性）。

(5) 基准的相对**波**动性。

【记忆技巧】 要特别关注被审计单位的"所""融""波"。

2. 选择基准时无需考虑的因素

(1) 重大错报风险（顺序不能颠倒，确定重要性水平的目的之一就是识别和评估重大错报风险）。

(2) 以前年度情况（基准无需在各年度保持一致，考虑因素发生变化，基准也可能发生变化）。

【拓展】 基准可以是前期财务成果和财务状况、本期最新的财务成果和财务状况以及本期的预

算和预测结果。

【例题 3·2018 年·单项选择题】 下列情形中，注册会计师通常采用较高的百分比确定实际执行的重要性的是（   ）。

A. 以前期间的审计经验表明被审计单位的内部控制运行有效

B. 注册会计师首次接受委托

C. 被审计单位面临较大的市场竞争压力

D. 被审计单位管理层能力欠缺

【答案】 A

【解析】 本题考查如何确定实际执行的重要性，具体分析如下：

选项 A，以前期间的审计经验表明被审计单位的内部控制运行有效，预期本年度内部控制运行也是有效的，风险较低，可以考虑选择较高的百分比，当选；

选项 B，首次接受委托，没有知根知底，风险较高，考虑选择较低的百分比，不选；

选项 C，被审计单位面临较大的市场竞争压力，发生重大错报的风险较高，考虑选择较低的百分比，不选；

选项 D，被审计单位管理层能力欠缺，发生重大错报的风险较高，考虑选择较低的百分比，不选。

【例题 4·2014 年·简答题】

上市公司甲公司是 ABC 会计师事务所的常年审计客户，A 注册会计师负责审计甲公司 2×13 年度财务报表，审计工作底稿中与确定重要性和评估错报相关的部分内容摘录如下： 由于 2×12 年度审计中提出的多项审计调整 [1] 建议金额均不重大，A 注册会计师确定 2×13 年度实际执行的重要性为财务报表整体重要性的 75%，与 2×12 年度保持一致。 要求： 针对上述事项，指出 A 注册会计师的做法是否恰当。如不恰当，请简要说明理由。	【审题过程】 [1] 连续调整多（不管金额是否重大），应选择较低百分比。

【答案】 不恰当。2×12 年度有多项审计调整，A 注册会计师应将实际执行的重要性确定为财务报表整体重要性的 50%。

【私教点拨】

1. 选择较低百分比的情形（风险高，要谨慎）

（1）首次要谨慎。

(2) 连续调整多。

(3) 项目风险较高（比如行业风险高、管理层能力欠缺、市场竞争压力或业绩压力大等）。

(4) 内部控制缺陷值得关注。

2. 选择较高百分比的情形（风险低，稍宽松）

(1) 连续调整少。

(2) 项目风险低（比如行业风险低、管理层有能力、市场竞争压力或业绩压力小等）。

(3) 内部控制运行有效。

【例题 5 · 2018 年 · 多项选择题】下列各项工作中，注册会计师通常要运用实际执行的重要性的有（　　）。

A. 运用实质性分析程序时，确定已记录金额与预期值之间的可接受差异额

B. 确定需要对哪些类型的交易，账户余额或披露实施进一步审计程序

C. 运用审计抽样实施细节测试时，确定可容忍错报

D. 确定未更正错报对财务报表整体的影响是否重大

【答案】　ABC

【解析】　本题考查实际执行的重要性的运用，具体分析如下：

选项 A，可接受差异额通常不超过实际执行的重要性，当选；

选项 B，通常选取金额超过实际执行的重要性的财务报表项目，当选；

选项 C，可容忍错报通常不超过实际执行的重要性，当选；

选项 D，确定未更正错报对财务报表整体的影响是否重大，应当依据财务报表整体的重要性而非实际执行的重要性，不选。

【例题 6 · 2018 年 · 综合题】

上市公司甲公司是 ABC 会计师事务所的常年审计客户，主要从事汽车的生产和销售。A 注册会计师负责审计甲公司 2×17 年度财务报表，确定财务报表整体的重要性为 1000 万元，明显微小错报的临界值为 30 万元。 资料三： A 注册会计师在审计工作底稿中记录了审计计划，部分内容摘录如下： 因其他应收款和其他应付款［1］的年初、年末余额均低于［1］实际执行的重要性，A 注册会计师拟不对其实施进一步审计程序。 要求： 针对上述事项，假定不考虑其他条件，指出审计计划的内容是否恰当。如不恰当，请简要说明理由。	【审题过程】 ［1］其他应付款属于负债，有低估风险/舞弊风险，不能仅考虑金额。

【答案】 不恰当。其他应付款存在低估风险/还应当考虑舞弊风险，不能仅因为其金额低于实际执行的重要性而不实施进一步审计程序。

【私教点拨】 实际执行的重要性的运用：

1. 确定需要对哪些类型的交易、账户余额和披露实施进一步审计程序

（1）第一步，看金额（选大额项目）。

（2）第二步，看性质（选低估风险、舞弊风险的项目）。

（3）第三步，看汇总（选汇总后潜在错报风险较大的项目）。

2. 运用实际执行的重要性确定进一步审计程序的性质、时间安排和范围

（1）可接受差异额（通常不超过实际执行的重要性）。

（2）可容忍错报（通常不超过实际执行的重要性）。

【拓展】 通常情况下，当区间估计的**区间**已缩小至等于或低于实际执行的重要性时，该区间估计对于评价管理层的点估计是适当的。此处可参见 2020 年注册会计师全国统一考试辅导教材《审计》（以下简称官方教材）"其他特殊项目的审计"章节中的"审计会计估计"。

【记忆技巧】 两可+区间≤实际执行的重要性。

【考点六】明显微小错报

【例题 1·2018 年·多项选择题】下列各项因素中，注册会计师在确定明显微小错报的临界值时通常需要考虑的有（　　）。

A. 以前年度审计中识别出的错报的数量和金额

B. 财务报表使用者的经济决策受错报影响的程度

C. 重大错报风险的评估结果

D. 被审计单位的财务指标是否勉强达到监管机构的要求

【答案】 ACD

【解析】 本题考查确定明显微小错报的临界值时需要考虑的因素，具体分析如下：

选项 A，根据过去推断未来，以前年度审计中识别出的错报的数量越多，金额越大，确定的临界值越低，当选；

选项 B，属于确定计划的重要性时应当考虑的因素，不选；

选项 C，重大错报风险越高，越需要谨慎，需要确定较低的临界值，当选；

选项 D，勉强达到要求，表明风险较大，越需要谨慎，需要确定较低的临界值，当选。

【例题 2·2016 年·单项选择题】下列各项因素中，注册会计师在确定明显微小错报临界值时，通常无需考虑的是（　　）。

A. 重大错报风险的评估结果

B. 以前年度审计中识别出的错报

C. 被审计单位的财务报表是否分发给广大范围的使用者

D. 被审计单位治理层和管理层对注册会计师与其沟通错报的期望

【答案】 C

【解析】 本题考查确定明显微小错报的临界值时需要考虑的因素，具体分析如下：

选项A，重大错报风险越高，越需要谨慎，需要确定较低的临界值，不选；

选项B，根据过去推断未来，以前年度审计中识别出的错报的数量越多，金额越大，确定的临界值越低，不选；

选项C，被审计单位的财务报表是否分发给广大范围的使用者，不影响明显微小错报临界值的确定，当选；

选项D，对方沟通错报期望越强烈，确定的临界值越低，不选。

【私教点拨】 确定明显微小错报的临界值需要考虑的因素如下：

(1) 以前错报（根据过去推断未来，以前年度审计中识别出的错报的数量越多，金额越大，确定的临界值越低）。

(2) 重大错报风险（重大错报风险越高，越需要谨慎，需要确定较低的临界值）。

(3) 期望（对方沟通错报期望越强烈，确定的临界值越低）。

(4) 勉强达到（勉强达到要求，表明风险较大，越需要谨慎，需要确定较低的临界值）。

真 题 演 练

1. (2019年·单项选择题) 下列各项中，通常无需包含在审计业务约定书中的是（　　）。

A. 财务报表审计的目的与范围

B. 出具审计报告的日期

C. 管理层和治理层的责任

D. 用于编制财务报表所适用的财务报告编制基础

2. (2019年·单项选择题) 下列各项中，不属于注册会计师使用财务报表整体重要性的目的的是（　　）。

A. 决定风险评估程序的性质、时间安排和范围

B. 识别和评估重大错报风险

C. 确定审计中识别出的错报是否需要累积

D. 评价已识别的错报对审计意见的影响

3. (2019年·单项选择题) 下列因素中，注册会计师在确定实际执行的重要性时无需考虑的是（　　）。

A. 是否为首次接受委托的审计项目　　B. 前期审计中识别出的错报的数量和性质

C. 是否存在值得关注的内部控制缺陷　　D. 是否存在财务报表使用者特别关注的项目

4. (2017年·单项选择题) 下列情形中，注册会计师通常考虑采用较高的百分比确定实际执行的重要性的是（　　）。

A. 首次接受委托执行审计

B. 预期本年被审计单位存在值得关注的内部控制缺陷

C. 以前年度审计调整较少

D. 本年被审计单位面临较大的市场竞争压力

5. (2014年·单项选择题) 注册会计师在确定重要性时通常选定一个基准。下列因素中，注册会计师在选择基准时不需要考虑的是（　　）。

A. 被审计单位的性质　　　　　　B. 以前年度审计调整的金额

C. 基准的相对波动性　　　　　　D. 是否存在财务报表使用者特别关注的项目

6. (2019年·多项选择题) 下列各项因素中，注册会计师在确定财务报表整体重要性时通常需考虑的有（　　）。

A. 被审计单位所处行业和经济环境　　B. 被审计单位所处的生命周期

C. 以前年度是否存在审计难度　　　　D. 财务报表预期使用者的范围

7. (2019年·多项选择题) 下列各项中，属于注册会计师应当进行的初步业务活动的有（　　）。

A. 评价遵守相关职业道德要求的情况

B. 确定审计范围和项目组成员

C. 就审计业务约定条款与被审计单位达成一致

D. 针对接受或保持客户关系实施相应质量控制程序

8. (2019年·多项选择题) 下列各项中，注册会计师在所有审计业务中均应当确定的有（　　）。

A. 财务报表整体的重要性　　　　B. 可容忍错报

C. 明显微小错报的临界值　　　　D. 实际执行的重要性

9. (2014年·多项选择题) 为了确定审计的前提条件是否存在，注册会计师应当就管理层认可并理解其责任与管理层达成一致意见。下列有关管理层责任的说法中，正确的有（　　）。

A. 管理层应当按照适用的财务报告编制基础编制财务报表，并使其实现公允反映

B. 管理层应当设计、执行和维护必要的内部控制，以使财务报表不存在由于舞弊或错误导致的重大错报

C. 管理层应当向注册会计师提供必要的工作条件，包括允许注册会计师接触与编制财务报表相关的所有信息

D. 管理层应当允许注册会计师在获取审计证据时不受限制地接触其认为必要的内部人员和其他相关人员

10. (2015年·简答题) ABC会计师事务所首次接受委托，审计甲公司2×14年度财务报表，甲公司处于新兴行业，面临较大竞争压力，目前侧重于抢占市场份额，审计工作底稿中与重要性和错报评价相关的部分内容摘录如下：

考虑到甲公司所处市场环境，财务报表使用者最为关注收入指标，审计项目组将营业收入作为确定财务报表整体重要性的基准。

要求：

针对上述事项，指出审计项目组的做法是否恰当。如不恰当，请简要说明理由。

11.（2015年·简答题）ABC会计师事务所首次接受委托，审计甲公司2×14年度财务报表，甲公司处于新兴行业，面临较大竞争压力，目前侧重于抢占市场份额，审计工作底稿中与重要性和错报评价相关的部分内容摘录如下：

经与前任注册会计师沟通，审计项目组了解到甲公司以前年度内部控制运行良好、审计调整较少，因此，将实际执行的重要性确定为财务报表整体重要性的75%。

要求：

针对上述事项，指出审计项目组的做法是否恰当。如不恰当，请简要说明理由。

12.（2015年·简答题）ABC会计师事务所首次接受委托，审计甲公司2×14年度财务报表，甲公司处于新兴行业，面临较大竞争压力，目前侧重于抢占市场份额，审计工作底稿中与重要性和错报评价相关的部分内容摘录如下：

在运用审计抽样实施细节测试时，考虑到评估的重大错报风险水平为低，审计项目组将可容忍错报的金额设定为实际执行的重要性的120%。

要求：

针对上述事项，指出审计项目组的做法是否恰当。如不恰当，请简要说明理由。

13.（2015年·简答题）ABC会计师事务所首次接受委托，审计甲公司2×14年度财务报表，甲公司处于新兴行业，面临较大竞争压力，目前侧重于抢占市场份额，审计工作底稿中与重要性和错报评价相关的部分内容摘录如下：

审计项目组认为无需对金额低于实际执行的重要性的财务报表项目实施进一步审计程序。

要求：

针对上述事项，指出审计项目组的做法是否恰当。如不恰当，请简要说明理由。

14.（2014年·简答题）上市公司甲公司是ABC会计师事务所的常年审计客户，A注册会计师负责审计甲公司2×13年度财务报表，审计工作底稿中与确定重要性和评估错报相关的部分内容摘录如下：

金额单位：万元

项目	未审数（2×13年度）	已审数（2×12年度）	备注
税前利润	50	2 000	2×13年，降价及销售费用增长导致盈利大幅下降

2×12年度财务报表整体的重要性以税前利润的5%计算。2×13年，由于甲公司处于盈亏临界点，A注册会计师以过去三年税前利润的平均值作为基准确定财务报表整体的重要性。

要求：

针对上述事项，指出A注册会计师的做法是否恰当。如不恰当。请简要说明理由。

15.（2014年·简答题）上市公司甲公司是ABC会计师事务所的常年审计客户，A注册会计师负责审计甲公司2×13年度财务报表，审计工作底稿中与确定重要性和评估错报相关的部分内容摘录如下：

2×13年，治理层提出希望知悉审计过程中发现的所有错报，因此，A注册会计师确定2×13年度明显微小错报的临界值为0。

要求：

针对上述事项，指出 A 注册会计师的做法是否恰当。如不恰当，请简要说明理由。

16. （2016年·综合题）资料三：A 注册会计师在审计工作底稿中记录了审计计划，部分内容摘录如下：

拟实施的进一步审计程序的范围是：金额高于实际执行的重要性的财务报表项目；金额低于实际执行的重要性但存在舞弊风险的财务报表项目。

要求：

针对上述事项，指出审计计划的内容是否恰当。如不恰当，请简要说明理由。

真 题 答 案 及 解 析

1. 【答案】 B

【解析】 本题考查对审计业务约定书基本内容的识记（即通常要包含的内容）。

审计业务约定书的具体内容和格式可能因被审计单位的不同而不同，但应当包括以下主要内容：

（1）财务报表审计的目标和范围（选项 A）。

（2）注册会计师的责任。

（3）管理层的责任（选项 C）。

（4）指出用于编制财务报表所适用的财务报告编制基础（选项 D）。

（5）提及注册会计师拟出具的审计报告的预期形式和内容，以及对在特定情况下出具的审计报告可能不同于预期形式和内容的说明。

2. 【答案】 C

【解析】 本题考查制定财务报表整体重要性的目的。注册会计师使用整体重要性水平的目的有：

（1）决定风险评估程序的性质、时间安排和范围（选项 A）。

（2）识别和评估重大错报风险（选项 B）。

（3）确定进一步审计程序的性质、时间安排和范围。

（4）评价已识别的错报对财务报表的影响和对审计报告中审计意见的影响（选项 D）。

3. 【答案】 D

【解析】 本题考查确定实际执行的重要性时的考虑因素，具体分析如下：

选项 A，如果是首次接受委托，没有知根知底，风险较高，考虑确定较低的实际执行的重要性，不选；

选项 B，如果前期审计中识别出的错报的数量较多，性质较严重，预计今年发生错报的可能性也较大，考虑确定较低的实际执行的重要性，不选；

选项 C，如果本期被审计单位存在值得关注的内部控制缺陷，发生重大错报的风险较高，考虑确定较低的实际执行的重要性，不选；

选项 D，是否存在财务报表使用者特别关注的项目，影响财务报表整体重要性的确定，不影响实际执行的重要性的确定，当选。

4.【答案】 C

【解析】 本题考查如何确定实际执行的重要性，具体分析如下：

选项A，首次接受委托，没有知根知底，风险较高，考虑选择较低的百分比，不选；

选项B，预期本年被审计单位存在值得关注的内部控制缺陷，发生重大错报的风险较高，考虑选择较低的百分比，不选；

选项C，以前年度审计调整较少，预计今年发生错报的可能性较低，可以考虑选择较高的百分比，当选；

选项D，被审计单位面临较大的市场竞争压力，发生重大错报的风险较高，考虑选择较低的百分比，不选。

5.【答案】 B

【解析】 本题考查在选择基准时需要考虑的因素，具体分析如下：

选项A，在选择基准时需要考虑被审计单位的性质，比如对于营利企业与非营利企业，关注的点是不同的，不选；

选项B，以前年度审计调整的金额，影响实际执行的重要性的确定，不影响基准的选择，当选；

选项C，在选择基准时需要考虑基准的相对波动性，比如，企业的盈利水平保持稳定（波动小），可能选择经常性业务的税前利润为基准，如果波动较大，则可能需要考虑其他的基准，不选；

选项D，在选择基准时需要考虑是否存在财务报表使用者特别关注的项目，比如，对于以营利为目的的企业，利润可能是大多数财务报表使用者最为关注的财务指标，因此，注册会计师可能考虑选取其经常性业务的税前利润作为基准，不选。

6.【答案】 ABD

【解析】 本题考查确定财务报表整体的重要性时的考虑因素，具体分析如下：

选项AB，注册会计师在选择基准时，会考虑被审计单位的性质、所处的生命周期以及所处行业和经济环境，当选；

选项C，在确定财务报表整体重要性时，无需考虑以前年度的审计情况，不选；

选项D，在为选定的基准确定百分比时，需要考虑财务报表使用者的范围，当选。

7.【答案】 ACD

【解析】 本题考查初步业务活动的内容，具体分析如下：

选项A，评价遵守相关职业道德要求的情况，确保具备执行业务所需的独立性和专业胜任能力，自身够资格，才能承接业务，当选；

选项B，确定审计范围和项目组成员属于接受委托之后的工作，不选；

选项C，在审计业务开始前，注册会计师需要与被审计单位就审计业务条款达成一致意见，签订或修改审计业务约定书，以避免双方对审计业务的理解产生分歧，当选；

选项D，针对接受或保持客户关系实施相应的质量控制程序，确保不存在因管理层诚信问题而可能影响注册会计师保持该项业务的意愿的事项，对方可信赖，才能承接业务，当选。

8.【答案】 ACD

【解析】 本题考查重要性的相关内容，具体分析如下：

选项 A，注册会计师在制定总体审计策略时，应当确定财务报表整体的重要性，当选；

选项 B，如果在实施细节测试时不使用审计抽样，则可不确定可容忍错报，不选；

选项 C，注册会计师需要在制定审计策略和制定审计计划时，确定明显微小错报的临界值，低于该临界值的错报视为明显微小的错报，不需要累积该错报，当选；

选项 D，审计准则要求注册会计师确定低于财务报表整体重要性的一个或多个金额作为实际执行的重要性，当选。

9. 【答案】 ABCD

【解析】 本题考查管理层的责任，具体分析如下：

选项 A，按照适用的财务报告编制基础编制财务报表，并使其实现公允反映属于管理层的责任，当选；

选项 B，设计、执行和维护必要的内部控制，以使财务报表不存在由于舞弊或错误导致的重大错报属于管理层的责任，当选；

选项 C，向注册会计师提供必要的工作条件，包括允许注册会计师接触与编制财务报表相关的所有信息属于管理层的责任，当选；

选项 D，向注册会计师提供审计所需的其他信息，允许注册会计师在获取审计证据时不受限制地接触其认为必要的内部人员和其他相关人员属于管理层的责任，当选。

10.

【答案】 恰当。	【答案解读】 在选择基准时需要考虑是否存在财务报表使用者特别关注的项目，本题财务报表使用者最为关注收入指标，所以将营业收入作为确定财务报表整体重要性的基准。

11.

【答案】 不恰当。ABC 会计师事务所首次接受委托，甲公司处于新兴行业，且面临较大的竞争压力，审计项目组应考虑选择接近 50% 的百分比确定实际执行的重要性。	【答案解读】 不要忽视题干的表述，首次接受委托，被审计单位甲公司处于新兴行业，且面临较大的竞争压力，审计项目组应考虑选择接近 50% 的百分比确定实际执行的重要性。如果没有这个大前提，单纯地考虑甲公司以前年度内部控制运行良好、审计调整较少这些因素，则将实际执行的重要性确定为财务报表整体重要性的 75% 就是恰当的。

12.

| 【答案】 不恰当。在运用审计抽样实施细节测试时，可容忍错报通常不超过实际执行的重要性，以防止抽样总体的错报连同其他错报的汇总数构成重大错报。 | 【答案解读】
可容忍错报通常不超过实际执行的重要性。 |

13.

| 【答案】 不恰当。对于存在低估风险或舞弊风险的财务报表项目，不能仅仅因为其金额低于实际执行的重要性而不实施进一步审计程序。 | 【答案解读】
确定需要对哪些类型的交易、账户余额和披露实施进一步审计程序（不能仅考虑金额）：
第一步：看金额（选大额项目）。
第二步：看性质（选低估风险、舞弊风险的项目）。
第三步：看汇总（选汇总后潜在错报风险较大的项目）。 |

14.

| 【答案】 恰当。 | 【答案解读】
甲公司处于盈亏临界点，如果继续采用税前利润为基准确定重要性，可能影响审计的效率和效果（确定的重要性水平太低），因此，A注册会计师可以考虑采用过去3~5年经常性业务的平均税前利润作为基准。 |

15.

| 【答案】 恰当。 | 【答案解读】
在确定明显微小错报的临界值时，需要考虑的因素之一是被审计单位治理层和管理层对注册会计师与其沟通错报的期望，对方沟通错报期望越强烈，确定的临界值越低（甚至为0）。 |

16.

| 【答案】 不恰当。单个金额低于实际执行的重要性的项目汇总起来金额可能重大，需要考虑汇总后的潜在风险；对存在低估风险的财务报表项目，不能因为其金额低于实际执行的重要性而不实施进一步审计程序。 | 【答案解读】
确定需要对哪些类型的交易、账户余额和披露实施进一步审计程序：
第一步：看金额（选大额项目）。
第二步：看性质（选低估风险、舞弊风险的项目）。
第三步：看汇总（选汇总后潜在错报风险较大的项目）。 |

第三章 审计证据

本章考情 Q&A

Q：本章的重要性如何？
A：本章属于非常重要的章节，审计证据是形成审计结论的基础，是后续很多章节的理论基础。因此，本章属于非常重要的章节。本章主要了解审计证据的特征以及各类审计程序中审计证据的获取，需要重点掌握，历年平均考查分值在5分左右。

Q：本章知识点在考试中通常以什么形式出现？
A：本章既单独考查客观题，也会结合审计实务考查简答题或综合题，特别是与函证相关的知识，不仅要系统记忆，而且要与官方教材第九章中的"应收账款函证"、第十章中的"应付账款函证"、第十一章中的"针对第三方保管存货的函证"，以及第十二章中的"银行存款函证"结合起来理解与应用。

Q：本章2020年的主要变动有哪些？
A：无实质性变动，只修改了部分表述。

Q：本章主要考点历年分布如何？
A：以下是老师们的统计。

考点	2010年	2011年	2012年	2013年	2014年	2015年	2016年	2017年	2018年	2019年
审计证据的性质						√	√	√	√	√
审计证据的特殊考虑						√		√		
函证决策				√				√	√	√
函证的内容					√			√	√	√
函证的实施与评价				√	√	√		√	√	√
分析程序				√	√	√	√	√	√	√

经 典 例 题

【考点一】审计证据的性质

【例题1·2016年·单项选择题】下列有关审计证据可靠性的说法中，正确的是（   ）。

A. 审计证据的充分性影响审计证据的可靠性

B. 可靠的审计证据是高质量的审计证据

C. 从独立的外部来源获得的审计证据可能是不可靠的

D. 内部控制薄弱时内部生成的审计证据是不可靠的

【答案】 C

【解析】 本题考查审计证据的特点，以及审计证据可靠性的判断，需逐一进行理解。具体分析如下：

选项A，审计证据可靠性受其来源和性质的影响，并取决于获取审计证据的具体环境，不受审计证据的充分性的影响。充分性是对数量的权衡，可靠性是对质量的权衡，不选；

选项B，相关性和可靠性都是对审计证据质量的权衡，只有相关且可靠的审计证据才是高质量的审计证据，不选；

选项C，对于应收账款函证，被询证单位可能不核对询证函信息而直接回函，这时获得的审计证据可能就是不可靠的，当选；

选项D，内部控制薄弱时内部生成的审计证据可能不可靠，但不是一定不可靠，不选。

【例题2·2018年·单项选择题】下列有关审计证据的适当性的说法中，错误的是（   ）。

A. 审计证据的适当性不受审计证据的充分性的影响

B. 审计证据的适当性包括相关性和可靠性

C. 审计证据的适当性影响审计证据的充分性

D. 审计证据的适当性是对审计证据质量和数量的衡量

【答案】 D

【解析】 本题考查审计证据的性质之间关系，具体分析如下：

选项A，充分性是对数量的权衡，适当性是对质量的权衡，质量不受数量的影响，因此适当性不受充分性的影响，不选；

选项B，相关性是指专业逻辑及说服力，可靠性是真伪及可信程度的问题，只有两者结合起来才能完整地权衡审计证据的质量即适当性，不选；

选项C，审计数据的数量受质量的影响，即审计证据的质量越高，需要的审计证据越少，因此适当性影响充分性，不选；

选项D，审计证据的充分性是对审计证据数量的衡量，审计证据的适当性是对审计证据质量的衡量，当选。

【私教点拨】

1. 审计证据的性质

审计证据的性质关系，见图3-1。

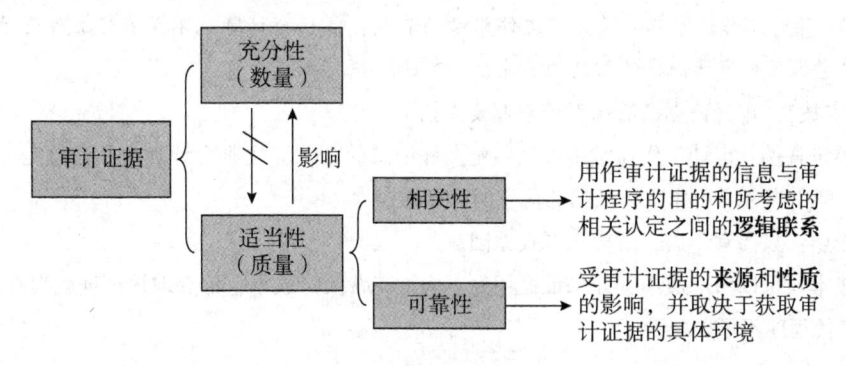

图3-1 审计证据的性质关系

2. 适当性与充分性之间的关系理解
（1）充分性与审计证据的数量有关，适当性与审计证据的质量有关。
（2）**数量不影响质量**（假如审计证据有缺陷，再多的数量也不能弥补该缺陷），**质量影响数量**（假如审计证据质量足够高，那么就不需要很多的数量）。
3. 审计证据的可靠性通常考虑的原则
（1）**外部独立来源**的证据比其他来源获取的证据**更**可靠。
（2）**内部控制有效时**内部生成的证据比薄弱时内部生成的证据**更**可靠。
（3）**直接获取**的证据比间接或推论得出的证据**更**可靠。
（4）以**文件、记录形式**存在的证据比口头证据**更**可靠。
（5）从**原件**获取的证据比从传真件或复印件获取的**更**可靠。
【注意】 越不容易人为篡改的审计证据越可靠，同时可靠性是指可信程度，是相对而言的，不能直接说"外部独立来源的证据可靠"等。

【考点二】审计证据的特殊考虑

【例题·2015年·单项选择题】下列有关审计证据的说法中，正确的是（　　）。
A. 外部证据与内部证据矛盾时，注册会计师应当采用外部证据
B. 审计证据不包括会计师事务所接受与保持客户或业务时实施质量控制程序获取的信息
C. 注册会计师可以考虑获取审计证据的成本与所获取的信息的有用性之间的关系
D. 注册会计师无需鉴定作为审计证据的文件记录的真伪
【答案】 C
【解析】 本题考查关于审计证据的特殊考虑，具体分析如下：
选项A，产生矛盾，首先应查明原因，之后再确定采用哪个审计证据，不选；
选项B，审计证据指注册会计师为了得出审计结论、形成审计意见而使用的全部信息，包括会计师事务所接受与保持客户或业务时实施质量控制程序获取的信息，不选；
选项C，注册会计师可以考虑获取审计证据的成本与所获取的信息的有用性之间的关系，但是

不应以获取审计证据的困难和成本为由减少不可替代的程序，当选；

选项 D，审计工作通常不涉及鉴定文件记录的真伪，注册会计师也不是鉴定文件记录真伪的专家，但应当考虑用作审计证据的信息的可靠性，不选。

【私教点拨】 审计证据的特殊考虑掌握要点如下：

（1）**鉴定真伪**：审计工作通常不涉及鉴定文件记录的真伪，注册会计师也不是鉴定文件记录真伪的专家，但应当考虑用作审计证据的信息的可靠性。

（2）**矛盾**：只要有矛盾，就应先调查原因。

（3）**成本**：可以考虑成本，如果证据用处不大且花费大量成本，那获取该证据就没有任何意义，但是不可替代程序不可以减少。

【考点三】函证决策

【例题 1 · 2017 年 · 多项选择题】 下列各项因素中，通常影响注册会计师是否实施函证的决策的有（　　）。

A. 评估的认定层次重大错报风险
B. 被审计单位管理层的配合程度
C. 函证信息与特定认定的相关性
D. 被询证者的客观性

【答案】 ACD

【解析】 本题考查影响函证决策的因素，需要记忆。具体分析如下：

选项 A，评估的认定层次重大错报风险越低，注册会计师需要从实质性程序中获取的审计证据的相关性和可靠性的要求越低，有可能就不需要实施函证，当选；

选项 B，管理层的配合程度影响函证的实施，而不影响函证的决定（比如管理层不配合影响函证的实施进度，但不影响注册会计师决定实施函证的决心），不选；

选项 C，对于不同认定，函证的证明力是不同的，比如对于应收账款的计价与分摊认定，函证就不能提供证据，注册会计师会选择不实施函证，当选；

选项 D，假如被询证者是被审计单位的关联方，则其回复的可靠性低，注册会计师可以选择不实施函证，当选。

【例题 2 · 2018 年 · 简答题】

ABC 会计师事务所的 A 注册会计师负责审计甲公司 2×17 年度财务报表，审计工作底稿中与函证相关的部分内容摘录如下： A 注册会计师对应收乙公司的款项实施了函证程序 [1]，因回函显示无差异，A 注册会计师认可了管理层对应收乙公司款项不计提坏账准备 [2] 的处理。 要求： 针对上述事项，指出 A 注册会计师做法是否恰当。如不恰当，请简要说明理由。	**【审题过程】** 函证应收账款时，函证可能为存在、权利和义务认定提供相关可靠的证据。 第一步：确定要求。 [1] 函证程序针对的认定属于应当考虑的因素。 第二步：对应事项。 [2] 计提坏账准备属于计价和分摊认定，函证程序对其无效，因此不恰当。

【答案】 不恰当。函证程序主要针对应收账款存在认定，无法针对坏账准备的计提获取充分、适当的审计证据。

【私教点拨】

1. 有关函证决策的做题方法

第一步：确定要求。

判断题中考查点是应当考虑的因素还是可以考虑的因素。

应当考虑的因素：影响是否实施函证决策。

可以考虑的因素：影响函证效果。

第二步：对应事项。

应当考虑的因素记忆方法：

(1) 做任何程序前先考虑风险（评估的认定层次重大错报风险）。

(2) 看函证有没有效果（函证程序所针对的认定）。

(3) 能不能不用函证，而用其他程序（其他审计程序能否将检查风险降低至可接受水平）。

可以考虑的因素（记住应当考虑的因素，可以利用排除法记忆）：

(1) 预期被询证者对函证事项的了解。

(2) 预期被询证者的客观性。

(3) 预期被询证者回复询证函的能力或意愿。

2. 函证程序对不同认定提供的审计证据

(1) 为存在性、权利与义务认定提供相关可靠的审计证据（仅实施函证程序即可）。

(2) 为完整性认定提供部分审计证据（需要其他程序的配合）。

(3) 不能为计价和分摊认定提供证据（函证程序无效）。

3. **应当、需要和可以的区别**

应当、需要：是一种**强制性**的含义，意味着必须要做。

可以：是一种**授权性**的含义，意味着可以选择做也可以选择不做。

【考点四】 函证的内容

【例题 1·2018 年·简答题】

ABC 会计师事务所的 A 注册会计师负责审计甲公司 2×17 年度财务报表 [2]，审计工作底稿中与函证相关的部分内容摘录如下： 甲公司 2×17 年末的一笔大额 [2] 银行借款 [1] 已于 2×18 年初到期归还。A 注册会计师检查了还款凭证等支持性文件，结果满意，决定不实施函证程序，并在审计工作底稿中记录了不实施函证程序的理由。	【审题过程】 第一步：确定对象。 [1] 银行借款。 第二步：对应要求。 注册会计师应当对银行借款实施函证，除非不重要且相关重大风险低。 [2] 该笔借款为大额，无论 2×18 年是否归还，对于 2×17 年都是重大的（重要），应当实施函证程序。

| 要求：
针对上述事项，指出 A 注册会计师做法是否恰当。如不恰当，请简要说明理由。 | |

【答案】 不恰当。该笔借款金额重大，在财务报表日尚未偿还，注册会计师应当向银行函证。

【例题 2·2018 年·简答题】

| ABC 会计师事务所的 A 注册会计师负责审计甲公司 2×17 年度财务报表。审计工作底稿中与函证相关的部分内容摘录如下：
因关联方回函的可靠性较低 [2]，A 注册会计师决定不对应收关联方乙公司的重要款项 [1] 实施函证程序，在审计工作底稿中记录了不实施的函证的理由，并实施了替代审计程序，结果满意。
要求：针对上述事项，指出 A 注册会计师的做法是否恰当。如不恰当，请简要说明理由。 | 【审题过程】
第一步：确定对象。
[1] 应收账款。
第二步：对应要求。
注册会计师应当对应收账款实施函证，除非不重要或函证很可能无效。
[2] 可靠性较低（不代表无效），同时为关联方的重要款项（重要），应当实施函证程序。 |

【答案】 不恰当。对于应收关联方的重要款项，除非有充分证据表明函证程序很可能无效，否则注册会计师应当实施函证程序。

【私教点拨】
判断是否实施函证程序的方法：
第一步：确定对象。
判断函证对象是否为银行存款、借款及与金融机构往来其他重要信息或应收账款。
第二步：对应要求。
(1) 银行存款：必须函证（包括零余额和本期内注销的账户），除非不重要且相关重大错报风险低。
(2) 应收账款：必须函证，除非不重要**或**函证很可能无效。
【注意】 无需函证：银行存款是不重要且风险低，应收账款是不重要或无效，且应当在工作底稿中说明。

【例题 3·2018 年·简答题】

| ABC 会计师事务所的 A 注册会计师负责审计甲公 2×17 年度财务报表。审计工作底稿中与函证相关的部分内容摘录如下：
A 注册会计师评估认为应收账款的重大错报风险为低水平 [1]，在期中 [1] 审计时对截至 2×17 年 | 【审题过程】
第一步：判断函证截止日是否恰当。
[1] 评估认为应收账款的重大错报风险为低水平，可以选择资产负债表日前适当日期为截止日实施函证。 |

9月末[1]的余额实施了函证程序。在期末审计时对剩余期间的销售和收款交易实施了控制测试[2],结果满意。

要求:

针对上述事项,指出A注册会计师的做法是否恰当。如不恰当,请简要说明理由。

第二步:判断函证截止日到资产负债表日实施的程序是否恰当。

在期中实施函证,应当对函证截止日起至资产负债表日发生的变动实施实质性程序或将实质性程序与控制测试相结合。

[2]剩余期间实施控制测试,不恰当。

【答案】 不恰当。A注册会计师应对剩余期间的销售和收款交易应收账款的增减变动实施实质性程序或实质性程序与控制测试相结合。

【私教点拨】 判断不同时间实施函证程序是否恰当的方法如下:

第一步:判断函证截止日是否恰当。

(1)通常为资产负债表日。

(2)资产负债表日前(期中):重大错报风险评估为**低水平**。

第二步:判断函证截止日到资产负债表日实施的程序是否恰当。

(1)截止日为资产负债表日:不需要。

(2)截止日为资产负债表日前的日期:将针对该期间的变动实施**实质性程序**或将**实质性程序与控制测试相结合**。

【考点五】 函证的实施与评价

【例题1·2016年·多项选择题】下列有关询证函回函可靠性的说法中,错误的有(   )。

A. 被询证者对于函证信息的口头回复是可靠的审计证据

B. 询证函回函中的免责条款削弱了回函的可靠性

C. 由被审计单位转交给注册会计师的回函不是可靠的审计证据

D. 以电子形式收到的回函不是可靠的审计证据

【答案】 ABD

【解析】 本题考查各种方式下收到的询证回函是否可靠,具体分析如下:

选项A,只对询证函进行口头回复不是对注册会计师的直接书面回复,不符合函证的要求,因此,不作为可靠的审计证据,当选;

选项B,回函中格式化的免责条款可能并不会影响所确认信息的可靠性,当选;

选项C,注册会计师需要对函证的全过程保持控制,如果被询证者将回函寄至被审计单位,被审计单位将其转交注册会计师,该回函不能视为可靠的审计证据,在这种情况下,注册会计师可以要求被询证者直接书面回复,不选;

选项D,如果对电子形式的回函,确认程序安全并得到适当控制,则会提高相关回函的可靠性,当选。

【私教点拨】 不同方式下函证的实施的总结归纳,见表3-1。

表 3-1 不同方式下函证的实施

时点	方式	关键内容
发出前	邮寄	注册会计师直接发出，被审计单位不能代发
		对询证函上事项（被询证者名称、地址，回函地址等）进行充分核对
发出时	邮寄	独立寄发，不得使用被审计单位本身邮寄设施
	跟函	被审计单位同意，注册会计师可以独自前往
		陪同，整个过程中保持对询证函的控制，对舞弊保持警觉
回函后	邮寄	四个一致：名称、地址、邮戳、印章
		原件直接寄给注册会计师，被审计单位不可转交
	跟函	了解流程和人员
		确认身份和权限
		观察人员的处理
	电子形式	创造安全环境（加密、电子数码签名技术等）
		联系被询证者
	口头	要求直接提供书面回复
		实施替代程序
	限制性条款	格式性免责条款不影响

【例题 2·2018 年·简答题】

ABC 会计师事务所的 A 注册会计师负责审计甲公司 2×17 年度财务报表，审计工作底稿中与函证相关的部分内容摘录如下： A 注册会计师拟对甲公司应付丙公司的款项实施函证程序，因甲公司与丙公司存在诉讼纠纷，<u>管理层要求不实施函证程序［1］</u>，A 注册会计师认为其要求合理，实施了替代审计程序，结果满意。 要求： 针对上述事项，指出 A 注册会计师做法是否恰当。如不恰当，请简要说明理由。	【审题过程】 ［1］管理层提出不实施函证程序时，注册会计师需要保持职业怀疑，考虑是否存在重大的舞弊或错误，以及管理层是否诚信。

【答案】 不恰当。A 注册会计师还应考虑可能存在重大的舞弊或错误，以及管理层的诚信度。

【私教点拨】 管理层要求不实施函证的应对流程，见图 3-2。

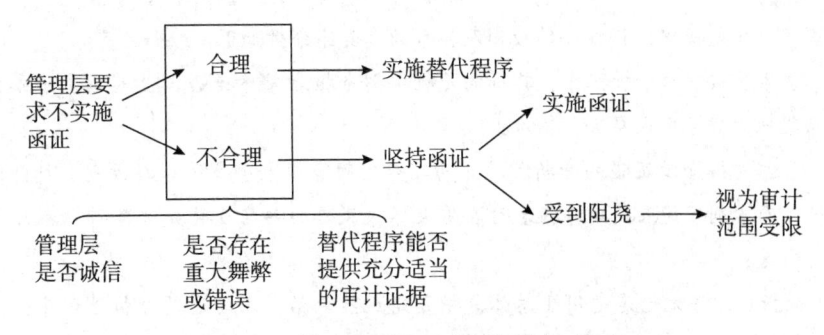

图 3-2　管理层要求不实施函证的应对流程

【考点六】分析程序

【例题1·2016年·单项选择题】下列有关分析程序的说法中，正确的是（　　）。

A. 分析程序是指注册会计师通过分析不同财务数据之间的内在关系对财务信息作出评价

B. 注册会计师无需在了解被审计单位及其环境的各个方面实施分析程序

C. 细节测试比实质性分析程序更能有效地将认定层次的检查风险降低至可接受的水平

D. 用于总体复核的分析程序的主要目的在于识别那些可能表明财务报表存在重大错报风险的异常变化

【答案】　B

【解析】　本题考查分析程序在不同情形下的应用场景，具体分析如下：

选项A，分析程序是指注册会计师通过分析不同财务数据之间以及财务数据与非财务数据之间的内在关系，对财务信息作出评价，不选；

选项B，在风险评估中运用分析程序是强制要求，但注册会计师无须在了解被审计单位及其环境的每一方面都实施分析程序（例如，在了解内部控制时，一般不用分析程序），当选；

选项C，如果某一项认定能够用分析程序更好更有效地解决，那么实质性分析程序比细节测试能够更有效地将认定层次的检查风险降低至可接受的低水平，细节测试和实质性分析程序谁更有效取决于谁更适合，不选；

选项D，注册会计师在总体复核中运用分析程序的目的是确定财务报表整体是否与其对被审计单位的了解一致，不选。

【例题2·2017年·单项选择题】下列有关注册会计师在临近审计结束时运用分析程序的说法中，错误的是（　　）。

A. 注册会计师进行分析的重点通常集中在财务报表层次

B. 注册会计师进行分析的目的在于识别可能表明财务报表存在重大错报风险的异常变化

C. 注册会计师采用的方法与风险评估程序中使用的分析程序基本相同

D. 注册会计师进行分析并非为了对特定账户余额和披露提供实质性的保证水平

【答案】　B

【解析】　本题先通过题干在临近审计结束时运用分析程序判断出是在总体复核中应用分析性程

序，然后考查在总体复核中分析程序的应用及其目的。具体分析如下：

选项 A，总体复核中的分析程序，其目的是确定财务报表整体是否与其对被审计单位的了解一致，因此重点集中于财务报表层次，不选；

选项 B，总体复核阶段实施的分析程序是为了确定财务报表整体是否与注册会计师对被审计单位的了解一致，而识别可能表明财务报表存在重大错报风险的异常变化是风险评估程序中运用分析程序的目的，当选；

选项 C，分析性程序无论是运用于总体复核还是风险评估，本质还是分析性程序，只是运用的场景不一样，因此方法是相同的，不选；

选项 D，总体复核阶段实施的分析程序是为了确定财务报表整体是否与注册会计师对被审计单位的了解一致，关注点在于整体而不是特定账户余额和披露，不选。

【私教点拨】

1. 不同阶段实施分析程序的异同点（见表 3-2）

表 3-2 不同阶段实施分析程序的异同点

分析程序	时间	目的	必要性	手段
风险评估	风险评估阶段	了解被审计单位及其环境并评估财务报表层次和认定层次风险	必须实施	基本相同
总体复核	审计结束或临近结束时	确定财务报表整体是否与其对被审计单位的了解一致		
实质性分析程序	风险应对阶段	识别财务报表层次和认定层次的错报	可以实施	

2. 分析程序在各阶段的运用

（1）风险评估程序和总体复核必须运用分析程序。

（2）实质性程序可以运用分析程序。

3. 在风险评估和总体复核中必须运用分析性程序的原因

风险评估要全面地了解被审计单位及其环境，总体复核要确定财务报表整体是否与注册会计师的了解一致；当涉及"全面""整体"时，必须使用分析性程序。

4. 分析程序用于总体复核的流程（见图 3-3）

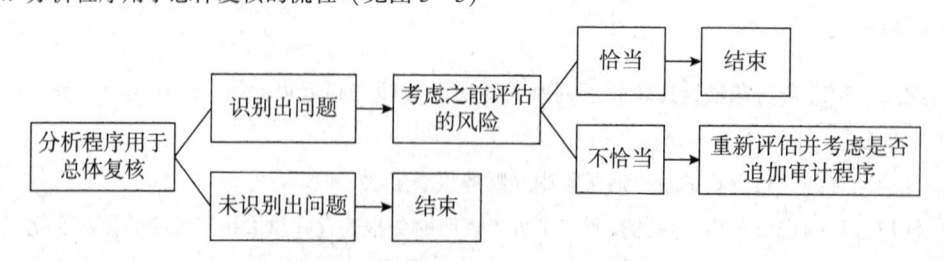

图 3-3 分析程序用于总体复核考虑流程

用于总体复核的分析程序并不能达到与实质性分析程序相同的保证水平，而且其主要目的也不是识别可能存在重大错报风险的异常变化。

【例题 3·2014 年·多项选择题】 下列有关在实施实质性分析程序时确定可接受差异额的说法中，正确的有（　　）。

A. 评估的重大错报风险越高，可接受差异额越低

B. 重要性影响可接受差异额

C. 确定可接受差异额时，需要考虑一项错报单独或连同其他错报导致财务报表发生重大错报的可能性

D. 需要从实质性分析程序中获取的保证程度越高，可接受差异额越高

【答案】　ABC

【解析】　本题考查影响可接受差异额的因素，具体分析如下：

选项 A，评估的重大错报风险影响可接受的差异额，评估的重大错报越高，可接受的差异额越低，当选；

选项 B，重要性水平越高，可接受的差异额越高，当选；

选项 C，一项错报单独或连同其他错报导致财务报表发生重大错报的可能性会影响可接受差异额，当选；

选项 D，需要从实质性分析程序中获取的保证程度越高，可接受差异额应当越低，不选。

【私教点拨】

1. 设计实施分析性程序的考虑因素（见图 3-4）（按照程序实施顺序记忆）

（1）先考虑分析性程序有没有效果（对特定认定的适用性）。

（2）分析程序是用来分析数据的（数据的可靠性）。

（3）分析结束后要和预期值做比较（预期值的准确度）。

（4）比较结束评价差异（可接受的差异额）。

```
                   ┌─ 对特定认定的适用性
设计实施分    │
析性程序的 ─┤─ 数据的可靠性        ┌─ 数据性水平越高，可接受的差异额越高
考虑因素      │                      │
                   │─ 预期值的准确程度  │─ 计划的保证水平越高，可接受的差异额越低
                   │                      │
                   └─ 可接受的差异额 ──┤─ 评估的重大错报风险越高，可接受的差异额越低
                                          │
                                          └─ 可接受的差异额越低，则审计证据越多
```

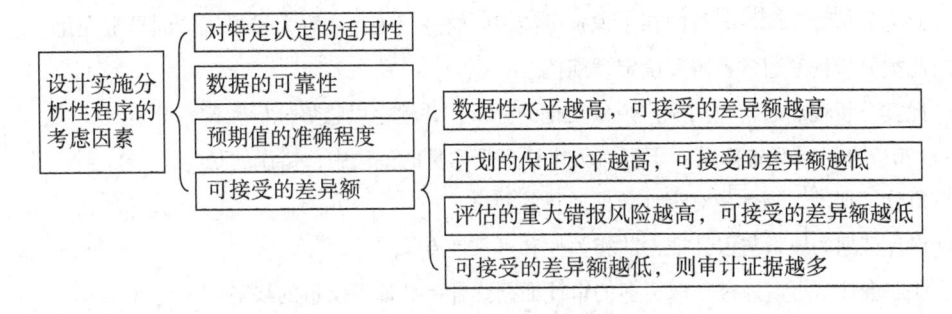

图 3-4　设计实施分析性程序的考虑因素

2. 可接受的差异额的影响因素

（1）重要性水平是指用金额额度表示的会计信息错报与舞弊的严重程度，重要性水平越高，可接受的差异额越高。

（2）计划的保证水平越高，也就意味着要将审计风险压得越低，对获取的审计证据的质量要求越高，可接受的差异额越低。

（3）评估的重大错报风险越高，越需要获取有说服力的审计证据，因此可接受的差异额越低。

真 题 演 练

1. （2019年·单项选择题）下列审计程序中，不适用于细节测试的是（　　）。
   A. 函证　　　　　　B. 检查　　　　　　C. 询问　　　　　　D. 重新执行

2. （2019年·单项选择题）下列各项中，不影响审计证据可靠性的是（　　）。
   A. 被审计单位内部控制是否有效　　　　B. 用作审计证据的信息与相关认定之间的关系
   C. 审计证据的来源　　　　　　　　　　D. 审计证据的存在形式

3. （2019年·单项选择题）下列有关审计证据的充分性和适当性的说法中，错误的是（　　）。
   A. 只有充分且适当的审计证据才有证明力
   B. 审计证据的充分性和适当性分别是对审计证据数量和质量的衡量
   C. 审计证据的充分性会影响审计证据的适当性
   D. 审计证据的适当性会影响审计证据的充分性

4. （2019年·单项选择题）下列有关实质性分析程序的说法中，错误的是（　　）。
   A. 实质性分析程序达到的精确度低于细节测试
   B. 实质性分析程序提供的审计证据是间接证据，因此无法为相关财务报表认定提供充分、适当的审计证据
   C. 实质性分析程序并不适用于所有财务报表认定
   D. 注册会计师可以对某些财务报表认定，同时实施实质性分析程序和细节测试

5. （2018年·单项选择题）下列有关用作风险评估程序的分析程序的说法中，错误的是（　　）。
   A. 此类分析程序所使用数据的汇总性较强
   B. 此类分析程序的主要目的在于识别可能表明财务报表存在重大错报风险的异常变化
   C. 此类分析程序通常不需要确定预期值
   D. 此类分析程序通常包括账户余额变化的分析，并辅之以趋势分析和比率分析

6. （2017年·单项选择题）下列有关审计证据质量的说法中，错误的是（　　）。
   A. 审计证据的适当性是对审计证据质量的衡量
   B. 审计证据的质量与审计证据的相关性和可靠性有关
   C. 注册会计师可以通过获取更多的审计证据弥补审计证据质量的缺陷
   D. 在既定的重大错报风险水平下，需要获取的审计证据的数量受审计证据质量的影响

7. （2017年·单项选择题）下列有关实质性分析程序的适用性说法中，错误的是（　　）。
   A. 实质性分析程序通常更适用于在一段时间内存在预期关系的大量交易
   B. 注册会计师无需在所有审计业务中运用实质性分析程序
   C. 实质性分析程序不适用于识别出特别风险的认定
   D. 对特定实质性分析程序适用性的确定，受到认定的性质和注册会计师对重大错报风险评估的影响

8.（2015年·单项选择题）下列有关审计证据充分性的说法中，错误的是（　　）。

A. 初步评估的控制风险越低，需要通过控制测试获取的审计证据可能越少

B. 计划从实质性程序中获取的保证程度越高，需要的审计证据可能越多

C. 评估的重大错报风险越高，需要的审计证据可能越多

D. 审计证据质量越高，需要的审计证据可能越少

9.（2018年·多项选择题）下列各项中，可能构成审计证据的有（　　）。

A. 注册会计师在本期审计中获取的信息

B. 被审计单位聘请的专家编制的信息

C. 注册会计师在以前审计中获取的信息

D. 会计师事务所接受业务时实施质量控制程序获取的信息

10.（2017年·多项选择题）如果在期中实施了实质性程序，在确定对剩余期间实施实质性分析程序是否可以获取充分、适当的审计证据时，A注册会计师通常考虑的因素有（　　）。

A. 数据的可靠性　　　　　　　　　　B. 预期的准确程度

C. 可接受的差异额　　　　　　　　　D. 分析程序对特定认定的适用性

11.（2019年·简答题）ABC会计师事务所的A注册会计师负责审计甲公司2×18年度财务报表。审计工作底稿中与函证相关的部分内容摘录如下：

（1）A注册会计师对甲公司年内已注销的某人民银行账户实施函证，银行表示无法就已注销账户回函。A注册会计师检查了该账户的注销证明原件，核对了亲自从某人民银行获取的"已开立银行结算账户清单"中的相关信息，结果满意。

（2）在实施应收账款函证程序时，A注册会计师将财务人员在发函信封上填写的客户地址与销售部门提供的客户清单中的地址进行核对后，亲自将询证函交予快递公司发出。

（3）甲公司根据销售合同在发出商品时确认收入。客户乙公司回函确认金额小于函证金额，甲公司管理层解释系期末发出商品在途所致。A注册会计师检查了合同、出库单以及签收单等支持性文件，并与乙公司财务人员电话确认了相关信息，结果满意。

（4）A注册会计师对应收账款余额实施了函证程序，有15家客户未回函。A注册会计师对其中14家实施了替代程序，结果满意；对剩余一家的应收账款余额，因其小于明显微小错报的临界值，A注册会计师不再实施审计程序。

（5）甲公司未对货到票未到的原材料进行暂估。A注册会计师从应付账款明细账中选取90%的供应商实施函证程序，要求供应商在询证函中填列余额信息。

要求：

针对上述第（1）至第（5）项，逐项指出A注册会计师的做法是否恰当。如不恰当，请简要说明理由。

12.（2019年·简答题）ABC会计师事务所的A注册会计师负责审计甲公司2×18年度财务报表。审计工作底稿中与函证相关的部分内容摘录如下：

（1）甲公司2×18年末存款余额最小的5个银行账户合计金额小于实际执行的重要性，A注册会计师认为这些银行存款余额对财务报表不重要，决定不对其实施函证程序，并在审计工作底稿中记

录了理由。

（2）A注册会计师填制了应收账款询证函电子版，由甲公司财务人员核对信息、打印并加盖甲公司印章，由A注册会计师装函并寄发。

（3）甲公司国内供应商丙公司的回函未加盖印章，A注册会计师与丙公司财务人员电话核实了回函信息，据此认可了回函结果，并在审计工作底稿中记录了电话沟通情况。

（4）注册会计师在甲公司销售人员陪同下实地走访其客户J公司，并现场函证应账款余额及本年销售额。在J公司财务人员与甲公司销售人员对账并办理回函手续时，A注册会计师前往采购部门访谈了采购经理，结果满意。

要求：

针对上述第（1）至第（4）项，逐项指出A注册会计师的做法是否恰当。如不恰当，请简要说明理由。

13.（2018年·简答题）ABC会计师事务所的A注册会计师负责审计甲公司2×17年度财务报表。审计工作底稿中与函证相关的部分内容摘录如下：

A注册会计师于2×17年12月31日对甲公司期末银行承兑汇票实施监盘，发现缺失一张大额票据，财务经理解释该票已交由银行托收。A注册会计师向出票人寄发了询证函并收到回函，结果满意。

要求：

针对上述事项，指出A注册会计师的做法是否恰当。如不恰当，请简要说明理由。

14.（2018年·简答题）ABC会计师事务所的A注册会计师负责审计甲公司2×17年度财务报表，审计工作底稿中与函证相关的部分内容摘录如下：

A注册会计师评估认为应收账款的重大错报风险较高，为尽早识别可能存在的错报，在期中审计时对截至2×17年9月末的余额实施了函证程序，在期末审计时对剩余期间的发生额实施了细节测试，结果满意。

要求：

针对上述事项，指出A注册会计师做法是否恰当。如不恰当，请简要说明理由。

15.（2018年·简答题）ABC会计师事务所的A注册会计师负责审计甲公司2×17年度财务报表，审计工作底稿中与函证相关的部分内容摘录如下：

A注册会计师评估认为应付账款存在低估风险，因此，在询证函中未填列甲公司账面余额，而是要求被询证者提供余额信息。

要求：

针对上述事项，指出A注册会计师做法是否恰当。如不恰当，请简要说明理由。

16.（2018年·简答题）ABC会计师事务所的A注册会计师负责审计甲公司2×17年度财务报表。审计工作底稿中与函证相关的部分内容摘录如下：

A注册会计师在甲公司现场执行期末审计时，为及时获得回函，要求被询证方将回函寄至甲公司。A会计师作为收件人直接签收了回函。

要求：

针对上述事项，指出 A 注册会计师的做法是否恰当。如不恰当，请简要说明理由。

17.（2017 年·简答题）ABC 会计师事务所的 A 注册会计师负责审计甲公司 2×16 年度财务报表，与货币资金审计相关的部分事项如下：

因甲公司年末余额为零的社保账户重大错报风险较低，A 注册会计师核对了银行对账单、未对该账户实施函证、并在审计工作底稿中记录了不实施函证缘由。

要求：

针对上述事项，指出 A 注册会计师的做法是否恰当。如不恰当，请简要说明理由。

18.（2017 年·简答题）ABC 会计师事务所的 A 注册会计师负责审计甲公司 2×16 年度财务报表，与存货审计相关的部分事项如下：

A 注册会计师向乙公司函证由其保管的甲公司存货的数量和状况，收到的传真件回函显示，数量一致，状况良好。A 注册会计师据此认可了回函结果。

要求：

针对上述事项，指出 A 注册会计师的做法是否恰当。如不恰当，请简要说明理由。

19.（2015 年·简答题）ABC 会计师事务所负责审计甲公司 2×14 年度财务报表，审计工作底稿中与函证程序相关的部分内容摘录如下：

审计项目组在寄发询证函前，将部分被询证方的名称、地址与甲公司持有的合同及发票中的对应信息进行了核对。

要求：

针对上述事项，指出审计项目组的做法是否恰当。如不恰当，请简要说明理由。

20.（2015 年·简答题）ABC 会计师事务所负责审计甲公司 2×14 年度财务报表，审计项目组确定财务报表整体的重要性为 100 万元，明显微小错报的临界值为 5 万元，审计工作底稿中与函证程序相关的部分内容摘录如下：

审计项目组成员跟随甲公司出纳到乙银行实施函证，出纳到柜台办理相关事宜，审计项目组成员在等候区等候。

要求：

针对上述事项，指出审计项目组的做法是否恰当。如不恰当，请简要说明理由。

21.（2015 年·简答题）审计工作底稿中与函证程序相关的部分内容摘录如下：

（1）客户丁公司回函邮寄显示发函地址与甲公司提供的地址不一致，甲公司财务人员解释是由于丁公司有多处办公地址所致，审计项目组认为该解释合理，在审计工作底稿中记录了这一情况。

（2）客户戊公司为海外公司，审计项目组收到戊公司境内关联公司代为寄发的询证函回函，未发现差异，结果满意。

要求：

针对上述事项，指出审计项目组的做法是否恰当。如不恰当，请简要说明理由。

22.（2015 年·简答题）ABC 会计师事务所负责审计甲公司 2×14 年度财务报表，审计项目组确定财务报表整体的重要性为 100 万元，明显微小错报的临界值为 5 万元，审计工作底稿中与函证程序相关的部分内容摘录如下：

客户丙公司年末应收账款余额100万元，回函金额90万元，因差异金额高于明显微小错报的临界值，审计项目组据此提出了审计调整建议。

要求：

针对上述事项，指出审计项目组的做法是否恰当。如不恰当，请简要说明理由。

23.（2015年·简答题）甲公司是ABC会计师事务所的常年审计客户，A注册会计师负责审计甲公司2×14年度财务报表，审计工作底稿中与分析程序相关的部分内容摘录如下：

甲公司的产量与生产工人工资之间存在稳定的预期关系，A注册会计师认为产量信息来自非财务部门，具有可靠性，在实施实质性分析程序时据以测算直接人工成本。

要求：

针对上述事项，指出A注册会计师的做法是否恰当。如不恰当，请简要说明理由。

24.（2015年·简答题）甲公司是ABC会计师事务所的常年审计客户，A注册会计师负责审计甲公司2×14年度财务报表，审计工作底稿中与分析程序相关的部分内容摘录如下：

A注册会计师在审计过程中未提出审计调整建议，已审财务报表与未审财务报表一致，因此认为无需在临近审计结束时运用分析程序对财务报表进行总体复核。

要求：

针对上述事项，指出A注册会计师的做法是否恰当。如不恰当，请简要说明理由。

25.（2015年·简答题）甲公司是ABC会计师事务所的常年审计客户，A注册会计师负责审计甲公司2×14年度财务报表，审计工作底稿中与分析程序相关的部分内容摘录如下：

A注册会计师对运输费用实施实质性分析程序，确定已记录金额与预期值之间可接受的差异额为150万元，实际差异为350万元，A注册会计师就超出可接受差异额的200万元询问了管理层，并对其答复获取了充分、适当的审计证据。

要求：

针对上述事项，指出A注册会计师的做法是否恰当。如不恰当，请简要说明理由。

26.（2014年·简答题）ABC会计师事务所负责审计甲公司2×13年度财务报表，审计工作底稿中与函证相关的部分内容摘录如下：

审计项目组评估认为应收账款的重大错报风险较低，对甲公司2×13年11月30日的应收账款余额实施了函证程序，未发现差异，2×13年12月31日的应收账款余额较11月30日无重大变动。审计项目组据此认为已对年末应收账款余额的存在认定获取了充分、适当的审计证据。

要求：

针对上述事项，指出审计项目组的做法是否恰当。如不恰当，请简要说明理由。

27.（2018年·综合题）上市公司甲公司是ABC会计师事务所的常年审计客户，主要从事汽车的生产和销售。A注册会计师负责审计甲公司2×17年度财务报表，确定财务报表整体的重要性为1 000万元，明显微小错报的临界值为30万元。

资料四：

A注册会计师在审计工作底稿中记录了实施进一步审计程序的情况，部分内容摘录如下：

A 注册会计师采用实质性分析程序测试甲公司 2×17 年度的运输费用,已记录金额低于预期值 500 万元,因该差异低于实际执行的重要性,A 注册会计师认可了已记录金额。

要求:

针对上述事项,假定不考虑其他条件,指出 A 注册会计师的做法是否恰当。如不恰当,请简要说明理由。

28.(2017 年·综合题)ABC 会计师事务所审计上市公司甲公司 2×16 年度财务报表,委派 A 注册会计师担任项目合伙人。

资料四:

审计工作底稿记录了实施的进一步审计程序,部分内容摘录如下:

甲公司 2×16 年末应收票据余额重大。A 注册会计师于 2×16 年 12 月 31 日检查了这些票据的复印件,并核对了相关信息,结果满意。

要求:

针对上述事项,假定不考虑其他条件,指出 A 注册会计师的做法是否恰当。如不恰当,请简要说明理由。

29.(2017 年·综合题)甲公司是 ABC 会计师事务所的常年审计客户,主要从事电气设备的生产和销售。A 注册会计师负责审计甲公司 2×16 年度财务报表,确定财务报表整体的重要性为 300 万元,实际执行的重要性为 210 万元。

资料四:

A 注册会计师在审计工作底稿中记录了实施的进一步审计程序,部分内容摘录如下:

A 注册会计师收到的一份应收账款回函显示存在 2 万元差异,甲公司管理层解释系销售返利金额尚未商定所致,因差异较小,A 注册会计师将询问结果记录于审计工作底稿,未实施其他审计程序。

要求:

针对上述事项,假定不考虑其他条件,指出 A 注册会计师的做法是否恰当。如不恰当,请简要说明理由。

30.(2017 年·综合题)ABC 会计师事务所首次接受委托,审计上市公司甲公司 2×16 年度财务报表,委派 A 注册会计师担任项目合伙人。A 注册会计师确定财务报表整体的重要性为 1 200 万元。甲公司主要提供快递物流服务。

资料四:

A 注册会计师在审计工作底稿中记录了实施的进一步审计程序,部分内容摘录如下:

甲公司的某企业客户利用甲公司的快递服务,向 A 注册会计师寄回了询证函回函,A 注册会计师认为回函可靠性受到影响,重新发函并要求该客户通过其他快递公司寄回询证函。

要求:

针对上述事项,假定不考虑其他条件,指出 A 注册会计师的做法是否恰当。如不恰当,请简要说明理由。

31. （2017年·综合题）ABC会计师事务所首次接受委托，审计上市公司甲公司2×16年度财务报表，委派A注册会计师担任项目合伙人。A注册会计师确定财务报表整体的重要性为1 200万元。甲公司主要提供快递物流服务。

资料五：

A注册会计师在审计工作底稿中记录了审计完成阶段的工作，部分内容摘录如下：

因仅实施替代程序无法获取充分、适当的审计证据，A注册会计师就一份重要的询证函通过电话与被询证方确认了函证信息并被告知回函已寄出，于当日出具了审计报告。A注册会计师于次日收到回函，结果满意。

要求：

针对上述事项，假定不考虑其他条件，指出A注册会计师的做法是否恰当。如不恰当，请简要说明理由。

32. （2016年·综合题）审计工作底稿中记录了审计计划，部分内容摘录如下：

2×15年有多名消费者起诉甲公司，管理层聘请外部律师担任诉讼代理人。A注册会计师拟亲自向律师寄发由管理层编制的询证函，并要求与律师进行直接沟通。

要求：

针对上述事项，指出审计计划的内容是否恰当。如不恰当，请简要说明理由。

真 题 答 案 及 解 析

1. 【答案】 D

【解析】 本题考查各类审计程序的适用范围，需要理解掌握。其中重新执行适用于控制测试，选项D当选。

2. 【答案】 B

【解析】 本题考查审计证据的性质的相关知识，应着重理解可靠性的含义及影响因素。

可靠性是真伪及可信程度的问题，通常考虑审计证据的来源、内部控制的有效性、获取审计证据的方式以审计证据的存在形式，选项ACD不选；选项B用作审计证据的信息与相关认定之间的关系，指的是审计证据的相关性，不影响可靠性，当选。

3. 【答案】 C

【解析】 本题考查审计证据的充分性和适当性，需要对两者进行理解区分。注册会计师需要获取的审计证据的数量受审计证据质量的影响。审计证据质量越高，需要的审计证据数量可能越少。也就是说，审计证据的适当性会影响审计证据的充分性。但如果审计证据的质量存在缺陷，那么注册会计师仅靠获取更多的审计证据可能无法弥补其质量上的缺陷，选项C当选。

4. 【答案】 B

【解析】 本题考查实质性分析程序相关知识，需要对选项进行逐一判断。具体分析如下：

选项A，实质性分析程序从技术特征上讲仍然是分析程序，分析程序重点关注的是趋势、财务比率关系等，其精确度低于细节测试，不选；

选项 B，当使用分析程序比细节测试能更有效地将认定层次的检查风险降低至可接受的水平时，注册会计师可以考虑单独或结合细节测试，运用实质性分析程序，说明实质性分析程序可以为相关财务报表认定提供充分、适当的审计证据，当选；

选项 C，实质性分析程序适用于在一段时间内存在预期关系的大量交易，不选；

选项 D，当使用分析程序比细节测试能更有效地将认定层次的检查风险降低至可接受的水平时，注册会计师可以考虑单独或结合细节测试，运用实质性分析程序，不选。

5. 【答案】 C

【解析】 本题考查用作风险评估的分析程序相关内容，需要理解后对选项进行逐一判断。具体分析如下：

选项 A，用作风险评估程序的分析程序是在分析被审计单位整体，需要较强的数据汇总性，不选；

选项 B，用作风险评估程序的分析程序的目的是了解被审计单位及其环境并评估财务报表层次和认定层次的风险，不选；

选项 C，确定预期值是实施分析程序的必要内容和重要步骤。风险评估程序中使用的分析程序也需要确定预期值，只不过其精确程度与实质性分析相比，不足以提供充分、适当的审计证据，当选；

选项 D，评估财务报表层次和认定层次的风险就需要对账户余额变化进行分析，其中趋势分析和比率分析是其常用的分析方法，不选。

6. 【答案】 C

【解析】 本题考查审计证据的质量及其与审计证据的数量的关系，具体分析如下：

选项 A，审计证据的适当性是对审计证据质量的衡量，不选；

选项 B，审计证据的适当性是对审计证据质量的衡量，适当性可分为相关性和可靠性，不选；

选项 C，数量不影响质量（假如审计证据有缺陷，再多的数量也不能弥补该缺陷），当选；

选项 D，质量影响数量（假如审计证据质量足够高，那么就不需要很多的数量），不选。

7. 【答案】 C

【解析】 本题考查分析程序用作实质性程序的适用性，需要理解后对选项进行逐一判断。具体分析如下：

选项 A，实质性分析程序通常更适用于在一段时间内存在预期关系的大量交易，因为分析程序的运用建立在这种预期的基础上，不选；

选项 B，实质性分析程序是可以实施，不是必须实施，不选；

选项 C，存在特别风险时，注册会计师如不拟依赖相关的领域的内部控制，则不能仅通过实质性分析程序加以应对，必须包含细节测试，但这并不意味着不能实施实质性分析，当选；

选项 D，认定的性质和注册会计师对重大错报风险评估影响特定实质性分析程序的适用性，不选。

8. 【答案】 A

【解析】 本题考查审计证据充分性的相关知识，具体分析如下：

选项 A，初步评估的控制风险越低，需要通过控制测试获取的审计证据可能越多；控制测试后评估的控制风险越低，需要通过实质性程序获取的证据可能越少，当选。

选项 B，计划获取的保证程度越高，需要越多的审计证据来证明，不选。

选项 C，评估的重大错报风险越高，需要更多的审计证据来降低检查风险，不选。

选项 D，质量影响数量（假如审计证据质量足够高，那么就不需要很多的数量），不选。

9.【答案】 ABCD

【解析】 本题考查审计证据包含的内容，具体分析如下：

选项 A，审计中获取的信息属于审计证据，当选；

选项 B，被审计单位聘请的专家编制的信息是为了得出审计结论而使用的信息，当选；

选项 C，以前审计中获取的信息有助于形成审计意见，属于审计证据，当选；

选项 D，会计师事务所接受业务时实施质量控制程序获取的信息有助于得出审计结论、形成审计意见，属于审计证据，当选。

10.【答案】 ABCD

【解析】 本题考查针对剩余期间实施实质性分析程序的考虑因素，具体分析如下：

选项 A，分析程序是用来分析数据的，因此要考虑数据的可靠性，当选；

选项 B，分析结束后要和预期值做比较，因此要考虑预期值的准确度，当选；

选项 C，比较结束评价差异，因此要考虑可接受的差异额，当选；

选项 D，实施分析程序先考虑分析性程序有没有效果，即其对特定认定的适用性，当选。

11.

【答案】	【答案解读】
（1）恰当。 （2）不恰当。客户清单属于内部信息/客户清单并不是用以验证发函地址准确性的适当证据/应当通过合同、公开网站等来源核对地址。 （3）恰当。 （4）不恰当。应对所有未回函的余额实施替代程序。 （5）不恰当。应从供应商清单中选取函证对象/从应付账款明细账中选取函证对象不足以应对低估风险。	（1）注册会计师按照准则要求实施了函证，做法正确；注销证明原件和"已开立银行结算账户清单"是高质量的外部审计证据，能够证明账户确实已注销。 （2）销售部门提供的客户清单属于内部审计证据，可靠性较低。 （3）甲公司是发出商品时确认收入，到客户收到商品会存在一个时间差，可能会存在在途物资的情况。 （4）只要未回函，都要对其实施替代程序。 （5）甲公司未对货到票未到的原材料进行暂估，说明这部分应付账款未入账。注册会计师从应付账款明细账中选取函证对象不恰当。

12.

【答案】	【答案解读】
（1）不恰当。注册会计师应当对银行存款（包括零余额账户和在本期内注销的账户）、借款及与金融机构往来的其他重要信息实施函证程序，除非有充分证据表明某一银行存款、借款及与金融机构往来的其他重要信息对财务报表不重要且与之相关的重大错报风险很低。 （2）不恰当。注册会计师应当对函证的全过程保持控制。 （3）不恰当。注册会计师应要求被询证者重新回函。 （4）不恰当。注册会计师应当对函证的全过程保持控制。	(1) 第一步：确定对象。 [1] 银行存款 第二步：对应要求。 银行存款：必须函证（包括零余额和本期内注销的账户），除非不重要且相关重大错报风险低。 [2] 存款余额最小的5个银行账户合计金额小于实际执行的重要性，未提及相关重大错报风险低，应当实施函证程序。 (2) 在函证发出前，注册会计师要对询证函上事项（被询证者名称、地址，回函地址等）进行充分核对。 (3) 对于口头回复的函证，注册会计师需要要求其直接进行书面回复。 (4) 跟函的过程中，注册会计师需要对函证的全过程保持控制。

13.

【答案】 不恰当。注册会计师应当向托收银行函证，以证实票据的存在性。	【答案解读】 监盘是为了证实票据的存在认定，在不能监盘的情况下，注册会计师应当实施能证实存在认定的替代程序，向票据的持有银行函证以证实存在认定。

14.

【答案】 不恰当。应收账款的重大错报风险较高，应以资产负债表日为函证截止日，并在资产负债表日后适当时间实施函证程序。	【答案解读】 判断函证截止日是否恰当。 [1] 评估认为应收账款的重大错报风险较高，应选择资产负债表日为函证截止日。 [2] 对截至2×17年9月末的余额实施了函证程序是不恰当的，不可以选择资产负债表日前适当日期为截止日实施函证。

15.

| 【答案】 恰当。 | 【答案解读】应收账款的低估对被询证者有利,在询证函中列明账面余额不能查出低估风险,因此选择要求被询证者提供余额信息。 |

16.

| 【答案】 不恰当。A 注册会计师应要求被询证者将回函寄至会计师事务所,如果被询证者将回函寄至被审计单位,由被审计单位将其转交注册会计师,则该回函不能视为可靠的审计证据。 | 【答案解读】采用邮寄的方式回函,原件应直接寄给注册会计师,被审计单位不可转交。 |

17.

| 【答案】 不恰当。仅当余额不重要且重大错报风险很低时,注册会计师才可以不对该账户实施函证。 | 【答案解读】
第一步:确定对象。
[1] 社保账户,属于银行存款、借款及与金融机构往来其他重要信息

第二步:对应要求。
银行存款:都要实施函征程序(包括零余额和本期内注销的账户),除非不重要且相关重大错报风险低。
[2] 年末余额为零的社保账户重大错报风险较低,未提及不重要,应当实施函证程序。 |

18.

| 【答案】 不恰当。注册会计师应当验证传真件回函的可靠性。 | 【答案解读】对传真件回函需要验证其可靠性。 |

19.

| 【答案】 恰当。 | 【答案解读】
在函证发出前，注册会计师要对询证函上事项（被询证者名称、地址、回函地址等）进行充分核对。 |

20.

| 【答案】 不恰当。审计项目组成员应当观察函证的处理过程，审计项目组成员需要在整个过程中保持对询证函的控制。 | 【答案解读】
跟函的过程中，注册会计师需要对函证的全过程保持控制。 |

21.

| 【答案】
（1）不恰当。审计项目组应当对该情况进行核实，口头解释证据不充分，还应实施其他审计程序：直接与丁公司联系核实、前往丁公司办公地点进行验证。
（2）不恰当。未直接取得回函影响回函的可靠性，应取得戊公司直接寄发的询证函。 | 【答案解读】
（1）对于邮寄方式回函，需要验证四个一致：名称、地址、邮戳、印章，若发现不一致，应当进行核实，并实施其他审计程序（仅实施询问程序不足以获取充分、适当的审计证据）。
（2）代为寄发的询证函回函影响回函的可靠性，不是充分有效的审计证据。 |

22.

| 【答案】 不恰当。审计项目组应当调查不符事项，以确定是否表明存在错报。 | 【答案解读】
出现差异先查明原因。 |

23.

| 【答案】 不恰当。注册会计师测试与产量信息编制相关的内部控制/测试产量信息/应测试内部信息的可靠性。 | 【答案解读】
在设计实施分析性程序需要考虑数据的可靠性，不能仅因为信息来源于非财务部门而认定可靠。 |

24.

【答案】 不恰当。在临近审计结束时,注册会计师应当运用分析程序对财务报表进行总体复核。总体复核分析程序是必要程序。	【答案解读】 在审计结束或临近结束时,必须实施分析程序进行总体复核。

25.

【答案】 不恰当。注册会计师应当针对350万元的差异进行调查。	【答案解读】 出现差异应先查明原因,不能仅对超出可接受差异额部分进行调查。

26.

【答案】 不恰当。如果重大错报风险评估为低水平,注册会计师可选择资产负债表日前适当日期为截止日实施函证,并对所函证项目自该截止日(2×13年11月30日)起至资产负债表日(2×13年12月31日)止发生的变动实施实质性程序。	【答案解读】 第一步:判断函证截止日是否恰当。 [1]评估认为应收账款的重大错报风险为低水平,审计项目组可以选择资产负债表日前适当日期(2×13年11月30日)为截止日实施函证。 第二步:判断函证截止日到资产负债表日实施的程序是否恰当。 在期中实施函证,审计项目组应当对函证截止日起至资产负债表日发生的变动实施实质性程序。 [2]仅比较应收账款余额,而未在剩余期间实施实质性程序,不恰当。

27.

【答案】 不恰当。注册会计师应将差异额与可接受差异额比较。	【答案解读】 已记录金额与预期值之间的差异需要与可接受差异额做比较。

28.

【答案】 不恰当。注册会计师应当检查应收票据原件，仅检查应收票据复印件并不能获取充分、适当的审计证据，还应实施其他审计程序。	【答案解读】 从原件获取的证据比从传真件或复印件获取的更可靠，仅检查应收票据复印件并不能获取充分、适当的审计证据。

29.

【答案】 不恰当，仅实施询问不足以获取充分适当的审计证据，还应当进一步调查差异的原因。	【答案解读】 出现差异先查明原因，仅实施询问不足以获取充分、适当的审计证据。

30.

【答案】 恰当。	【答案解读】 采用邮寄的方式回函，原件直接寄给注册会计师，被审计单位不可转交，利用被审计单位的快递服务相当于由被审计单位转交。

31.

【答案】 不恰当。口头回复不能作为可靠的审计证据，审计报告日前审计工作未完成，未获取充分、适当的审计证据。	【答案解读】 口头回复的回函需要要求直接提供书面回复，口头回复不能作为可靠的审计证据，因此不能根据口头回复出具审计报告。

32.

【答案】 恰当。	【答案解读】 注册会计师直接发出询证函，不能由被审计单位代发，因此A注册会计师亲自向律师寄发由管理层编制的询证函，并要求与律师进行直接沟通是恰当的做法。

第四章 审计抽样方法

本章考情 Q&A

Q：本章的重要性如何？
A：本章属于非常重要章节，历年平均考查分值为 6 分左右。

Q：本章知识点在考试中通常以什么形式出现？
A：本章主要以客观题的形式考查，但偶尔也会在简答题甚至综合题中涉及审计抽样的内容。

Q：本章计算太难了，学不懂怎么办？
A：审计抽样主要是为了在合理的时间内以合理的成本完成审计工作，这章初看感觉是理科性很强的章节，但是实际上是披着理科外套的文科章节，考查的重点依然是理论知识。因此在学习过程中注重理解，不用放过多的时间和精力在计算上。

Q：本章 2020 年的主要变动有哪些？
A：无变动。

Q：本章主要考点历年分布如何？
A：以下是老师们的统计。

考点	2010 年	2011 年	2012 年	2013 年	2014 年	2015 年	2016 年	2017 年	2018 年	2019 年
审计抽样特征				√				√	√	
审计抽样的适用性					√				√	√
抽样风险			√	√	√	√	√	√	√	√
统计抽样与非统计抽样				√			√	√		
属性抽样与变量抽样的辨析				√	√	√				
样本规模				√	√	√	√	√	√	√
评价样本结果				√			√			
传统变量抽样的计算			√							

经 典 例 题

【考点一】审计抽样特征

【例题·2013年·单项选择题】下列有关选取测试项目的方法的说法中,正确的是（ ）。
A. 从某类交易中选取特定项目进行检查构成审计抽样
B. 从总体中选取特定项目进行测试时,应当使总体中每个项目都有被选取的机会
C. 对全部项目进行检查,通常更适用于细节测试
D. 审计抽样更适用于控制测试

【答案】 C

【解析】 本题的关键点在于考查审计抽样的特点,具体分析如下:

选项 A,审计抽样是为了对整体得出结论,因此审计抽样的特征之一是所有抽样单元都有被选取的机会,不选。

选项 B,既然是特定项目,那么不可能所有项目都为特定的,因此选取特定项目不能保证每个项目都有被选取的机会,不选。

选项 C,细节测试是对各类交易、账户余额和披露的具体细节进行测试,因此对全部项目的检查更实用于细节测试,当选。

选项 D,审计抽样需要有"样"可抽,当控制的运行留下轨迹时,注册会计师可以考虑使用审计抽样实施控制测试;对于未留下运行轨迹的控制,注册会计师无"样"可抽,通常实施询问、观察等审计程序,以获取有关控制运行有效性的审计证据,不选。

【私教点拨】 选取测试项目方法,见图 4-1。

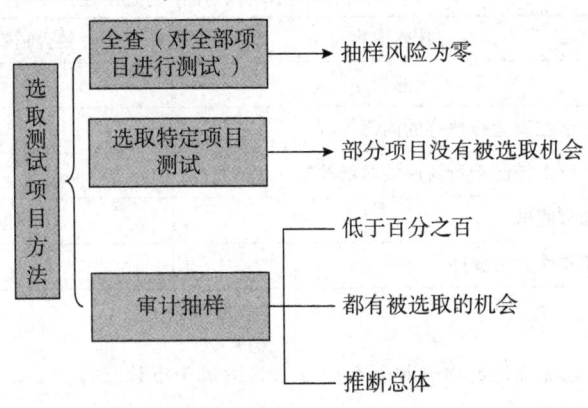

图 4-1 选取测试项目方法

判断是否属于审计抽样的要点如下:

（1）全部项目:审计抽样存在"抽"的动作,对全部（百分之百）的项目进行测试不属于审计抽样。

（2）特定项目:特定项目表示项目为特殊的,这意味着不是所有项目都有被选取的机会,对特

定项目的测试不属于审计抽样。

（3）推断总体：如果不能由样本结果推断出总体结论，那么采取审计抽样的初衷就没有了，不属于审计抽样。

【考点二】审计抽样的适用性

【例题·2014年·多项选择题】下列各项审计程序中，通常不采用审计抽样的有（　　）。
A. 风险评估程序　　　　　　　　B. 控制测试
C. 实质性分析程序　　　　　　　D. 细节测试

【答案】　AC

【解析】　本题考查审计抽样的适用范围，需要考生掌握各类审计程序对于审计抽样的适用性。具体分析如下：

选项A，风险评估是为了全面了解被审计单位及其环境而实施的程序，需要关注的是整体，当选；

选项B，审计抽样需要有"样"可抽，当控制的运行留下轨迹时，注册会计师可以考虑使用审计抽样实施控制测试，不选；

选项C，实施实质性分析程序是对整体进行分析评估，而不是根据样本项目的测试结果推断有关总体的结论，此时不宜使用审计抽样，当选；

选项D，细节测试是对各类交易、账户余额和披露的具体细节进行测试，不可能对所有细节一一进行测试，因此适用于审计抽样，不选。

【私教点拨】　审计抽样在不同审计程序中的适用性，见表4-1。

表4-1　审计抽样在不同审计程序中的适用性

审计程序	具体内容	是否适宜采用审计抽样
风险评估	全部程序	不适宜
控制测试	留下控制运行轨迹的内部控制	适宜
	未留下控制运行轨迹的内部控制	不适宜
实质性程序	细节测试	适宜
	实质性分析程序	不适宜

【记忆技巧】

（1）只有留下控制运行轨迹的内部控制和细节测试适用于审计抽样。

（2）对于实质性分析程序和风险评估程序，这两类程序主要是对整体进行评估和分析，因此不能采取审计抽样。

（3）对于未留下控制运行轨迹的内部控制，由于其无"样"可抽，因此不适用于审计抽样。

【考点三】抽样风险

【例题 1·2015·单项选择题】 下列有关抽样风险的说法中，错误的是（　　）。

A. 除非注册会计师对总体中所有项目都实施检查，否则存在抽样风险

B. 在使用统计抽样时，注册会计师可以准确地计量和控制抽样风险

C. 注册会计师可以通过扩大样本规模降低抽样风险

D. 控制测试中的抽样风险包括误受风险和误拒风险

【答案】 D

【解析】 本题考查抽样风险相关知识点，主要关注抽样风险的含义、统计抽样和非统计抽样的风险、控制测试和细节测试中的抽样风险。具体分析如下：

选项 A，抽样风险是由抽样导致的，不抽样就没有抽样风险（即可降低到零）；非抽样风险是人为因素造成的，难以量化，但是可以通过恰当的事项降低至可以接受的水平，不选。

选项 B，统计是数学概念，数学就是要精确，因此统计抽样可以量化风险，而非统计抽样只能定性风险，不选。

选项 C，样本规模越大，抽样的影响越小，抽样风险越小，如果样本规模为整体就不存在抽样了，也就不存在抽样风险，不选。

选项 D，控制测试测控制，控制是用来信赖的，因此控制测试中的抽样风险包括信赖不足风险和信赖过度风险，当选。

【例题 2·2016 年·单项选择题】 下列有关信赖过度风险的说法中，正确的是（　　）。

A. 信赖过度风险属于非抽样风险

B. 信赖过度风险影响审计效率

C. 信赖过度风险与控制测试和细节测试均相关

D. 注册会计师可以通过扩大样本规模降低信赖过度风险

【答案】 D

【解析】 本题主要考查信赖过度风险的定义以及风险的分类，具体分析如下：

选项 A，信赖过度风险是控制测试中的抽样风险，不选。

选项 B，信赖过度风险是过度相信控制测试，少做程序，影响审计效果；信赖不足风险是不相信控制测试，多做程序，影响审计效率，不选。

选项 C，控制测试测控制，控制是用来信赖的，因此控制测试中的抽样风险为信赖不足风险和信赖过度风险；细节测试测细节，细节是用来接受的，因此细节测试中的抽样风险为误拒风险和误受风险，不选。

选项 D，信赖过度风险属于控制测试中的抽样风险，只要是抽样风险，都可以通过扩大样本规模来降低，当选。

【私教点拨】 审计风险汇总，见图 4-2。

抽样风险是由抽样引起的，非抽样风险是指由于任何与抽样风险无关的原因而得出错误结论的风险。导致抽样风险的唯一原因是从总体中抽取少于100%的样本进行检查。如果样本规模扩大到总体的100%，抽样风险可降低到零；而非抽样风险是由人为错误造成的，虽不能量化，但可以通过仔细设计其审计程序来降低、防范

```
                     ┌─ 重大错报风险                          ┌─ 信赖过度风险
                     │                       ┌ 控制测试的 ──┤
                     │                       │  抽样风险     └─ 信赖不足风险
        审计风险 ────┤              ┌ 抽样风险┤
                     │              │         │              ┌─ 误受风险
                     └─ 检查风险 ───┤         └ 细节测试的 ──┤
                                    │            抽样风险     └─ 误拒风险
                                    └ 非抽样风险
```

控制测试测控制，控制是用来信赖的，因此控制测试中的抽样风险为信赖不足风险和信赖过度风险

细节测试测细节，细节是用来接受的，因此细节测试中的抽样风险为误拒风险和误受风险

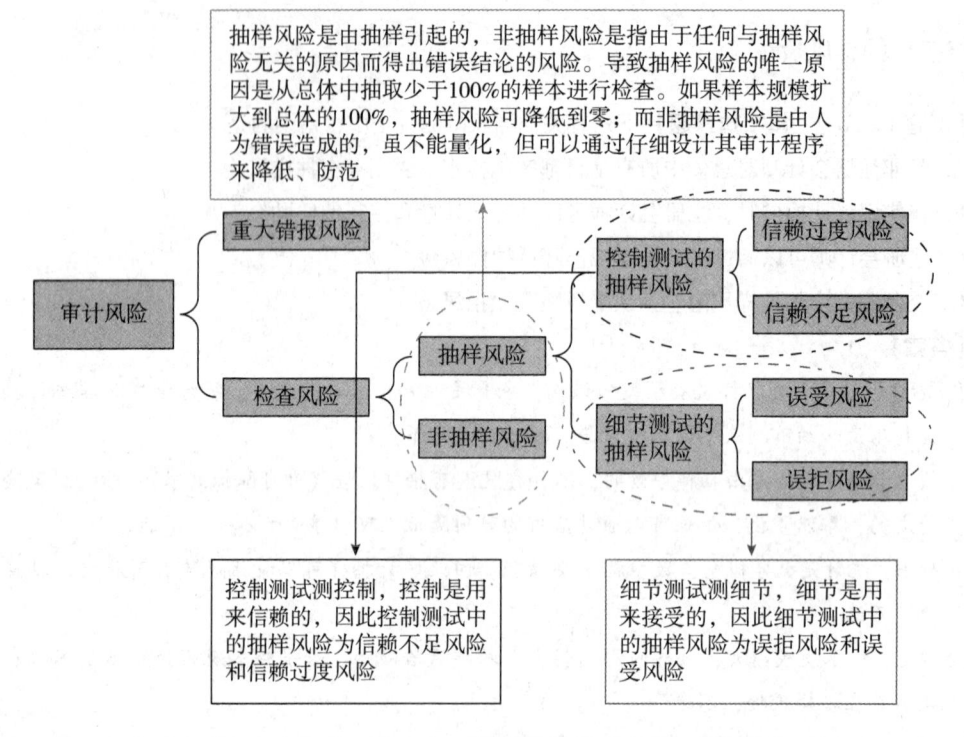

图 4-2 审计风险汇总

各类风险对审计效率、审计效果的影响，见表 4-2。

表 4-2 各类风险对审计效率、审计效果的影响

审计测试的种类	影响审计效率	影响审计效果
控制测试	信赖不足风险	信赖过度风险
细节测试	误拒风险	误受风险

【记忆技巧】 这里的影响主要指负面影响。

信赖不足风险和误拒风险是过度怀疑，多做程序，导致审计效率**降低**；

信赖过度风险和误受风险是过度相信，少做程序，导致审计效果**变差**。

【考点四】统计抽样与非统计抽样

【例题·2013·单项选择题】下列有关统计抽样和非统计抽样的说法中，错误的是（ ）。

A. 注册会计师应当根据具体情况并运用职业判断，确定使用统计抽样或非统计抽样方法
B. 注册会计师在统计抽样与非统计抽样方法之间进行选择时主要考虑成本效益
C. 非统计抽样如果设计适当，也能提供与统计抽样方法同样有效的结果
D. 注册会计师使用非统计抽样时，不需要考虑抽样风险

【答案】 D

【解析】 本题主要考查统计抽样与非统计抽样的特点，需要考生逐一判断。具体分析如下：

选项 A，统计抽样与非统计抽样各有优缺点，但都可以得到有效的结果，因此需要注册会计师进行职业判断来选择，不选；

选项 B，由于统计抽样与非统计抽样只要设计得当，能够得到同样有效的结果，因此在选择时主要考虑成本效益，不选；

选项 C，注册会计师无论是使用统计抽样还是非统计抽样，都必须考虑抽样风险并将其降低至可接受水平，因此统计抽样和非统计抽样只要设计得当，就能够得出同样有效的结果，不选；

选项 D，抽样风险是由抽样导致的，无论是统计抽样还是非统计抽样都会导致抽样风险，当选。

【私教点拨】

1. 统计抽样与非统计抽样的比较（见表4-3）

表4-3 统计抽样与非统计抽样的比较

	统计抽样	非统计抽样
优点	（1）**客观地计量和精确地控制抽样风险**。 （2）高效设计样本。 （3）计量已获得的审计证据的充分性。 （4）能定量评价样本的结果	（1）操作简单，使用**成本低**。 （2）适合定性分析
缺点	（1）需要特殊的专业技能，增加培训注册会计师的成本。 （2）单个样本项目要符合统计要求，增加了额外费用	无法量化抽样风险
相同点	（1）在设计、实施和评价样本时都离不开**职业判断**。 （2）运用得当都可以获取充分、适当的审计证据，非统计抽样也能提供与统计抽样方法**同样有效的结果**。 （3）都是通过样本中发现的错报或偏差率**推断总体的特征**。 （4）都可以通过**扩大样本量**来降低抽样风险。 （5）对选取的样本项目实施的审计程序通常与使用的抽样方法无关	

总结：
（1）精确/量化：统计抽样与非统计抽样最大的不同点在于**统计抽样可以量化抽样风险**（统计是数学概念，数学就是要精确，因此统计抽样可以精确地计量控制抽样风险）。
（2）成本：统计抽样更精确，需要专业技能来设计，因此成本比非统计抽样高。
（3）同样有效的结果：注册会计师无论是使用统计抽样还是非统计抽样，都必须考虑抽样风险并将其降低至可接受水平，因此统计抽样和非统计抽样只要设计得当，就能够得出同样有效的结果。
（4）职业判断：统计抽样与非统计抽样各有优缺点，但都可以得到有效的结果，因此需要注册会计师进行职业判断来选择

2. 统计抽样

统计抽样是指同时具备以下特征的抽样方法：

（1）**随机**选取样本项目。

（2）运用**概率论**评价样本结果，包括计量抽样风险。

3. 选取样本方法（见图4-3）

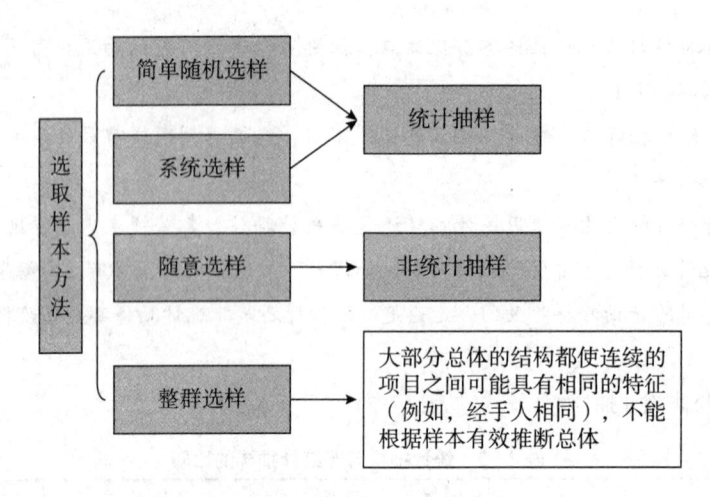

```
                    ┌─ 简单随机选样 ─┐
                    │              ├──→ 统计抽样
         选取       ├─ 系统选样   ─┘
         样本      ─┤
         方法       ├─ 随意选样 ──────→ 非统计抽样
                    │
                    └─ 整群选样 ──────→ 大部分总体的结构都使连续的
                                        项目之间可能具有相同的特征
                                        （例如，经手人相同），不能
                                        根据样本有效推断总体
```

图4-3 选取样本方法

【考点五】属性抽样与变量抽样的辨析

【例题1·2015年·单项选择题】下列抽样方法中，适用于控制测试的是（　　）。

A. 变量抽样　　　　B. PPS抽样　　　　C. 属性抽样　　　　D. 差额估计抽样

【答案】C

【解析】本题考查各类抽样方法的特点以及应用，可以通过对抽样方法特点的掌握来推断其应用场景。具体分析如下：

选项A，顾名思义，变量抽样的关注点在"量"，即总体金额，因此变量抽样是一种对总体金额得出结论的抽样方法，目的是测试错报金额，适用于细节测试，不选；

选项B，PPS抽样（即货币单元抽样）需要单独记忆，它是最特殊的抽样方法，是利用属性抽样的原理得出以金额表示的结论，由于结论是以金额表示，因此适用于细节测试，不选；

选项C，属性抽样关注点在"属性"，即发生率，因此属性抽样是对总体中某一事项发生率得出结论的抽样方法，目的是测试控制的偏差率，适用于控制测试，当选。

选项D，差额估计抽样是以样本实际金额和账面金额的平均差额来估计总体实际金额与账面金额的平均差额，其关注点在于"差额"，因此也是对具体金额得出结论的抽样方法，适用于细节测试，不选。

【例题2·2014年·简答题】

上市公司甲集团公司是ABC会计师事务所的常年审计客户，主要从事化工产品的生产和销售，A注册会计师负责审计甲集团公司2×13年度财务报表，集团财务报表整体的重要性为200万元。 　　资料四： 　　A注册会计师在审计工作底稿中记录了审计程序的执行情况，部分内容摘录如下：	

| 甲集团公司的销售费用存在低估风险 [1]，预计错报率低于10%，总体规模在2 000以上，A注册会计师采用货币单元抽样方法对销售费用实施了细节测试 [2]。
　　要求：
　　针对资料中的审计程序，指出A注册会计师的做法是否恰当。如不恰当，请简要说明理由。 | 【审题过程】
[1] 存在低估风险，应联想到账面金额小但被严重低估的项目在货币单元抽样中被选中的概率低。
[2] 注意：货币单元抽样适用于细节测试，但不适用于控制测试。 |

【答案】　不恰当。在货币单元抽样中，被低估的实物单元被选取的概率更低，比如，未入账的交易未包括在总体中，因此货币单元抽样不适用于测试低估。

【私教点拨】

1. 不同抽样方法的区分

（1）发生率：属性抽样得出的结论与总体**发生率**（即"属性"）有关。属性抽样通常用于测试某一设定控制的偏差率，以支持注册会计师评估的控制风险水平，适用于**控制测试**。

（2）金额：变量抽样得出的结论与总体的**金额**（即"量"）有关。变量抽样主要用来对总体得出结论，以确定记录金额是否合理，适用于**细节测试**。

（3）变量抽样中的货币单元抽样（即PPS抽样），是运用**属性抽样**的原理得出以金额表示的结论。货币单元抽样（即PPS抽样）属于变量抽样，适用于**细节测试**。

2. 货币单元抽样的优缺点（见表4-4）

表4-4　货币单元抽样的优缺点

优点	缺点
方便地计算样本规模和评价样本结果	不适用于测试总体的低估
无需直接考虑总体的变异性	特别考虑零余额或负余额
无需通过分层减少变异性	高估抽样风险的影响
自动识别所有单个重大项目	逐个累计总体金额
预计不存在错报，样本规模通常更小	预计总体错报的金额增加时，所需的样本规模也会增加
样本更容易设计，且可在能够获得完整的最终总体之前开始选取样本	

【注意】　货币单元抽样是以货币单元为抽样单元（每一元钱），样本被抽中的几率与其账面金额大小成正比。

【考点六】样本规模

【例题1·2015年·单项选择题】在抽样中影响样本规模的因素，正确的是（　　）。

A. 可接受的抽样风险越高，样本规模越大

B. 可容忍偏差越高，样本规模越大

C. 在既定的可容忍误差下，预计总体误差越大，样本规模越大。

D. 总体规模越大，样本规模越大

【答案】 C

【解析】 本题考查影响样本规模的因素，需要考生逐一判断分析各因素对样本规模的影响方向。具体分析如下：

选项A，抽样风险属于检查风险，可接受的检查风险越高，相应的样本越少，不选。

选项B，可容忍偏差率越高，预期结果越差，则要求越低，样本越少，不选。

选项C，在既定的可容忍偏差下，预计总体误差越大，所需样本规模越大；如果预计总体误差大到不可接受，注册会计师通常选择不实施控制测试或在细节测试时对总体进行100%检查，当选。

选项D，在总体规模较大的情况下，其对样本规模的影响几乎为零，不选。

【例题2·2014年·单项选择题】下列有关细节测试样本规模的说法中，错误的是（　　）。

A. 总体项目的变异性越低，通常样本规模越小

B. 当总体被适当分层时，各层样本规模的汇总数通常等于在对总体不分层的情况下确定的样本规模

C. 当误受风险一定时，可容忍错报越低，所需的样本规模越大

D. 对于大规模总体，总体的实际规模对样本规模几乎没有影响

【答案】 B

【解析】 本题考查细节测试中影响样本规模的因素，需要考生逐一判断分析各因素对样本规模的影响方向。具体分析如下：

选项A，变异性实际是一种分散程度，总体项目变异性越低，样本规模越小，不选；

选项B，分层可以降低每一层中项目的变异性，从而在抽样风险没有成比例增加的前提下减小样本规模，因而，总体被适当分层时，各层样本规模的汇总数通常小于不分层情况下确定的样本规模，当选；

选项C，可容忍错报是指注册会计师能够接受的最大金额的错报，因此当可容忍错报一定时，注册会计师确定的可容忍错报越低，样本规模越大，不选；

选项D，在总体规模较大的情况下，其对样本规模的影响几乎为零，不选。

【私教点拨】

1. 影响样本规模的因素及其与样本规模的关系（见表4-5）

表4-5 影响样本规模的因素及其与样本规模的关系

影响因素	适用测试种类	影响因素与样本规模的关系
可接受的信赖过度/误受风险	控制测试/细节测试	反向变动
可容忍偏差率/可容忍错报	控制测试/细节测试	反向变动
预计总体偏差率/预计总体错报	控制测试/细节测试	同向变动
总体规模	控制测试/细节测试	影响很小
总体变异性	细节测试	同向变动

续表

影响因素	适用测试种类	影响因素与样本规模的关系

总结：
(1) 信赖过度风险：在控制测试中，推断的控制有效性高于其实际有效性的风险。误受风险：在细节测试中，推断某一重大错报不存在而实际上存在的风险。
(2) 可容忍偏差率：在控制测试中，注册会计师能够接受的最大偏差数量。可容忍错报：在细节测试中，注册会计师能够接受的最大金额的错报。
(3) 预计总体偏差率：预计总体偏差率越高，控制的有效性越低。预计总体错报：预计总体中存在错报的金额和频率。
(4) 总体规模：对小规模总体而言，审计抽样比其他选择测试项目的方向的效率低；对于大规模总体而言，总体实际容量对样本规模几乎没有影响

2. 分层

分层可以降低每一层中项目的变异性，从而在抽样风险没有成比例增加的前提下减小样本规模。因而，总体被适当分层时，各层样本规模的汇总数通常小于不分层情况下确定的样本规模。

【考点七】评价样本结果

【例题1·2016年·多项选择题】下列有关注册会计师在实施审计抽样时评价样本结果的说法中，正确的有（　　）。

　　A. 在分析样本误差时，注册会计师应当对所有误差进行定性评估

　　B. 注册会计师应当实施追加的审计程序，以高度确信异常误差不影响总体的其余部分

　　C. 控制测试的抽样风险无法计量，但注册会计师在评价样本结果时仍应考虑抽样风险

　　D. 在细节测试中，如果根据样本结果推断的总体错报小于可容忍错报，则总体可以接受

【答案】　AB

【解析】　本题考查审计抽样中样本结果的评价，需要考生逐一判断。具体分析如下：

选项A，即使样本的统计评价结果在可以接受的范围内，注册会计师也应当对样本中的所有误差进行定性分析，当选。

选项B，当出现异常误差是需要实施追加程序，来确认异常误差是偶然的还是整个总体中都可能出现的，当选。

选项C，统计抽样的风险可以计量，而统计抽样可以用于控制测试；风险是否可以计量取决于是否为统计抽样，和是否为控制测试无关，不选。

选项D，在统计抽样中，由于风险可以计量比较精确，推断的总体错报小于可容忍错报时，总体可以接受；非统计抽样中，风险不可以计量，推断的总体错报小于可容忍错报但二者接近时，总体不可接受，不选。

【例题2·2013年·单项选择题】如果使用审计抽样实施控制测试没有为得出有关测试总体的结论提供合理的基础，下列有关注册会计师采取的措施中，错误的是（　　）。

　　A. 扩大样本规模　　　　　　　　　B. 测试替代控制

　　C. 修改相关实质性程序　　　　　　D. 提高可容忍偏差率

【答案】 D

【解析】 本题考查在控制测试中，对样本结果的评价，需要考生逐一判断各项措施是否可行。如果认为审计抽样没有为得出有关测试总体的结论提供合理的基础，注册会计师可以：

（1）要求管理层对识别出的错报和是否可能存在更多错报进行调查，并在必要时进行调整。

（2）调整进一步审计程序的性质、时间安排和范围，以更好地获取所需的保证。例如，对于控制测试，注册会计师可能会扩大样本规模（选项 A）、测试替代控制（选项 B）或修改相关实质性程序（选项 C）。

选项 D，可容忍偏差率是注册会计师能够接受的最大偏差数量，不能因为抽样结果不好而更改，当选。

【私教点拨】 不同情况下得出的总体结论，见表 4-6。

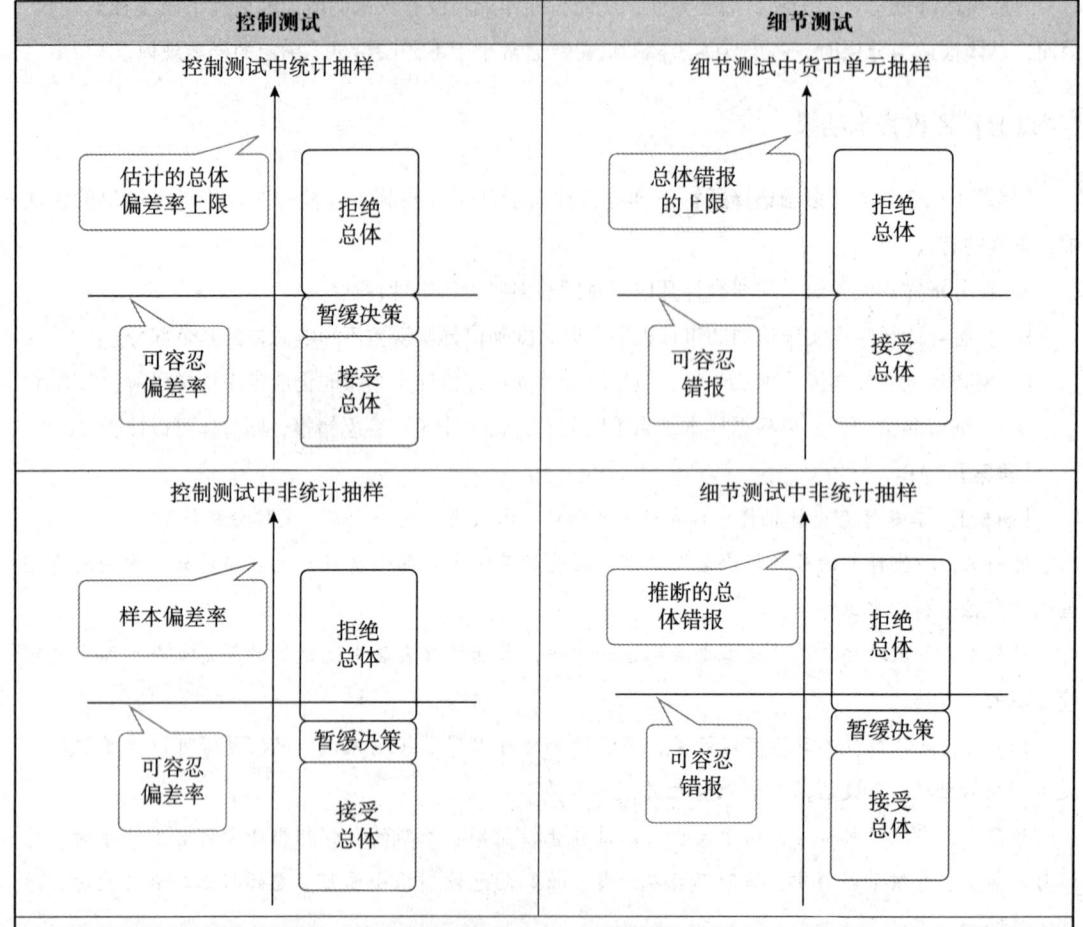

表 4-6 不同情况下得出的总体结论

控制测试	细节测试
控制测试中统计抽样：估计的总体偏差率上限 / 可容忍偏差率 → 拒绝总体 / 暂缓决策 / 接受总体	细节测试中货币单元抽样：总体错报的上限 / 可容忍错报 → 拒绝总体 / 接受总体
控制测试中非统计抽样：样本偏差率 / 可容忍偏差率 → 拒绝总体 / 暂缓决策 / 接受总体	细节测试中非统计抽样：推断的总体错报 / 可容忍错报 → 拒绝总体 / 暂缓决策 / 接受总体

(1) 统计抽样和非统计抽样得出总体结论的差异点在于：当样本偏差率小于可容忍偏差率但接近（推断的总体错报小于可容忍错报但接近）时，统计抽样总体可接受，而非统计抽样总体不可接受。
(2) 如果认为审计抽样没有为得出有关测试总体的结论提供合理的基础，注册会计师可以：
①要求管理层对识别出的错报和是否可能存在更多错报进行调查，并在必要时进行调整。
②调整进一步审计程序的性质、时间安排和范围，以更好地获取所需的保证。例如，对于控制测试，注册会计师可能会扩大样本规模、测试替代控制或修改相关实质性程序的性质、时间安排和范围

【考点八】传统变量抽样的计算

【例题·2012年·简答题】

A注册会计师负责审计甲公司2×11年度财务报表。在针对存货实施<u>细节测试</u>[1]时，A注册会计师决定采用<u>传统变量抽样</u>[1]方法实施统计抽样。甲公司2×11年12月31日存货账面余额合计为15 000万元。A注册会计师确定的总体规模为3 000，样本规模为200，样本账面余额合计为1 200万元，样本审定金额合计为800万元。 要求： 　　代A注册会计师分别采用均值估计抽样、差额估计抽样和比率估计抽样三种方法计算推断的总体错报金额。	【审题过程】 [1] 细节测试常用抽样方法为传统变量抽样和货币单元抽样，而控制测试所用抽样方法为属性抽样，注意两者之间的区分。

【答案】 （1）均值估计抽样。

样本平均审定额 = 800÷200 = 4（万元）

总体审定额 = 4×3 000 = 12 000（万元）

总体错报额 = 15 000 − 12 000 = 3 000（万元）

（2）差额估计抽样。

样本平均错报 =（1 200 − 800）÷200 = 2（万元）

总体错报额 = 2×3 000 = 6 000（万元）

（3）比率估计抽样。

比率 = 800/1 200 = 2/3

总体审定额 = 15 000×2/3 = 10 000（万元）

总体错报额 = 15 000 − 10 000 = 5 000（万元）

【私教点拨】

1. 传统变量抽样中评价样本结果的三种计算方法

原理非常简单，可按照名称记忆。均值法是先求平均数，差额法是先求差额，比率法是先算比率。

比率法、差额法、均值法的计算公式比较容易混淆，下面列示一张表格（见表4-7），再结合数学的推导公式，可加强记忆，提高计算速度。

表 4-7 比率法、差额法均值法计算示例

	样本	总体
审定金额（元）	A	X
账面金额（元）	B	D
规模（个）	C	E

如表 4-7 所示，已知 A、B、C、D、E 五个数据，求未知数 X。从数学角度，有以下三种方法可以求出 X：

（1）A/B=X/D（金额比金额，为比率法）

（2）A/C=X/E（金额比数量，为均值法）

（3）(A-B)/C=(X-D)/E（差额比数量，为差额法）

2. 传统变量抽样中评价样本结果三种方法的选择

（1）如果**未对总体进行分层，通常不使用均值法**，因为此时所需的样本规模可能太大，以至于不符合成本效益原则。

（2）如果发现错报金额与项目的**金额**紧密相关，注册会计师通常会选择**比率法**；如果发现错报金额与项目的**数量**紧密相关，注册会计师通常会选择**差额法**。

（3）**比率法和差额法样都要求样本项目存在错报**。如果样本账面额与审定额之间没有差异或只发现少量差异，这两种方法使用的公式所隐含的机理就会导致错误的结论，就不应使用比率法和差额法，而考虑使用其他的替代方法，如均值法或货币单元抽样。

真 题 演 练

1.（2019 年·单项选择题）下列与内部控制有关的审计工作中，通常可以使用审计抽样的是（　　）。

A. 评价内部控制设计的合理性

B. 确定控制是否得到执行

C. 测试自动化应用控制的运行有效性

D. 测试留下运行轨迹的人工控制的运行有效性

2.（2019 年·单项选择题）运用审计抽样进行细节测试时，对总体进行分层可以提高抽样效率的是（　　）。

A. 总体规模较大　　B. 总体变异性较大　　C. 误拒风险较高　　D. 预计总体错报较高

3.（2018 年·单项选择题）下列有关审计抽样的样本代表性的说法中，错误的是（　　）。

A. 如果样本的选取是无偏向的，该样本通常具有代表性

B. 样本具有代表性意味着根据样本测试结果推断的错报与总体中的错报相同

C. 样本的代表性与样本规模无关

D. 样本的代表性通常只与错报的发生率而非错报的特定性质相关

4.（2018年·单项选择题）下列有关非抽样风险的说法中，错误的是（　　）。

A. 非抽样风险影响审计风险

B. 非抽样风险不能量化

C. 注册会计师可以通过采取适当的质量控制政策和程序降低非抽样风险

D. 注册会计师可以通过扩大样本规模降低非抽样风险

5.（2018年·单项选择题）下列有关控制测试的样本规模的说法中，错误的是（　　）。

A. 预计总体偏差率与样本规模同向变动

B. 可容忍偏差率与样本规模反向变动

C. 信赖不足风险与样本规模反向变动

D. 总体规模对样本规模的影响几乎为零，除非总体非常小

6.（2017年·单项选择题）下列有关控制测试的样本规模的说法中，错误的是（　　）。

A. 可接受的信赖过度风险与样本规模反向变动

B. 总体规模与样本规模反向变动

C. 可容忍偏差率与样本规模反向变动

D. 预计总体偏差率与样本规模同向变动

7.（2016年·单项选择题）下列有关抽样风险的说法中，错误的是（　　）。

A. 如果注册会计师对总体中的所有项目都实施检查，就不存在抽样风险

B. 在使用非统计抽样时，注册会计师可以对抽样风险进行定性的评价和控制

C. 无论是控制测试还是细节测试，注册会计师都可通过扩大样本规模降低抽样风险

D. 注册会计师未能适当地定义误差将导致抽样风险

8.（2014年·单项选择题）下列各项中，不会导致非抽样风险的是（　　）。

A. 注册会计师选择的总体不适合于测试目标

B. 注册会计师未能适当地定义误差

C. 注册会计师未对总体中的所有项目进行测试

D. 注册会计师未能适当地评价审计发现的情况

9.（2013年·单项选择题）下列有关货币单元抽样的说法中，正确的是（　　）。

A. 货币单元抽样是一种运用属性抽样原理对发生率得出结论的统计抽样方法

B. 货币单元抽样不适用于测试总体的高估

C. 如果注册会计师预计不存在错报，货币单元抽样的样本规模通常比传统变量抽样方法更大

D. 货币单元抽样中，项目被选取的概率与其货币金额大小成比例，因而无需通过分层减少变异性

10.（2019年·多项选择题）运用审计抽样进行细节测试时，可以作为抽样单元的有（　　）。

A. 一笔交易　　　　B. 一个账户余额　　　C. 每个货币单元　　D. 交易中的一个记录

11.（2018年·多项选择题）下列审计程序中，通常不宜使用审计抽样的有（　　）。

A. 风险评估程序

B. 实质性分析程序

C. 对未留下运行轨迹的控制的运行有效性实施测试

D. 对信息技术应用控制的运行有效性实施测试

12. （2017年·多项选择题）下列各项中，属于审计抽样基本特征的有（   ）。

A. 对具有审计相关性的总体中低于百分之百的项目实施审计程序

B. 可以根据样本项目的测试结果推断出有关抽样总体的结论

C. 所有抽样单元都有被选取的机会

D. 可以基于某一特征从总体中选出特定项目实施审计程序

13. （2017年·多项选择题）下列各项中，属于统计抽样特征的有（   ）。

A. 评价非抽样风险   B. 运用概率论评价样本结果

C. 运用概率论计量抽样风险   D. 随机选取样本项目

14. （2016年·多项选择题）下列有关控制测试的样本规模的说法中，错误的有（   ）。

A. 对相关控制的依赖程度增加，所需的样本规模增大

B. 大规模总体中抽样单元的数量增加，所需的样本规模增大

C. 拟测试的总体预期偏差率增加，所需的样本规模增大

D. 可容忍偏差率增加，所需的样本规模增大

15. （2016年·多项选择题）下列有关注册会计师使用非统计抽样实施细节测试的说法中，错误的有（   ）。

A. 注册会计师增加单独测试的重大项目，可以减少样本规模

B. 在定义抽样单元时，注册会计师无需考虑实施计划的审计程序或替代程序的难易程度

C. 在确定可接受的误受风险水平时，注册会计师无需考虑针对同一审计目标的其他实质性程序的检查风险

D. 注册会计师根据样本中发现的错报金额推断总体错报金额时，可以采用比率法或差额法

16. （2014年·多项选择题）下列各项审计程序中，通常不采用审计抽样的有（   ）。

A. 风险评估程序   B. 控制测试

C. 实质性分析程序   D. 细节测试

17. （2014年·多项选择题）下列有关抽样风险的说法中，正确的有（   ）。

A. 误受风险和信赖不足风险影响审计效果   B. 误受风险和信赖过度风险影响审计效果

C. 误拒风险和信赖不足风险影响审计效率   D. 误拒风险和信赖过度风险影响审计效率

18. （2014年·多项选择题）下列选取样本的方法中，可以在统计抽样中使用的有（   ）。

A. 使用随机数表选样   B. 随意选样

C. 使用计算机辅助审计技术选样   D. 系统选样

19. （2013年·多项选择题）下列有关非抽样风险的说法中，正确的有（   ）。

A. 注册会计师实施控制测试和实质性程序时均可能产生非抽样风险

B. 注册会计师保持职业怀疑有助于降低非抽样风险

C. 注册会计师可以通过扩大样本规模降低非抽样风险

D. 注册会计师可以通过加强对审计项目组成员的监督和指导降低非抽样风险

20. （2013年·多项选择题）下列各项中，直接影响控制测试样本规模的因素有（　　）。

A. 可容忍偏差率

B. 拟测试总体的预期偏差率

C. 控制所影响账户的可容忍错报

D. 注册会计师在评估风险时对相关控制的依赖程度

21. （2017年·简答题）ABC会计师事务所的A注册会计师负责审计甲公司2×16年度财务报表。与存货审计相关的部分事项如下：

A注册会计师采用统计抽样测试领料单是否得到适当批准，发现一个样本对应的领料单因填写错误而作废，A注册会计师认为该事项不构成偏差，另选一个样本进行了测试。

要求：

针对上述事项，指出A注册会计师的做法是否恰当。如不恰当，请简要说明理由。

22. （2015年·简答题）ABC会计师事务所负责审计甲公司2×14年度财务报表，审计工作底稿中与内部控制相关的部分内容摘录如下：

（1）考虑到甲公司2×14年固定资产的采购主要发生在下半年，审计项目组从下半年固定资产采购中选取样本实施控制测试。

（2）甲公司与原材料采购批准相关的控制每日运行数次，审计项目组确定样本规模为25个。考虑到该控制自2×14年7月1日起发生重大变化，审计项目组从上半年和下半年的交易中分别选取12个和13个样本实施控制测试。

要求：

针对上述第（1）至第（2）项，逐项指出审计项目组的做法是否恰当。如不恰当，请简要说明理由。

23. （2019年·综合题）甲公司原材料年末余额为10 000万元，包括3 000个项目。A注册会计师在实施计价测试时，抽样选取了50个项目作为测试样本，发现两个样本存在错报，这两个样本的账面余额为150万元和50万元，审定金额为120万元和40万元。A注册会计师采用比率法推断的总体错报为2 400万元。

要求：

针对上述事项，假定不考虑其他条件，指出A注册会计师的做法是否恰当。如不恰当，请简要说明理由。

24. （2019年·综合题）甲公司供应商数量多，采购交易量大。A注册会计师拟对采购与付款循环相关的财务报表项目实施综合性方案，采用随意抽样测试相关内部控制的运行有效性，采用货币单元抽样测试应付账款的准确性和完整性。

要求：

针对上述事项，假定不考虑其他条件，指出A注册会计师的做法是否恰当。如不恰当，请简要说明理由。

25. （2018年·综合题）上市公司甲公司是ABC会计师事务所的常年审计客户，主要从事药品的研发、生产和销售。A注册会计师负责审计甲公司2×17年度财务报表，确定财务报表整体的重要性为300万元，明显微小错报的临界值为15万元。

资料三：

A注册会计师在审计工作底稿中记录了审计计划，部分内容摘录如下：

A注册会计师确定对广告费交付审批控制的测试样本量为60个，拟在期中审计时测试从2×17年4月至9月交易中选取的40个样本，期末审计时测试从2×17年10月至12月交易中选取的20个样本。

资料四：

A注册会计师在审计工作底稿中记录了针对市场推广费实施的进一步审计程序，部分内容摘录如下：

（1）甲公司会计每月将服务商对账单与应付市场推广费明细账进行核对，并对差异进行调查处理，由财务经理复核。A注册会计师选取2×17年12月的核对记录，询问了核对过程，检查了核对情况、差异调查处理情况以及财务经理签字，认为该控制运行有效。

（2）甲公司2×17年度发生市场推广费2亿元。A注册会计师选取单笔金额100万元以上，合计1亿元的市场推广费实施了细节测试，发现错报250万元，采用比率法推断市场推广费的总体错报为500万元。

要求：

针对资料三和资料四第（1）至第（2）项，假定不考虑其他条件，逐项指出A注册会计师的做法是否恰当。如不恰当，请简要说明理由。

26.（2018年·综合题）上市公司甲公司是ABC会计师事务所的常年审计客户，主要从事汽车的生产和销售。A注册会计师负责审计甲公司2×17年度财务报表，确定财务报表整体的重要性为1 000万元，明显微小错报的临界值为30万元。

资料四：

A注册会计师在审计工作底稿中记录了实施进一步审计程序的情况，部分内容摘录如下：

A注册会计师在测试与销售收款相关的内部控制时识别出一项偏差，经查证实是员工舞弊所致，因追加样本量进行测试后未再识别出偏差，A注册会计师认为相关内部控制运行有效，并向管理层通报了该项舞弊。

要求：

针对上述事项，假定不考虑其他条件，指出A注册会计师的做法是否恰当。如不恰当，请简要说明理由。

27.（2017年·综合题）ABC会计师事务所首次接受委托，审计上市公司甲公司2×16年度财务报表，委派A注册会计师担任项目合伙人。A注册会计师确定财务报表整体的重要性为1 200万元。甲公司主要提供快递物流服务。

资料四：

A注册会计师在审计工作底稿中记录了实施的进一步审计程序，部分内容摘录如下：

在采用审计抽样测试甲公司付款审批控制时，A注册会计师确定总体为2×16年度的所有付款单据，抽样单元为单张付款单据，选取2×16年12月26日至12月31日的全部付款单据共计80张作为样本，测试结果满意。

要求：

针对上述事项，假定不考虑其他条件，指出 A 注册会计师的做法是否恰当。如不恰当，请简要说明理由。

28. (2017年·综合题) 甲公司是 ABC 会计师事务所的常年审计客户，主要从事电气设备的生产和销售。A 注册会计师负责审计甲公司 2×16 年度财务报表，确定财务报表整体的重要性为 300 万元，实际执行的重要性为 210 万元。

资料三：

A 注册会计师在审计工作底稿中记录了审计计划，部分内容摘录如下：

A 注册会计师拟信赖甲公司与存货采购相关的内部控制，采用非统计抽样方法，从 2×16 年第 4 季度的采购交易中选取样本实施测试。

要求：

针对上述事项，假定不考虑其他条件，指出审计计划的内容是否恰当。如不恰当，请简要说明理由。

29. (2016年·综合题) 甲公司是 ABC 会计师事务所的常年审计客户，主要从事肉制品的加工和销售。A 注册会计师负责审计甲公司 2×15 年度财务报表。

资料四：

甲公司部分原材料系向农户采购。财务人员办理结算时应当查验农户身份证，并将身份证复印件及农户签字的收据作为付款凭证附件。2 000 元以上的付款应当通过银行转账。A 注册会计师在审计工作底稿中记录了与采购与付款交易相关的审计工作，部分内容摘录如下：

注册会计师在实施细节测试时，发现有一笔付款凭证后未附农户身份证复印件。财务经理解释付款时已查验原件，忘记索要复印件。A 注册会计师询问了该农户，验证了签字的真实性，并扩大了样本规模，未发现其他例外事项，结果满意。

要求：

针对上述事项，指出 A 注册会计师的做法是否恰当。如不恰当，请简要说明理由。

真 题 答 案 及 解 析

1. 【答案】 D

   【解析】 本题考查审计抽样的运用，具体分析如下：

   选项 A，评价内部控制设计的合理性是风险评估程序的内容，风险评估程序不适宜运用审计抽样，不选；

   选项 B，控制测试中运用审计抽样，需要控制留下运行轨迹才行，不选；

   选项 C，控制测试中运用审计抽样，需要控制留下运行轨迹才行，不选；

   选项 D，指明该人工控制是留下运行轨迹的，故可以运用审计抽样，当选。

2. 【答案】 B

【解析】 本题考查对总体进行分层的理解。如果总体项目存在重大的变异性，注册会计师可以考虑将总体分层。分层可以降低每一层中项目的变异性，从而在抽样风险没有成比例增加的前提下减小样本规模，提高审计效率，选项B正确。

3. 【答案】 B

【解析】 本题考查样本代表性的相关知识点。代表性是指在既定的风险水平下，注册会计师得出的结论，与对整个总体实施与样本相同的审计程序得出的结论类似。具体分析如下：

选项A，如果样本的选取是无偏向的，则该样本通常具有代表性，不选；

选项B，样本具有代表性并不意味着根据样本测试结果推断的错报一定与总体中的错报完全相同，当选；

选项C，代表性与整个样本而非样本中的单个项目相关，与样本规模无关，而与如何选取样本相关，不选；

选项D，代表性只与错报的发生率而非错报的特定性质相关，比如，异常情况导致的样本错报就不具有代表性，不选。

4. 【答案】 D

【解析】 本题考查非抽样风险的相关知识点，注意其与抽样风险区分。具体分析如下：

选项A，如果对总体中所有项目都实施检查，就不存在抽样风险，此时审计风险完全由非抽样风险；如果采用审计抽样，抽样风险和非抽样风险均影响审计风险，不选。

选项B，非抽样风险由人为因素造成，难以量化，不选。

选项C，通过采取适当的质量控制政策和程序，对审计程序采取适当的指导、监督和复核，仔细设计审计程序，以及对审计实务的适当改进，注册会计师可以将非抽样风险降低到可接受水平，不选。

选项D，注册会计师通过扩大样本规模来降低抽样风险，非抽样风险与抽样风险无关，当选。

5. 【答案】 C

【解析】 本题考查控制测试中各因素对样本规模的影响方向，需要着重理解记忆。具体分析如下：

选项A，预计总体偏差率越高，控制的有效性越低，与样本规模同向变动，不选。

选项B，可容忍偏差率指在控制测试中，注册会计师能够接受的最大偏差数量，与样本规模反向变动，不选。

选项C，信赖过度风险与审计效果有关，信赖不足风险与审计效率有关。信赖过度风险更容易导致注册会计师发表不恰当的审计意见，在实施控制测试时，主要关注信赖过度风险。可接受的信赖过度风险与样本规模呈反向变动，当选。

选项D，对小规模总体而言，审计抽样比其他选择测试项目的方向的效率低；对于大规模总体而言，总体实际容量对样本规模几乎没有影响，不选。

6. 【答案】 B

【解析】 本题考查控制测试中各因素对样本规模的影响方向，需要着重理解记忆。具体分析如下：

选项A，信赖过度风险指在控制测试中，推断的控制有效性高于其实际有效性的风险，与样本规模反向变动，不选；

选项B，对小规模总体而言，审计抽样比其他选择测试项目的方法效率低；对于大规模总体而言，总体实际容量对样本规模几乎没有影响，当选；

选项C，可容忍偏差率指在控制测试中，注册会计师能够接受的最大偏差数量，与样本规模反向变动，不选；

选项D，预计总体偏差率越高，控制的有效性越低，与样本规模同向变动，不选。

7. 【答案】 D

【解析】 本题考查抽样风险相关内容，需要对选项进行逐一判断。具体分析如下：

选项A，对所有项目实施检查为全查，不存在抽样的动作，即不存在抽样风险，不选；

选项B，统计抽样与非统计抽样最大的不同点在于统计抽样可以量化抽样风险，非统计抽样更适合定性抽样风险，不选；

选项C，只要是抽样风险都可以通过扩大样本规模来降低，不选；

选项D，定义误差和抽样无关，未能恰当定义误差属于非抽样风险，当选。

8. 【答案】 C

【解析】 非抽样风险是注册会计师由于任何与抽样风险无关的原因而得出错误结论的风险。具体分析如下：

选项A，抽样风险由于抽样导致，选择总体不属于抽样，因此总体不适合于测试目标属于非抽样风险，不选；

选项B，定义误差和抽样无关，未能恰当定义误差属于非抽样风险，不选；

选项C，未能对所有项目进行测试，是指抽样的样本规模，属于抽样风险，当选；

选项D，评价情况和抽样无关，未能适当地评价审计发现的情况属于非抽样风险，不选。

9. 【答案】 D

【解析】 本题考查货币单元抽样定义及其特点，需要对选项进行逐一判断。具体分析如下：

选项A，货币单元抽样是一种利用属性抽样的原理对金额得出结论的统计抽样方法，不选；

选项B，货币单元抽样不适用于测试总体的低估，因为账面金额小但被严重低估的项目被选中的概率低，不选；

选项C，如果注册会计师预计不存在错报，货币单元抽样的样本规模通常比传统变量抽样小，不选；

选项D，货币单元抽样中，项目被选取的概率与其货币金额大小成比例，无需通过分层减少变异性，当选。

10. 【答案】 ABCD

【解析】 本题考查对抽样单元的理解，在细节测试中，注册会计师应根据审计目标和所实施审计程序的性质定义抽样单元。抽样单元可能是：

(1) 一个账户余额（选项B）。

(2) 一笔交易（选项A）。

(3) 交易中的一个记录，如销售发票中的单个项目（选项D）。

(4) 每个货币单元（选项C）。

11. 【答案】 ABCD

【解析】 本题考查审计抽样的适用性，需要掌握只有留下控制运行轨迹的内部控制和细节测试适用于审计抽样。具体分析如下：

选项A，风险评估是为了了解被审计单位及其环境而实施的程序，通常不涉及审计抽样，当选；

选项B，实施实质性分析程序时，注册会计师的目的不是根据样本项目的测试结果推断有关总体的结论，此时不宜使用审计抽样，当选；

选项C，对于未留下运行轨迹的控制，注册会计师无"样"可抽，通常实施询问、观察等审计程序，以获取有关控制运行有效性的审计证据，此时不宜使用审计抽样，当选；

选项D，在被审计单位采用信息技术处理各类交易及其他信息时，注册会计师通常只需要测试信息技术一般控制，并从各类交易中选取一笔或几笔交易进行测试，就能获取有关信息技术应用控制运行有效性的审计证据，此时无需使用审计抽样，当选。

12. 【答案】 ABC

【解析】 本题考查审计抽样的基本特征，需要对该知识点进行记忆掌握。审计抽样应当同时具备三个基本特征：

(1) 对具有审计相关性的总体中低于百分之百的项目实施审计程序（选项A）。

(2) 所有抽样单元都有被选取的机会（选项C）。

(3) 可以根据样本项目的测试结果推断出有关抽样总体的结论（选项B）。

选项D，基于某一特征从总体中选出特定项目不满足所有抽样单元都有被选取的机会的条件，不选。

13. 【答案】 BCD

【解析】 本题考查统计抽样的特征，需要对该知识点进行记忆掌握。统计抽样，是指同时具备下列特征的抽样方法：

(1) 随机选取样本项目（选项D）。

(2) 运用概率论评价样本结果，包括计量抽样风险（选项BC）。

选项A，统计抽样可以量化抽样风险，不评价非抽样风险。

14. 【答案】 BD

【解析】 本题考查控制测试中各因素对样本规模的影响方向，需要着重理解记忆。具体分析如下：

选项A，对相关控制越依赖，需要的样本规模越大，降低风险，不选；

选项B，如果总体规模很大，那么其对样本量的影响很小，当选；

选项C，预计总体偏差率越高，控制的有效性越低，与样本规模同向变动，不选；

选项D，可容忍偏差率是注册会计师设定的偏离规定的内部控制的比率，可容忍偏差率增加，所需要的样本规模越小，当选。

15. 【答案】 BC

【解析】 本题考查非统计抽样的相关知识点，需要对选项进行逐一判断。具体分析如下：

选项A，注册会计师增加单独测试的重大项目，可以减少样本规模，不选；

选项B，在定义抽样单元时，注册会计师也应当考虑实施计划的审计程序或替代程序的难易程度，当选；

选项C，在确定可接受的误受风险水平时，注册会计师需要考虑针对同一审计目标的其他实质性程序的检查风险，当选；

选项D，注册会计师根据样本中发现的错报金额推断总体错报金额时，可以采用比率法、均值法或差额法，不选。

16. 【答案】 AC

【解析】 本题考查审计抽样的使用性，需要掌握只有留下控制运行轨迹的内部控制和细节测试适用于审计抽样。具体分析如下：

选项A，风险评估是为了了解被审计单位及其环境而实施的程序，通常不涉及审计抽样，当选；

选项BD，只有留下控制运行轨迹的内部控制和细节测试适用于审计抽样，不选；

选项C，在实施实质性分析程序时，注册会计师的目的不是根据样本项目的测试结果推断有关总体的结论，此时不宜使用审计抽样，当选。

17. 【答案】 BC

【解析】 本题考查各类风险对审计效率、审计效果的影响，这里的影响主要指负面影响，需要对选项进行逐一判断。具体分析如下：

选项A，信赖过度风险和误受风险是过度相信，少做程序，导致审计效果变差，不选；

选项B，信赖过度风险和误受风险是过度相信，少做程序，导致审计效果变差，当选；

选项C，信赖不足风险和误拒风险是过度怀疑，多做程序，导致审计效率降低，当选；

选项D，信赖不足风险和误拒风险是过度怀疑，多做程序，导致审计效率降低，不选。

18. 【答案】 ACD

【解析】 本题考查选取样本的方法，需要区分各类选样方法是否适用于统计抽样。具体分析如下：

选项AD，简单随机选样和系统选样属于常见的统计抽样方法，当选；

选项B，随意选样虽然也可以选出代表性样本，但是其属于非随机基础选样方法，因而不能在统计抽样中使用，不选；

选项C，计算机辅助审计技术选样只是利用了计算机技术，其可以运用于统计抽样，当选。

19. 【答案】 ABD

【解析】 本题考查非抽样风险的相关内容，需要将其与抽样风险区分。具体分析如下：

选项A，非抽样风险由人为因素造成，在审计的整个过程中均有可能产生，当选。

选项B，非抽样风险由人为因素造成，保持职业怀疑可以降低非抽样风险，当选。

选项C，非抽样风险是指注册会计师由于任何与抽样风险无关的原因而得出错误结论的风险，是人为因素造成的；注册会计师通过扩大样本规模降低抽样风险，但非抽样风险与抽样无关，注册会计师无法通过扩大样本规模降低非抽样风险，不选。

选项D，通过采取适当的质量控制政策和程序，对审计程序采取适当的指导、监督和复核，仔细设计审计程序，以及对审计实务的适当改进，注册会计师可以将非抽样风险降低到可接受水平，当选。

20. 【答案】 ABD

【解析】 本题考查控制测试中各因素对样本规模的影响方向，需要着重理解记忆。具体分析如下：

选项A，可容忍偏差率是注册会计师设定的偏离规定的内部控制的比率，当选；

选项B，预计总体偏差率越高，控制的有效性越低，与样本规模同向变动，当选；

选项C，可容忍错报是注册会计师设定的能够接受的最大货币金额的错报，是影响细节测试样本规模的因素，不选；

选项D，对相关控制越依赖，就需要越大的样本规模以降低风险，当选。

21.

【答案】 恰当。	【答案解读】 对于无效单据，注册会计师需要合理确信该无效单据是正常的且不构成设定的偏差，并选取新的样本对应。

22.

【答案】 （1）不恰当。控制测试的样本应当涵盖整个期间。 （2）不恰当。因为控制发生重大变化，审计项目组应当分别测试2×14年上半年和下半年与原材料采购批准相关的内部控制活动不同，并应当分别测试25个。	【答案解读】 （1）审计抽样的特点之一是所有项目都有被选取的机会，因此不能只从下半年中选取样本。 （2）由于控制发生变化，审计项目组应当将上半年和下半年分开测试，样本规模是针对单个测试而言的，因此应当分别测试25个。

23.

【答案】 不恰当。推断的总体错报应为2 000万元。	【答案解读】 比率＝样本审定金额÷样本账面金额＝（120+40)÷(150+50)＝80%；估计的总体金额＝10 000×80%＝8 000（万元）；推断的总体错报＝总体账面金额－估计的总体金额＝10 000－8 000＝2 000（万元）。

24.

【答案】 不恰当。货币单元抽样不适用于测试总体的低估/完整性。	【答案解读】货币单元抽样不适用于测试总体的低估（应付账款的完整性）。

25.

| 【答案】
资料三：
不恰当。注册会计师没有从2×17年1~3月的交易中选取样本，样本的选取没有代表性，确定的抽样总体不完整。
资料四（1）：
不恰当。整群选样通常不适用于审计抽样，应从全年的服务商对账单与应付市场推广费明细账中选取样本。
资料四（2）：
不恰当。选取特定项目进行审计不属于审计抽样，不能推断总体。 | 【答案解读】
资料三：
审计抽样的特点之一是由样本结果推断出总体结论，题中注册会计师没有从2×17年1~3月的交易中选取样本，只能推断出4~12月的结论，而审计报告中需要得到的总体结论是整年的。
资料四（1）：
选取2×17年12月的核对记录属于整群选样，不能根据样本有效推断总体，不适用于审计抽样。
资料四（2）：
选取单笔金额100万元以上的市场推广费实施测试属于选取特定项目进行审计，不是所有项目都有被选取的机会，这种对特定项目的测试不属于审计抽样。 |
| --- | --- |

26.

【答案】 不恰当。控制偏差系由舞弊导致，扩大样本规模通常无效，该内部控制无效。	【答案解读】由舞弊导致的控制偏差属于人为因素，与抽样无关，属于非抽样风险，扩大样本规模无效。

27.

【答案】 不恰当。整群选样通常不适用于审计抽样，应从全年的付款单据中选取样本。	【答案解读】选取2×16年12月26日至12月31日的全部付款单据属于整群选样，不能根据样本有效推断总体，不适用于审计抽样。

28.

| 【答案】 不恰当。整群选样通常不适用于审计抽样，应从全年的付款单据中选取样本。 | 【答案解读】 从2×16年第4季度的采购交易中选取样本属于整群选样，不能根据样本有效推断总体，不适用于审计抽样。 |

29.

| 【答案】 恰当。 | 【答案解读】 注册会计师发现问题先查明原因，并对其进行了验证，同时扩大样本规模降低了抽样风险。这种做法是恰当的。 |

第五章 信息技术对审计的影响

本章考情 Q&A

Q：本章的重要性如何？
A：本章属于不太重要的章节，平均考查分值为 1 分，重要性排在本书所有章节的末位。

Q：本章知识点在考试中通常以什么形式出现？
A：本章考试题型主要以选择题为主，偶尔涉及综合题的一小问。

Q：本章难学吗？
A：本章较难理解，内容较杂，但就考试而言，考试难度不大，考生只需要了解相关概念，掌握关键结论即可。

Q：本章 2020 年的主要变动有哪些？
A：无变动。

Q：本章考点历年分布如何？
A：以下是老师们的统计。

考点	2010 年	2011 年	2012 年	2013 年	2014 年	2015 年	2016 年	2017 年	2018 年	2019 年
信息技术中的一般控制和应用控制测试						√		√	√	
信息技术对审计过程的影响							√			√

经典例题

【考点一】信息技术中的一般控制和应用控制测试

【例题 1·2018 年·单项选择题】下列有关信息技术一般控制的说法中，错误的是（　　）。

A. 信息技术一般控制只能对实现部分或全部财务报表认定做出间接贡献

B. 信息技术一般控制对所有应用控制具有普遍影响

C. 信息技术一般控制包括程序开发、程序变更、程序和数据访问以及计算机运行四个方面

D. 信息技术一般控制旨在保证信息系统的安全

【答案】 A

【解析】 本题考查信息技术一般控制的相关概念，需要逐一分析掌握。具体分析如下：

选项 A，信息技术一般控制通常会对实现部分或全部财务报表认定做出间接贡献，在有些情况下，信息技术一般控制也可能对实现信息处理目标和财务报表认定作出直接贡献，当选；

选项 BD，信息技术一般控制是指为了保证信息系统安全，对整个信息系统及外部各种环境要素实施的、对所有应用或控制模块具有普遍影响的控制措施，不选。

选项 C，信息技术一般控制包括程序开发、程序变更、程序和数据访问以及计算机运行四个方面，不选。

【例题 2·2017 年·综合题】

ABC 会计师事务所的注册会计师审计上市公司甲公司 2×16 年度财务报表，甲公司主要提供快递物流服务。 资料四： A 注册会计师在审计工作底稿中记录了实施的进一步审计程序，部分内容摘录如下： 甲公司收入交易高度依赖信息系统。ABC 事务所的信息技术专家对甲公司信息技术一般控制 [1] 和与收入相关的信息技术应用控制进行了测试 [2]，结果满意。 要求： 针对上述事项，假定不考虑其他条件，指出 A 注册会计师的做法是否恰当。如不恰当，请简要说明理由。	【审题过程】 [1] 信息技术一般控制是基础，信息技术一般控制的有效与否会直接关系到信息技术应用控制的有效性是否能够信任。 [2] 如果注册会计师计划依赖自动化应用控制，就需要测试相关的一般控制。

【答案】 恰当。

【私教点拨】

1. 信息技术一般控制掌握要点

（1）信息技术一般控制是指为了保证信息系统安全，对整个信息系统及外部各种环境要素实施的、对所有应用或控制模块具有普遍影响的控制措施。可以把一般控制理解成电脑中的 Windows 系统或 Mac 系统，Mac 系统比 Windows 系统稳定，因此 Mac 系统的一般控制比 Windows 系统的一般控制要好；把应用控制理解成电脑中的软件，比如 Windows 系统里的 Excel 文件或 Mac 系统里的 Numbers 软件。

（2）一般控制包括程序开发、程序变更、程序和数据访问以及计算机运行四个方面。

（3）一般控制通常会对实现部分或全部财务报表认定作出间接贡献。在有些情况下，也可能对实现信息处理目标和财务报表认定作出直接贡献。因为有效的信息技术一般控制确保了应用系统控制和依赖计算机处理的自动会计程序得以持续有效地运行，但一般控制并不直接处理财务数据。

2. 信息技术一般控制、应用控制和公司层面控制的关系

（1）公司层面信息技术控制是信息技术的整体控制环境，决定了信息技术一般控制和应用控制的风险基调。

（2）一般控制是应用控制的基础，一般控制的有效性直接关系到应用控制的有效性，所以如果注册会计师计划依赖自动化应用控制，就需要测试相关的一般控制。

【拓展】 注册会计师需要了解与审计相关的信息技术一般控制和应用控制（了解是必须的）。

【考点二】信息技术对审计过程的影响

【例题1·2019年·单项选择题】下列有关信息技术对审计的影响的说法中，错误的是（　　）。

A. 被审计单位对信息技术的运用不改变注册会计师制定审计目标，进行风险评估和了解内部控制的原则性要求

B. 被审计单位对信息技术的运用影响注册会计师需要获取的审计证据的性质

C. 被审计单位对信息技术的运用影响审计内容

D. 被审计单位对信息技术的运用不影响注册会计师需要获取的审计证据的数量

【答案】 D

【解析】 本题考查信息技术对审计的影响，需要逐一分析掌握。具体分析如下：

选项A，信息技术在企业中的应用并不改变注册会计师制定审计目标、进行风险评估和了解内部控制的原则性要求，审计准则和财务报告审计目标在所有情况下都适用，不选；

选项B，被审计单位对信息技术的运用影响注册会计师需要获取的审计证据的性质（以前证据大部分都是纸质的，在信息技术环境下，很多证据都是电子或其他形式的），不选；

选项C，被审计单位对信息技术的运用影响审计内容，信息化环境下审计的内容，包括对信息化系统的处理和相关控制功能的审查，不选；

选项D，被审计单位对信息技术的运用影响注册会计师需要获取的审计证据的数量（注册会计师通过利用计算机辅助审计技术能够提高审阅大量交易的效率，且不会受劳累过度的影响，从而可以获取更多的审计证据），当选。

【例题2·2016年·单项选择题】下列有关注册会计师评估被审计单位信息系统的复杂度的说法中，错误的是（　　）。

A. 信息技术环境复杂，意味着信息系统也是复杂的

B. 评估信息系统的复杂度，需要考虑系统生成的交易数量

C. 评估信息系统的复杂度，需要考虑系统中进行的复杂计算的数量

D. 对信息系统复杂度的评估，受被审计单位所使用的系统类型的影响

【答案】 A

【解析】 本题考查评估被审计单位信息系统的复杂度，需要逐一分析掌握。具体分析如下：

选项 A，信息技术环境并非信息系统本身，信息技术环境复杂并不一定意味着信息系统复杂，当选；

选项 B，评估信息系统的复杂度，需要考虑系统生成的交易数量，如果系统生成的交易数量越多，信息系统可能越复杂，不选；

选项 C，评估信息系统的复杂度，需要考虑系统中进行的复杂计算的数量，如果系统中进行的复杂计算的数量越多，信息系统可能越复杂，不选；

选项 D，对信息系统复杂度的评估，受被审计单位所使用的系统类型的影响，如果被审计单位使用的是特殊系统，信息系统的复杂度可能更高，不选。

【私教点拨】

1. 信息技术对审计过程的影响

(1) 无影响部分。

信息技术在企业中的应用并不改变注册会计师制定审计目标、进行风险评估和了解内部控制的原则性要求，审计准则和财务报告审计目标在所有情况下都适用。

(2) 有影响部分。

①对审计线索（数据存储介质、存取方式以及处理程序等）的影响。

②对审计技术手段的影响（注册会计师需要掌握相关信息技术，把信息技术作为审计工具）。

③对内部控制的影响（注册会计师需要对被审计单位的信息技术内部控制进行审查与评价）。

④对审计内容（信息化环境下审计的内容，包括对信息化系统的处理和相关控制功能的审查）的影响。

⑤对注册会计师的影响（注册会计师需要熟悉信息系统的应用技术、结构和运行原理，有必要对信息化环境下的内部控制做出适当的评价）。

2. 确定信息技术审计范围时的考虑因素

(1) 被审计单位业务流程复杂度（考虑因素包括流程的人员、活动、数据量、处理方式及依赖程度等）。

(2) 信息系统复杂度。

①评估过程包含大量的职业判断，也受所使用系统类型（如商业软件或自行研发系统）的影响。

②评估商业软件的复杂程度时，应当考虑系统复杂程度、市场份额、系统实施和运行所需的参数设置范围，以及客制化程度。

③对自行研发系统复杂度的评估，应当考虑系统复杂程度、距离上一次系统架构重大变更的时间、系统变更对财务系统的影响结果以及系统变更之后的系统运行情况及运行期间。

③评估信息系统的复杂度等因素时，还需要考虑系统生成的交易数量、信息和复杂计算的数量。

(3) 系统生成的交易数量和业务对系统的依赖程度。

(4) 信息和复杂计算的数量。

(5) 信息技术环境规模和复杂度（信息技术环境复杂并不一定意味着信息系统是复杂的，反之亦然）。

真 题 演 练

(2015年·综合题) A注册会计师负责审计甲公司2×14年度财务报表。

资料三：

A注册会计师在审计工作底稿中记录了审计计划，部分内容摘录如下：

2×14年，甲公司使用新的存货管理系统，A注册会计师拟信赖与存货相关的自动化应用控制，确定信息系统审计的范围为：了解和评估系统环境和信息技术一般控制，测试自动化应用控制。

要求：

指出资料三所列审计计划是否恰当。如不恰当，请简要说明理由。

真 题 答 案 及 解 析

【答案】 不恰当。对拟信赖的存货管理系统，注册会计师仅了解了系统的一般控制，没有了解系统的应用控制；仅测试了系统的自动化应用控制，没有测试系统的一般控制。	【答案解读】 [1] 了解与审计相关的信息技术一般控制和自动化应用控制是必须的。 [2] 如果拟依赖自动化应用控制，就需要测试相关的一般控制，因为信息技术一般控制是基础，信息技术一般控制的有效与否会直接关系到信息技术应用控制的有效性是否能够信任。

第六章 审计工作底稿

本章考情 Q&A

Q：本章的重要性如何？
A：本章属于重要性一般的章节，平均考查分值为 4 分。

Q：本章知识点在考试中通常以什么形式出现？
A：本章主要以客观题、简答题的形式进行考查，简答题中经常考查审计工作底稿归档的相关内容。

Q：本章学习特点如何？
A：审计工作底稿属于审计执行程序的载体，载体的格式、内容等是比较机械的，因此与之相关的题型并不会特别的灵活，考生只需掌握其最常考的内容即可。

Q：本章 2020 年的主要变动有哪些？
A：无变动。

Q：本章主要考点历年分布如何？
A：以下是老师们的统计。

考点	2010 年	2011 年	2012 年	2013 年	2014 年	2015 年	2016 年	2017 年	2018 年	2019 年
审计工作底稿的编制要求与性质			√	√			√	√		
审计工作底稿的格式、要素和范围			√	√				√		
审计工作底稿的归档			√	√	√		√	√	√	√

经典例题

【考点一】审计工作底稿的编制要求与性质

【例题 1 · 2016 年 · 多项选择题】下列各项中，属于注册会计师编制审计工作底稿的目的的有（　　）。

A. 有助于项目组计划和执行审计工作

B. 保留对未来审计工作持续产生重大影响的事项的记录

C. 便于后任注册会计师的查阅

D. 便于监管机构对会计师事务所实施执业质量检查

【答案】 ABD

【解析】 本题主要考查审计工作底稿的编制目的，具体分析如下：

选项 A，计划和执行审计工作，属于编制目的中的其他目的，当选；

选项 B，持续产生重大影响，属于编制目的中的其他目的，当选；

选项 C，后任注册会计师，不属于编制目的，不选；

选项 D，职业质量检查，属于编制目的中的其他目的，当选。

【私教点拨】 审计工作底稿的编制目的是为"我"所用，而非是为"他人"所用，除非这个"他人"是"上级"。

我：事务所、项目组。

他人：后任注册会计师、监管机构（上级）、注册会计师协会（上级）。

【例题 2 · 2009 年 · 多项选择题】编制的审计工作底稿应当使未曾接触该项审计工作的有经验的专业人士清楚了解审计程序、审计证据和重大审计结论。下列条件中，有经验的专业人士应当具备的有（　　）。

A. 了解相关法律法规和审计准则的规定

B. 在会计师事务所长期从事审计工作

C. 了解与甲公司所处行业相关的会计和审计问题

D. 了解注册会计师的审计过程

【答案】 ACD

【解析】 本题考查有经验的人士的定义，具体分析如下：

选项 A，了解相关法律法规和审计准则的规定属于有经验的人士必备的素质，当选；

选项 B，具有审计实务经验与长期从事审计工作并无直接关系，短期从事审计工作，也具有一定的审计实务经验，不选；

选项 C，了解与甲公司所处行业相关的会计和审计问题属于有经验的人士必备的素质，当选；

选项 D，了解注册会计师的审计过程属于有经验的人士必备的素质，当选。

【私教点拨】 审计工作底稿的编制要求中，主要考点在于对有经验的专业人士的辨别。

对于有经验的人士的辨别，可以以**项目经理**为**标杆**。

项目经理作为审计的"头儿"，需要具有经验，了解各项内容。

项目经理要对**审计过程**、**被审计单位的经营环境**、**被审计单位会计和审计问题**以及**准则和法律**均有所了解，并且需要具备**实务经验**。

【例题 3 · 2017 年 · 简答题】

ABC 会计师事务所的 A 注册会计师负责审计多家被审计单位 2×16 年度财务报表。与审计工作底稿相关的部分事项如下：	

A注册会计师获取了丁公司2×16年年度报告的最终版本,阅读和考虑[1]年度报告中的其他信息后,通过在年度报告封面上注明"已阅读"[1]作为已执行工作的记录。 要求: 针对上述事项,指出A注册会计师的做法是否恰当。如不恰当,请简要说明理由。	【审题过程】 [1] 注册会计师不能仅仅注明"已阅读"作为已执行工作的记录,还应当记录是如何进行阅读的以及如何考虑年度报告中的其他信息等。

【答案】 不恰当。注册会计师应当记录实施的具体程序/应当记录阅读和考虑的程序。

【私教点拨】 当考查审计工作底稿的编制要求和其他信息的结合时,对于明显是不恰当的做法,但不会写理由时,建议统一写:**应当在审计工作底稿中记录XX(程序、过程等)**。

【例题4·2016年·简答题】

ABC会计师事务所的A注册会计师负责审计甲公司2×15年度财务报表,与审计工作底稿相关的部分事项如下: 注册会计师采用电子表格记录了对存货实施的审计程序,因页数较多未打印成纸质[1]工作底稿,直接将该电子表格归档[1]。 要求: 针对上述事项,指出A注册会计师的做法是否恰当。如不恰当,请简要说明理由。	【审题过程】 [1] 工作底稿不是必须要打印成纸质的,而是能通过打印等方式转换成纸质的即可。

【答案】 恰当。

【私教点拨】 工作底稿存在形式的注意事项如下:

(1) 审计工作底稿**不是必须**要以纸质形式存在。

(2) 电子底稿与其他纸质底稿可以同时存在,但注意这些电子底稿**要能打印**成纸质形式(而非必须打印)。

(3) 电子底稿打印成纸质底稿后,电子底稿要**单独保存**。

【例题5·2012年·单项选择题】 在某些例外情况下,如果在审计报告日后实施了新的或追加的审计程序,或者得出新的结论,应当形成相应的审计工作底稿。下列各项中,无需包括在审计工作底稿中的是( )。

A. 有关例外情况的记录

B. 实施的新的或追加的审计程序、获取的审计证据、得出的结论及对审计报告的影响

C. 对审计工作底稿作出相应变动的时间和人员以及复核的时间和人员

D. 审计报告日后，修改后的被审计单位财务报表草稿

【答案】 D

【解析】 本题主要考查审计工作底稿不包含的内容，具体分析如下：

选项 A，例外情况需要记录在工作底稿中，不选；

选项 B，追加的程序或证据需要包括在工作底稿中，不选；

选项 C，有变动，就需要包含在工作底稿中，不选；

选项 D，草稿不需要包含在工作底稿中，当选。

【私教点拨】 对于审计工作底稿的内容，主要考查的是不包含的内容有哪些。

【记忆口诀】 "废、初、草、重"谐音为"飞出草丛"，这些内容不包含在审计工作底稿内。审计工作底稿不包含的内容可以简单概括为以下四类：

(1) "废"：存在印刷错误或其他错误而作废的文本。

(2) "初"：反映不全面或初步思考的记录。

(3) "草"：已被取代的审计工作底稿的草稿或财务报表的草稿。

(4) "重"：重复的文件、记录等。

【考点二】 审计工作底稿的格式、要素和范围

【例题1·2017年·简答题】

ABC 会计师事务所的 A 注册会计师负责审计多家被审计单位 2×16 年度财务报表。与审计工作底稿相关的部分事项如下： A 注册会计师在对丙公司<u>发运单</u> [1] 实施细节测试时，在审计工作底稿中记录了发运单上载明的发货日期和购货方作为识别特征。 要求： 针对上述事项，指出 A 注册会计师的做法是否恰当。如不恰当，请简要说明理由。	【审题过程】 [1] 发运单属于单据，单据的编号具有唯一性，而发货日期和购货方不具有唯一性。

【答案】 不恰当。所述识别特征不具唯一性，注册会计师应将发运单的编号作为识别特征。

【私教点拨】 识别特征的记忆技巧：

(1) 看见**单据**想**编号**。

(2) 看见**金额**选**以上**（既定总体内一定金额以上）。

(3) 看见**人员**问**姓名、职位和时间**。

(4) 看见**抽样**记**来源、起点和间隔**（该抽样为系统化抽样）。

(5) **过程对象、人员责任、时间地点为观察**。

【例题 2·2012 年·简答题】

A 注册会计师负责审计甲公司 2×11 年度财务报表。与审计工作底稿相关的情况摘录如下： A 注册会计师在审计过程中无法就关联方关系及交易获取充分、适当的审计证据，并因此出具了<u>保留意见的审计报告 [1]</u>。A 注册会计师将该事项作为<u>重大事项记录在审计工作底稿中 [1]</u>。 要求： 针对上述情况，指出 A 注册会计师的做法是否恰当。如不恰当，简要说明理由。	【审题过程】 [1] 重要条件：保留意见的审计报告是由于有重大错报或审计范围受限导致的，属于重大事项。

【答案】 恰当。

【私教点拨】 重大事项包含的内容如下：

（1）特别风险；

（2）可能错报；

（3）难以实施；

（4）非标报告。

【记忆技巧】 从审计流程的角度去记忆，有了风险，就可能有错报，难以实施程序去应对，最终出具非标准审计报告。

【考点三】审计工作底稿的归档

【例题 1·2018 年·多项选择题】 注册会计师在审计工作底稿归档期间作出的下列变动中，属于事务性变动的有（　　）。

A. 删除管理层书面声明的草稿

B. 对审计档案归整工作的完成核对表签字认可

C. 将审计报告日前已收回的询证函进行编号和交叉索引

D. 获取估值专家的评估报告最终版本并归入审计工作底稿

【答案】 ABC

【解析】 本题主要考查事务性变动的情形，具体分析如下：

选项 A，草稿是可以被删除或废弃的，不涉及新的程序或新的结论，属于事务性工作，当选；

选项 B，规整完成、签字认可不涉及新的程序或新的结论，属于事务性工作，当选；

选项 C，交叉索引不涉及新的程序或新的结论，属于事务性工作，当选；

选项 D，涉及新的程序或新的结论，不属于事务性工作，不选。

【私教点拨】 事务性变动包含的内容：

【记忆技巧 1】 删除、整理、签字和记录。但一定要注意不包括实施新的程序，也不得随意删除原本就没有问题的审计工作底稿。

【记忆技巧2】 看到铺满一地的工作底稿：

首先**剔除**没有用的工作底稿（删除或废弃被取代的审计工作底稿）；

其次进行**整理**（对审计工作底稿进行分类、整理和交叉索引）；

然后**记录**审计证据（记录在审计报告日前获取的、与项目组相关成员进行讨论并达成一致意见的审计证据）；

最后在核对表上**签字认可**（对审计档案归整工作的完成核对表签字认可）。

【例题2·2017年·简答题】

ABC会计师事务所的A注册会计师负责审计多家被审计单位2×16年度财务报表。与审计工作底稿相关的部分事项如下： 因无法获取充分、适当的审计证据，A注册会计师在2×17年2月28日<u>中止</u>[1]了甲公司2×16年度财务报表审计业务。考虑到该业务可能重新启动，A注册会计师未将[1]审计工作底稿归档。 要求： 针对上述事项，指出A注册会计师的做法是否恰当。如不恰当，请简要说明理由。	【审题过程】 [1] 重要条件：中止审计业务，注册会计师仍需要将审计工作底稿归档。即使重新启动，也不影响已中止业务的归档。重新启动意味着重新签约，应视为另一项新的业务。

【答案】 不恰当。注册会计师应在业务中止后的60天内归档/业务中止也应归档。

【例题3·2017年·简答题】

ABC会计师事务所的A注册会计师负责审计多家被审计单位2×16年度财务报表。与审计工作底稿相关的部分事项如下： 在将丙公司2×16年度财务报表审计工作底稿归档后，A注册会计师知悉丙公司已于2×17年4月<u>清算并注销</u>[1]，认为无须保留与丙公司相关的审计档案，<u>决定销毁</u>[1]。 要求： 针对上述事项，指出A注册会计师的做法是否恰当。如不恰当，请简要说明理由。	【审题过程】 [1] 重要条件：被审计单位清算并注销是被审计单位自身的原因，不得因该原因而违反审计准则的规定，从而提前销毁审计工作底稿。

【答案】 不恰当。会计师事务所应当自审计报告日起对审计工作底稿至少保存10年。在规定保存期届满前，不应删除或废止任何性质的审计工作底稿。

【私教点拨】

归档期限：日后、中止后 60 天(内)。

保存期限：日起、中止起 10 年(至少)。

【提示】 如果组成部分审计报告日早于集团审计报告日，会计师事务所应当自集团审计报告日起对组成部分审计工作底稿至少保存 10 年。

【例题 4·2013 年·简答题】

| A 注册会计师负责审计甲公司 2×12 年度财务报表。与审计工作底稿相关的部分事项如下：

在完成审计档案归整工作后 [1]，A 注册会计师收到一份应收账款询证函回函，其结果显示无差异。A 注册会计师将其归入审计档案，并删除 [1]了在审计过程中实施的相关替代程序的审计工作底稿。

要求：
针对上述事项，指出 A 注册会计师的做法是否恰当。如不恰当，请简要说明理由。 | 【审题过程】

[1] 重要条件：在审计过程中，一方面实施了函证程序，另一方面又实施了替代测试程序，两种程序均有效，不能因归档后收到询证函从而删除其他（替代测试）有效的审计程序。 |

【答案】 不恰当。在完成审计档案的归整工作后，注册会计师不应在规定的保存期限届满前删除或废弃任何性质的审计工作。

【私教点拨】 审计工作底稿归档后的变动汇总，见图 6-1。

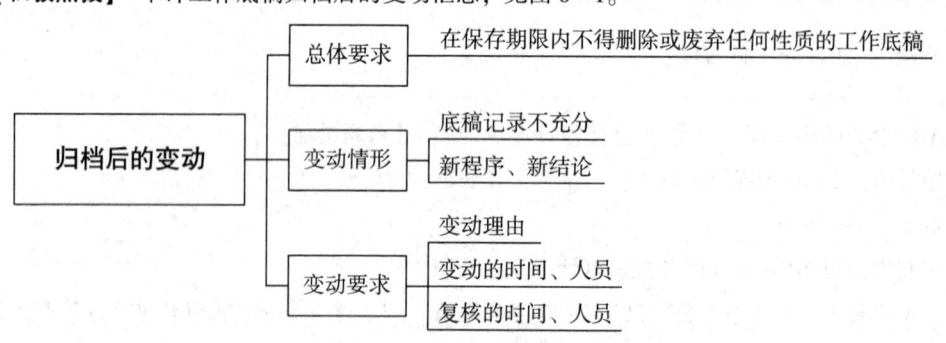

图 6-1 审计工作底稿归档后的变动汇总

真题演练

1.（2019年·单项选择题）下列各项中，不属于在审计工作底稿归档期间的事务性变动的是（　　）。

A. 对审计工作底稿进行分类和整理

B. 删除被取代的审计工作底稿

C. 将在审计报告日后获取的管理层书面声明放入审计工作底稿

D. 将在审计报告日前获取的、与项目组相关成员进行讨论后达成一致意见的审计证据列入审计工作底稿

2.（2014年·单项选择题）组成部分注册会计师为集团审计目的出具审计报告的日期为2×14年2月15日，集团项目组出具集团审计报告的日期为2×14年3月5日。下列关于组成部分注册会计师的审计工作底稿保存期限的说法中，正确的是（　　）。

A. 应当自2×14年1月1日起至少保存10年

B. 应当自2×14年2月15日起至少保存10年

C. 应当自2×14年3月5日起至少保存10年

D. 应当自2×14年4月16日起至少保存10年

3.（2014年·多项选择题）下列有关注册会计师在审计报告日后对审计工作底稿做出变动的做法中，正确的有（　　）。

A. 在归档期间删除或废弃被取代的审计工作底稿

B. 在归档期间记录在审计报告日前获取的、与项目组相关成员进行讨论并达成一致意见的审计证据

C. 以归档期间收到的询证函回函替换审计报告日前已实施的替代程序审计工作底稿

D. 在归档后由于实施追加的审计程序而修改审计工作底稿，并记录修改的理由、时间和人员，以及复核的时间和人员

4.（2017年·简答题）ABC会计师事务所的A注册会计师负责审计多家被审计单位2×16年度财务报表。与审计工作底稿相关的部分事项如下：

A注册会计师对丁公司某张大额采购发票的真实性产生怀疑，通过税务机关的发票查询系统进行了验证，因未发现异常，未在审计工作底稿中记录查询过程。

要求：

针对上述事项，指出A注册会计师的做法是否恰当。如不恰当，请简要说明理由。

5.（2017年·简答题）ABC会计师事务所的A注册会计师负责审计多家被审计单位2×16年度财务报表。与审计工作底稿相关的部分事项如下：

A注册会计师在出具乙公司2×16年度审计报告日次日收到一份应收账款询证函回函，确认金额无误后将其归入审计工作底稿，未删除记录替代程序的原审计工作底稿。

要求：

针对上述事项，指出A注册会计师的做法是否恰当。如不恰当，请简要说明理由。

6.（2017年·简答题）ABC会计师事务所的A注册会计师负责审计多家被审计单位2×16年度财务报表。与审计工作底稿相关的部分事项如下：

2×17年3月20日，A注册会计师出具了戊公司2×16年度审计报告。因管理层在财务报表报出前修改了财务报表，A注册会计师2×17年4月3日修改了审计报告，就财务报表修改部分增加了补充审计报告日期。2×17年5月31日，A注册会计师将全部审计工作底稿归档。

要求：

针对上述事项，指出A注册会计师的做法是否恰当。如不恰当，请简要说明理由。

7.（2016年·简答题）ABC会计师事务所的A注册会计师负责审计甲公司2×15年度财务报表，与审计工作底稿相关的部分事项如下：

注册会计师在归档期间发现应收账款回函汇总表填列不完整，根据实际回函情况进行了补充。

要求：

针对上述事项，指出A注册会计师的做法是否恰当。如不恰当，请简要说明理由。

8.（2013年·简答题）A注册会计师负责审计甲公司2×12年度财务报表。审计过程中与审计工作底稿相关的事项如下：

在归整审计档案时，A注册会计师删除了固定资产减值测试审计工作底稿初稿。

要求：

针对上述事项，指出A注册会计师的做法是否恰当。如不恰当，请简要说明理由。

9.（2013年·简答题）A注册会计师负责审计甲公司2×12年度财务报表。审计过程中与审计工作底稿相关的事项如下：

A注册会计师在具体审计计划中记录拟对固定资产采购与付款循环采用综合性方案，因在测试控制时发现相关控制运行无效，将其改为实质性方案，重新编制具体审计计划工作底稿，并替代原具体审计计划工作底稿。

要求：

针对上述事项，指出A注册会计师的做法是否恰当。如不恰当，请简要说明理由。

10.（2013年·简答题）A注册会计师负责审计甲公司2×12年度财务报表。审计过程中与审计工作底稿相关的事项如下：

A注册会计师在对销售发票进行细节测试时，将相关销售发票所载明的发票日期以及商品的名称、规格和数量作为识别特征记录于审计工作底稿。

要求：

针对上述事项，指出A注册会计师的做法是否恰当。如不恰当，请简要说明理由。

11.（2012年·简答题）A注册会计师负责审计甲公司2×11年度财务报表。与审计工作底稿相关的情况摘录如下：

审计报告日期为2×12年4月18日。A注册会计师于2×12年4月20日将审计报告提交给甲公司管理层，并于2×12年6月19日完成审计工作底稿的归档工作。

要求：

针对上述事项，指出A注册会计师的做法是否恰当。如不恰当，请简要说明理由。

真题答案及解析

1. 【答案】 C

   【解析】 本题考查审计工作底稿事务性变动的情形,具体分析如下:

   选项 ABD,不涉及新的程序或新的结论,属于事务性变动,不选;

   选项 C,审计报告日后获取的管理层书面声明属于新获取的审计证据,不属于事务性变动,当选。

2. 【答案】 C

   【解析】 本题考查审计工作底稿保存期限的内容,具体分析如下:

   选项 ABD,自集团审计报告日起对组成部分审计工作底稿至少保存 10 年,不选;

   选项 C,如果组成部分审计报告日早于集团审计报告日,会计师事务所应当自集团审计报告日起对组成部分审计工作底稿至少保存 10 年,当选。

3. 【答案】 ABD

   【解析】 本题考查审计工作底稿事务性变动的情形,具体分析如下:

   选项 AB,不涉及新的程序或新的结论,属于事务性变动,当选;

   选项 C,不属于事务性变动,函证与替代程序不能替换,不选;

   选项 D,归档后的变动,记录的有理由、修改的时间、人员和复核的时间、人员,当选。

4.

【答案】 不恰当。注册会计师应当在审计工作底稿中记录查询的过程。	【答案解读】 如果不在审计工作底稿中记录查询的过程,相关复核人员难以知道审计员是否进行了查询验证。因此,该做法不恰当。

5.

【答案】 恰当。	【答案解读】 函证程序与替代程序均是有效的审计程序,在审计报告日后无需删除替代程序。

6.

【答案】 不恰当。审计项目组应当在 2×17 年 5 月 19 日以前将审计工作底稿归档。	【答案解读】 增加补充报告日期的情况下,审计工作底稿的归档期限仍应从原审计报告日期起开始计算。

7.

【答案】 不恰当。应收账款回函汇总表填列不完整,说明出具的审计报告没有建立在充分、适当的基础上/审计工作底稿的归档属于事务性工作,不涉及实施新的审计程序或得出新的审计结论/补充的内容应当是审计报告日前获取的、与审计项目组相关成员进行讨论并取得一致意见的审计证据。	【答案解读】 题干中描述应收账款回函汇总表填列不完整,说明并没有获取充分、适当的审计证据,在没有获取充分、适当的审计情况下就归档,此做法并不妥当。

8.

【答案】 恰当。	【答案解读】 "废、初、草、重"谐音为"飞出草丛",这些内容不包含在审计工作底稿内。

9.

【答案】 不恰当。注册会计师应在审计工作底稿中记录在审计过程中对具体审计计划作出的任何重大修改和理由。	【答案解读】 从综合性方案变更为实质性方案,为什么要变化?如何变化?这些内容需要都记录于工作底稿当中。

10.

【答案】 不恰当。所述识别特征不具有唯一性,注册会计师应将销售发票的编号作为识别特征。	【答案解读】 销售发票属于单据,单据编号才具有唯一性。

11.

【答案】 不恰当。注册会计师应在报告日后60天内将工作底稿归档,即2×12年6月17日前。	【答案解读】 审计报告日为2×12年4月18日,并注意5月一共有31天而非30天。

第二编
审计测试流程

CPA
2010—2019

第七章　风险评估

本章考情 Q&A

Q：本章的重要性如何？
A：风险评估主要介绍风险导向审计下，注册会计师应对评估的重大错报风险的总体思路，是风险导向审计的重要理论基础，其"后续效益"很强，对后续章节的学习影响很大，属于非常重要的章节。

Q：本章知识点在考试中通常以什么形式出现？
A：本章主要是结合实务考查综合题的第一问，让考生识别重大错报风险，也会以客观题形式出现。

Q：学习本章要注意些什么？
A：本章在考试中，大部分是结合具体案例进行考查，建议考生在掌握本章理论的基础上可结合实务篇一起学习。

Q：本章 2020 年的主要变动有哪些？
A：无实质性变动，只修改了部分表述。

Q：本章主要考点历年分布如何？
A：以下是老师们的统计。

考点	2010年	2011年	2012年	2013年	2014年	2015年	2016年	2017年	2018年	2019年
风险评估程序和项目组讨论	√		√			√	√			
了解被审计单位及其环境				√				√		√
了解被审计单位内部控制	√		√	√	√		√	√		
评估重大错报风险	√	√	√	√	√	√	√	√	√	√

经 典 例 题

【考点一】风险评估程序和项目组讨论

【例题1·2015年·多项选择题】下列各项程序中,通常用作风险评估程序的有（　　）。
A. 检查　　　　　　B. 分析程序　　　　　C. 重新执行　　　　　D. 观察
【答案】 ABD
【解析】 本题考查审计程序的运用,具体分析如下:
选项 A,检查是通用程序,当选;
选项 B,分析程序是风险评估的必用程序,当选;
选项 C,重新执行是控制测试的专用程序,不选;
选项 D,观察是通用程序,当选。

【例题2·2016年·综合题】

A 注册会计师负责审计甲公司 2×15 年度财务报表。 资料三: A 注册会计师在审计工作底稿中记录了审计计划,部分内容摘录如下: A 注册会计师和项目组成员就甲公司财务报表存在重大错报的可能性等事项进行了讨论。 因项目组某关键成员 [1] 无法参加会议,拟由项目组其他成员 [2] 选取相关事项向其通报。 要求: 针对上述事项,假定不考虑其他条件,指出审计计划的内容是否恰当。如不恰当,请简要说明理由。	【审题过程】 [1] 项目组讨论的人员中,关键成员必须参加,但不要求所有成员每次都参加。 [2] 项目合伙人应当确定向未参与讨论的项目组成员通报哪些事项。

【答案】 不恰当。不应由项目组其他成员确定通报内容/需由项目合伙人确定通报内容。
【私教点拨】
1. 风险评估程序总结
(1) 通用程序:询问、观察、检查。
(2) 必用程序:分析。
(3) 专用程序:穿行测试。
2. 具体审计程序的运用总结
(1) 风险评估:问、查、看、分。

(2) 了解内控：问、查、看、穿。

(3) 控制测试：问、查、看、重。

【考点二】 了解被审计单位及其环境

【例题·2017年·单项选择题】下列有关了解被审计单位及其环境的说法中，正确的是（　　）。

A. 注册会计师无需在审计完成阶段了解被审计单位及其环境

B. 注册会计师对被审计单位及其环境了解的程度，低于管理层为经营管理企业而对被审计单位及其环境需要了解的程度

C. 对小型被审计单位，注册会计师可以不了解被审计单位及其环境

D. 注册会计师对被审计单位及其环境了解的程度，取决于会计师事务所的质量控制政策

【答案】　B

【解析】　本题考查对了解被审计单位及其环境的理解，具体分析如下：

选项A，注册会计师了解被审计单位及其环境是一个持续的过程，贯穿整个审计的始终，不选；

选项B，注册会计师对被审计单位及其环境的了解只是一段时间，管理层是最清楚自己单位情况的，当选；

选项C，只要是审计业务，注册会计师都需要全面地了解被审计单位及其环境，在了解的基础上进行风险识别和评估，不管被审计单位是什么类型，不选；

选项D，注册会计师对被审计单位及其环境了解的程度，取决于是否足够识别和评估重大错报风险，不选。

【私教点拨】　了解被审计单位及其环境的相关总结，见表7-1。

表7-1　了解被审计单位及其环境

关键点	具体内容
了解的必要性	风险识别和评估的基础，属于必做的程序（不管是什么类型的企业）
了解的期间	了解被审计单位及其环境是一个持续的过程，贯穿审计的始终
了解的下限	足以识别和评估财务报表的重大错报风险，设计和实施进一步审计程序
了解的上限	低于管理层为经营管理企业而对被审计单位及其环境需要了解的程度

【考点三】 了解被审计单位内部控制

【例题1·2012年·单项选择题】下列关于了解内部控制的说法中，错误的是（　　）。

A. 如果认为仅通过实质性程序无法将认定层次的检查风险降低至可接受的水平，应当了解相关的内部控制

B. 针对特别风险，应当了解与该风险相关的控制

C. 当某重要业务流程有显著变化时，应当根据变化的性质及其对相关账户发生重大错报的影响程度，考虑是否需要对变化前后的业务都执行穿行测试

D. 应当了解所有与财务报告相关的控制

【答案】 D

【解析】 该题考查了解被审计单位内部控制的要求及了解的范围，具体分析如下：

选项 AB，被审计单位的内部控制不管什么情况都需要了解，加了条件还是要了解，不选；

选项 C，当某重要业务流程有显著变化时，应当根据变化的性质及其对相关账户发生重大错报的影响程度，考虑是否需要对变化前后的业务都执行穿行测试，不选；

选项 D，与财务报告相关并不一定与审计相关，注册会计师只需要了解与审计相关的内部控制，当选。

【例题 2·2012 年·单项选择题】下列有关内部控制的说法中，错误的是（ ）。

A. 注册会计师应当在所有审计项目中了解内部控制
B. 内部控制无论如何有效，都只能为被审计单位实现财务报告目标提供合理保证
C. 与经营目标和合规目标相关的控制均与审计无关
D. 在某些情况下，控制得到执行，就能为控制运行的有效性提供证据

【答案】 C

【解析】 本题考查了解被审计单位内部控制的要求、范围以及内部控制的局限性，具体分析如下：

选项 A，内部控制作为企业的一部分，注册会计师需要在全面了解被审计单位的基础上进行风险识别和评估，自然要了解内部控制，不选；

选项 B，控制风险不可能降为零，所以内部控制无论如何有效，都只能为被审计单位实现财务报告目标提供合理保证，不选；

选项 C，与经营目标和合规目标相关的控制可能与审计相关，也可能无关，当选；

选项 D，在自动化控制中，只要一般控制运行有效，应用控制得到执行，便可认为其有效运行，不选。

【例题 3·2014 年·单项选择题】下列关于与审计相关的内部控制的说法中，正确的是（ ）。

A. 与财务报告相关的内部控制均与审计相关
B. 与审计相关的内部控制并非均与财务报告相关
C. 与经营目标相关的内部控制与审计无关
D. 与合规目标相关的内部控制与审计无关

【答案】 B

【解析】 本题考查了解被审计单位内部控制的范围，具体分析如下：

选项 A，与财务报告相关的内部控制，可能与审计无关，不选；

选项 B，与审计相关的内部控制并非均与财务报告相关，当选；

选项 C，如果与经营目标相关的控制与注册会计师实施审计程序时评价或使用的数据相关，则这些控制也可能与审计相关，不选；

选项 D，如果与合规目标相关的控制与注册会计师实施审计程序时评价或使用的数据相关，则这些控制也可能与审计相关，不选。

【例题 4·2017 年·多项选择题】 下列有关注册会计师了解内部控制的说法中，正确的有（　　）。
A. 注册会计师在了解被审计单位内部控制时，应当确定其是否得到一贯执行
B. 注册会计师不需要了解被审计单位所有的内部控制
C. 注册会计师对内部控制的了解通常不足以测试控制运行的有效性
D. 注册会计师询问被审计单位人员不足以评价内部控制设计的有效性

【答案】　BCD
【解析】　本题考查对了解被审计单位及其内部控制的理解，具体分析如下：
选项 A，了解被审计单位的内部控制只了解到其是否得到执行即可，不选；
选项 B，注册会计师只需要了解与审计相关的控制，当选；
选项 C，测试控制运行的有效性需要做控制测试，当选；
选项 D，注册会计师通常都需要将询问与其他审计程序结合使用（仅询问通常不能提供充分、适当的审计证据），当选。

【例题 5·2009 年·单项选择题】 在下列各项中，不属于内部控制要素的是（　　）。
A. 控制风险　　　　B. 控制活动　　　　C. 对控制的监督　　　　D. 控制环境

【答案】　A
【解析】　本题考查内部控制五要素的识记，内部控制五要素包括：
（1）控制环境（选项 D）；
（2）风险评估过程；
（3）信息系统与沟通；
（4）对控制的监督（选项 C）；
（5）控制活动（选项 B）。

【例题 6·2014 年·单项选择题】 下列控制活动中，属于检查性控制的是（　　）。
A. 信息技术部根据人事部提供的员工岗位职责表在系统中设定用户权限
B. 仓库管理员根据经批准的发货单办理出库
C. 采购部对新增供应商执行背景调查
D. 财务人员每月末与客户对账，并调查差异

【答案】　D
【解析】　本题考查对预防性控制和检查性控制的辨别，具体分析如下：
选项 A，用户在具体操作之前，信息技术部根据人事部提供的员工岗位职责表在系统中设定用户权限，属于事前先设定权限，不选；
选项 B，办理出库之前仓库管理员根据经批准的发货单办理，属于事前先批准，不选；
选项 C，背景调查完再新增，属于事前先调，不选；

选项 D，对账发生在账务处理之后，属于事后检查，当选。

【私教点拨】 了解被审计单位内部控制的相关总结，见表 7-2。

表 7-2 了解被审计单位内部控制

要求	注册会计应当了解被审计单位的内部控制
范围	(1) 内部控制与三个方面相关（财务报告的可靠性、经营的效率和效果、遵守适用的法律法规的要求），这三个方面均可能与审计相关，也可能与审计无关。 (2) 注册会计师需要了解和评价的只是与审计相关的内部控制，并非所有的内部控制。 (3) 如果多项控制活动能够实现同一目标，不必了解与该目标相关的所有控制活动
深度	(1) 评价控制设计是否合理。 (2) 确定控制是否得到执行（不是一贯执行）
要素	(1) 控制环境。 (2) 风险评估过程。 (3) 信息系统与沟通。 (4) 对控制的监督。 (5) 控制活动。 【记忆口诀】 环评信监控
局限	(1) 无论如何设计和执行，只能对财务报告可靠性提供**合理保证**，不能提供绝对保证。 (2) 无论评估的控制风险多低，都**不能仅依赖**内部控制而不实施实质性程序
方式	注册会计师应当从整体层面和业务流程层面了解内部控制 【要点】 (1) 在控制要素中，控制环境、风险评估过程、对控制的监督以及信息系统内部控制中的一般控制更多地影响整体层面控制。信息系统内部控制的应用控制、控制活动可能更多地与特定业务流程层面的控制相关。 (2) 业务流程层面的控制分为：预防性控制（事前）、检查性控制（事后）

【考点四】评估重大错报风险

【例题 1·2014 年·单项选择题】下列有关识别、评估和应对重大错报风险的说法中，错误的是（   ）。

A. 在识别和评估重大错报风险时，注册会计师应当考虑发生错报的可能性以及潜在错报的重大程度

B. 注册会计师应当将识别的重大错报风险与特定的某类交易、账户余额和披露的认定相联系

C. 对于某些重大错报风险，注册会计师可能认为仅通过实质性程序无法获取充分、适当的审计证据

D. 在实施进一步审计程序的过程中，注册会计师可能需要修正对认定层次重大错报风险的评估结果

【答案】 B

【解析】 本题考查重大错报风险的识别和评估以及对其的理解，具体分析如下：

选项 A，风险评估就是评估已识别的风险，其发生错报的可能性以及潜在错报的重大程度，不选；

选项 B，识别的重大错报风险可能与认定层次相关，也可能与财务报表层次相关，与财务报表

层次相关的风险就不能与特定的某类交易、账户余额和披露的认定相联系，当选；

选项 C，有可能存在仅通过实质性程序无法应对的重大错报风险，不选；

选项 D，重大错报风险的评估是一个持续的过程，贯穿整个审计的始终，不选。

【例题 2·2017 年·多项选择题】下列各项中，注册会计师在评估特别风险时应当考虑的有（ ）。

A. 风险是否涉及重大的关联方交易　　　B. 交易的复杂程度
C. 与交易相关的控制对风险的抵消效果　　D. 风险是否属于舞弊风险

【答案】 ABD

【解析】 本题考查评估特别风险的考虑因素，具体分析如下：

选项 A，如果是超出正常经营过程、重大的、关联方交易，则认定为存在特别风险，当选；

选项 B，通常涉及超出正常经营过程的关联方交易，很有可能是舞弊，这种交易都会显得比较复杂，当选；

选项 C，在评估特别风险的时候，是不考虑风险的抵消效果的，不选；

选项 D，舞弊必然导致特别风险，当选。

【私教点拨】 有关评估重大错报风险的知识点总结，见表 7–3。

表 7–3　有关评估重大错报风险的知识点

总体思路： (1) 已识别的风险是什么？ (2) 错报（金额影响）可能发生的规模有多大？ (3) 事件（风险影响）发生的可能性有多大？	
评估两个层次的风险	【记忆技巧】 已识别的风险如果能对应到具体认定，就是认定层次的风险；与财务报表整体广泛相关，进而影响多项认定，就是财务报表层次的风险
特别风险	【提示】 结合全书会导致特别风险的情形记忆。（以下舞弊、超重关、会计估计将分别在官方教材"对舞弊和法律法规的考虑"章节和"其他特殊事项的审计"章节中学到） **舞弊**：（一定） (1) 风险是否属于**舞弊**风险。 **超重关**：（一定） (2) 风险是否涉及异常或**超**出正常经营过程的**重**大交易。 (3) 风险是否涉及**重**大的**关**联方交易。 (4) 交易的**复杂**程度。 **高度估计不确定的会计估计**：（可能） (5) 财务信息计量的**主观**程度，特别是计量结果是否具有高度不确定性。 **其他**： (6) 风险是否与近期经济环境、会计处理方法或其他方面的**重大变化**相关，因而需要特别关注。 【记忆口诀】 三重一弊，主观复杂
仅实施实质性程序无法应对的风险	注册会计师应当评价被审计单位针对这些风险设计的控制，并确定其运行情况（做控制测试）

【例题 3·2014 年·综合题】

甲公司是 ABC 会计师事务所的常年审计客户。A 注册会计师负责审计甲公司 2×13 年度财务报表，确定财务报表整体的重要性为 240 万元。 资料一： A 注册会计师在审计工作底稿中记录了所了解的甲公司情况及其环境，部分内容摘录如下： (1) 甲公司原租用的办公楼月租金为 50 万元。自 2×13 年 10 月 1 日起，甲公司租用新办公楼，租期一年，月租金 80 万元，免租期三个月。 (2) 2×12 年度，甲公司直销了 100 件 a 产品[1]。2×13 年，甲公司引入经销商买断销售模式，对经销商的售价是直销价的 90%，直销价较 2×12 年基本没有变化。2×13 年度，甲公司共销售 150 件 a 产品，其中 20% 销售给经销商。[2]	**【审题过程】** (1) 第一步：形成预期。 2×13 年的租赁费 = 50×9 + [80×(12-3)÷12]×3 = 630（万元） 相关规定：免租期内的租赁费应在整个租赁期内进行分摊。 第二步：寻找差异。 根据资料二中"管理费用——租赁费 450"可以看出企业只确认了 10 月之前的租赁费。 第三步：识别风险。 存在免租期内少确认租赁费的风险。 (2) 第一步：形成预期。 [1] 根据该描述找到资料二中 a 产品 2×12 年的营业收入是 8 000 万元，由此推断 a 产品的单价是 80 万元。 [2] 根据该描述可以得出：2×13 年 a 产品的营业收入 = 80×90%×150×20% + 80×150×80% = 11 760（万元） 第二步：寻找差异 根据资料二中 a 产品 2×13 年的营业收入是 11 750 万元可以看出企业 a 产品的收入与"预期"几乎相符。 第三步：识别风险。 实际值 11 750 万元与预期值 11 760 万元只差 10 万元，根据重要性 240 万元，可得出 10 万元（4.17%）的差异是较小的，可以接受的（明显微小错报临界值是重要性的 3%~5%），故不存在重大错报风险

（3）2×13年10月，甲公司推出新产品b产品，单价60万元［1］。合同约定，客户在购买产品一个月后付款；如果在购买产品三个月内发现质量问题，客户有权退货。截至2×13年12月31日，甲公司售出10件b产品［1］。因上市时间较短，管理层无法合理估计退货率［2］。	（3）第一步：形成预期。 ［1］b产品2×13年的销售收入=60×10=600（万元） ［2］因为无法估计退货率，b产品的营业收入不能确认。 第二步：寻找差异。 根据资料二中b产品2×13年的营业收入是600万元可看出企业确定了b产品的收入。 第三步：识别风险。 存在多计收入和成本的风险。
（4）2×13年10月，甲公司与乙公司签订销售合同，按每件150万元的价格为其定制20件［1］c产品，约定2×14年3月交货，如不能按期交货，甲公司需支付总价款的20%作为违约金［2］。签订合同后，原材料价格上涨导致c产品成本上升。截至2×13年12月31日，甲公司已生产10件c产品［4］，单位成本为175万元［3］。	（4）第一步：形成预期。 ［1］［3］执行合同亏损金额=(175-150)×20=500(万元) ［2］不执行合同亏损金额（［2］）=150×20×20%=600(万元) 故：企业选择执行合同 ［4］又存在标的资产：损失金额超过标的资产金额的，应确认"预计负债" 第二步：寻找差异。 根据资料二，可以看到只有计提"存货跌价准备"250万元，损失金额超过标的资产的部分没有计提"预计负债"。 第三步：识别风险。 存在少确认预计负债的风险。
（5）2×13年12月，甲公司首次获得200万元政府补助。相关文件规定，该补助用于补偿历年累计发生的污水处理支出［1］。	（5）第一步：形成预期。 ［1］收到的政府补助是补助以前发生的支出，在收到当期直接计入当期损益。 第二步：寻找差异。 根据资料二中"营业外收入——政府补助"为200万元，可以看出与"预期"相符。 【提示】按照旧的政府补助准则是计入"营业外收入"；按照新的政府补助准则计入"其他收益"。

(6) 甲公司自 2×11 年起研发一项新产品技术，于 2×13 年 12 月末完成技术开发工作，并确认无形资产 300 万元。甲公司拟将其出售，因受国家产业政策的影响，市场对该类新产品尚无需求。[1]

资料二：

A 注册会计师在审计工作底稿中记录了甲公司的财务数据，部分内容摘录如下：

金额单位：万元

项目	未审数 (2×13 年度)			已审数 (2×12 年度)
	a 产品	b 产品	c 产品	a 产品
营业收入	11 750	600	0	8 000
管理费用——污水处理		150		100
管理费用——租赁费		450		600
管理费用——研发费		0		200
营业外收入——政府补助		200		0
税前利润		180		100
应收账款	500	260	0	400
存货——产成品	900	80	1 750	800
存货——存货跌价准备	0	0	(250)	0
无形资产——非专利技术		300		0

第三步：识别风险。

不存在重大错报风险。

---

(6) 第一步：形成预期。

[1] 确认的无形资产，市场对其无需求；也就意味着其不能满足资产的定义（预期能够给企业带来经济利益的流入），可能该无形资产不能确认。

第二步：寻找差异。

根据资料二"无形资产——非专利技术"为 300 万元，可得出企业确认了无形资产。

第三步：识别风险。

存在多计"无形资产"，少计"管理费用"的风险（本该费用化的却资本化了）。

要求：

针对资料一第（1）至第（6）项，结合资料二，假定不考虑其他条件，逐项指出资料一所列事项是否可能表明存在重大错报风险。如果认为可能表明存在重大错报风险，简要说明理由，并说明该风险主要与哪些财务报表项目的哪些认定相关（不考虑税务影响）。将答案直接填入答题区的相应表格内。

【答案】

事项序号	是否可能表明存在重大错报风险（是/否）	理由	财务报表项目名称及认定
（1）	是	应在免租期内确认租金费用和负债，存在少计管理费用和负债的风险	管理费用（完整性）；其他应付款（完整性）
（2）	否	—	—
（3）	是	b产品附有销售退回条件，且不能合理估计退货可能性，不满足收入确认条件，可能存在多计营业收入和成本的风险	营业收入（发生）/应收账款（存在）；营业成本（发生）/存货（完整性）
（4）	是	该合同为亏损合同，且满足预计负债的确认条件，但是甲公司没有对预计损失超过已计提准备部分确认预计负债，存在少确认预计负债的风险	营业外支出（完整性）；预计负债（完整性）
（5）	否	—	—
（6）	是	甲公司无法证明该无形资产能够给企业带来经济利益，可能存在多计无形资产的风险	管理费用（完整性）；无形资产（存在）

【私教点拨】可运用矛盾证据分析法来识别和评估重大错报风险，具体操作步骤见表7-4。

表7-4 矛盾证据分析法操作步骤

第一步：形成预期	针对资料一所描述的非财务信息，对公司财务数据形成合理的预期
第二步：寻找差异	结合资料二，将公司的财务数据与预期数据进行比较，发现是否存在矛盾证据
第三步：识别风险	当存在矛盾证据时，表明可能存在重大错报风险，考虑该风险主要影响哪些财务报表项目的哪些认定

真 题 演 练

1.（2019年·单项选择题）下列有关注册会计师了解内部控制的说法中，错误的是（　　）。

A. 注册会计师应当了解与特别风险相关的控制

B. 注册会计师应当了解与会计估计相关的控制

C. 注册会计师应当了解与超出被审计单位正常经营过程的重大关联方交易相关的控制

D. 注册会计师应当了解与会计差错更正相关的控制

2.（2019年·单项选择题）下列有关注册会计师了解被审计单位对会计政策的选择和运用的说法中，错误的是（　　）。

A. 如果被审计单位变更了重要的会计政策，注册会计师应当考虑会计政策的变更是否能够提供更可靠、更相关的会计信息

B. 当新的会计准则颁布施行时，注册会计师应当考虑被审计单位是否应采用新的会计准则

C. 在缺乏权威性标准或共识的领域，注册会计师应当协助被审计单位选用适当的会计政策

D. 注册会计师应当关注被审计单位是否采用激进的会计政策

3.（2017年·单项选择题）下列各项中，属于预防性控制的是（　　）。

A. 财务主管定期盘点现金和有价证券

B. 管理层分析评价实际业绩与预算的差异，并针对超过规定金额的差异调查原因

C. 董事会复核并批准由管理层编制的财务报表

D. 由不同的员工负责职工薪酬档案的维护和职工薪酬的计算

4.（2016年·单项选择题）下列各项中，不属于控制环境要素的是（　　）。

A. 对诚信和道德价值观念的沟通与落实　　B. 内部审计的职能范围

C. 治理层的参与　　　　　　　　　　　　D. 人力资源政策与实务

5.（2015年·单项选择题）下列有关特别风险的说法中，正确的是（　　）。

A. 注册会计师在判断重大错报风险是否为特别风险时，应当考虑识别出的控制对于相关风险的抵消效果

B. 注册会计师应当将管理层凌驾于控制之上的风险评估为特别风险

C. 注册会计师应当了解并测试与特别风险相关的控制

D. 注册会计师应当对特别风险实施细节测试

6.（2015年·单项选择题）下列各项程序中，通常不用于评估舞弊风险的是（　　）。

A. 询问治理层、管理层和内部审计人员　　B. 考虑在客户接受或保持过程中获取的信息

C. 组织项目组内部讨论　　　　　　　　　D. 实施实质性分析程序

7.（2014年·单项选择题）下列各项中，注册会计师在确定特别风险时不需要考虑的是（　　）。

A. 控制对相关风险的抵消效果　　　　　　B. 潜在错报的重大程度

C. 错报发生的可能性　　　　　　　　　　D. 风险的性质

8. （2014年·单项选择题）下列各项中，通常属于业务流程层面控制的是（   ）。

A. 应对管理层凌驾于控制之上的控制　　　B. 信息技术一般控制

C. 信息技术应用控制　　　　　　　　　　D. 对期末财务报告流程的控制

9. （2014年·单项选择题）下列有关控制环境的说法中，错误的是（   ）。

A. 控制环境对重大错报风险的评估具有广泛影响

B. 有效的控制环境本身可以防止、发现并纠正各类交易、账户余额和披露认定层次的重大错报

C. 有效的控制环境可以降低舞弊发生的风险

D. 财务报表层次重大错报风险很可能源于控制环境存在缺陷

10. （2013年·单项选择题）下列有关控制环境的说法中，错误的是（   ）。

A. 在审计业务承接阶段，注册会计师无需了解和评价控制环境

B. 在实施风险评估程序时，注册会计师需要对控制环境的构成要素获取足够了解，并考虑内部控制的实质及其综合效果

C. 在进行风险评估时，如果注册会计师认为被审计单位的控制环境薄弱，则很难认定某一流程的控制是有效的

D. 在评估重大错报风险时，注册会计师应当将控制环境连同其他内部控制要素产生的影响一并考虑

11. （2013年·单项选择题）下列各项中，不属于控制环境要素的是（   ）。

A. 被审计单位的人力资源政策与实务　　　B. 被审计单位的组织结构

C. 被审计单位管理层的理念　　　　　　　D. 被审计单位的信息系统

12. （2012年·单项选择题）下列关于特别风险的说法中，错误的是（   ）。

A. 确定哪些风险是特别风险时，无需考虑控制对相关风险的抵消效果

B. 特别风险通常与重大的非常规交易和判断事项相关

C. 管理层未能实施控制以恰当应对特别风险，并不一定表明内部控制存在重大缺陷的迹象

D. 如果针对特别风险实施的程序仅为实质性程序，这些程序应当包括细节测试

13. （2012年·单项选择题）下列有关分析程序的说法中，正确的是（   ）。

A. 注册会计师应当在每个审计项目中将分析程序用作风险评估程序、实质性程序和总体复核

B. 对于特别风险，如果注册会计师不信赖内部控制，不能仅实施实质性分析程序，还应当实施细节测试

C. 细节测试比实质性分析程序更能有效地应对认定层次的重大错报风险

D. 注册会计师实施分析程序时应当使用被审计单位外部的数据建立预期

14. （2012年·单项选择题）下列审计程序中，注册会计师在了解被审计单位内部控制时通常不采用的是（   ）。

A. 询问　　　　　　B. 观察　　　　　　C. 分析程序　　　　　　D. 检查

15. （2012年·单项选择题）下列有关控制环境的说法中，错误的是（   ）。

A. 控制环境本身能防止、发现并纠正认定层次的重大错报

B. 控制环境的好坏影响注册会计师对财务报表层次重大错报风险的评估

C. 控制环境影响被审计单位内部生成的审计证据的可信赖程度

D. 控制环境影响实质性程序的性质、时间安排和范围

16.（2019 年·多项选择题）下列各项中，属于注册会计师通过实施穿行测试可以实现的目的的有（　　）。

A. 确认对业务流程的了解
B. 确认对重要交易的了解是否完整
C. 评价控制设计的有效性
D. 确认控制是否得到执行

17.（2019 年·多项选择题）下列审计程序中，注册会计师在所有审计业务中均应当实施的有（　　）。

A. 了解被审计单位的内部控制

B. 在临近审计结束时，运用分析程序对财务报表进行总体复核

C. 实施用作风险评估的分析程序

D. 将财务报表与会计记录进行核对

18.（2019 年·多项选择题）下列各项中，注册会计师在判断重大错报风险是否为特别风险时应当考虑的有（　　）。

A. 风险是否涉及重大的关联方交易
B. 风险是否与近期经济环境的重大变化相关
C. 财务信息计量的主观程度
D. 风险是否属于舞弊风险

19.（2017 年·多项选择题）下列有关注册会计师了解内部控制的说法中，正确的有（　　）。

A. 注册会计师在了解被审计单位内部控制时，应当确定其是否得到一贯执行

B. 注册会计师不需要了解被审计单位所有的内部控制

C. 注册会计师对内部控制的了解通常不足以测试控制运行的有效性

D. 注册会计师询问被审计单位人员不足以评价内部控制设计的有效性

20.（2017 年·多项选择题）下列各项中，通常可能导致财务报表层次重大错报风险的有（　　）。

A. 被审计单位新聘任的财务总监缺乏必要的胜任能力

B. 被审计单位的长期资产减值准备存在高度的估计不确定性

C. 被审计单位管理层缺乏诚信

D. 被审计单位的某项销售交易涉及复杂的安排

21.（2014 年·多项选择题）下列各项中，属于预防性控制的有（　　）。

A. 负责业务收入和应收账款记账的财务人员不得经手货币资金

B. 采购固定资产需要经适当级别的人员批准

C. 会计主管每月末将银行账户余额与银行对账单进行核对，并编制银行存款余额调节表

D. 管理层定期执行存货盘点，以确定永续盘存制的可靠性

22.（2013 年·多项选择题）下列各项控制活动中，属于检查性控制的有（　　）。

A. 定期编制银行存款余额调节表，并追查调节项目或异常项目

B. 对接触计算机程序和数据文档设置访问和修改权限

C. 财务人员每季度复核应收账款贷方余额并找出原因

D. 财务总监复核月度毛利率的合理性

23.（2013年·多项选择题）在了解被审计单位财务业绩的衡量和评价时，下列各项中，注册会计师可以考虑的信息有（   ）。

A. 经营统计数据
B. 信用评级机构报告
C. 证券研究机构的分析报告
D. 员工业绩考查与激励性报酬政策

24.（2010年·多项选择题）注册会计师执行穿行测试可以实现的目的有（   ）。

A. 确认对业务流程的了解
B. 识别可能发生错报的环节
C. 评价控制设计的有效性
D. 确定控制是否得到执行

25.（2010年·多项选择题）下列活动中，注册会计师认为属于控制活动的有（   ）。

A. 授权
B. 业绩评价
C. 风险评估
D. 职责分离

26.（2019年·综合题）A注册会计师在审计工作底稿中记录了审计计划，部分内容摘录如下：

甲公司利用生产管理系统中的自动化控制进行生产工人的排班调度，以提高生产效率。A注册会计师认为该控制与审计无关，拟不纳入了解内部控制的范围。

要求：

针对上述事项，假定不考虑其他条件，指出A注册会计师的做法是否恰当。如不恰当，请简要说明理由。

27.（2019年·综合题）甲公司是ABC会计师事务所的常年审计客户，主要从事轨道交通车辆配套产品的生产和销售。A注册会计师负责审计甲公司2×18年度财务报表，确定财务报表整体的重要性为1 000万元，实际执行的重要性为500万元。

资料一：

A注册会计师在审计工作底稿中记录了所了解的甲公司情况及其环境，部分内容摘录如下：

（1）因2×17年a产品生产线的产能利用率已接近饱和，甲公司于2×18年初开始建设一条新的生产线，预计工期15个月。

（2）甲公司于2×18年5月应乙公司要求，开始设计开发新产品b的模具。乙公司于2×18年10月汇付甲公司1 200万元，为模具前期开发提供资金支持。双方约定该款项从b产品的货款中扣除。

（3）2×18年3月，甲公司与丙公司签订销售合同，为其定制产品，并应丙公司要求与其签订采购合同，向其购买c产品的主要原材料。

（4）2×18年，由于竞争对手改进生产工艺，大幅提高了产品质量，甲公司d产品的订单量锐减。

（5）2×18年9月，甲公司委托丁公司研发一项新技术，甲公司承担研发过程中的风险并享有研发成果。委托合同总价款5 000万元，合同生效日预付40%，成果交付日支付剩余款项。该研发项目2×18年年末的完工进度约为30%。

资料二：

A注册会计师在审计工作底稿中记录了甲公司的财务数据，部分内容摘录如下：

金额单位：万元

项目	未审数 2×18年	已审数 2×17年
营业收入——a产品	30 000	20 000
营业成本——a产品	21 000	14 000
营业收入——b产品	10 000	0
营业成本——b产品	9 800	0
营业收入——c产品	2 200	80 000
营业成本——c产品	2 000	5 500
其他收益——b产品模具补贴	1 200	0
预付款项——丁公司研发费	2 000	0
存货——a产品	9 000	7 000
存货——c产品主要原材料	2 000	0
存货——d产品	200	1 000
在建工程——b产品模具	2 400	0
无形资产——d产品专有技术	2 500	3 000

要求：

针对资料一第（1）至第（5）项，结合资料二，假定不考虑其他条件，逐项指出资料一所列事项是否可能表明存在重大错报风险。如果认为可能表明存在重大错报风险，请简要说明理由，并说明该风险主要与哪些财务报表项目的哪些认定相关（不考虑税务影响）。将答案直接填入答题区的相应表格内。

真 题 答 案 及 解 析

1. 【答案】 D

   【解析】 本题考查对注册会计师了解被审计单位内部控制的理解。

   注册会计师需要了解与审计相关的内部控制，选项D，与会计差错更正相关的控制并不一定都与审计相关，当选。

2. 【答案】 C

   【解析】 本题考查注册会计师对了解被审计单位对会计政策的选择和运用的理解，具体分析如下：

   选项A，会计政策变更，一般都是为了提供更可靠、更相关的信息，如果被审计单位变更了重要的会计政策，注册会计师应当考虑会计政策的变更是否能够提供更可靠、更相关的会计信息，不选。

   选项B，当新的会计准则颁布施行时，注册会计师应当考虑被审计单位是否应采用新的会计准则，不选。

选项C，在缺乏权威性标准或共识的领域，注册会计师应当关注被审计单位选用了哪些会计政策，为什么选用这些会计政策以及选用这些会计政策产生的影响，当选。

选项D，注册会计师应当关系被审计单位是否采用激进的会计政策、方法、估计和判断，不选。

3. 【答案】 D

   【解析】 本题考查检查性控制和预防性控制的区分，具体分析如下：

   选项A，财务主管定期盘点现金和有价证券属于事后检查，为检查性控制，不选；

   选项B，管理层分析评价实际业绩与预算的差异，并针对超过规定金额的差异调查原因，属于事后检查，为检查性控制，不选；

   选项C，董事会复核并批准由管理层编制的财务报表属于事后检查，为检查性控制，不选；

   选项D，由不同的员工负责职工薪酬档案的维护和职工薪酬的计算属于事前预防，为预防性控制，当选。

4. 【答案】 B

   【解析】 本题考查对控制环境的识记，选项B属于内部控制要素中对控制的监督的范畴，当选。

5. 【答案】 B

   【解析】 本题考查对特别风险的理解，具体分析如下：

   选项A，针对特别风险的控制很可能无效，所以注册会计师在判断重大错报风险是否为特别风险时，不应考虑识别出的控制对于相关风险的抵消效果，不选；

   选项B，管理层凌驾于控制之上的风险应当评估为特别风险，当选；

   选项C，与特别风险相关的内部控制应当了解，但并不一定要测试，不选；

   选项D，如果针对特别风险仅实施实质性程序，该实质性程序应当包含细节测试，不选。

6. 【答案】 D

   【解析】 本题考查风险评估程序，选项D属于实质性程序，通常不用于评估舞弊，当选。

7. 【答案】 A

   【解析】 本题考查确定特别风险时的考虑因素，具体分析如下：

   选项A，针对特别风险的控制很可能无效，所以注册会计师在判断重大错报风险是否为特别风险时，不应考虑识别出的控制对于相关风险的抵消效果，当选；

   选项B，注册会计师在确定特别风险时，应考虑潜在错报的重大程度，不选；

   选项C，注册会计师在确定特别风险时，应考虑错报发生的可能性，不选；

   选项D，注册会计师在确定特别风险时，应考虑风险的性质，不选。

8. 【答案】 C

   【解析】 选项ABD属于整体层面控制。

9. 【答案】 B

   【解析】 本题考查对控制环境的理解，具体分析如下：

   选项A，控制环境与企业广泛相关，故控制环境对重大错报风险的评估具有广泛影响，不选；

   选项B，控制环境本身并不能防止、发现并纠正各类交易、账户余额和披露认定层次的重大错报，在评估重大错报风险时，应将控制环境连同其他内部控制要素产生的影响一并考虑，当选；

选项 C，有效的控制环境可以降低舞弊发生的风险，不选；

选项 D，控制环境对重大错报风险的评估具有广泛影响，财务报表层次重大错报风险很可能源于控制环境存在缺陷，不选。

10. 【答案】 A

【解析】 本题考查在审计的各个阶段对控制环境的考虑，具体分析如下：

选项 A，在审计业务承接阶段，注册会计师就需要对控制环境做出初步了解和评价，当选；

选项 B，在实施风险评估程序时，注册会计师需要对控制环境的构成要素获取足够了解，并考虑内部控制的实质及其综合效果，不选；

选项 C，控制环境对重大错报风险的评估具有广泛影响，如果注册会计师认为被审计单位的控制环境薄弱，则很难认定某一流程的控制是有效的，不选；

选项 D，控制环境本身并不能防止、发现并纠正各类交易、账户余额和披露认定层次的重大错报，在评估重大错报风险时，应将控制环境连同其他内部控制要素产生的影响一并考虑，不选。

11. 【答案】 D

【解析】 本题考查对控制环境要素的识记，控制环境要素包括：

(1) 对诚信和道德价值观念的沟通与落实。

(2) 对胜任能力的重视。

(3) 治理层的参与程度。

(4) 管理层的理念和经营风格（选项 C）。

(5) 组织结构及职权与责任的分配以及人力资源政策与实务（选项 AB）。

12. 【答案】 C

【解析】 本题考查对特别风险的了解，具体分析如下：

选项 A，针对特别风险的控制很可能无效，所以注册会计师在判断重大错报风险是否为特别风险时，不应考虑识别出的控制对于相关风险的抵消效果，不选；

选项 B，特别风险属于需要特别关注的重大错报风险，通常与重大的非常规交易和判断事项相关，不选；

选项 C，如果管理层未能实施控制以恰当应对特别风险，注册会计师应当认为内部控制存在重大缺陷，当选；

选项 D，如果针对特别风险实施的程序仅为实质性程序，这些程序应当包括细节测试，不选。

13. 【答案】 B

【解析】 本题考查在审计的各个阶段对分析程序的要求，具体分析如下：

选项 A，注册会计师应当在每个审计项目中将分析程序用作风险评估程序和总体复核，不选；

选项 B，如果针对特别风险实施的程序仅为实质性程序，这些程序应当包括细节测试，不能仅实施实质性分析程序，当选；

选项 C，在某些情况下，实质性分析程序比细节测试更能有效地应对认定层次的重大错报风险，不选；

选项 D，实施分析程序时，并不一定都有外部的数据可以利用，不选。

14. 【答案】 C

　　【解析】 本题考查了解被审计单位内部控制时可选择的审计程序，注册会计师通常实施下列风险评估程序，以获取有关控制设计和执行的审计证据：

　　（1）询问被审计单位人员（选项 A）。

　　（2）观察特定控制的运用（选项 B）。

　　（3）检查文件和报告（选项 D）。

　　（4）追踪交易在财务报告信息系统中的处理过程（穿行测试）。

15. 【答案】 A

　　【解析】 本题考查对控制环境的理解，具体分析如下：

　　选项 A，控制环境本身并不能防止、发现并纠正各类交易、账户余额和披露认定层次的重大错报，注册会计师在评估重大错报风险时，应当将控制环境连同其他内部控制要素产生的影响一并考虑，当选；

　　选项 B，控制环境对重大错报风险的评估具有广泛影响，控制环境的好坏影响注册会计师对财务报表层次重大错报风险的评估，不选；

　　选项 C，控制环境决定企业内部控制整体基调，其影响被审计单位内部生成的审计证据的可信赖程度，不选；

　　选项 D，控制环境影响评估的重大错报风险，从而影响实质性程序的性质、时间安排和范围，不选。

16. 【答案】 ABCD

　　【解析】 本题考查通过实施穿行测试可以实现的目的。穿行测试是注册会计师在了解内部控制时经常使用的审计程序，实施穿行测试可实现以下目的：

　　（1）确认对业务流程的了解（选项 A）。

　　（2）确认对重要交易的了解是否完整（选项 B）。

　　（3）确认所获取的有关业务流程中的预防性控制和检查性控制信息的准确性。

　　（4）评价控制设计的有效性（选项 C）。

　　（5）确认控制是否得到执行（选项 D）。

　　（6）确认之前所做的书面记录的准确性。

17. 【答案】 ABCD

　　【解析】 本题考查对知识点的综合利用，具体分析如下：

　　选项 A，被审计单位的内部控制属于被审计单位的一部分，注册会计师应当了解被审计单位及其环境，自然要了解被审计单位的内部控制，当选；

　　选项 B，在临近审计结束时，注册会计师应当运用分析程序对财务报表进行总体复核，以确定财务报表整体是否与其对被审计单位的了解一致，当选；

　　选项 C，风险评估需要全面的了解被审计单位及其环境，分析程序就是从宏观的角度对其进行了解，属于应当实施的程序，当选；

选项 D，注册会计师审计财务报表，财务报表是由会计记录生成，故在审计过程中，注册会计师应当将财务报表与会计记录进行核对，当选。

18. 【答案】 ABCD

【解析】 本题考查在判断是否为特别风险时的考虑因素。在判断哪些风险是特别风险时，注册会计师应当考虑下列事项：

(1) 风险是否属于舞弊风险（选项 D）。

(2) 风险是否涉及异常或超出正常经营过程的重大交易。

(3) 风险是否涉及重大的关联方交易（选项 A）。

(4) 交易的复杂程度。

(5) 财务信息计量的主观程度，特别是计量结果是否具有高度不确定性（选项 C）。

(6) 风险是否与近期经济环境、会计处理方法或其他方面的重大变化相关，因而需要特别关注（选项 B）。

19. 【答案】 BCD

【解析】 本题考查对了解内部控制的理解。"了解内部控制"包含两层含义：一是评价控制的设计；二是确定控制是否得到执行。在测试控制运行的有效性时，注册会计师应当从下列方面获取关于控制是否有效运行的审计证据：

(1) 控制在所审计期间的相关时点是如何运行的。

(2) 控制是否得到一贯执行（选项 A 错误）。

(3) 控制由谁或以何种方式执行。注册会计师需要了解和评价的内部控制只是与财务报表审计相关的内部控制，并非被审计单位所有的内部控制（选项 B）；除非存在某些可以使控制得到一贯运行的自动化控制，否则注册会计师对控制的了解并不足以测试控制运行的有效性（选项 C）；询问本身并不足以评价控制的设计以及确定其是否得到执行，注册会计师应当将询问与其他风险评估程序结合使用（选项 D）。

20. 【答案】 AC

【解析】 本题考查可能导致财务报表层次重大错报风险，具体分析如下：

选项 A，财务总监的胜任能力事关财务报表整体，可能导致财务报表层次重大错报风险，当选；

选项 B，长期资产减值准备存在错报仅影响个别项目，属于认定层次的重大错报风险，不选；

选项 C，管理层诚信事关全局，影响不仅仅限于财务报表的个别项目、列报，属于财务报表层次的重大错报风险，当选；

选项 D，某项销售交易存在错报仅影响个别项目，属于认定层次的重大错报风险，不选。

21. 【答案】 AB

【解析】 本题考查检查性控制和预防性控制的区分，具体分析如下：

选项 A，负责业务收入和应收账款记账的财务人员不得经手货币资金属于事前预防，为预防性控制，当选；

选项 B，采购固定资产需要经适当级别的人员批准属于事前预防，为预防性控制，当选；

选项 C，会计主管每月末将银行账户余额与银行对账单进行核对，并编制银行存款余额调节表属于事后检查，为检查性控制，不选；

选项 D，管理层定期执行存货盘点属于事后检查，为检查性控制，不选。

22. 【答案】 ACD

【解析】 本题考查检查性控制和预防性控制的区分，具体分析如下：

选项 A，定期编制银行存款余额调节表，并追查调节项目或异常项目属于事后检查，为检查性控制，当选；

选项 B，对接触计算机程序和数据文档设置访问和修改权限属于事前预防，为预防性控制，不选；

选项 C，财务人员每季度复核应收账款贷方余额并找出原因属于事后检查，为检查性控制，当选；

选项 D，财务总监复核月度毛利率的合理性属于事后检查，为检查性控制，当选。

23. 【答案】 ABCD

【解析】 被审计单位管理层经常会衡量和评价关键业绩指标、预算及差异分析、分部信息和分支机构、部门或其他层次的业绩报告以及与竞争对手的业绩比较。此外，外部机构也会衡量和评价被审计单位的财务业绩，如分析师的报告和信用评级机构的报告。(选项 BC)

在了解被审计单位财务业绩衡量和评价情况时，注册会计师应当关注下列信息：

(1) 关键业绩指标（财务或非财务的）、关键比率、趋势和经营统计数据（选项 A）。

(2) 同期财务业绩比较分析。

(3) 预算、预测、差异分析，分部信息与分部、部门或其他不同层次的业绩报告。

(4) 员工业绩考查与激励性报酬政策（选项 D）。

(5) 被审计单位与竞争对手的业绩比较。

24. 【答案】 ABCD

【解析】 执行穿行测试可获得下列方面的证据：

(1) 确认对业务流程的了解（选项 A）。

(2) 确认对重要交易的了解是完整的，即在交易流程中所有与财务报表认定相关的可能发生错报的环节都已识别（选项 B）。

(3) 确认所获取的有关流程中的预防性控制和检查性控制信息的准确性。

(4) 评估控制设计的有效性（选项 C）。

(5) 确认控制是否得到执行（选项 D）。

(6) 确认之前所做的书面记录的准确性。

25. 【答案】 ABD

【解析】 本题考查对控制活动的识记，控制活动包括：

(1) 授权（选项 A）。

(2) 业绩评价（选项 B）。

(3) 信息处理。

(4) 实物控制。

(5) 职责分离（选项 D）。

26.【答案】 恰当。

【答案解读】 仅为了提高生产效率的排班调度，该项内部控制与审计无关，注册会计师可以不了解。

27.

【答案】				【答案解读】
事项序号	是否可能表明存在重大错报风险（是/否）	理由	财务报表项目名称及认定	

事项序号	是否可能表明存在重大错报风险（是/否）	理由	财务报表项目名称及认定
(1)	是	2×17年产能利用率已接近饱和，2×18年营业收入大幅增长，可能存在多计营业收入、营业成本的风险。	营业收入（发生）；营业成本（发生）
(2)	是	客户汇入的款项不是补贴收入/是预收款，可能存在多计其他收益的风险。	其他收益（发生）；合同负债（完整性）
(3)	是	c产品的主要原材料由客户提供，且毛利率很低，该业务可能是受托加工业务/需要采用净额法确认收入，可能存在多计存货、营业收入和营业成本的风险。	存货（存在）；营业收入（发生）；营业成本（发生）
(4)	是	产品订单锐减，可能导致相关的无形资产/专有技术出现减值，可能存在少计无形资产减值的风险。	资产减值损失（完整性/准确性）；无形资产（准确性、计价和分摊）
(5)	是	由于甲公司承担研发过程中的风险并享有研发成果，该项研发实质上是甲公司的自主研发，可能存在少计开发支出或研发费用，多计预付款项的风险。	开发支出/研发费用（完整性）；预付款项（存在）

【答案解读】

(1) 2×18年a产品营业收入的增长率 = 10 000÷20 000 = 50%，营业成本的增幅也是50%；这与a产品生产线的产能利用率已接近饱和相矛盾。甲公司2×18年可能存在多计收入和成本的风险。

(2) 乙公司提供的资金符合预收款的性质（合同负债），不属于"补助"（其他收益）。甲公司存在多计收益，少计负债的风险。

(3) c产品的主要原材料由客户提供，且毛利率[(10 000−9 800)÷10 000 = 2%]很低，该业务可能是受托加工业务，甲公司应该按照净额法确认收入。可能存在多计收入、成本以及多计存货的风险。

(4) 竞争对手改进生产工艺，大幅提高了产品（d产品）质量，说明用于生产d产品的无形资产存在减值迹象，应计提减值准备。甲公司可能存在少计无形资产减值的风险。

(5) 甲公司承担研发过程中的风险并享有研发成果，该项研发实质上是甲公司的自主研发，可能存在少计开发支出或研发费用，多计预付款项的风险。

第八章 风险应对

本章考情 Q&A

Q：本章的重要性如何？
A：本章主要介绍风险导向审计下，注册会计师应对评估的重大错报风险的总体思路，是风险导向审计的重要理论基础，其"后续效益"很强，对后续章节的学习影响很大，属于非常重要的章节，每年平均考查分值在 6~7 分。

Q：本章知识点在考试中通常以什么形式出现？
A：本章各种题型都可能出现，以客观题为主。

Q：本章内容的考试特点是什么？
A：本章主要考查理论知识，考生备考时一定要做到真正理解。在与其他章节结合考查具体事项的风险应对程序时也不会脱离本章的理论基础，这点很重要。

Q：本章 2020 年的主要变动有哪些？
A：增加"注册会计师确定何时实施审计程序（进一步审化程序）的考虑因素"。

Q：本章主要考点历年分布如何？
A：以下是老师们的统计。

考点	2010年	2011年	2012年	2013年	2014年	2015年	2016年	2017年	2018年	2019年
总体应对措施			√			√	√			√
总体审计方案				√						
进一步审计程序			√	√		√		√	√	
控制测试			√	√	√	√		√	√	√
实质性程序			√	√	√	√	√	√	√	√

经 典 例 题

【考点一】 总体应对措施

【例题1·2016年·单项选择题】 下列各项措施中，不能应对财务报表层次重大错报风险的是（　　）。

A. 在期末而非期中实施更多的审计程序　　B. 扩大控制测试的范围
C. 增加拟纳入审计范围的经营地点的数量　　D. 增加审计程序的不可预见性

【答案】 B

【解析】 本题考查应对财务报表层次重大错报风险的措施，具体分析如下：

选项A，在期末而非期中实施更多的审计程序可能应对财务报表层次重大错报风险，不选；

选项B，扩大控制测试的范围，控制测试是为了获取关于控制防止、发现并纠正认定层次的重大错报的有效性而实施的测试，不能应对财务报表层次的重大错报风险，当选；

选项C，增加拟纳入审计范围的经营地点的数量可能应对财务报表层次重大错报风险，不选；

选项D，增加审计程序的不可预见性可能应对财务报表层次重大错报风险，不选。

【例题2·2012年·多项选择题】 下列做法中，可以提高审计程序的不可预见性的有（　　）。

A. 针对销售收入和销售退回延长截止测试期间
B. 向以前没有询问过的被审计单位员工询问
C. 对以前通常不测试的金额较小的项目实施实质性程序
D. 对被审计单位银行存款年末余额实施函证

【答案】 ABC

【解析】 解答本题的关键点在于掌握"增加不可预见性"的特征，具体分析如下：

选项A，针对销售收入和销售退回延长截止测试期间属于改变了审计程序的时间，可以提高审计程序的不可预见性，当选；

选项B，向以前没有询问过的被审计单位员工询问属于改变了审计程序的范围，可以提高审计程序的不可预见性，当选；

选项C，对以前通常不测试的金额较小的项目实施实质性程序属于改变了审计程序的范围，可以提高审计程序的不可预见性，当选；

选项D，对被审计单位银行存款年末余额实施函证，每年都要做的程序，那么就是可预见的而非不可预见的。不选。

【私教点拨】

1. 五项总体应对措施（见图8-1）

【记忆口诀】 一个督导、两个人、两个程序。

```
                        一个督导

          两个人                    两个程序


   保持职业怀疑  派有经验的人  增加不可预见性  审计程序作出总体修改
                  图 8-1  五项总体应对措施
```

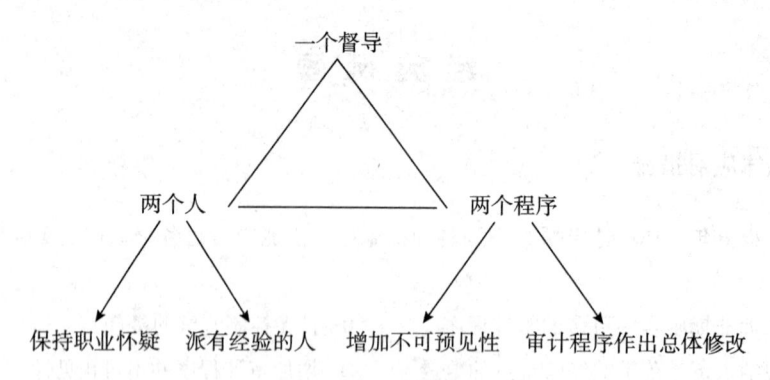

一个督导：

（1）提供更多的督导。

两个人：

（2）向项目组强调保持职业怀疑的必要性。

（3）指派更有经验或具有特殊技能的审计人员，或利用专家的工作。

两个程序：

（4）在选择拟实施的进一步审计程序时融入更多的不可预见的因素。

（5）对拟实施审计程序的性质时间安排或范围作出总体修改。

2. 增加不可预见性的方式

（1）对某些未测试过的低于设定的重要性水平或风险较小的账户余额和认定实施实质性程序。

（2）调整实施审计程序的时间，使被审计单位不可预期。

（3）采取不同的审计抽样方法，使当期抽取的测试样本与以前有所不同。

（4）选取不同的地点实施审计程序，或预先不告知被审计单位所选定的测试地点。

总结：

（1）正向思考：改变审计程序的性质、时间安排和范围。（以前没做的今年做，以前也做的今年换着花样做）

（2）反向思考：每年都要做的程序，那么就是可预见的而非是不可预见的。

【考点二】总体审计方案

【例题·2013年·多项选择题】下列有关采用总体审计方案的说法中，错误的有（   ）。

A. 注册会计师可以针对不同认定采用不同的审计方案

B. 注册会计师可以采用综合性方案或实质性方案应对重大错报风险

C. 注册会计师应当采用实质性方案应对特别风险

D. 注册会计师应当采用与前期审计一致的审计方案，除非评估的重大错报风险发生重大变化

【答案】 CD

【解析】 本题考查拟实施进一步审计程序的总体审计方案（包括实质性方案和综合性方案），

具体分析如下：

选项A，具体的认定采用何种审计方案需要根据具体情况具体决定（比如对控制的评估、决定是否利用内控等），所以注册会计师可以针对不同认定采用不同的审计方案，不选；

选项B，应对评估的重大错报风险采用综合性方案还是实质性方案需要根据具体情况具体决定（比如对控制的评估、决定是否利用内控等），所以注册会计师可以采用综合性方案或实质性方案应对重大错报风险，不选；

选项C，注册会计师应对特别风险可以采用综合性方案也可以采用实质性方案，当选；

选项D，注册会计师对总体审计方案的选择是基于每年具体的，当选。

【私教点拨】

1. 定义辨析

实质性方案是以实质性程序**为主**，综合性方案是实质性程序和控制测试**结合使用**。（没有孰重孰轻）

2. 方案选择（见图8-2）

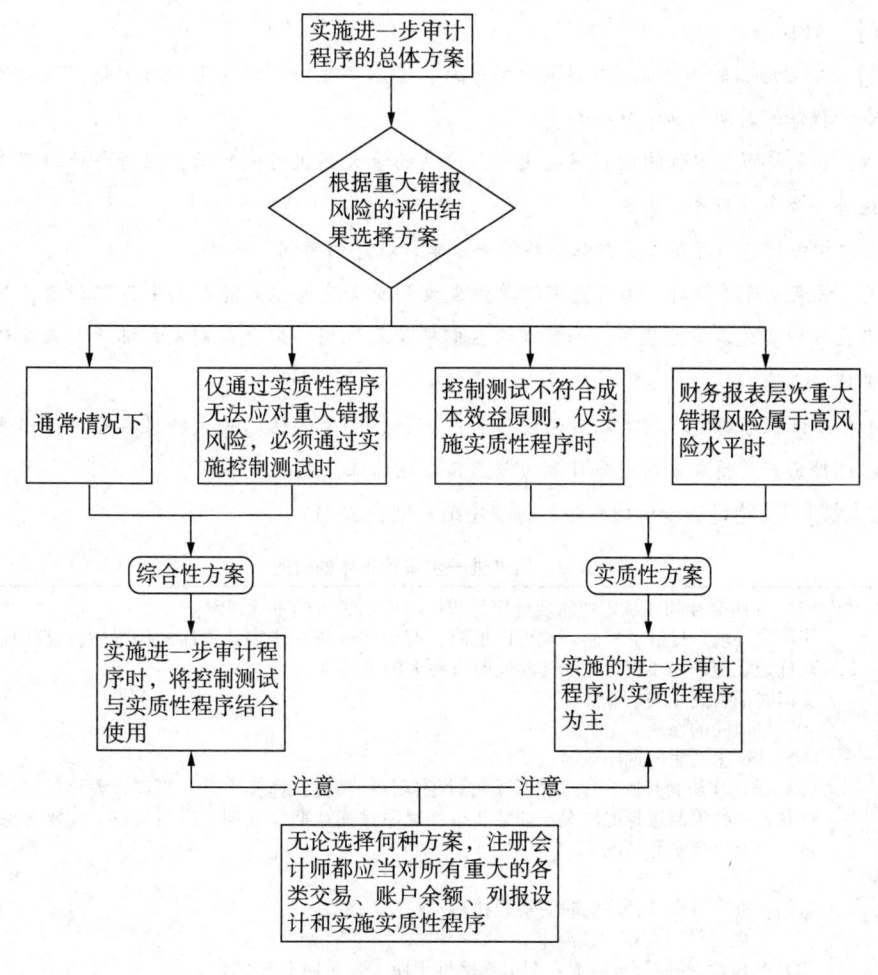

```
              实施进一步审计
              程序的总体方案
                    │
                    ▼
            根据重大错报
            风险的评估结
            果选择方案
        ┌──────┬──────────┬──────────┐
        ▼      ▼          ▼          ▼
     通常   仅通过实质性程序  控制测试不符合成   财务报表层次重大
     情况下  无法应对重大错报  本效益原则，仅实   错报风险属于高风
            风险，必须通过实   施实质性程序时    险水平时
            施控制测试时
        │      │          │          │
        ▼      ▼          ▼          ▼
        综合性方案            实质性方案
           │                    │
           ▼                    ▼
     实施进一步审计程       实施的进一步审计
     序时，将控制测试       程序以实质性程序
     与实质性程序结合       为主
     使用
           │                    │
          注意                 注意
           └──────┬─────────────┘
                  ▼
            无论选择何种方案，注册会
            计师都应当对所有重大的各
            类交易、账户余额、列报设
            计和实施实质性程序
```

图8-2 方案选择

3. 区分总体审计策略和总体审计方案

（1）总体审计策略，属于应对财务报表层次重大错报风险的应对措施。

（2）总体审计方案，属于应对认定层次重大错报风险的总体审计方案（即进一步审计程序的总体方案）。

【考点三】进一步审计程序

【例题·2015年·多项选择题】下列有关注册会计师实施进一步审计程序的时间的说法中，正确的有（   ）。

A. 如果被审计单位的控制环境良好，注册会计师可以更多地在期中实施进一步审计程序
B. 注册会计师在确定何时实施进一步审计程序时需要考虑能够获取相关信息的时间
C. 对于被审计单位发生的重大交易，注册会计师应当在期末或期末以后实施实质性程序
D. 如果评估的重大错报风险为低水平，注册会计师可以选择资产负债表日前适当日期为截止日实施函证

【答案】 ABD

【解析】 本题给出的四个选项就是具体的情形，要求考生对具体情形进行分析，从而选择适当的进一步审计程序的时间。具体分析如下：

选项A，如果被审计单位的控制环境良好，评估的重大错报可能较低，注册会计师可以更多地在期中实施进一步审计程序，当选。

选项B，相关信息的可获得性影响实施进一步审计程序的时间，当选。

选项C，该表述过于绝对，如果被审计单位发生的重大交易，只能在期中获取证据，那么注册会计师应当在期中实施实质性程序；如果可以在期末获取证据，那么在期末或接近期末实施实质性程序效果更好，不选。

选项D，函证程序通常在期末以后的适当时间实施，如果评估的重大错报风险为低水平，注册会计师可以选择资产负债表日前适当日期为截止日实施函证，当选。

【私教点拨】 实施进一步审计程序的时间总结，见表8-1。

表8-1 实施进一步审计程序的时间

考虑因素	（1）注册会计师在确定何时实施审计程序时应当考虑的重要因素： ①控制环境。良好的控制环境可以抵消在期中实施进一步审计程序的局限性，使注册会计师在确定实施进一步审计程序的时间时有更大的灵活度。 ②何时能得到相关信息。 ③错报风险的性质。 ④审计证据适用的期间或时点。 （2）虽然注册会计师在很多情况下可以根据具体情况选择实施进一步审计程序的时间，但也存在着一些**限制选择**的情况，如果某些审计程序只能在期末或期末以后实施。（要考虑上述因素，也要结合实际情况） 总结：进一步审计程序的时间解题技巧： （1）一般：可以在期中或期末。 （2）高风险/控制环境薄弱：期末或接近于期末（≠期末或期末以后）。 （3）限制情况：只能在期末或期末以后（根据可实施的时间而定）

续表

拓展延伸	"期末""接近期末""期末以后"的区分： （1）期末：一般指12月31日。 （2）接近期末：12月31日前后，时间范围较小。 （3）期末以后：12月31日以后，时间范围很大

【考点四】控制测试

【例题1·2012年·单项选择题】下列有关控制测试目的的说法中，正确的是（　　）。

A. 控制测试旨在评价内部控制在防止、发现并纠正认定层次重大错报方面的运行有效性

B. 控制测试旨在发现认定层次发生错报的金额

C. 控制测试旨在验证实质性程序结果的可靠性

D. 控制测试旨在确定控制是否得到执行

【答案】　A

【解析】　本题考查控制测试的基本概念，具体分析如下：

选项A，控制测试旨在评价内部控制在防止、发现并纠正认定层次重大错报方面的运行有效性，当选；

选项B，细节测试旨在发现认定层次发生错报的金额，不选；

选项C，实施实质性程序未发现错报不能证明控制有效运行，不选；

选项D，控制测试旨在确定控制是否一贯运行，不选。

【私教点拨】　与内部控制相关的概念的关键字如下：

（1）了解内部控制的内容：内部控制设计合理、内部控制得到执行。

（2）了解内部控制的目的：对内部控制有效性形成预期。

（3）控制测试的目的：内部控制运行有效/内部控制得到一贯执行。

【例题2·2018年·综合题】

资料三： 　　A注册会计师在审计工作底稿中记录了审计计划，部分内容摘录如下： 　　A注册会计师认为仅实施实质性程序不能获取与成本核算相关的充分、适当的审计证据［1］，因此，拟实施综合性方案［2］：测试相关内部控制在2×17年1月至10月期间的运行有效性，并对2×17年11月至12月的成本核算实施细节测试。 　　要求： 　　针对上述事项，假定不考虑其他条件，逐项指出审计计划的内容是否恰当。如不恰当，请简要说明理由。	【审题过程】 ［1］当实施实质性程序不能获取充分、适当的审计证据时，注册会计师应当实施控制测试。 -------- ［2］综合性方案：控制测试+实质性程序；A注册会计师的做法恰当。

【答案】 恰当。

【私教点拨】 实施控制测试的情形以及如何理解，相关总结见表8-2。

表8-2 实施控制测试的情形

实施控制测试的情形（满足其中之一即可）	(1) 主动做：在评估认定层次重大错报风险时，预期控制的运行是有效的。（成本效益原则） (2) 被动做：仅实施实质性程序并不能够提供认定层次充分、适当的审计证据
拓展延伸	(1) 怎么理解"被动做"。 在风险导向审计下，做控制测试，一般是基于成本效益原则，因为如果控制运行有效，相应的实质性程序就可以少做，这样节约成本；但是在认为仅通过实施实质性程序不能获取充分、适当的审计证据的情况下，注册会计师必须实施控制测试，且这种测试已经不再是单纯出于成本效益的考虑，而是必须获取的一类审计证据。 (2) 在什么情况下，存在这种"被动做"。 在被审计单位对日常交易或财务报表相关的其他数据采用高度自动化处理的情况下，审计证据可能仅以电子形式存在，此时审计证据是否充分、适当通常取决于自动化信息系统相关控制的有效性

【例题3·2015年·简答题】

| ABC会计师事务所负责审计甲公司2×14年度财务报表，审计工作底稿中与内部控制相关的部分内容摘录如下：

(1) 甲公司营业收入的发生认定存在特别风险[1]。相关控制在2×13年度审计中经测试运行有效。因这些控制本年未发生变化，审计项目组拟继续予以信赖，并依赖了上年审计获取的有关这些控制运行有效的审计证据。

(2) 考虑到甲公司2×14年固定资产的采购主要发生在下半年[2]，审计项目组从下半年固定资产采购中选取样本实施控制测试。

(3) 甲公司与原材料采购批准相关的控制每日运行数次，审计项目组确定样本规模为25个[3]。考虑到该控制自2×14年7月1日起发生重大变化[4]，审计项目组从上半年和下半年的交易中分别选取12个和13个样本实施控制测试。

(4) 审计项目组对银行存款实施了实质性程序，未发现错报[5]，因此认为甲公司与银行存款相关的内部控制运行有效。 | 【审题过程】

[1] 针对特别风险的控制，如果决定信赖，必须每年都对其进行测试。

[2] 主要发生在下半年≠全部发生在下半年。
想要得到总体（全年）的审计证据，样本的范围必须涵盖整个评价期间。

[3] 根据官方教材表20-1，得出样本规模为25个是合理的。

[4] 对于发生重大变化的控制，应当将变化前后的控制视同两个不同的控制，作为两个单独的总体，分别从两个总体中去选取样本。

[5] 风险导向审计下的审计是局部审计，而不是全面审计。通过实质性测试未发现错报，并不能证明与所测试认定相关的内部控制是有效的。 |

(5) 甲公司内部控制制度规定，财务经理每月应复核销售返利计算表，检查 [6] 销售收入金额和返利比例是否准确，如有异常进行调查并处理，复核完成后签字 [6] 存档。审计项目组选取了 3 个月的销售返利计算表，检查了财务经理的签字，认为该控制运行有效。

(6) 审计项目组拟信赖与固定资产折旧计提相关的自动化应用控制 [7]，因该控制在 2×13 年度审计中测试结果满意，且在 2×14 年未发生变化，审计项目组仅对信息技术一般控制实施测试 [7]。

要求：

针对上述第（1）至第（6）项，逐项指出审计项目组的做法是否恰当。如不恰当，简要说明理由。

[6] 该控制的关键点有：检查金额和返利比例是否准确；签字。

审计项目组只测试了"签字"，故不能证明控制是否有效。

[7] 对于一项自动化的应用控制，由于信息技术处理过程的内在一致性，审计项目组可以利用该项控制得以执行的审计证据和信息技术一般控制运行有效性的审计证据，作为支持该项控制在相关期间运行有效性的重要审计证据。

【答案】

(1) 不恰当。因相关控制是应对特别风险的，审计项目组应当在当年测试相关控制的运行有效性/不能利用以前审计中获取的审计证据。

(2) 不恰当。控制测试的样本应当涵盖整个期间。

(3) 不恰当。因为控制发生重大变化，审计项目组应当分别测试/2×14 年上半年和下半年与原材料采购批准相关的内部控制活动不同，审计项目组应当分别测试 25 个。

(4) 不恰当。通过实质性测试未发现错报，并不能证明与所测试认定相关的内部控制是有效的/审计项目组不能以实质性测试的结果推断内部控制的有效性。

(5) 不恰当。只检查财务经理的签字不足够/审计项目组应当检查财务经理是否按规定完整实施了该控制。

(6) 恰当。

【私教点拨】

1. 判断是否可以利用以前年度控制测试的结果（根据图 8-3 进行决策）

2. 如何判断控制运行是否有效

第一步：根据控制的描述，找有几个"控制点"。

第二步：看注册会计师有没有针对具体的"控制点"去测试。

【举例】

控制描述：财务人员将原材料订购单、供应商发票和入库单核对一致后，编制记账凭证并签字。

第一步：根据控制描述找对应"控制点"，共两个。（1）核对一致；（2）编制记账凭证并签字。

第二步：看注册会计师做的，如果注册会计师仅检查了相关的凭证有没有经过财务人员签字，那就不恰当。因为控制点有两个，注册会计师只测了 1 个，还应当检查另外 3 个单据，即订购单、发票、入库票，需核对其是否一致。

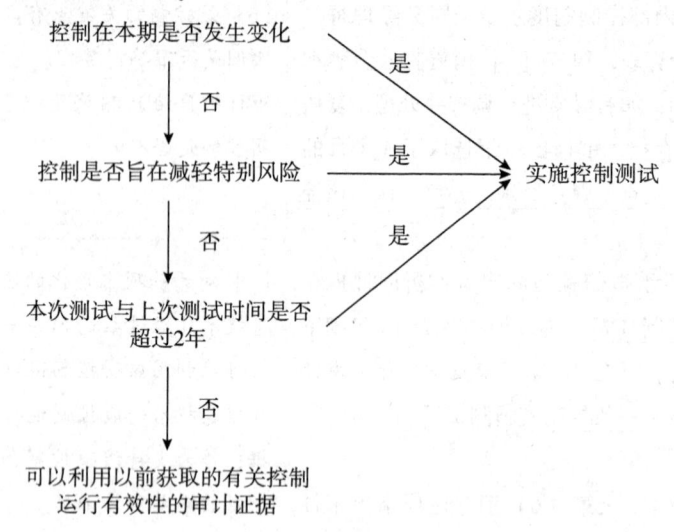

```
控制在本期是否发生变化 ──是──┐
        │                    │
        否                    │
        ↓                    ↓
控制是否旨在减轻特别风险 ──是──→ 实施控制测试
        │                    ↑
        否                    │
        ↓                    │
本次测试与上次测试时间是否 ──是──┘
     超过2年
        │
        否
        ↓
可以利用以前获取的有关控制
  运行有效性的审计证据
```

图 8-3　控制变化决策

【考点五】实质性程序

【例题 1 · 2013 年 · 单项选择题】下列有关针对重大账户余额实施审计程序的说法中，正确的是（　　）。

A. 注册会计师应当实施实质性程序　　　　B. 注册会计师应当实施细节测试
C. 注册会计师应当实施控制测试　　　　　D. 注册会计师应当实施控制测试和实质性程序

【答案】　A

【解析】　本题考查针对重大账户余额实施的审计程序，具体分析如下：

选项 A，无论评估的重大错报风险结果如何，注册会计师都应当针对所有重大的各类交易、账户余额和披露实施实质性程序，当选；

选项 B，当实施实质性分析程序比细节测试更有效时，可能不做细节测试，不选；

选项 CD，当注册会计师预期控制运行无效时，就不会做控制测试，不选。

【例题 2 · 2017 年 · 综合题】

资料三：	【审题过程】
A 注册会计师在审计工作底稿中记录了审计计划，部分内容摘录如下： 甲公司的个人快递业务交易量巨大，单笔金额较小 [1]。因无法通过实施细节测试获取充分、适当的审计证据，也无法有效实施实质性分析程序，A 注册会计师拟在审计该类收入时全部依赖控制测试 [2]。	[1] 虽然单笔金额较小，但是业务量巨大，故个人快递业务的收入还是重大的。 [2] 对重大账户余额应当实施实质性程序，A 注册会计师的做法错误。

要求：
针对上述事项，假定不考虑其他条件，逐项指出A注册会计师的做法是否恰当。如不恰当，请简要说明理由。

【答案】 不恰当。个人快递业务收入重大，注册会计师应当实施实质性程序。

【私教点拨】

1. 应当实施实质性程序的范围

(1) 正向记忆："所有重大的各类交易、账户余额、列报"。（应当实施实质性程序的是"所有重大的"，不是"所有"）。

(2) 反向记忆：对于"所有重大的"，是"应当"实施实质性程序，而不是"可以"实施实质性程序。

2. 实质性程序和实质性方案的区分

实质性程序是应对认定层次重大错报风险的具体程序，而实质性方案是应对认定层次重大错报风险的总体方案。

举例：注册会计师都应当对所有重大的各类交易、账户余额、列报设计和实施实质性程序。

注册会计师可能：

(1) 仅做实质性程序或以实质性程序为主（实质性方案）。

(2) 实质性程序+控制测试（综合性方案）。

【例题3·2015年·简答题】

A注册会计师在审计工作底稿中记录了风险应对的情况，部分内容摘录如下： A注册会计师认为甲集团存在低估负债的特别风险，在了解相关控制后[1]，未信赖这些控制，直接实施了细节测试[2]。 要求： 指出注册会计师的做法是否恰当。如不恰当，请简要说明理由。	【审题过程】 [1] 控制必须要了解，A注册会计师做法正确。 -------- [2] 应对特别风险的进一步审计程序，控制测试不是必须要做的程序，A注册会计师做法正确；可以仅实施细节测试应对特别风险，A注册会计师做法正确。

【答案】 恰当。

【私教点拨】

1. 应对特别风险的审计程序总结

(1) 实质性程序必做。如果认为评估的认定层次重大错报风险是特别风险，注册会计师应当专门针对该风险实施实质性程序。（**如果是特别风险，实质性程序必须要做，控制测试可以选择性地**

做）

（2）细节测试，有条件的必做。如果针对特别风险实施的程序仅为实质性程序，这些程序应当包括细节测试。（如果只做实质性程序的话，才必须做细节测试，但这不等于应对程序必须包括细节测试）

2. 应对特别风险的进一步审计程序组合情况

（1）控制测试+细节测试+实质性分析程序。

（2）控制测试+细节测试。

（3）控制测试+实质性分析程序。

（4）细节测试+实质性分析程序。

（5）细节测试（只做控制测试或只做实质性分析程序，都不行）。

【例题4·2016年·单项选择题】下列有关实质性程序时间安排的说法中，错误的是（　　）。

A. 控制环境和其他相关控制越薄弱，注册会计师越不宜在期中实施实质性程序

B. 注册会计师在评估的某项认定的重大错报风险越高，越应当考虑将实质性程序集中在期末或者接近期末实施

C. 如果实施实质性程序所需信息在期中之后难以获取，注册会计师应考虑在期中实施实质性程序

D. 如果在期中实施了实质性程序，注册会计师应当针对剩余期间实施控制测试，以将期中测试得出的结论合理延伸至期末

【答案】　D

【解析】　本题考查实质性程序实施的时间以及如何考虑期中实质性程序获取的审计证据，具体分析如下：

选项A，控制环境越薄弱，说明风险越高，风险越高，注册会计师越应该在期末或接近期末实施实质性程序，不选；

选项B，评估的某项认定的重大错报风险越高，注册会计师越应当考虑将实质性程序集中在期末或者接近期末实施，不选；

选项C，实施实质性程序的时间需要考虑信息的可获得性，如果实施实质性程序所需信息在期中之后难以获取，注册会计师应考虑在期中实施实质性程序，不选；

选项D，如果在期中实施了实质性程序，注册会计师对剩余期间所做程序是实质性程序，或实质性程序与控制测试一起做，不会单独做控制测试，当选。

【私教点拨】　实质性程序的时间选择与控制测试的时间选择有共同点，也有很大差异，相关总结见表8-3。

表8-3　实质性程序和控制测试的时间选择

问题	控制测试	实质性程序
期中是否做	可以做 （更有意义）	可以做

续表

问题	控制测试	实质性程序
期中到期末是否实施追加审计程序	可能	必须
以前获取的审计证据是否有效	可能（符合条件）	基本不可能
共同点：两类程序都面临着对期中审计证据和对以前审计获取的审计证据的考虑		

真 题 演 练

1.（2019年·单项选择题）下列有关审计程序不可预见性的说法中，错误的是（   ）。

A. 增加审计程序的不可预见性是为了避免管理层对审计效果的人为干预

B. 增加审计程序的不可预见性会导致注册会计师实施更多的审计程序

C. 注册会计师无需量化审计程序的不可预见性程度

D. 注册会计师在设计拟实施审计程序的性质、时间安排和范围时，都可以增加不可预见性

2.（2018年·单项选择题）如果注册会计师已获取有关控制在期中运行有效的审计证据，下列有关剩余期间补充证据的说法中，错误的是（   ）。

A. 注册会计师可以通过测试被审计单位对控制的监督，将控制在期中运行有效的审计证据合理延伸至期末

B. 被审计单位的控制环境越有效，注册会计师需要获取的剩余期间的补充证据越少

C. 如果控制在剩余期间发生了变化，注册会计师可以通过实施穿行测试，将期中获取的审计证据合理延伸至期末

D. 注册会计师在信赖控制的基础上拟减少的实质性程序的范围越大，注册会计师需要获取的剩余期间的补充证据越多

3.（2017年·单项选择题）下列各项审计程序中，注册会计师在实施控制测试和实质性程序时均可以采用的是（   ）。

A. 分析程序　　　　B. 函证　　　　C. 重新执行　　　　D. 检查

4.（2016年·单项选择题）下列有关实质性程序的说法中，正确的是（   ）。

A. 注册会计师应当针对所有类别的交易、账户余额和披露实施实质性程序

B. 注册会计师针对认定层次的特别风险实施的实质性程序应当包括实质性分析程序

C. 如果在期中实施了实质性程序，注册会计师应当对剩余期间实施控制测试和实质性程序

D. 注册会计师实施的实质性程序应当包括将财务报表与其所依据的会计记录进行核对或调整

5.（2015年·单项选择题）下列有关注册会计师实施进一步审计程序的时间的说法中，错误的是（   ）。

A. 如果被审计单位的控制环境良好，注册会计师可以更多地在期中实施进一步审计程序

B. 注册会计师在确定何时实施进一步审计程序时需要考虑能够获取相关信息的时间

C. 如果评估的重大错报风险为低水平，注册会计师可以选择资产负债表日前适当日期为止实

施函证

　　D. 对于被审计单位发生的重大交易，注册会计师应当在期末或期末以后实施实质性程序

　　6. （2019 年·多项选择题）下列有关与特别风险相关的控制的说法中，正确的有（　　）。

　　A. 注册会计师应当了解和评价与特别风险相关的控制的设计情况，并确定其是否得到执行

　　B. 如果被审计单位未能实施控制以恰当应对特别风险，注册会计师应当针对特别风险实施细节测试

　　C. 如果注册会计师实施控制测试后认为与特别风险相关的控制运行有效，对特别风险实施的实质性程序可以仅为实质性分析程序

　　D. 对于与特别风险相关的控制，注册会计师不能利用以前审计获取的有关控制运行有效性的审计证据

　　7. （2017 年·多项选择题）下列各项中，注册会计师在确定进一步审计程序的范围时应当考虑的有（　　）。

　　A. 评估的重大错报风险　　　　　　B. 审计证据适用的期间或时点

　　C. 计划获取的保证程度　　　　　　D. 确定的重要性水平

　　8. （2017 年·多项选择题）下列情形中，注册会计师不应利用以前年度获取的有关控制运行有效的审计证据的有（　　）。

　　A. 注册会计师拟信赖旨在减轻特别风险的控制

　　B. 控制在过去两年审计中未经测试

　　C. 控制在本年发生重大变化

　　D. 被审计单位的控制环境薄弱

　　9. （2016 年·多项选择题）下列有关利用以前审计获取的有关控制运行有效性的审计证据的说法中，错误的有（　　）。

　　A. 如果拟信赖以前审计获取的有关控制运行有效性的审计证据，注册会计师应当通过询问程序获取这些控制是否已经发生变化的审计证据

　　B. 如果拟信赖的控制在本期发生变化，注册会计师应当考虑以前审计获取的有关控制运行有效性的审计证据是否与本期审计相关

　　C. 如果拟信赖的控制在本期未发生变化，注册会计师可以运用职业判断决定不在本期测试其运行的有效性

　　D. 如果拟信赖的控制在本期未发生变化，控制应对的重大错报风险越高，本次控制测试与上次控制测试的时间间隔越短

　　10. （2015 年·多项选择题）下列有关审计程序不可预见性的说法中，正确的有（　　）。

　　A. 注册会计师应当在签订审计业务约定书时明确提出拟在审计过程中实施具有不可预见性的审计程序，但不能明确其具体内容

　　B. 注册会计师采取不同的抽样方法使当年抽取的测试样本与以前有所不同，可以增加审计程序的不可预见性

　　C. 注册会计师通过调整实施审计程序的时间，可以增加审计程序的不可预见性

D. 注册会计师需要与被审计单位管理层事先沟通拟实施具有不可预见性的审计程序的要求，但不能告知其具体内容

11.（2018年·简答题）ABC会计师事务所的A注册会计师负责审计多家被审计单位2×17年度财务报表。与存货审计相关的部分事项如下：

因乙公司存货不存在特别风险，且以前年度与存货相关的控制运行有效。A注册会计师因此减少了本年度存货细节测试的样本量。

要求：

针对上述事项，指出A注册会计师的做法是否恰当。如不恰当，请要说明理由。

12.（2018年·简答题）ABC会计师事务所的A注册会计师负责审计多家被审计单位2×17年度财务报表。与存货审计相关的部分事项如下：

甲公司为制造型企业，采用信息系统进行成本核算。A注册会计师对信息系统一般控制和相关的自动化应用控制进行测试后结果满意，不再对成本核算实施实质性程序。

要求：

针对上述事项，指出A注册会计师的做法是否恰当。如不恰当，请简要说明理由。

13.（2018年·简答题）ABC会计师事务所的A注册会计师负责审计甲公司2×17年度财务报表。与会计估计审计相关的部分事项如下：

A注册会计师认为应收账款坏账准备的计提存在特别风险，在了解相关内部控制后，对应收账款坏账准备实施了实质性分析程序，结果满意，据此认可了管理层计提的金额。

要求：

针对上述事项，指出A注册会计师的做法是否恰当。如不恰当，请简要说明理由。

14.（2017年·简答题）ABC会计师事务所的A注册会计师负责审计甲公司2×16年度财务报表，与货币资金审计相关的部分事项如下：

甲公司一笔2×15年10月存入的期限2年的大额定期存款。A注册会计师在2×15年度财务报表审计中检查了开户证实原件并实施了函证，结果满意，因此，未在2×16年度审计中实施审计程序。

要求：

针对上述事项，指出A注册会计师的做法是否恰当。如不恰当，请简要说明理由。

15.（2015年·简答题）甲公司营业收入的发生认定存在特别风险，相关控制在2×13年度审计中经测试运行有效，因这些控制本年未发生变化，审计项目组拟继续予以信赖，并依赖了上年审计获取的有关这些控制运行有效的审计证据。

要求：

针对上述事项，指出审计项目组做法是否恰当。如不恰当，请简要说明理由。

16.（2015年·简答题）A注册会计师审计甲公司2×14年度财务报表。

审计项目组拟信赖与固定资产折旧计提相关的自动化应用控制，因该控制在2×13年度审计中测试结果满意，且在2×14年未发生变化，审计项目组仅对信息技术一般控制实施测试。

要求：

针对上述事项，指出审计项目组的做法是否恰当。如不恰当，请简要说明理由。

17.（2015年·简答题）审计项目组对银行存款实施了实质性程序，未发现错报，因此认为甲公司与银行存款相关的内部控制运行有效。

要求：

针对上述事项，指出审计项目组的做法是否恰当。如不恰当，请简要说明理由。

18.（2015年·简答题）甲公司内部控制制度规定，财务经理每月应复核销售返利计算表，检查销售收入金额和返利是否准确，如有异常进行调查并处理，复核完成后签字存档，审计项目组选取了3个月的销售返利计算表，检查了财务经理的签字，认为该控制运行有效。

要求：

针对上述事项，指出审计项目组的做法是否恰当。如不恰当，请简要说明理由。

19.（2012年·简答题）在2×11年度财务报表审计中，A注册会计师了解的相关情况、实施的部分审计程序及相关结论摘录如下：

甲公司与现金销售相关的内部控制设计合理并得到执行。A注册会计师对与现金销售相关的内部控制实施控制测试。经询问财务经理，了解到2×11年度相关控制运行有效，未发现例外事项。A注册会计师认为2×11年度与现金销售相关的内部控制运行有效。

要求：

针对资料中所述的审计程序及相关结论，假定不考虑其他条件，指出其是否恰当，如不恰当，请简要说明理由。

20.（2019·综合题）A注册会计师在审计工作底稿中记录了实施进一步审计程序的情况，部分内容摘录如下：

（1）A注册会计师抽样测试了与职工薪酬相关的控制，发现一个偏差。因针对职工薪酬实施实质性程序未发现错报，A注册会计师认为该偏差不构成缺陷，相关控制运行有效。

（2）A注册会计师采用实质性分析程序测试甲公司2×18年度的借款利息支出，发现已记录金额与预期值之间存在600万元差异，因可接受差异额为500万元，A注册会计师要求管理层更正了100万元的错报。

要求：

针对上述事项，假定不考虑其他条件，逐项指出A注册会计师的做法是否恰当。如不恰当，请简要说明理由。

21.（2018年·综合题）上市公司甲公司是ABC会计师事务所的常年审计客户，主要从事汽车的生产和销售。A注册会计师负责审计甲公司2×17年度财务报表，确定财务报表整体的重要性为1 000万元，明显微小错报的临界值为30万元。

资料三：

A注册会计师在审计工作底稿中记录了审计计划，部分内容摘录如下：

A注册会计师认为仅实施实质性程序不能获取与成本核算相关的充分、适当的审计证据，因此，拟实施综合性方案：测试相关内部控制在2×17年1月至10月期间的运行有效性，并对2×17年11月至12月的成本核算实施细节测试。

要求：

针对上述事项，假定不考虑其他条件，指出审计计划的内容是否恰当。如不恰当，请简要说明理由。

22. （2018年·综合题）上市公司甲公司是ABC会计师事务所的常年审计客户，主要从事汽车的生产和销售。A注册会计师负责审计甲公司2×17年度财务报表，确定财务报表整体的重要性为1 000万元，明显微小错报的临界值为30万元。

资料三：

A注册会计师在审计工作底稿中记录了审计计划，部分内容摘录如下：

A注册会计师在询问管理层、阅读内控手册并执行穿行测试后，尽管认为甲公司与关联方交易相关的内部控制设计合理，但不拟信赖，拟直接实施细节测试。

要求：

针对上述事项，假定不考虑其他条件，指出审计计划的内容是否恰当。如不恰当，请简要说明理由。

23. （2018年·综合题）上市公司甲公司是ABC会计师事务所的常年审计客户，主要从事药品的研发、生产和销售。A注册会计师负责审计甲公司2×17年度财务报表，确定财务报表整体的重要性为300万元，明显微小错报的临界值为15万元。

资料三：

A注册会计师在审计工作底稿中记录了审计计划，部分内容摘录如下：

A注册会计师评估认为运输费不存在特别风险，考虑到运输费与销售存在较为稳定的预期关系，拟对其实施实质性分析程序，不再实施细节测试。

要求：

针对上述事项，假定不考虑其他条件，指出A注册会计师的做法是否恰当。如不恰当，请简要说明理由。

24. （2017年·综合题）甲公司是ABC会计师事务所的常年审计客户，主要从事电气设备的生产和销售。A注册会计师负责审计甲公司2×16年度财务报表，确定财务报表整体的重要性为300万元，实际执行的重要性为210万元。

资料三：

A注册会计师在审计工作底稿中记录了审计计划，部分摘录如下：

A注册会计师评估认为与职工薪酬相关的重大错报风险较低，拟在了解相关内部控制后直接实施实质性程序，不实施控制测试。

要求：

针对上述事项，假定不考虑其他条件，指出审计计划的内容是否恰当。如不恰当，请简要说明理由。

25. （2016年·综合题）甲公司是会计师事务所的常年审计客户，主要从事肉制品的加工和销售。A注册会计师负责审计甲公司2×15年度财务报表。

资料四：

甲公司部分原材料系向农户采购。财务人员办理结算时应当查验农户身份证，并将身份证复印件及农户签字的收据作为付款凭证附件。2 000元以上的付款应当通过银行转账。A注册会计师在审计工作底稿中记录了与采购与付款交易相关的审计工作，部分内容摘录如下：

注册会计师在实施控制测试时，发现一笔8 000元的采购交易被拆分成8笔，以现金支付。财务经理解释该农户无银行卡。A注册会计师询问了该农户，对控制测试结果满意。

要求：

针对上述事项，指出A注册会计师的做法是否恰当。如不恰当，请简要说明理由。

26. （2016年·综合题）A注册会计师在了解与费用完整性认定相关的内部控制后，将控制风险评估为高，拟不测试其运行有效性，直接实施细节测试。

要求：

针对上述事项，指出A注册会计师的做法是否恰当。如不恰当，请简要说明理由。

27. （2015年·综合题）A注册会计师认为甲集团公司存在低估负债的特别风险，在了解相关控制后，未信赖这些控制，直接实施了细节测试。

要求：

针对上述事项，指出A注册会计师的做法是否恰当。如不恰当，请简要说明理由。

真 题 答 案 及 解 析

1. 【答案】 B

【解析】 本题考查对审计程序不可预见性的理解，具体分析如下：

选项A，增加审计程序的不可预见性，最主要的目的就是为了避免管理层对审计效果的人为干预，不选；

选项B，增加审计程序的不可预见性，只是改变拟实施的审计程序的性质、时间安排和范围，不一定会导致注册会计师实施更多的审计程序，当选；

选项C，注册会计师无需量化审计程序的不可预见性程度，不选；

选项D，注册会计师在设计拟实施审计程序的性质、时间安排和范围时，都可以增加不可预见性，不选。

2. 【答案】 C

【解析】 本题考查对将期中获取的有关控制运行有效的审计证据延伸至期末的理解，具体分析如下：

选项A，注册会计师可以通过测试被审计单位对控制的监督，将控制在期中运行有效的审计证据合理延伸至期末，不选。

选项B，被审计单位的控制环境越有效说明风险越低，从而注册会计师需要获取的剩余期间的补充证据越少，不选。

选项C，穿行测试属于了解内部控制的程序，通常不用于测试控制的有效性。如果控制在剩余期间发生了变化，期中获取的审计证据可能无法合理延伸至期末，当选。

选项D，注册会计师在信赖控制的基础上拟减少的实质性程序的范围越大，说明通过实质性程序获取的审计证据的数量越少，从而需要获取的剩余期间的补充证据越多，不选。

3. 【答案】 D

【解析】 分析程序与函证程序属于实质性程序，重新执行属于控制测试，检查程序同时属于控制测试和实质性程序。

4. 【答案】 D

【解析】 本题考查对实质性程序的理解，具体分析如下：

选项A，"所有"应为"所有重要"，不选；

选项B，实质性分析程序不是必须的，如果针对特别风险实施的程序仅为实质性程序，这些程序应当包括细节测试，不选；

选项C，控制测试是可能的，不是"应当"的，不选；

选项D，财务报表的形成是依赖于会计记录的，所以注册会计师应当将财务报表与其所依据的会计记录进行核对或调整，当选。

5. 【答案】 D

【解析】 本题考查实施进一步审计程序的时间，具体分析如下：

选项A，如果被审计单位的控制环境良好，说明评估的重大错报风险较低，从而注册会计师可以更多地在期中实施进一步审计程序，不选；

选项B，注册会计师在确定何时实施进一步审计程序时不仅需要考虑相关的重大错报风险，还需要相关信息的可获得性，不选；

选项C，函证通常在期末以后的适当时间实施，如果评估的重大错报风险为低水平，注册会计师可以选择资产负债表日前适当日期为止日实施函证，不选；

选项D，对于被审计单位发生的重大交易，注册会计师应当在期末或接近期末实施实质性程序，当选。

6. 【答案】 ABCD

【解析】 本题考查针对特别风险的控制的理解，具体分析如下：

选项A，了解和评价与特别风险相关的控制的设计情况，并确定其是否得到执行是了解内部控制的内容，属于应当要做的，当选；

选项B，如果针对特别风险实施的程序仅为实质性程序，这些程序应当包括细节测试，当选；

选项C，应对特别风险，注册会计师可以实施控制测试加实质性分析程序，当选；

选项D，如果注册会计师拟信赖与特别风险相关的控制，应当每年实施控制测试，当选。

7. 【答案】 ACD

【解析】 确定进一步审计程序范围时应当考虑下列因素：

(1) 确定的重要性水平（选项D）。

(2) 评估的重大错报风险（选项A）。

(3) 计划获取的保证程度（选项C）。

8. 【答案】 ABC

【解析】 本题考查是否能够利用以前年度获取的有关控制运行有效的审计证据，具体分析如下：

选项A，注册会计师拟信赖旨在减轻特别风险的控制，应当每年测试，不得利用以前的审计证据，当选。

选项B，注册会计师拟信赖的控制在过去两年审计中未经测试，在本年需要重新进行测试，当选。

选项C，注册会计师拟信赖的控制在本年发生重大变化，需要重新进行测试，当选。

选项D，当控制环境薄弱时，注册会计师应当"缩短"再次测试控制的时间间隔或完全不信赖以前审计获取的审计证据。这里的"缩短"并不排除将每3年测试一次缩短为每2年测试一次，即仍有可能利用上一年度控制测试的审计证据，不选。

9. 【答案】 AC

【解析】 本题考查对利用以前审计获取的有关控制运行有效性的审计证据的理解，具体分析如下：

选项A，如果拟信赖以前审计获取的有关控制运行有效性的审计证据，注册会计师应当通过询问并结合观察或检查程序获取这些控制是否已经发生变化的审计证据，当选；

选项B，如果拟信赖的控制在本期发生变化，注册会计师应当考虑以前审计获取的有关控制运行有效性的审计证据是否与本期审计相关，不选；

选项C，如果拟信赖的控制在本期未发生变化，注册会计师应当运用职业判断确定是否在本期审计中测试其运行有效性，当选；

选项D，如果拟信赖的控制在本期未发生变化，控制应对的重大错报风险越高，越需要谨慎，那么本次控制测试与上次控制测试的时间间隔越短，不选。

10. 【答案】 BCD

【解析】 本题考查对审计程序不可预见性的理解，具体分析如下：

选项A，注册会计师可以在签订审计业务约定书时明确提出这一要求，而不是必须在签订审计业务约定书时明确提出这一要求，不选；

选项B，注册会计师采取不同的抽样方法使当年抽取的测试样本与以前有所不同（改变了审计程序范围），可以增加审计程序的不可预见性，当选；

选项C，注册会计师通过调整实施审计程序的时间（改变了审计程序的时间），可以增加审计程序的不可预见性，当选；

选项D，注册会计师需要与被审计单位管理层事先沟通拟实施具有不可预见性的审计程序的要求，但不能告知其具体内容，当选。

11.

【答案】 不恰当。以前年度与存货相关的控制运行有效不构成减少本年度细节测试样本规模的充分理由/注册会计师还应当了解相关控制在本期是否发生变化。	【答案解读】 以前年度控制运行有效并不意味着本年还运行有效，只有确定控制在本年也运行有效才可以减少本年度存货细节测试的样本量。

12.

| 【答案】 不恰当。制造业的成本核算涉及重大类别交易或账户余额，注册会计师应当实施实质性程序。 | 【答案解读】 甲公司虽采用信息系统进行成本核算，但其制造业本身的性质不变。制造业企业的成本核算属于重大类别交易或账户余额，注册会计师应当实施实质性程序。 |

13.

| 【答案】 不恰当。对特别风险的应对程序仅为实质性程序时，注册会计师还应当实施细节测试。 | 【答案解读】 应对特别风险仅实施了实质性分析程序，该做法不恰当。 |

14.

| 【答案】 不恰当。注册会计师应当对重大账户余额实施实质性程序。 | 【答案解读】 2×15 年 10 月存入的期限 2 年的大额定期存款，在 2×16 年还是属于重大账户，应当对其实施实质性程序。 |

15.

| 【答案】 不恰当。因相关控制是应对特别风险的，审计项目组应当在当年测试相关控制的运行有效性/不能利用以前审计中获取的审计证据。 | 【答案解读】 针对特别风险的控制，如果决定信赖，必须每年都进行测试。 |

16.

| 【答案】 恰当。 | 【答案解读】 注册会计师可以利用该项控制得以执行的审计证据和信息技术一般控制运行有效性的审计证据，作为支持该项控制在相关期间运行有效性的重要审计证据。 |

17.

【答案】 不恰当。通过实质性测试未能发现错报，并不能证明与所测试认定相关的内部控制是有效的/注册会计师不能以实质性测试的结果推断内部控制的有效性。	【答案解读】 实施实质性程序发现了错报可以说明控制必然未有效运行，但是通过实质性测试未能发现错报，并不能证明与所测试认定相关的内部控制是有效的。

18.

【答案】 不恰当。审计项目组只检查财务经理的签字不足够/应当检查财务经理是否按规定完整实施了该控制。	【答案解读】 "控制点"包括： （1）检查销售收入金额和返利是否准确，如有异常进行调查并处理； （2）签字存档。 注册会计师只检查签字不够。（只检查一个控制点是不行的。）

19.

【答案】 不恰当。仅通过询问程序不能获取控制运行有效性的证据，注册会计师还应实施检查或重新执行等程序。	【答案解读】 仅通过询问程序不能获取控制运行有效性的证据（这句话是绝大部分情况下的通用话术）。

20.

【答案】 （1）不恰当。实施实质性程序未发现错报，并不能说明相关的控制运行有效。 （2）不恰当。差异超过可接受的差异额，注册会计师应当调查该差异，而不是将超出部分直接作为错报。	【答案解读】 （1）实施实质性程序未发现错报，并不能说明相关的控制运行有效；因为在风险导向审计下，注册会计师并没有全查。 （2）发现差异都应调查形成差异的原因，看其是否构成错报。

21.

【答案】 不恰当。注册会计师还应当对内部控制在剩余期间的运行有效性获取审计证据。细节测试的总体应当是全年的成本核算/注册会计师还应当对2×17年1月至10月的成本核算实施细节测试。	【答案解读】 拟对成本核算实施综合性方案就需要测试拟信赖的整个期间的内部控制和对整个期间的成本核算实施细节测试。

22.

| 【答案】 恰当。 | 【答案解读】
内部控制必须了解，但不一定要测试。 |

23.

| 【答案】 恰当。 | 【答案解读】
不存在特别风险时，可以仅实施实质性分析。 |

24.

| 【答案】 恰当。 | 【答案解读】
内部控制必须了解，但不一定要测试。 |

25.

| 【答案】 不恰当。该控制测试未得到执行。 | 【答案解读】
控制规定：2 000元以上的付款应当通过银行转账；现发现一笔8 000元的采购交易被拆分成8笔，以现金支付。这说明控制测试未得到一贯执行。 |

26.

| 【答案】 恰当。 | 【答案解读】
内部控制必须了解，但不一定要测试。 |

27.

| 【答案】 恰当。 | 【答案解读】
内部控制必须了解，但不一定要测试。 |

第三编
各类交易和账户余额的审计

第九章 销售与收款循环的审计

本章考情 Q&A

Q：本章的重要性如何？
A：本章属于非常重要的章节，是业务循环中最为重要的，属于高频率、高分值、高难度的重点章节。平均考查分值为 9 分。

Q：本章知识点在考试中通常以什么形式出现？
A：本章主要以简答题、综合题形式进行考查。

Q：本章学习特点如何？
A：本章考试内容常与实务相结合，应用性很强，需要通过做题培养具体问题具体分析的能力。

Q：本章 2020 年的主要变动有哪些？
A：修改了常用的收入确认舞弊手段、收入确认可能存在舞弊风险的迹象；修改了主营业务收入的实质性分析程序；修改了营业收入的特别审计程序。

Q：本章主要考点历年分布如何？
A：以下是老师们的统计。

考点	2010 年	2011 年	2012 年	2013 年	2014 年	2015 年	2016 年	2017 年	2018 年	2019 年
主要业务活动及认定		√			√					
销售与收款循环重大错报风险的评估						√	√	√	√	
内部控制设计与运行				√				√		
销售与收款循环的实质性程序	√		√							√

经 典 例 题

【考点一】 主要业务活动及认定

【例题·2011 年·简答题】

A 注册会计师负责对甲公司 2×10 年 12 月 31 日的财务报告内部控制进行审计。A 注册会计师了解到，甲公司将客户验货签收作为销售收入确认的时点。部分与销售相关的控制内容摘录如下： （1）每笔销售业务均需与客户签订销售合同 [1]。 （2）赊销业务需由专人进行信用审批 [2]。 （3）仓库只有在收到经批准的发货通知单时才能供货 [3]。 （4）开具发票的人员无权修改 [4] 开票系统中已设置好的商品价目表。	【审题过程】 [1] ①控制：销售必须签合同。 ②如果销售不必签订合同，可能会导致企业虚构客户进行销售的情形出现。 ③向虚构的客户进行销售，会导致营业收入高估，从而影响营业收入的发生认定。 [2] ①控制：赊销需专人进行信用审批。 ②如果没有信用批准控制，可能会出现乱赊销的情形。 ③乱赊销可能会导致应收账款收不回来，坏账增加，从而影响应收账款准确性、计价和分摊认定。 [3] ①控制：收到批准的发货通知单才可以供货。 ②如果没有批准的发货通知单，可能会导致企业随意供货的情形出现。 ③企业随意供货，会导致企业仓库里的货物减少，但账上的存货却并没有减少，从而影响存货的存在认定。 [4] ①控制：开票人员无权修改已设置好的商品价目表。 ②如果开票人员可以修改商品价目表，可能会导致开票人员随意更改商品价目表。 ③企业人员随意更改商品价目表，会导致开票金额出现错误，从而影响应收账款的准确性、计价和分摊认定和营业收入的准确性认定。

（5）财务人员根据核对一致 [5] 的销售合同、客户签收单和销售发票编制记账凭证并确认销售收入。	[5] ①控制：核对一致原始单据后才能编制记账凭证并确认收入。 ②如果财务人员未将原始凭证核对一致，可能出现随意记账并确认销售收入的情形。 ③企业财务人员随意记账、随意确认销售收入，会影响销售收入的发生认定。
（6）每月末，由独立人员 [6] 对应收账款明细账和总账进行调节 [6]。 要求： 针对上述第（1）至第（6）项所列控制，指出是否与销售收入的发生认定直接相关。	[6] ①控制：独立人员对应收账款明细账和总账进行调节。 ②如果任何人员都可以对应收账款明细账和总账进行调节，可能出现任意调节的情形。 ③任何人员可以对账务进行调节，会影响应收账款的多项认定，如准确性、计价和分摊、存在、完整性。

【答案】 第（1）项和第（5）项控制与销售收入的发生认定直接相关。

【私教点拨】 找到内部控制与相关认定的对应关系只需以下三步：
(1) 找到题目中所描述的控制。
(2) 假设没有该控制会导致什么样的风险。
(3) 根据判断出的风险找到对应的认定。

【考点二】销售与收款循环重大错报风险的评估

【例题1·2016年·综合题】

甲公司是ABC会计师事务所的常年审计客户，主要从事肉制品的加工和销售。A注册会计师负责审计甲公司2×15年度财务报表，确定财务报表整体的重要性为100万元。审计报告日为2×16年4月30日。 资料一： 2×15年3月15日，媒体曝光甲公司的某批次产品存在严重的食品安全问题。在计划审计阶段，A注册会计师就此事项及相关影响与管理层进行了沟通，部分内容摘录如下：	【审题过程】 [1] 第一步：形成预期。 未因本年度成本大幅上涨而提高售价，说明售价基本不变，但成本上升，从而使得毛利率大幅下降。

受食品安全事件影响,甲公司产品出现滞销。为恢复市场占有率,甲公司未因本年度<u>成本大幅上涨而提高售价</u>[1],销量逐步回升。

资料二:

A注册会计师在审计工作底稿中记录了甲公司的财务数据,部分内容摘录如下:

金额单位:万元

项目 [3]	未审数	已审数
	2×15年度 [2]	2×14年度 [2]
营业收入	7 200	7 500
营业成本	4 900	5 000

要求:针对资料一,结合资料二,假定不考虑其他条件,指出资料一所列事项是否可能表明存在重大错报风险,如果认为可能表明存在重大错报风险,简要说明理由,并说明该风险主要与哪些财务报表项目的哪些认定相关(不考虑税务影响)。

[2] 第二步:寻找差异。

2×14年毛利率为33%,而2×15年毛利率为32%,并没有发生大幅下降。

[3] 第三步:识别风险。

存在高估毛利率的风险。

高估毛利率的手段一:多确认收入,可以提高毛利率。

借:应收账款
　　贷:主营业务收入

高估毛利率的手段二:少结转成本,可以提高毛利率

借:主营业务成本
　　贷:库存商品

(注意营业成本与存货的认定关系属于跷跷板的关系,你高我低,此消彼长的关系。)

【答案】

是否可能表明存在重大错报风险(是/否)	理由	财务报表项目名称及认定
是	资料一显示,甲公司2×15年度未因成本大幅上涨而提高售价,预期2×15年毛利率应当大大低于2×14年的毛利率,但资料二财务数据显示,2×15年毛利率32%与2×14年毛利率33%相比,未有明显降低,可能存在多计营业收入、少计营业成本的风险	营业收入(发生/准确性);应收账款(存在);营业成本(完整性);存货(存在)

【例题2·2017年·综合题】

ABC会计师事务所首次接受委托,审计上市公司甲公司2×16年度财务报表,委派A注册会计师担任项目合伙人。A注册会计师确定财务报表整体的重要性为1 200万元。甲公司主要提供快递物流服务。

资料一：

A注册会计师在审计工作底稿中记录了所了解的甲公司情况及其环境，部分内容摘录如下：

2×15年6月，甲公司开始经营航空快递业务，以经营租赁方式租入2架飞机，租期为5年。管理层按实际飞行小时和预计每飞行小时维修费率计提租赁期满退租时的大修费用。2×16年1月起，甲公司航空运输服务降价40%【4】，业务出现爆发式增长。

资料二：

A注册会计师在审计工作底稿中记录了甲公司的财务数据，部分内容摘录如下：

金额单位：万元

项目	未审数 2×16年度	已审数 2×15年度
营业收入——航空运输收入	32 000【2】	8 000【1】
营业收入——加盟费收入	3 000	0
投资收益——丙公司	30	0
净利润	19 500	16 000
预付款项——丁公司	1 000	0
应付职工薪酬——管理层利润分享	350	0
长期应付款——退租大修费用	2 400【3】	600【4】

要求：

针对资料一，结合资料二，假定不考虑其他条件，指出资料一所列事项是否可能表明存在重大错报风险。如果认为可能表明存在重大错报风险，简要说明理由。如果认为该风险为认定层次重大错报风险，说明该风险主要与哪些财务报表项目（仅限于应收账款、预付款项、预收款项、应付职工薪酬、长期应付款、营业收入、营业成本、销售费用、投资收益）的哪些认定相关（不考虑税务影响）。

【审题过程】

[1] 2×15年经过审计的"营业收入——航空运输收入" = 单价×业务量 = 8 000（万元），可以假设2×15年的单价为X，2×15年的业务量为Y，即X×Y = 8 000（万元）（X、Y与收入相关，Y与长期应付款-退租大修费用相关）。

[2] 2×16年"营业收入——航空运输收入32 000"（与单价X、业务量Y相关）

[3] 2×16年"长期应付款——退租大修费用2 400"（与业务量Y相关）

[4] 假设。

假设一：

假设2×16年"营业收入——航空运输收入32 000"数据是正确的。32 000 = （1-40%）X×M×Y（M为相当于2×15年业务量的倍数），32 000 = 0.6×8 000×M，从而求出M = 6.67倍。但是2×15年"长期应付款——退租大修费用600"，2×16年"长期应付款——退租大修费用2 400"，账面显示却为2×15年的4倍。账面数据（业务量4倍）与计算分析数据（业务量6.67倍）不符。因此该事项影响长期应付款、营业成本的完整性。

假设二：

假设2×16年"长期应付款——退租大修费用2 400"数据是正确的（即2×16年的业务量是2×15年的4倍），即（1-40%）×X×M×Y = 0.6×X×4×Y = 0.6×4×8 000 = 19 200（万元）。2×16年账面营业收入为32 000万元与通过计算分析出的数据为19 200万元不符。因此该事项影响应收账款存在认定和营业收入发生认定。

【答案】

是否可能表明存在重大错报风险（是/否）	理由	财务报表项目名称及认定
是	甲公司业务出现爆发式增长，根据资料二，"营业收入——航空运输收入"增长了3倍，而"长期应付款——退租大修费用"也是增长了3倍，但是这是在航空运输服务降价40%的情况下，因此可能存在低估"长期应付款——退租大修费用"或者是高估"营业收入——航空运输收入"的重大错报风险	应收账款（存在）； 营业收入（发生）； 营业成本（完整性/准确性）； 长期应付款（完整性/准确性、计价和分摊）

【私教点拨】

1. 常用分析手段

可运用矛盾证据分析法来识别和评估销售与收款循环重大错报风险，具体操作步骤见表9-1。

表9-1 矛盾证据分析法操作步骤

第一步：形成预期	针对资料一所描述的非财务信息，对公司财务数据形成合理的预期
第二步：寻找差异	结合资料二，将公司的财务数据与预期数据进行比较，发现是否存在矛盾证据
第三步：识别风险	当存在矛盾证据时，表明可能存在重大错报风险，考虑该风险主要影响哪些财务报表项目的哪些认定

2. 拓展分析手段

财务数据分析一般分为横向分析和纵向分析。

（1）纵向分析。这种分析方法最常见，即将去年的数据与今年的数据进行比对，比如去年毛利率与今年的毛利率进行比较。

（2）横向分析。比如在同行业之间进行比较，又如同样是房地产企业，将行业平均毛利率与被审计单位的毛利率进行比较。

（3）考试时还有可能出现在纵向分析的基础上考虑当年的财务数据之间存在内在的逻辑关系，通过分析，也可能会查出一些数据存在矛盾的题型。具体的分析操作思路为：当年有A和B两个数据，且A与B数据之间存在逻辑关系。先假设A数据是正确的，从而推导出B数据（即计算出来的B数据），再将其与资料二表格中提供的B数据（即账面上的B数据）进行比较，查看这两个数据是否有较大的差异，如果差异较大，就说明有问题（同理，可假设B数据是正确的，从而推导出A数据是否合理）。

3. 常见报表项目风险与可能会影响的相关认定汇总（见表9-2）

表9-2 常见报表项目风险与可能会影响的相关认定

报表项目	常见风险情形	该报表项目的认定	该报表项目对应的其他项目的认定
应收账款	账龄管理不规范	准确性、计价和分摊	信用减值损失（准确性）
	主要客户经营不善	准确性、计价和分摊	信用减值损失（完整性）
	开展应收账款保理业务	完整性	短期借款（完整性）
存货	产品滞销、残次、过时、损毁、安全隐患	准确性、计价和分摊	资产减值损失（完整性）
	鲜活、易腐烂的存货仓储不当	准确性、计价和分摊	资产减值损失（完整性）
	产品滞销、残次、过时、损毁、安全隐患	准确性、计价和分摊	资产减值损失（完整性）
	鲜活、易腐烂的存货仓储不当	准确性、计价和分摊	资产减值损失（完整性）
其他应收款	员工备用金或员工报销款未及时进行会计处理	存在	相关费用（完整性）
	购买非保本浮动收益型银行理财产品，未进行正确的会计处理	存在	交易性金融资产（完整性）
长期股权投资	对于以权益法核算的长期股权投资，损益调整和顺逆流交易的会计处理不当	准确性、计价和分摊	投资收益（完整性）（准确性）
	对股权投资的核算科目不当	存在 完整性	其他权益工具投资（存在）（完整性）
固定资产	产品更新换代，旧生产线停产或闲置	准确性、计价和分摊	资产减值损失（完整性）
	责令拆除的违章建筑	准确性、计价和分摊	资产减值损失（完整性）
	折旧水平显著降低	准确性、计价和分摊	折旧相关费用（完整性）
	在建工程延迟转为固定资产	完整性	在建工程（存在）折旧相关费用（完整性）

续表

报表项目	常见风险情形	该报表项目的认定	该报表项目对应的其他项目的认定
无形资产	研发活动的研究阶段和开发阶段划分不清，或未能进行正确的会计处理，或资本化支出的比例显著偏高	准确性、计价和分摊	研发费用（完整性）
	产品更新换代，技术落后，专利权无法带来经济利益流入	准确性、计价和分摊	资产减值损失（完整性）
商誉	被收购企业盈利能力显著下降	准确性、计价和分摊	资产减值损失（完整性）
	未能对收购中的可辨认净资产进行充分辨识	存在	无形资产（完整性）
应付职工薪酬	计提和发放政策的改变，如由当月发放改为次月发放	完整性	人工相关费用（完整性）
	裁员、重组计划和辞退福利，未进行正确的会计处理	完整性	管理费用（完整性）
	未按照相关法律法规的要求缴纳五险一金	完整性	人工相关费用（完整性）
	在次年发放当年的奖金，未能在正确的归属期间进行核算	完整性	人工相关费用（截止）
营业收入	企业以追求盈利为目的，面临业绩考核的压力，可能虚构或高估收入	发生	应收账款（存在）
	企业以节税或减轻税负为目的，可能隐瞒或低估收入	完整性	应收账款（完整性）
	行业低迷，企业收入增长率逆势发展，可能虚构或高估收入	发生	应收账款（存在）
	临近期末的大额收入增长，可能提前确认下一期的收入	截止	应收账款（存在）
	产品试用期和无理由退换货，未能进行正确的会计处理，可能高估收入	发生	预计负债（完整性）
	授予客户奖励积分，未能进行正确的会计处理，可能高估收入	发生	合同负债（完整性）
	委托代销，未能进行正确的会计处理，可能高估收入	发生	应收账款（存在）
	中介或平台服务，未能按照总额法或净额法进行会计处理，可能高估收入	发生	营业成本（存在）
	产品毛利率偏高	发生	营业成本（完整性）

续表

报表项目	常见风险情形	该报表项目的认定	该报表项目对应的其他项目的认定
营业成本	原材料采购价格上涨	完整性	应付账款（完整性）
	生产工人工资薪金水平提高	完整性	应付职工薪酬（完整性）
	生产设备折旧计提不足或不准确	完整性 准确性	固定资产（准确性、计价和分摊）
管理费用	涉及免租期，未能进行正确的会计处理	完整性 准确性	长期待摊费用（准确性、计价和分摊）
销售费用	新增办事处和销售机构，扩大市场推广活动	完整性	—
	销售佣金水平提高	完整性	—
	涉及保证型产品质量保证，未能进行正确的会计处理	完整性	预计负债（完整性）
公允价值变动收益	股票的市价波动过大，或计算公允价值时取用的股票市价不准确	发生 准确性	交易性金融资产 其他权益工具投资（准确性、计价和分摊）
	投资性房地产的公允价值上涨幅度过大	发生	投资性房地产（准确性、计价和分摊）
	非投资性房地产转换为投资性房地产的过程中，公允价值与原账面价值形成贷方差额	发生	其他综合收益（完整性）
	大量期货等衍生金融品交易，涉及复杂的交易处理	准确性	衍生金融资产（准确性、计价和分摊）
	其他权益工具投资的公允价值变动，以及对外处置，未能进行正确的会计处理	发生	其他综合收益 留存收益（完整性）
营业外收入	关联方债务豁免，且视为资本性投入，未能进行正确的会计处理	发生	资本公积（完整性）
	企业收到与资产相关或与收益相关的政府补助（非日常），未能进行正确的会计处理	发生	固定资产（准确性、计价和分摊） 递延收益（完整性） 其他收益（完整性） 相关成本费用（准确性/发生）
营业外支出	涉及未决诉讼或未决仲裁，未能进行正确的会计处理	完整性	预计负债（完整性）

【考点三】内部控制设计与运行

【例题1·2013年·综合题】

甲公司是 ABC 会计师事务所的常年审计客户。A 注册会计师负责审计甲公司 2×12 年度财务报表。

资料一：

A 注册会计师在审计工作底稿中记录了甲公司销售与收款循环的内部控制，部分内容摘录如下：

事项序号	风险	控制
(1)	向客户提供过长信用期而增加坏账损失风险	客户的信用期由信用管理部门审核批准，如长期客户临时申请延长信用期，由销售部经理批准 [1]
(2)	已记账的收入未发生或不准确	财务人员将经批准 [2] 的销售订单、客户签字确认的发运凭单及发票所载信息相互核对无误 [2] 后，编制记账凭证（附上述单据），经财务部经理审核 [2] 后入账
(3)	应收账款记录不准确	每季度末，财务部向客户寄送对账单，如客户未及时回复，销售人员需要跟进，如客户回复表明差异超过该客户欠款余额的 5%，则进行调查 [3]

【审题过程】

[1] 信用管理部门与销售部职责未分离。

[2] 将批准的原始单据核对无误后编制记账凭证并经审核。

[3] 若有差异均需调查。

要求：

针对第（1）至第（3）项，假定不考虑其他条件，逐项指出资料一所列控制的设计是否存在缺陷。如认为存在缺陷，简要说明理由。

【答案】

事项序号	控制的设计是否存在缺陷（是/否）	理由
(1)	是	未实现职责分离目标：长期客户临时申请延长信用期，应经信用管理部审核，不能由销售部经理批准，销售经理可能为追求更大销售量而不恰当延长信用期，导致坏账损失风险
(2)	否	—
(3)	是	应调查所有差异，即使差异未超过甲公司对该客户应收账款余额的 5%，也应当调查，因为该差异的性质可能是重大的

【例题 2·2013 年·综合题】

资料四：		【审题过程】
A 注册会计师在审计工作底稿中记录了实施的控制测试和实质性程序及其结果，部分内容摘录如下：		
(1) 每月末，系统自动匹配订单、发货单、发票和入账的主营业务收入，并生成专门报告反映未匹配项目的清单	A 注册会计师询问了财务经理每月生成销售交易发生和记录的专门报告的情况，对方表示由于以前月份很少发现销售和记录不匹配的情况，因此，从 2×12 年 9 月以后就没有再实际生成和阅读专门报告 [1]。在 A 注册会计师的要求下，财务经理在系统中生成了截至 2×14 年 12 月 31 日的专门报告，没有发现不匹配的情况	[1] 需要生产专门的报告，但从 2×12 年 9 月以后控制未一贯运行。
(2) 财务人员将每日现金销售汇总表金额和收到的现金核对一致。除财务部经理批准外，出纳应在当日将收到的现金存入指定银行。如遇特殊情况，需由财务经理批准	A 注册会计师对控制的预期偏差率为 0，抽取 25 张银行现金缴款单回单与每日现金销售汇总表进行核对，发现有 3 张银行现金缴款单回单的日期比每日现金销售汇总表的日期晚一天。财务人员解释，由于当日核对工作结束较晚，银行已结束营业，经财务部经理批准 [2]，出纳将现金存入公司保险柜，并于次日存入银行。A 注册会计师检查了财务部经理签字批准的记录，未发现异常	[2] 工作结束较晚，银行已结束营业属于特殊情况，按规定经财务部经理批准（照章办事）。
(3) 产品送达后，甲公司要求客户的经办人员在发运凭单上签字。财务部将客户签字确认的发运凭单作为收入确认的依据之一	A 注册会计师对控制的预期偏差率为 0，从收入明细账中抽取 25 笔交易，检查发运凭单是否经客户签字确认。经检查，有 2 张发运凭单未经客户签字 [3]。销售人员解释，这 2 批货物在运抵客户时，客户的经办人员出差。由于以往未发生过客户拒绝签收的情况，经财务部经理批准后确认收入。A 注册会计师对上述客户的应收账款实施函证，回函结果表明不存在差异	[3] 发运凭单上需要客户签字，但有 2 张发运凭单未经客户签字，说明控制未一贯运行。

要求：

针对资料四第 (1) 至第 (3) 项，假定这些控制的设计有效并得到执行，根据控制测试和实质性程序及其结果，逐项指出资料四所列控制运行是否有效。如认为运行无效，请简要说明理由。

【答案】

事项序号	控制运行是否有效（是/否）	理由
（1）	否	管理人员在2×12年9月以后就没有再生成和阅读该专门报告，该控制没有得到一贯执行
（2）	是	—
（3）	否	抽取的25个样本中有2个样本没有经客户签字确认，表明该控制未得到一贯执行

【私教点拨】

（1）判断内部控制的设计是否存在缺陷的记忆技巧。

风险控制要匹配，原始单据要齐全；

关键环节需审批，审批不能越权限；

相邻岗位要分离，若有差异均调查；

（2）内部控制的运行是否有效，把握下列流程图（见图9-1），快速判断。

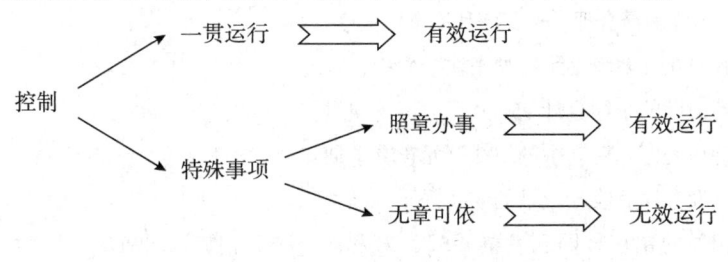

```
                 ┌─→ 一贯运行 ══> 有效运行
                 │
          控制 ──┤
                 │                ┌─→ 照章办事 ══> 有效运行
                 └─→ 特殊事项 ────┤
                                  └─→ 无章可依 ══> 无效运行
```

图 9-1 内部控制有效性判断

【考点四】销售与收款循环的实质性程序

【例题1·2012年·简答题】

A注册会计师负责审计甲公司2×11年度财务报表。甲公司2×11年12月31日应收账款余额为3 000万元。A注册会计师认为应收账款存在重大错报风险，决定选取金额较大以及风险较高的应收账款[1]明细账户实施函证程序，选取的应收账款明细账户余额合计为1800万元。相关事项如下： （1）审计项目组成员要求被询证的甲公司客户将回函直接寄至会计师事务所，但甲公司客户X公司将回函寄至甲公司财务部[2]，审计项目组成员取得了该回函，将其归入审计工作底稿。	【审题过程】 [1] 不符合审计抽样的原则。 [2] 回函并没有寄回事务所。

（2）对于审计项目组以传真件方式收到的回函，审计项目组成员与被询证方取得了电话联系，确认回函信息，并在审计工作底稿中记录了电话内容与时间、对方姓名与职位，以及实施该程序的审计项目组成员姓名。	
（3）审计项目组成员根据甲公司财务人员提供的电子邮箱地址［3］，向甲公司境外客户Y公司发送了电子邮件，询证应收账款余额，并收到了电子邮件回复。Y公司确认余额准确无误。审计项目组成员将电子邮件打印后归入审计工作底稿。	［3］被审计单位提供的被询证者的电子邮箱可靠性存疑。
（4）甲公司客户Z公司的回函确认金额比甲公司账面余额少150万元。甲公司销售部人员解释［4］，甲公司于2×11年12月末销售给Z公司的一批产品，在2×11年末尚未开具销售发票，Z公司因此未入账。A注册会计师认为该解释合理，未实施其他审计程序。	［4］仅通过解释不足以获取充分适当的审计证据。
（5）实施函证的1 800万元应收账款余额中，审计项目组未收到回函的余额合计950万元，审计项目组对此实施了替代程序：对其中的500万元查看了期后收款凭证；对没有期后收款记录的450万元，检查了与这些余额相关的销售合同和发票［5］，未发现例外事项。	［5］销售合同和发票属于内部证据。
（6）鉴于对60%应收账款余额实施函证程序未发现错报［6］，A注册会计师推断其余40%的应收账款余额也不存在错报，无需实施进一步审计程序。 要求： 针对上述第（1）至第（6）项，逐项指出甲公司审计项目组做法是否恰当。如不恰当，请简要说明理由。	［6］对60%应收账款余额实施函证属于选取特定项目进行函证，不适用于审计抽样。

【答案】

（1）不恰当。注册会计师应当对函证的全过程保持控制，不应接受甲公司转交过来的回函。

（2）恰当。

（3）不恰当。注册会计师应核实被询证者的信息。电子回函的可靠性存在风险，注册会计师和回函者要采用一定的程序为电子形式的回函创造安全环境。

（4）不恰当。函证的差异不能仅以口头解释为证据，注册会计师应实施其他审计程序核实不符事项。

（5）不恰当。获取的销售合同和发票为内部证据，或注册会计师应检查能够证明交易实际发生的证据。

（6）不恰当。选取特定项目的方法不能以样本的测试结果推断至总体。

【例题 2·2014 年·综合题】

上市公司甲集团公司是 ABC 事务所的常年审计客户，主要从事化工产品的生产和销售，A 注册会计师负责审计甲集团公司 2×13 年度财务报表，集团财务报表整体的重要性为 200 万元。 　　A 注册会计师在审计工作底稿中记录了具体审计计划，部分内容摘录如下： 　　甲集团公司在发货时开具出库单，在客户验收后确认销售收入 [1]，出库单按出库顺序连续编号。A 注册会计师拟选取 2×13 年 12 月最后若干张和 2×14 年 1 月最前若干张出库单，检查其对应的销售收入是否分别记录在 2×13 年度和 2×14 年度。 　　要求： 　　针对上述事项，指出注册会计师的做法是否存在不恰当之处。如存在，请简要说明理由。	【审题过程】 [1] 收入的确认时点是验收合格。

【答案】　存在不当之处。甲集团公司确认收入的依据是客户已经验收，不是货物已经出库，注册会计师应检查客户验收日期以确认销售收入的入账期间是否恰当。

【私教点拨】
针对不同风险的常用的实质性程序总结，见表 9-3。

表 9-3　针对不同风险的常用的实质性程序

应对的主要风险		常用的实质性程序
营业收入	应收账款	
发生	存在、权利和义务	（1）逆查：由营业收入明细账或应收账款明细账追查到销售单、销售发票、发运单。 （2）函证：函证应收账款；函证销售合同条例。（注意函证的常见问题，参考第三章函证的相关考点） （3）实质性分析：分析增长率、毛利率、波动率（营业收入）；分析赊销政策、周转天数等（应收账款）
完整性	完整性	顺查：由销售单、销售发票、发运单查到明细账

续表

应对的主要风险		常用的实质性程序
营业收入	应收账款	
准确性	准确性、计价和分摊	(1) 从主营业务收入明细账追查至销售发票以及经批准的商品价目表，并对加计数进行核对。 (2) 将发票中列示的商品规格、数量、客户代码与发运凭证进行核对
截止	—	关注收入的确认时间： (1) 逆查：从资产负债表日前后若干天的账簿记录追查至发运凭证。 (2) 顺查：从资产负债表日前后若干天的发运凭证追查至账簿记录

【注意】 本章节的实质性程序非常容易和实务结合考查，并且近几年的考题也越来越灵活，考生不仅需要掌握教材中规定的实质性程序的考点，同时也需要多练习与实务结合起来的考题。

真 题 演 练

1．（2014年·单项选择题）下列认定中，与销售信用批准控制相关的是（　　）。
A. 发生　　　　　　　　　　　　B. 准确性、计价和分摊
C. 权利和义务　　　　　　　　　D. 完整性

2．（2018年·综合题）上市公司甲公司是 ABC 会计师事务所的常年审计客户，主要从事汽车的生产和销售。A 注册会计师负责审计甲公司 2×17 年度财务报表，确定财务报表整体的重要性为 1 000 万元，明显微小错报的临界值为 30 万元。

资料一：

A 注册会计师在审计工作底稿中记录了所了解的甲公司情况及其环境，部分内容摘录如下：

2×17 年，在钢材价格及劳动力成本大幅上涨的情况下，甲公司通过调低主打车型的价格，保持了良好的竞争力和市场占有率。

资料二：

A 注册会计师在审计工作底稿中记录了甲公司的财务数据，部分内容摘录如下：

金额单位：万元

项目	未审数	已审数
	2×17 年度	2×16 年度
营业收入	100 000	95 000
营业成本	89 000	84 500

要求：

针对资料一，结合资料二，假定不考虑其他条件，指出资料一所列事项是否可能表明存在重大错报风险。如果认为可能表明存在重大错报风险，请简要说明理由，并说明该风险主要与哪些财务报表项目的哪些认定相关（不考虑税务影响）。

3. (2017年·综合题) 甲公司是ABC会计师事务所的常年审计客户，主要从事电气设备的生产和销售。A注册会计师负责审计甲公司2×16年度财务报表，确定财务报表整体的重要性为300万元，实际执行的重要性为210万元。

资料一：

A注册会计师在审计工作底稿中记录了所了解的甲公司情况及其环境，部分内容摘录如下：

甲公司2×16年中标成为某体育馆的设备供应商，合同约定设备在安装调试后验收。2×16年末，相关设备已运抵建设现场，并经客户签收。

资料二：

A注册会计师在审计工作底稿中记录了甲公司的财务数据，部分内容摘要如下：

金额单位：万元

项目	未审数	已审数
	2×16年度	2×15年度
营业收入——体育馆设备	6 000	0

要求：

针对资料一，结合资料二，假定不考虑其他条件，指出资料一所列事项是否可能表明存在重大错报风险。如果认为可能表明存在重大错报风险，请简要说明理由，并说明该风险主要与哪些财务报表项目（仅限于应收账款、存货、固定资产、在建工程、开发支出、递延收益、营业收入、营业成本、管理费用、财务费用、资产减值损失、营业外收入）的哪些认定相关（不考虑税务影响）。

4. (2017年·综合题) ABC会计师事务所首次接受委托，审计上市公司甲公司2×16年度财务报表，委派A注册会计师担任项目合伙人。A注册会计师确定财务报表整体的重要性为1 200万元。甲公司主要提供快递物流服务。

资料三：

A注册会计师在审计工作底稿中记录了审计计划，部分内容摘要如下：

甲公司应收账款会计每月末向排名前10位的企业客户寄送对账单，并调查回函差异。因该控制仅涉及一小部分应收账款余额，A注册会计师拟不测试该控制，直接实施实质性程序。

要求：

针对上述事项，假定不考虑其他条件，指出审计计划的内容是否恰当。如不恰当，请简要说明理由。

5. (2015年·综合题) 甲公司是ABC会计师事务所的常年审计客户，主要从事化工产品的生产和销售，A注册会计师负责审计甲公司2×14年度财务报表，确定财务报表整体的重要性为800万元。

资料一：

A注册会计师在审计工作底稿中记录了所了解的甲公司情况及其环境，部分内容摘录如下：

2×14年1月，甲公司下属乙分厂因城镇整体规划进行搬迁，收到政府从财政预算直接拨付的搬迁补偿款5 000万元，用于补偿乙分厂停工损失、搬迁费用及所建厂房，乙分厂于2×14年年末完成搬迁，于2×15年1月1日恢复生产，扣除针对搬迁和重建过程中发生的停工损失、搬迁费用及新建厂房的补偿后，搬迁补偿款结余1 000万元。

资料二：

A 注册会计师在审计工作底稿中记录了甲公司的财务数据，部分内容摘录如下：

金额单位：万元

项目	未审数 2×14 年度	已审数 2×13 年度
营业外收入——乙分厂搬迁补偿款	5 000	0

要求：

针对资料一，结合资料二，假定不考虑其他条件，指出资料一所列事项是否可能表明存在重大错报风险，如果认为可能表明存在重大错报风险，请简要说明理由，并说明该风险主要与哪些财务报表项目的哪些认定相关（不考虑税务影响）。

6.（2010 年·综合题）甲公司主要从事汽车轮胎的生产和销售，其销售收入主要来源于国内销售和出口销售。ABC 会计师事务所负责甲公司 2×17 年度财务报表审计，并委派 A 注册会计师担任项目负责人。

资料一：

（1）甲公司的收入确认政策为：对于国内销售，在将产品交付客户并取得客户签字的收货确认单时确认收入；对于出口销售，在相关产品装船并取得装船单时确认收入。

（2）在甲公司的会计信息系统中，国内客户和国外客户的编号分别以 D 和 E 开头。

资料三：

A 注册会计师选取 4 个应收账款明细账户，对截至 2×09 年 12 月 31 日的余额实施函证，并根据回函结果编制了应收账款函证汇总表。有关内容摘录如下：

客户编号	客户名称	甲公司账面金额（原币万元）	回函金额（原币万元）	差异金额（原币万元）	回函方式	审计说明
D1	A 公司	人民币 7 616	5 000	2 616	原件	（1）
D2	B 公司	人民币 9 054	6 054	3 000	原件	（2）
D3	C 公司	人民币 7 618	7 618	0	传真件	（3）
E1	E 公司	美元 1 448	未回函	不适用	未回函	（4）

审计说明：
（1）回函直接寄回本所。经询问甲公司财务经理得知，回函差异是由于 A 公司的回函金额已扣除其在 2×09 年 12 月 31 日以电汇的方式向甲公司支付的一笔 2 616 万元的货款。甲公司于 2×10 年 1 月 4 日实际收到该笔款项，并记入 2×10 年应收账款明细账中。该回函差异不构成错报，无需实施进一步的审计程序。
（2）回函直接寄回本所。经询问甲公司财务经理得知，回函差异是由于甲公司在 2×09 年 12 月 31 日向 B 公司发出一批产品（合同价款 3 000 万元），同时确认了应收账款 3 000 万元及相应的销售收入。B 公司于 2×10 年 1 月 5 日收到这批产品。其回函未将该 3 000 万元款项包括在回函金额中，经检查相关的销售合同、销售发票、出库单以及相关记账凭证，没有发现异常。该回函差异不构成错报，无需实施进一步的审计程序。
（3）回函由 C 公司直接传真至本所。回函没有差异，无需实施进一步的审计程序。
（4）未收到回函。执行替代测试程序：从应收账款借方发生额选取样本，检查相关的销售合同、销售发票、出库单以及相关记账凭证，并确认这些文件中的记录是一致的。没有发现异常，无需实施进一步的审计程序。

要求：

针对资料三中的审计说明第（1）至第（4）项，结合资料一，假定不考虑其他条件，逐项指出A注册会计师实施的审计程序及其结论是否存在不当之处。如果存在，请简要说明理由并提出改进建议。

真 题 答 案 及 解 析

1. 【答案】 B

【解析】 本题主要考查销售与收款循环相关控制的认定，具体分析如下：

选项A，该项控制与发生认定不相关，不选。

选项B，销售必须由信用管理部门批准；如果销售未经该部门批准，可能会导致企业对客户随意赊销；向客户随意赊销，会导致赊销的款项收不回来，从而影响应收账款的准确性、计价和分摊认定，当选。

选项C，该控制与权利与义务认定不相关，不选。

选项D，该控制与完整性认定不相关，不选。

2.

【答案】			【答案解读】
是否可能表明存在重大错报风险（是/否）	理由	财务报表项目名称及认定	毛利率=（收入-成本）/收入=1-成本/收入。成本增加，收入下降，导致毛利率减少。题干中描述毛利率没有大幅变化，可能是由于高估收入、低估成本造成的。
是	在原材料和人工成本上涨，而主要产品价格下降的情况下，毛利率仍与上年相当，可能存在多计收入、少计成本的风险	营业收入（发生）；营业成本（完整性/准确性）	

3.

【答案】			【答案解读】
是否可能表明存在重大错报风险（是/否）	理由	财务报表项目名称及认定	收入确认的时间符合某一时点确认的要求，即在设备安装调试验收时才满足收入确认的时点。
是	2×16年年末设备运抵建设现场并经客户签收，但未安装调试与验收，不满足确认收入的条件，但资料二显示甲公司已确认收入，可能存在高估营业收入的重大错报风险	应收账款（存在）；营业收入（发生）	

4.

【答案】 恰当。	【答案解读】 由应收账款会计执行与客户对账，不相容职务没有分离，内部控制不能依赖，且实质性程序能够获取充分、适当的审计证据，无需测试该项内部控制。

5.

【答案】

是否可能表明存在重大错报风险（是/否）	理由	财务报表项目名称及认定
是	资料一显示乙分厂于2×14年末完成搬迁，搬迁补偿款结余1 000万元，但资料二报表中列示的是5 000万元，存在矛盾证据，可能存在多计营业外收入、少计资本公积的风险	营业外收入（发生）；资本公积（完整性）

【答案解读】
根据相关规定，搬迁补偿事项只有在同时满足以下两个要素的情况下，才需要考虑计入资本公积：①因公共利益进行搬迁（因城镇整体规划进行搬迁）；②收到政府从财政预算直接拨付的搬迁补偿款。

6.

【答案】

审计说明序号	是否恰当（是/否）	理由	改进建议
(1)	是	A注册会计师只是取得甲公司财务经理的口头解释，没有执行进一步的检查程序以佐证财务经理的说法	注册会计师应检查2×10年1月4日实际收到该笔2 616万元货款的银行进账单
(2)	是	由于甲公司的国内销售应在将产品交付客户并取得客户签字的收货确认单时确认收入，而B公司于2×10年1月5日才收到这批产品，因此甲公司于2×09年不应确认该笔3 000万元应收账款及相应的销售收入	注册会计师可进一步检查B公司对该批产品的签收记录。如果B公司收货时间确为2×10年，A注册会计师应提出审计调整，建议甲公司冲回该笔应收账款和销售收入

【答案解读】
(1) 仅通过询问程序不足以获取充分、适当的审计证据。
(2) D2属于国内客户，注意区分国内客户与国外客户确认收入的政策。
(3) 如果没有收到函证原件，则可靠性存在疑虑。
(4) E1属于国外客户，出口销售确认收入的关键凭证是装船单。

续表

审计说明序号	是否恰当(是/否)	理由	改进建议
(3)	是	以传真方式收到的函证回复,可靠性存在风险	注册会计师可以与被询证者联系以核实回函的来源及内容。必要时,注册会计师可以要求被询证者提供回函原件
(4)	是	甲公司对于出口销售收入的确认时点为在相关产品装船并取得装船单时,但是执行的替代程序并没有检查装船单	注册会计师还应进一步检查装船单。如果装船单时间系2×10年,A注册会计师应提出审计调整,建议甲公司冲回相关应收账款和销售收入

第十章 采购与付款循环的审计

本章考情 Q&A

Q：本章的重要性如何？
A：本章重要性一般，平均考查分值为 4 分。

Q：本章知识点在考试中通常以什么形式出现？
A：本章主要以简答题、综合题的形式进行考查。

Q：本章 2020 年的主要变动有哪些？
A：无实质性变动，只修改了部分表述。

Q：本章主要考点历年分布如何？
A：以下是老师们的统计。

考点	2010年	2011年	2012年	2013年	2014年	2015年	2016年	2017年	2018年	2019年
采购与付款循环重大错报风险的评估					√	√		√		
内部控制的设计与运行					√					
采购与付款循环的实质性程序						√	√	√		

经 典 例 题

【考点一】采购与付款循环重大错报风险的评估

【例题 1·2014 年·综合题】

甲公司是 ABC 会计师事务所的常年审计客户。A 注册会计师负责审计甲公司 2×13 年度财务报表，确定财务报表整体的重要性为 240 万元。 资料一： 　　A 注册会计师在审计工作底稿中记录了所了解的甲公司情况及其环境，部分内容摘录如下：	【审题过程】 [1] 第一步：形成预期。 由于出租人提供了免租期，租金应在整个租赁期内按照合理方法进行分摊。 ①新租用的办公楼全部租金为 80×9 = 720（万元）；

甲公司原租用的办公楼月租金为50万元。自2×13年10月1日起，甲公司租用新办公楼，租期1年，月租金80万元，<u>免租期3个月</u>[1]。

资料二：

A注册会计师在审计工作底稿中记录了有关制造费用的财务数据，部分内容摘录如下：

金额单位：万元

项目	未审数 (2×13年度)	已审数 (2×12年度)
管理费用——租赁费[3]	450 [2]	600

要求：

针对资料一，结合资料二，假定不考虑其他条件，指出资料一所列事项是否可能表明存在重大错报风险。如果认为可能表明存在重大错报风险，请简要说明理由，并说明该风险主要与哪些财务报表项目的哪些认定相关（不考虑税务影响）。

②新租用的办公楼租期12个月；
③每个月租金为720÷12＝60（万元），即2×13年的租赁费合计为50×9+60×3＝630（万元）。

[2] 第二步：寻找差异。
报表中列示的租赁费50×9＝450（万元）。
[3] 第三步：识别风险。
当年度少确认租赁费用，从而影响管理费用和其他应付款的完整性。

【答案】

是否可能表明存在重大错报风险（是/否）	理由	财务报表项目名称及认定
是	应在免租期内确认租金费用和负债，存在少计管理费用和负债的风险	管理费用（完整性）； 其他应付款（完整性）

【例题2·2017年·综合题】

甲公司是ABC会计师事务所的常年审计客户，主要从事电气设备的生产和销售。A注册会计师负责审计甲公司2×16年度财务报表，确定财务报表整体的重要性为300万元，实际执行的重要性为210万元。

资料一：

审计工作底稿中记录了所了解的甲公司情况及其环境，部分内容摘录如下：

2×15年1月，甲公司以年利率7%借入1.5亿元专门借款，用于在东南亚某国建设一个生产基地。<u>2×16年7月，该生产基地达到预定可使用状态，转入固定资产</u>[1]。

【审题过程】

[1] 第一步：形成预期。
借款利息在2×16年7月以后只能费用化处理，计入财务费用。

资料二：

审计工作底稿中记录了甲公司的财务数据，部分内容摘要如下：

金额单位：万元

项目	未审数 （2×16 年度）	已审数 （2×15 年度）
在建工程——东南亚生产基地	0	8 000
长期借款——专门借款	15 000	15 000
财务费用——专门借款利息支出 [3]	0 [2]	0

要求：

针对资料一，结合资料二，假定不考虑其他条件，指出资料一所列事项是否可能表明存在重大错报风险。如果认为可能表明存在重大错报风险，请简要说明理由，并说明该风险主要与哪些财务报表项目的哪些认定相关（不考虑税务影响）。

[2] 第二步：寻找差异。

2×16 年列示的财务费用为 0。

[3] 第三步：识别风险。

多计提资本化利息、少计提费用化利息，从而影响固定资产的存在和财务费用的完整性。

【答案】

是否可能表明存在重大错报风险（是/否）	理由	财务报表项目名称及认定
是	2×16 年 7 月在建工程完工转入固定资产后，剩余期间产生的 437.5 万元专门借款利息应计入财务费用，但资料二显示财务费用中不包含这部分专门借款的利息支出，存在高估固定资产、低估财务费用的重大错报风险	固定资产（存在）；财务费用（完整性）

【私教点拨】

（1）可运用矛盾证据分析法来识别和评估采购与付款循环重大错报风险，具体操作步骤见表 10-1。

表 10-1 矛盾证据分析法操作步骤

第一步：形成预期	针对资料一所描述的非财务信息，对公司财务数据形成合理的预期
第二步：寻找差异	结合资料二，将公司的财务数据与预期数据进行比较，发现是否存在矛盾证据
第三步：识别风险	当存在矛盾证据时，表明可能存在重大错报风险，考虑该风险主要影响哪些财务报表项目的哪些认定

（2）企业存在长期挂账的应付账款，可以结合图 10-1 考虑其可能存在的风险。

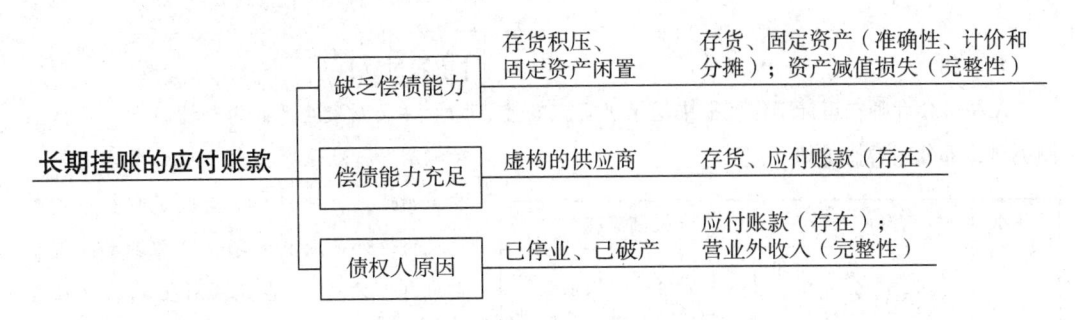

```
                              ┌── 存货积压、     存货、固定资产（准确性、计价和
              ┌── 缺乏偿债能力 ──┤   固定资产闲置  分摊）；资产减值损失（完整性）
              │
长期挂账的应付账款 ──┼── 偿债能力充足 ──── 虚构的供应商   存货、应付账款（存在）
              │
              └── 债权人原因 ──── 已停业、已破产   应付账款（存在）；
                                            营业外收入（完整性）
```

图 10－1　长期挂账的应付账款关注点

【考点二】内部控制的设计与运行

【例题 1·2014 年·综合题】

上市公司甲集团公司是 ABC 会计师事务所的常年审计客户，A 注册会计师负责审计甲集团公司 2×13 年度财务报表。 A 注册会计师在审计工作底稿中记录了具体审计计划，部分内容摘录如下： 甲集团公司将经批准的合格供应商信息录入信息系统，形成供应商主文档，生产部员工在信息系统中填制连续编号的请购单时只能选择该主文档中的供应商。<u>供应商的变动需由采购部经理批准 [1]</u>，<u>并由其在系统中更新 [2]</u> 供应商主文档。A 注册会计师认为该内部控制设计合理，拟予以信赖。 要求： 针对上述事项，指出审计计划是否恰当。如不恰当，请简要说明理由。	【审题过程】 [1] 采购部经理批准供应商的变动。 -------------------------------------- [2] 采购部经理更新系统中的供应商。即同一个人掌握两个关键控制，表明职责未分离。

【答案】 不恰当。供应商的变动由采购经理批准，并由其在系统中更新供应商主文档，不相容职务未能分离，表明内部控制设计存在缺陷，不应信赖。

【例题 2·2014 年·综合题】

甲公司是 ABC 会计师事务所的常年审计客户。A 注册会计师负责审计甲公司 2×13 年度财务报表，确定财务报表整体的重要性为 240 万元。	

资料四：

A注册会计师在审计工作底稿中记录了实施的控制测试，部分内容摘录如下：

序号	控制 [1]	控制测试
(1)	财务总监负责审批金额超过50万元的付款申请单，并在系统中进行电子签署 [2]	A注册会计师从系统中导出已经财务总监审批 [3] 的付款申请单，抽取样本进行检查
(2)	财务人员将原材料订购单、供应商发票和入库单核对一致后，编制记账凭证（附上述单据）并签字确认 [4]	A注册会计师抽取了若干记账凭证及附件，检查是否经财务人员签字 [5]

要求：

针对上述事项，指出所列控制测试是否恰当。如不恰当，请提出改进建议。

【审题过程】

[1] 不要质疑企业的内部控制。

对控制进行测试时，题干中的要求是判断控制测试是否恰当，间接地说明企业内部控制的设计是没有问题的（即不要质疑企业的内部控制），在此基础上判断注册会计师的控制测试是否有问题。

[2] 第一步：查找关键控制点。
①审批50万元以上的付款申请单。
②签字。

[3] 第二步：关注注册会计师是否针对具体的"控制点"进行测试。
③测试内容没有限定金额（50万元）。

[4] 第一步：查找关键控制点。
①三单核对一致。
②签字。

[5] 第二步：关注注册会计师是否针对具体的"控制点"进行测试。
③仅检查签字却没有进行原始单据的核对。

【答案】

序号	控制测试是否恰当（是/否）	改进建议
(1)	否	控制测试的总体应为所有金额超过50万元的付款申请单
(2)	否	应当对记账凭证后附的原材料订购单、供应商发票和入库单进行检查

【私教点拨】

(1) 判断内部控制的**设计**是否存在缺陷的记忆技巧。

风险控制要匹配，原始单据要齐全；

关键环节需审批，审批不能越权限；

相邻岗位要**分离**，若有差异均调查。

(2) 解题步骤。

第一步：查找关键控制点。

第二步：关注注册会计师是否针对具体的"控制点"进行测试。

(3) 职责分离（见表10-2）。

表 10-2 职责分离汇总

	A	B	C	D	E	F	G	H	I	J	K	L	M	N
A		×												
B	×													
C				×										
D			×											
E						×								
F					×									
G								×						
H							×							
I										×				
J									×					
K												×		
L											×			
M														×
N													×	

职责说明
A：采购计划编制
B：采购计划审批
C：采购申请
D：采购申请的审批
E：采购实施方案的确定
F：采购实施方案的审批
G：供应商的选择
H：供应商的确定
I：询价
J：采购价格的确定
K：合同的签订
L：合同的审批
M：采购产品验收
N：采购产品记录

注：A 和 B 为不相容职务，C 和 D 为不相容职务，E 和 F 为不相容职务，G 和 H 为不相容职务，I 和 J 为不相容职务，K 和 L 为不相容职务，M 和 N 为不相容职务。上述互相冲突职责的职务应由不同的人员担任，职务应进行分离。

【考点三】采购与付款循环的实质性程序

【例题 1·2016 年·简答题】

ABC 会计师事务所的 A 注册会计师负责审计甲公司 2×15 年度财务报表，审计工作底稿中与负债审计相关的部分内容摘录如下： 为查找未入账的应付账款 [1]，A 注册会计师检查了资产负债表日后应付账款明细账贷方发生额的相关凭证，并结合存货监盘程序，检查了甲公司资产负债表日前后的存货入库资料，结果满意。 要求： 针对上述事项，指出 A 注册会计师的做法是否恰当。如不恰当，请简要说明理由。	【审题过程】 [1] 查找未入账的应付账款，主要关注点在于应付账款的完整性。

【答案】不恰当。注册会计师还应检查资产负债表日后货币资金的付款项目/获取甲公司与供应商之间的对账单并与财务记录进行核对调节/检查采购业务形成的相关原始凭证。

【例题 2·2015 年·简答题】

ABC 会计师事务所负责审计甲公司 2×14 年度财务报表。审计项目组确定财务报表整体的重要性为 100 万元，明显微小错报的临界值为 5 万元。审计工作底稿中与函证程序相关的部分内容摘录如下。 甲公司应付账款年末余额为 550 万元，审计项目组认为应付账款存在**低估风险**［1］，选取了年末余额合计为 480 万元的两家主要供应商实施函证，未发现差异。 要求： 针对上述事项，指出审计项目组的做法是否恰当。如不恰当，请简要说明理由。	【审题过程】 ［1］针对完整性问题，选取大额的应付账款进行函证很难应对。

【答案】 不恰当。仅选取大金额主要供应商实施函证不能应对低估风险/还应选取小额或零余额账户。

【私教点拨】

（1）查找未入账的应付账款，具体程序见图 10-2。

①检查应付账款**借方**、**贷**方凭证 ②检查资产负债表**日后**应付账款贷方凭证
④检查资产负债表**日后**付款项目相关凭证

1月1日　　12月31日资产负债表日

③获取供应商对账单
⑤存货监盘程序

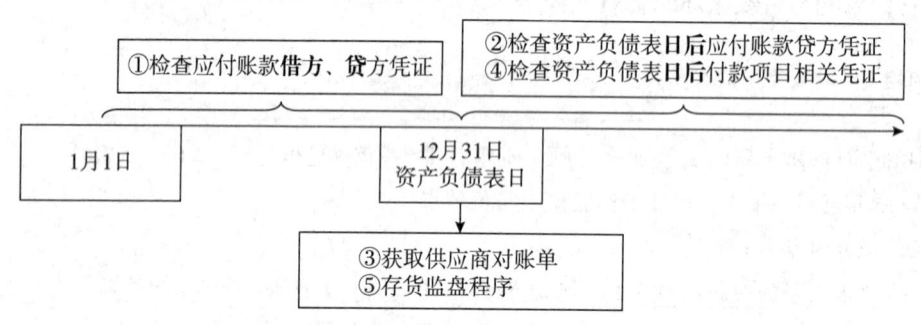

图 10-2　查找未入账的应付账款程序

（2）针对**负债完整性**的问题，选取发生频率高但余额小甚至为零的账户进行函证，其效果更好。

真 题 演 练

1.（2018 年·综合题）上市公司甲公司是 ABC 会计师事务所的常年审计客户，主要从事药品的研发、生产和销售。A 注册会计师负责审计甲公司 2×17 年度财务报表，确定财务报表整体的重要性为 300 万元，明显微小错报的临界值为 15 万元。

资料四：

A 注册会计师在审计工作底稿中记录了针对市场推广费实施的进一步审计程序，部分内容摘录如下：

乙公司于 2×17 年 3 月设立，主要从事市场推广服务。2×17 年度，甲公司向乙公司购买市场推广服务 5 000 万元。A 注册会计师检查了合同、采购审批记录以及支付单据，并就推广费用向乙公司实施了函证程序，结果满意。

要求：

针对上述事项，假定不考虑其他条件，指出 A 注册会计师的做法是否恰当。如不恰当，请简要说明理由。

2.（2016 年·简答题）ABC 会计师事务所的 A 注册会计师负责审计甲公司 2×15 年度财务报表，确定财务报表整体的重要性为 100 万元，审计工作底稿中与负债审计相关的部分内容摘录如下：

因甲公司其他应付款年末余额较 2×14 年年末大幅减少，A 注册会计师对其他应付款实施了函证，对未回函的项目，逐笔检查了本年借方和贷方发生额及相关原始凭证，结果满意。

要求：

针对上述事项，指出 A 注册会计师的做法是否恰当。如不恰当，简要说明理由。

真 题 答 案 及 解 析

1.

【答案】 不恰当。注册会计师应当获取足以证明服务已实际提供的证据（如广告播出情况和与推广相关的活动记录等，同时，服务活动不可能像实物那样验证），以确定所支付的费用的性质。	【答案解读】 甲公司将重大的市场推广服务交于乙公司办理，考虑到乙公司刚成立不久，需要获取足够的证据证明该服务已经提供。

2.

【答案】 不恰当。甲公司其他应付款年末余额较 2×14 年年末大幅减少，可能存在低估其他应付款的重大错报风险。而函证程序难以有效应对其他应付款的低估错报，因此该做法不恰当。	【答案解读】 对于完整性问题，函证程序很难应对。

第十一章 生产与存货循环的审计

本章考情 Q&A

Q：本章的重要性如何？
A：本章非常重要，几乎每年必出考题，平均考查分值为 8 分。

Q：本章知识点在考试中通常以什么形式出现？
A：本章主要以简答题或综合题的形式考查。

Q：本章学习特点如何？
A：事项在教材外，答案在教材内。本章应试的考题出题的情形各种各样，形式非常灵活，但是考查的知识点全部在教材中，只要辨析出关键考点，直接套用教材中的原文来得到相应的分值。

Q：本章 2020 年的主要变动有哪些？
A：无实质性变动，删除了"存货的一般程序"部分内容。

Q：本章主要考点历年分布如何？
A：以下是老师们的统计。

考点	2010 年	2011 年	2012 年	2013 年	2014 年	2015 年	2016 年	2017 年	2018 年	2019 年
生产与存货循环相关的内部控制										
生产与存货循环重大错报风险的评估			√					√		
存货监盘	√	√	√	√	√	√	√	√	√	√
存货计价测试					√			√		

经 典 例 题

【考点一】生产与存货循环相关的内部控制

【例题·2008 年·综合题】

资料三：
　　A 注册会计师在审计工作底稿中记录了所了解的有关存货与仓储循环的控制，部分内容摘录如下：

会计部门每月月末编制存货的结存成本及可变现净值汇总表，将结存成本低于[1]可变现净值的部分确认为存货跌价准备。 要求： 判断资料所列的控制是否存在控制缺陷，如存在缺陷，请简要说明理由及改进意见。	【审题过程】 [1] 对于不是成本低于可变现净值的部分，而是高于可变现净值的部分确认为存货跌价准备。

【答案】

是否有效（是/否）	缺陷描述	理由	改进意见
是	①会计部门每月月末编制存货的结存成本及可变现净值汇总表没有经过适当的审批；②将结存成本低于可变现净值的部分确认为存货跌价准备不恰当	①会计部门每月月末编制存货的结存成本及可变现净值汇总表应该经过会计主管的审批；②根据企业会计准则的规定，企业应该根据存货高于可变现净值的部分计提存货跌价准备	①建议将每月月末编制存货的结存成本及可变现净值汇总表经过会计主管的审批；②建议根据结存存货高于可变现净值的部分计提存货跌价准备

【私教点拨】

(1) 判断内部控制的**设计**是否存在缺陷的记忆技巧：

风险控制要匹配，原始单据要齐全。

关键环节需审批，审批不能越权限。

相邻岗位要分离，若有差异均调查。

(2) 与存货相关的内部控制，非常容易和会计内容结合考查。因此考生需具备比较扎实的会计基础识别控制缺陷。改进意见根据缺陷描述进行**相反的表述**即可。

(3) 与存货相关的内部控制，在生产环节和保管环节比较容易出现的控制缺陷，具体见表11-1。

表11-1 常见的内控缺陷情形

与存货相关的环节	常见的内控缺陷
生产环节	①成本核算方法前后各期不一致。 ②成本计算未采用实际数。 ③期末未按照成本与可变现净值孰低计价
保管环节	①存货缺乏必要的防护。 ②保管记录未职责分离。 ③未定期进行存货盘点

【考点二】 生产与存货循环重大错报风险的评估

【例题·2012年·综合题】

甲公司是 ABC 会计师事务所常年审计客户，主要从事 A、B、C 石化产品的生产和销售，A 注册会计师负责审计甲公司 2×11 年财务报告，按税前利润 5%确定财务报表整体的重要性为 60 万元。 A 注册会计师在审计工作底稿中记录了所了解的甲公司情况及其环境，部分内容摘录如下： （1）甲公司利用 ERP 系统核算生产成本，<u>在以前年度，利用 ERP 系统之外的 G 软件手工输入相关数据后进行存货账龄的统计和分析。2×11 年，信息技术部门在 ERP 系统中开发了存货账龄分析子模块</u>[1]，于每月月末自动生成存货账龄报告。甲公司会计政策规定，应当结合存货账龄等因素确定存货期末可变现净值，计提存货跌价准备。 （2）为方便安排盘点人员，甲公司将 A 和 B 产品的年度盘点时间确定为 2×11 年 12 月 31 日，将 C 产品的年度盘点时间确定为 2×11 年 12 月 20 日。自 2×11 年 12 月 25 日起，由<u>新入职的存货管理员</u>[2]负责管理 C 产品并在 ERP 系统中记录其数量变动。 要求： 针对上述第（1）项和第（2）项，假定不考虑其他条件，逐项指出资料所列事项是否可能表明存在重大错报风险。如果认为存在重大错报风险，请简要说明理由，并说明该风险主要与哪些财务报表项目（仅限于营业收入、营业成本、资产减值损失、应收账款、存货、固定资产和应付职工薪酬）的哪些认定相关。	【审题过程】 [1] 第一步：存货的内部控制发生了变化。 第二步：采用新的控制很可能会失效，导致存货账龄统计、分析出现问题。 第三步：影响存货跌价准备的计提。 [2] 第一步：人员发生变更。 第二步：新入职的人员对被审计单位业务流程可能不熟悉，导致存货记录不准确。 第三步：影响存货的存在、完整性认定。

【答案】

事项序号	是否可能表明存在重大错报风险（是/否）	理由	财务报表项目名称及认定
（1）	是	存在信息技术控制薄弱导致账龄分析不准确的风险，从而影响存货跌价准备的准确性	存货（准确性、计价和分摊）；资产减值损失（准确性）
（2）	是	2×11年12月20日盘点，其后负责存货记录的员工发生变更，存在盘点日至资产负债表日之间存货变动未得到恰当记录的风险	存货（存在、完整性）

【私教点拨】

（1）当题中所描述的情形表明与存货相关的内部控制发生变化有关，无论是人工控制还是自动化控制，一旦发生变化就可能意味着该项控制未一贯运行，即内部控制很可能失效，从而会影响相关的认定。

（2）判断认定步骤：

第一步：找到题目中发生变化的控制。

第二步：如果新控制失效会导致什么样的风险。

第三步：根据判断出的风险找到对应的认定。

（3）考生需注意题干中对存货的相关描述，可能会出现存货管理的瑕疵或存货减值的迹象。存货管理方面汇总，见表11-2；存货减值迹象汇总，见表11-3。

表11-2 存货管理方面汇总

存货管理方面常见的情形	重大错报风险
存货存放在多个地点	存货容易丢失毁损（影响存货的存在认定）
存货缺乏必要的防护	
未进行定期盘点	

表11-3 存货减值迹象汇总

存货减值迹象常见的情形	重大错报风险
产品售价大幅下降	存货存在减值迹象，但被审计单位未计提减值准备或未充分计提减值准备（影响存货的计价和分摊认定）
采购后市场价格持续下降	
制造周期较长但签订了不可撤销的固定价格的合同	
市场发生不良影响事件，导致存货积压	

【考点三】存货监盘

【例题 1 · 2014 年 · 简答题】

由于甲公司人手不足，审计项目组受管理层委托，于 2×13 年 12 月 31 日代为盘点 [1] 甲公司异地专卖店的存货，并将盘点记录作为甲公司的盘点记录和审计项目组的监盘工作底稿。 要求： 针对上述事项，指出审计项目组的做法是否恰当。如不恰当，请简要说明理由。	【审题过程】 本题考查监盘责任。 [1] 尽管实施存货监盘，获取有关期末存货数量和状况的充分、适当的审计证据是注册会计师的责任，但这并不能取代被审计单位管理层定期盘点存货、合理确定存货数量和状况的责任。

【答案】 不恰当。审计项目组代管理层执行盘点工作，将会影响其独立性。盘点存货是甲公司管理层的责任。

【例题 2 · 2013 年 · 简答题】

审计工作底稿中记录： 存货监盘目标为获取有关甲公司资产负债表存货数量的审计证据 [1]。 要求： 针对上述事项，指出审计项目组的做法是否恰当。如不恰当，请简要说明理由。	【审题过程】 本题考查监盘目标。 [1] 监盘目标描述得并不完整。

【答案】 不恰当。存货监盘的主要目标有：获取被审计单位资产负债表日有关存货数量和状况；有关管理层存货盘点程序可靠性的审计证据；检查存货的数量是否真实完整，存货是否归属于被审计单位，存货有无毁损、陈旧、过时、残次等状况。

【例题 3 · 2014 年 · 简答题】

审计项目组获取了盘点日前后存货收发及移动的凭证，以确定甲公司是否将盘点日前入库的存货以及已确认为销售但尚未出库的存货 [1] 包括在盘点范围内。 要求： 针对上述事项，指出审计项目组的做法是否恰当。如不恰当，请简要说明理由。	【审题过程】 本题考查监盘范围。 [1] 已经不属于被审计单位的存货，所有权属于被审计单位的存货应纳入盘点范围。

【答案】 不恰当。已确认为销售但尚未出库的存货不应包括在盘点范围内。

【例题4·2010年·简答题】

A注册会计师在对2×09年12月31日实施存货监盘程序时,对存货监盘过程中收到的存货,要求甲公司将其单独存放,<u>不纳入存货监盘的范围 [1]</u>。 要求: 针对上述事项,指出审计项目组的做法是否恰当。如不恰当,请简要说明理由。	【审题过程】 本题考查监盘范围。 [1] 当天收到的存货,并不一定不纳入存货监盘范围。

【答案】 不恰当。注册会计师应当确定收到的存货是否需要纳入2×09年12月31日的存货。如果需要,应当纳入存货监盘范围。

【例题5·2015年·简答题】

丙公司为玻璃制造企业,存货主要有玻璃、煤炭和烧碱,其中少量玻璃存放于外地公用仓库,另有丁公司部分水泥存放于丙公司的仓库。注册会计师确定的存货监盘范围:2×14年12月31日库存的所有存货,包括玻璃、煤炭、烧碱和<u>水泥 [1]</u>。 要求: 针对上述事项,指出审计项目组的做法是否恰当。如不恰当,请简要说明理由。	【审题过程】 本题考查监盘范围。 [1] 水泥不属于丙公司的存货,所有权属于被审计单位的存货才应纳入盘点范围。

【答案】 不恰当。丁公司水泥的所有权不属于丙公司,不应纳入监盘范围。

【例题6·2009年·简答题】

甲公司对苹果的盘点计划是:<u>2×08年12月31日盘点5个简易棚内的苹果,2×09年1月5日盘点其他5个简易棚内的苹果 [1]</u>,要求项目组成员在上述时间对苹果实施监盘程序。 要求: 针对上述事项,指出审计项目组的做法是否恰当。如不恰当,请简要说明理由。	【审题过程】 本题考查监盘时间。 [1] 同一类型存货,应同一时间盘点。

【答案】 不恰当。对于同一类型存货,注册会计师应当要求甲公司在同一时间进行盘点,而不应该安排在不同的时间。

【例题 7·2007 年·简答题】

审计项目组拟不信赖与存货相关的内部控制运行的有效性，故在监盘时<u>不再观察</u>[1]管理层制定的盘点程序的执行情况。 要求： 　　针对上述事项，指出审计项目组的做法是否恰当。如不恰当，请简要说明理由。	【审题过程】 本题考查监盘程序。 [1] 在存货盘点现场实施监盘时，注册会计师应当实施下列审计程序： ①评价管理层用以记录和控制存货盘点。 ②观察管理层制定的盘点程序的执行情况。 ③检查存货。 ④执行抽盘。 以上四个程序在实施监盘时必须执行。

【答案】 不恰当。无论是否信赖内部控制，注册会计师在监盘中均应当观察管理层制定的盘点程序的执行情况。

【例题 8·2014 年·简答题】

A 注册会计师撰写的存货监盘计划中包括与管理层讨论存货监盘计划[1]。 要求： 　　针对上述事项，指出审计项目组的做法是否恰当。如不恰当，请简要说明理由。	【审题过程】 本题考查监盘程序。 [1] 讨论的应是被审计单位的盘点计划，而非监盘计划。

【答案】 不恰当。与管理层讨论的应当是盘点计划而非监盘计划。

【例题 9·2014 年·简答题】

审计项目组按存货项目定义抽样单元，<u>选取 a 产品为抽盘样本项目之一</u>。a 产品分布在 5 个仓库中，<u>考虑到监盘人员安排困难，审计项目组对其中 3 个仓库的 a 产品执行抽盘</u>[1]，未发现差异，对该样本项目的抽盘结果满意。 要求： 　　针对上述事项，指出审计项目组的做法是否恰当。如不恰当，请简要说明理由。	【审题过程】 本题考查执行抽盘。 [1] 抽样已经选出了 a 产品，对经过抽样选出的产品，再次进行抽盘，这是不合理的。 当某类存货选为样本项目时，应对该存货的全部项目纳入检查范围。不允许在抽样的基础上再次进行抽样。

【答案】 不恰当。当 A 产品被选为样本项目时，应当对所有 A 产品执行抽盘检查。

【例题 10·2013 年·简答题】

乙制造厂存货品种繁多，存货拥挤，为保证监盘工作顺利进行，A 注册会计师提前两天 [1] 将拟抽盘项目清单发给乙制造厂财务部人员，要求其做好准备。 　　要求： 　　针对上述事项，指出 A 注册会计师的做法是否恰当。如不恰当，请简要说明理由。	【审题过程】 本题考查执行抽盘。 [1] 被审计单位可能会提前做好"应对"的准备。因此不能提前让被审计单位了解抽盘的存货项目。

【答案】　不恰当。注册会计师应尽可能避免让被审计单位事先了解将抽盘的存货项目。

【例题 11·2014 年·简答题】

在甲公司存货盘点结束前，审计项目组取得并检查了已填用 [1]、作废 [2] 及未使用 [3] 盘点表单的号码记录，确定其中是否连续编号以及已发放的表单是否均已收回，并与存货盘点汇总表中记录的盘点表单使用情况核对一致。 　　要求： 　　针对上述事项，指出审计项目组的做法是否恰当。如不恰当，请简要说明理由。	【审题过程】 本题考查监盘结束实施的程序。 [1] 已填用。 [2] 作废。 [3] 未使用。 三者缺一不可。

【答案】　恰当。

【例题 12·2012 年·简答题】

在抽盘过程中，A 注册会计师发现一个样本项目存在盘点错误，要求甲公司在盘点记录中更正该项错误 [1]。A 注册会计师认为该错误在数量和金额方面均不重要，因此，得出抽盘结果满意的结论，不再实施其他审计程序。 　　要求： 　　针对上述事项，指出审计项目组的做法是否恰当。如不恰当，请简要说明理由。	【审题过程】 本题考查对抽盘差异的处理。 [1] 发现其中一个样本有错，可能还存在其他的错误。

【答案】　不恰当。抽盘过程中发现的错误很可能意味着甲公司的盘点中还存在其他错误。注册会计师应当查明原因，并考虑潜在错误的范围和重大程度。必要时，扩大检查范围以减少错误的发

生。注册会计师还可要求被审计单位重新盘点。重新盘点的范围可限于某一特殊领域的存货或特定盘点小组。

【例题13·2013年·简答题】

因<u>天气原因</u>[1]，审计项目组成员未能按计划在2×12年12月31日到达某直营店实施监盘，经与管理层协商，改在2×13年1月5日实施监盘，并对2×12年12月31日至2×13年1月5日期间的存货变动情况实施审计程序。 要求： 针对上述事项，指出审计项目组的做法是否恰当。如不恰当，请简要说明理由。	【审题过程】 本题考查无法监盘时的处理。 [1] 属于不可预见的原因，采取另择日期监盘，并对间隔期内的交易实施审计程序。

【答案】 恰当。

【例题14·2014年·简答题】

甲公司主要从事家电产品的生产和销售。ABC会计师事务所负责审计甲公司2×13年度财务报表。审计项目组在审计工作底稿中记录了与存货监盘相关的情况，部分内容摘录如下： 甲公司部分产成品<u>存放在第三方仓库</u>[1]，其年末余额占资产总额的10%。 要求： 针对上述情况，列举3项审计项目组可以实施的审计程序。	【审题过程】 本题考查第三方保管存货的应对程序。 [1] 针对第三方保管存货的应对程序，建议记以下关键词： ①函证。 ②检查文件记录。 ③监盘。 ④其他注册会计师监盘。 ⑤获取报告。

【答案】 审计项目组可以实施的审计程序有：（答对以下内容中的3项即可）

(1) 向保管存货的第三方**函证存货的数量和状况**。

(2) 实施**检查**程序/检查与第三方保管的存货相关的**文件记录**。

(3) 对第三方保管的存货实施**监盘**。

(4) 安排**其他注册会计师**对第三方保管的存货**实施监盘**。

(5) **获取**其他注册会计师或提供仓储服务的第三方的注册会计师针对第三方用以保证存货得到恰当盘点和保管的内部控制的适当性而出具的**报告**。

【私教点拨】 有关存货监盘类型的题型非常灵活，但是考点却简单明了，考生只要能辨别出题目问的是存货监盘的哪个具体考点，注意其关键考核内容，就可以解答该问题。存货监盘常考点汇总，见表11-4。

表 11-4 存货监盘常考点汇总

存货监盘考点	关键内容
监盘责任	尽管实施存货监盘，获取有关期末存货数量和状况的充分、适当的审计证据是注册会计师的责任，但这并不能取代被审计单位管理层定期盘点存货、合理确定存货数量和状况的责任
监盘目标	获取资产负债表日有关存货数量和状况，以及有关管理层存货盘点程序可靠性的审计证据，检查存货的数量是否真实完整，是否归属于被审计单位，存货有无毁损、陈旧、过时、残次和短缺等情况
监盘范围	(1) 存货监盘范围的大小取决于存货的内容、性质以及与存货相关的内部控制的完善程度和重大错报风险的评估结果。 (2) 已销、代销、代管的存货单独摆放，不纳入监盘范围。 (3) 已验收未入库或尚未验收但所有权已属于被审计单位的存货应纳入监盘范围
存货存放于多个地点	如果被审计单位的存货存放在多个地点（包括期末库存量为零的仓库、租赁的仓库，以及第三方代被审计单位保管存货的仓库等），注册会计师可以要求被审计单位提供一份完整的存货存放地点清单，并考虑其完整性。根据具体情况下的风险评估结果，注册会计师可以考虑执行以下一项或多项审计程序： (1) 询问被审计单位除管理层和财务部门以外的其他人员，如营销人员、仓库人员等，以了解有关存货存放地点的情况。 (2) 比较被审计单位不同时期的存货存放地点清单，关注仓库变动情况，以确定是否存在因仓库变动而未将存货纳入盘点范围的情况发生。 (3) 检查被审计单位存货的出、入库单，关注是否存在被审计单位尚未告知注册会计师的仓库（如期末库存量为零的仓库）。 (4) 检查费用支出明细账和租赁合同，关注被审计单位是否租赁仓库并支付租金，如果有，该仓库是否已包括在被审计单位提供的仓库清单中。 (5) 检查被审计单位"固定资产——房屋建筑物"明细清单，了解被审计单位可用于存放存货的房屋建筑物。 【记忆口诀】 一问三查加比较
监盘时间	(1) 监盘时间包括实地查看盘点现场的时间、观察存货盘点的时间和对已盘点存货实施检查的时间等。 (2) 监盘时间应当与被审计单位实施存货盘点的时间相协调。 (3) 同一类型存货应当在同一时间进行监盘
监盘程序	(1) 评价管理层用以记录和控制存货盘点结果的指令和程序。 (2) 观察管理层制定的盘点程序的执行情况。 (3) 检查存货。 (4) 执行抽盘
存货移动	(1) 根据被审计单位的具体情况考虑其无法停止存货移动的原因及其合理性（问原因）。 (2) 可以考虑在仓库内划分出独立的过渡区域（划区域）。 (3) 观察被审计单位有关存货移动的控制程序是否得到执行（看控制）。 (4) 向管理层索取盘点期间存货移动相关的书面记录以及出入库资料（拿资料）。
执行抽盘	双向抽盘：盘点记录→实物；实物→盘点记录。 不可预见：应尽可能避免让被审计单位事先了解将抽盘的存货项目。 【注意】 当某类存货选为样本项目时，应对该类存货的全部项目纳入检查范围。 特殊存货检查方法：参考官方教材中的"特殊类型存货的监盘程序表"（若难以记忆，可以写"利用专家的工作"）

续表

存货监盘考点	关键内容
抽盘差异	(1) 注册会计师应当查明原因，并及时提请被审计单位更正。 (2) 注册会计师应当考虑错误的潜在范围和重大程度，在可能的情况下，扩大检查范围以减少错误的发生。 (3) 注册会计师还可要求被审计单位重新盘点。重新盘点的范围可限于某一特殊领域的存货或特定盘点小组
监盘结束	再次观察：再次观察盘点现场，确定所有应纳入盘点范围的存货是否均已盘点。 取得表单：取得并检查已填用、作废及未使用的盘点表单的号码记录，确定其是否连续编号，查明已发放的表单是否均已收回，并与存货盘点的汇总记录进行核对
盘点日不是资产负债表日	如果存货盘点日不是资产负债表日，注册会计师应当实施适当的审计程序，确定盘点日与资产负债表日之间存货的变动是否已得到恰当的记录。 在实务中，注册会计师可以结合盘点日至财务报表日之间间隔期的长短或相关内部控制的有效性等因素进行风险评估，设计和执行适当的审计程序。在实质性程序方面，注册会计师可以实施的程序示例包括以下几个方面： (1) 比较盘点日和财务报表日之间的存货信息以识别异常项目，并对其执行适当的审计程序（例如，实地查看等）。 (2) 对存货周转率或存货销售周转天数等实施实质性分析程序（财务分析）。 (3) 对盘点日至财务报表日之间的存货采购和存货销售分别实施双向检查（例如，对存货采购从入库单查至其相应的永续盘存记录及从永续盘存记录查至其相应的入库单等支持性文件，对存货销售从货运单据查至其相应的永续盘存记录及从永续盘存记录查至其相应的货运单据等支持性文件）。 (4) 测试存货销售和采购在盘点日和财务报表日的截止是否正确
无法监盘	"监盘不可行"与"不可预见的因素导致无法监盘"的区分如下： "监盘不可行"指的是实施监盘程序不可行（任何时候都做不了），比如对注册会计师的人身安全造成威胁等等，这个时候只能是做替代程序；"不可预见的因素导致无法监盘"指的是在"原定的日期"不能监盘（此时做不了），并不是说"监盘程序"做不了（永远做不了），所以注册会计师应当选择"另外的日期"去监盘，并且对间隔内发生的交易实施审计程序
	监盘不可行	实施替代审计程序，检查盘点日后出售、盘点日前取得或购买的特定存货的文件记录； 如无法实施替代审计程序或实施替代审计程序无法获得充分、适当的审计证据，考虑发表非无保留意见
	不可预见的因素导致无法监盘	另择日期监盘，并对间隔期内的交易实施审计程序
第三方保管的存货	(1) 向持有被审计单位存货的第三方函证存货的数量和状况。 (2) 实施或安排其他注册会计师实施对第三方的存货监盘（如可行）。 (3) 获取其他注册会计师或服务机构注册会计师针对用以保证存货得到恰当盘点和保管的内部控制的适当性而出具的报告。 (4) 检查与第三方持有的存货相关的文件记录，如仓储单。 (5) 当存货作为抵押品时，要求其他机构或人员进行确认。 (6) 考虑由第三方保管存货的商业理由的合理性，检查被审计单位和第三方所签署的存货保管协议的相关条款，复核被审计单位调查及评价第三方工作的程序等

【考点四】存货计价测试

【例题·2011年·简答题】甲公司是ABC会计师事务所的常年审计客户，主要从事医疗器械设备的生产和销售。A注册会计师负责审计甲公司2×10年度财务报表。相关资料如下：

资料一：

金额单位：万元

甲公司				索引号：B1-2	
产成品审计表		编制：（略）		日期：2×11年3月5日	
截至2×10年12月31日		审核：（略）		日期：2×11年3月5日	
	索引	2×10年度			2×09年度
		未审数	审计调整	审定数	已审数
B产品	注释2	280	40	320	500
注释2：B产品曾经是甲公司的主要产品之一，但随着A产品的推出，月销量已由2×10年1月的约10 000件下降至2×10年12月的约3 000件，并且预计2×11年的售价和销量都继续下跌 [1]。事实上，甲公司已于2×11年2月初宣布B产品降价10%。 2×10年12月末销售的1 000件B产品（成本为40万元）在2×11年1月5日被退回 [2]。甲公司相应冲减了2×11年1月的主营业务收入。我们检查了相关销货退回协议以及2×11年1月5日的入库记录，没有发现异常。 审计处理建议：已提出审计调整建议，冲回该1 000件B产品于2×10年度所确认的相关主营业务收入、主营业务成本和应收账款，并相应调整增加2×10年年末B产品余额40万元。					

资料二：

金额单位：万元

甲公司					索引号：B1-3
存货跌价准备审计表		编制：（略）		日期：2×11年3月5日	
截至2×10年12月31日		审核：（略）		日期：2×11年3月5日	
	索引	结存成本	可变现净值	应计提的跌价准备	账面已计提的跌价准备	差异
B产品	注释2	280 [4]	290 [4]	0	0	0
注释2：产成品可变现净值按照2×10年12月31日的相关产品销售价格 [3] 扣除必要销售费用和相关税费确定。 我们核对了甲公司相关产品2×10年12月31日的售价目录以及预计销售费用和税费的计算表 [索引号（略）]，没有发现差异。 审计处理建议：无需提出审计调整建议。						

【审题过程】

[1] 存在减值迹象，需要进行减值测试。

[2] 该销售退回属于资产负债表日后调整事项，应冲减资产负债表日的收入、成本，增加相应的存货价值。

[3] 解题思路一。

相关规定：确定存货可变现净值时，应当以资产负债表日取得最可靠的证据估计的售价为基础并考虑持有存货的目的，资产负债表日至财务报告批准报出日之间存货售价发生波动的（降价10%），如有确凿证据表明其对资产负债表日存货已经存在的情况提供了新的或进一步的证据（已经提供了进一步的证据），则在确定存货可变现净值时应当予以考虑；否则，不应予以考虑。

因此在确定存货的可变现净值时，需要考虑降价10%的因素，而非仅考虑资产负债表日的销售价格。

进行分析：存货未来的售价，不会改变其成本，因此结存成本为280万元。

当没有考虑降价因素的影响时，存货的可变现净值为290万元。考虑受降价因素影响后的可变现净值大约为290×(1-10%)= 261 万元。

形成判断：考虑未来售价的变动后，其成本（280万元）高于其可变现净值（261万元），因此存在减值，从而需要计提存货跌价准备。

[4] 解题思路二。

①存货当前的毛利率大致为：(290-280)÷290=3.4%。

②预计产品的降价幅度：10%。

③产品的降价幅度大幅超过存货当前的毛利率，则该存货需要计提跌价准备。

要求：

（1）针对资料一的注释2，假定不考虑其他条件，指出相关审计处理建议是否存在不当之处，并简要说明理由。如果存在不当之处，请提出改进建议。

（2）针对资料二，结合资料一，假定不考虑其他条件，指出资料二所列的存货跌价准备审计表的内容存在哪些不当之处。

（3）针对资料二，指出是否存在需要建议甲公司计提存货跌价准备的情况，并简要说明理由。

【答案】

（1）不存在。因为财务报表批准报出日前的销售退回是调整事项。

资料一的注释	审计处理建议是否存在不当之处（是/否）	理由	改进建议
注释2	否	—	—

（2）用以确定产成品可变现净值的方法不当。产成品的可变现净值需要考虑资产负债表日后事项的影响，而不能简单地直接以12月31日的售价为基础确定。

（3）

存货项目	是否存在需要建议甲公司计提存货跌价准备的情况（是/否）	理由
B产成品	是	2×10 年末库存量约为 320÷40×1 000 = 8 000（件），由于 2×10 年 12 月销量为约 3 000 件，并且预计 2×11 年的销量仍将继续下跌，因此预计该批库存将有相当部分会在 2×11 年 1 月之后售出。由于甲公司已经于 2×11 年 2 月初宣布 B 产品降价10%，因此考虑资产负债表日后的预计售价变化，以及基于 2×10 年末售价计算的可变现净值仅高于成本的情况 [(290-280)÷280=3.6%]，2×10 年末结存的 B 产品的预计可变现净值低于成本而存在需要计提存货跌价准备的情况

【私教点拨】

(1) 对于是否需要计提存货跌价准备,需要将存货的成本与可变现净值这两个金额进行比对,如果成本高于可变现净值,那么该存货就需要计提跌价准备。但在审计当中最常见的手段是将该存货当前的**毛利率**与预计产品的**降价幅度**进行比较,如果产品降价的幅度**大幅超过**当前存货的毛利率,则该存货需要计提跌价准备。

(2) 确定存货可变现净值的原则(见表11-5)。

表11-5 确定存货可变现净值的原则

存货项目		可变现净值
原材料	用于出售	通常以市场价格为计算基础
	为生产而持有	产成品的估计售价-估计的销售费用-完工时所需发生的成本
产成品	有合同价格	合同价
	无合同价格	市场价格-相关销售费用

(3) 注意采购折扣。

采购折扣一定要在当期**已出售**和**尚未出售**的存货之间进行分摊,不得将采购折扣全部分摊至当期尚未出售的存货当中。

(4) 亏损合同的处理(见表11-6)。

注意不同的情形中,损失是否记入了正确的会计科目中。

表11-6 亏损合同的处理

情形	处理方式	会计分录
继续执行该亏损合同	合同收入-合同成本=合同损失	该损失有标的资产: 借:资产减值损失 　贷:存货跌价准备 该损失无标的资产: 借:营业外支出 　贷:预计负债
选择违约,不执行该亏损合同	考虑违约后是否有已经生产出的对应商品;若有,则将全部成本与可变现净值进行比较	可变现净值低于其成本,计提跌价准备: 借:资产减值损失 　贷:存货跌价准备
	考虑支付的违约金	借:营业外支出 　贷:预计负债

真 题 演 练

1. （2015 年·单项选择题）下列有关存货监盘的说法中，正确的是（　　）。

   A. 注册会计师在实施存货监盘过程中不应协助被审计单位的盘点工作

   B. 注册会计师实施存货监盘通常可以确定存货的所有权

   C. 由于不可预见的情况而导致无法在预定日期实施存货监盘，注册会计师可以实施替代审计程序

   D. 注册会计师主要采用观察程序实施存货监盘

2. （2014 年·多项选择题）下列有关存货监盘的说法中，正确的有（　　）。

   A. 注册会计师在制定监盘计划时，需要考虑是否在监盘中利用专家的工作

   B. 如果存货盘点在财务报表日以外的其他日期进行，注册会计师除实施监盘相关审计程序外，还应当实施其他程序，以确定盘点日与财务报表日之间的存货变动已得到恰当记录

   C. 如果存货存放在不同地点，注册会计师的监盘应当覆盖所有存放地点

   D. 如果由于不可预见的情况，无法在存货盘点现场实施监盘，注册会计师应当实施替代审计程序

3. （2019 年·简答题）ABC 会计师事务所首次接受委托审计甲公司 2×18 年度财务报表，委派 A 注册会计师担任项目合伙人。与首次承接审计业务相关的部分事项如下：

   A 注册会计师对 2×18 年末的存货实施了监盘，将年末存货数量调节至期初存货数量，并抽样检查了 2×18 年度存货数量的变动情况，据此认可了存货的期初余额。

   要求：

   针对上述事项，指出 A 注册会计师的做法是否恰当。如不恰当，请简要说明理由。

4. （2017 年·简答题）ABC 会计师事务所的 A 注册会计师负责审计甲公司 2×16 年度财务报表，与存货审计相关的部分事项如下：

   （1）甲公司的存货存在特别风险。A 注册会计师在了解相关内部控制后，未测试控制运行的有效性，直接实施了细节测试。

   （2）2×16 年 12 月 25 日，A 注册会计师对存货实施监盘，结果满意。因年末存货余额与盘点日余额差异较小，A 注册会计师根据监盘结果认可了年末存货数量。

   （3）在执行抽盘时，A 注册会计师从存货盘点记录中选取项目追查至存货实物，从存货实物中选取项目追查至盘点记录，以获取有关盘点记录准确性和完整性的审计证据。

   （4）A 注册会计师向乙公司函证由其保管的甲公司存货的数量和状况，收到的传真件回函显示，数量一致、状况良好。A 注册会计师据此认可了回函结果。

   （5）A 注册会计师获取了甲公司的存货货龄分析表，考虑了生产和仓储部门上报的存货损毁情况及存货监盘中对存货状况的检查情况，认为甲公司财务人员编制的存货可变现净值计算表中计提跌价准备的项目不存在遗漏。

   要求：

   针对上述第（1）至第（5）项，逐项指出 A 注册会计师的做法是否恰当。如不恰当，请简要说

明理由。

5. (2016年·简答题) ABC会计师事务所的A注册会计师负责审计甲公司等多家被审计单位2×15年度财务报表。与存货审计相关事项如下：

（1）在对甲公司存货实施监盘时，A注册会计师在存货盘点现场评价了管理层用以记录和控制存货盘点结果的程序，认为其设计有效。A注册会计师在检查存货并执行抽盘后结束了现场工作。

（2）因乙公司存货品种和数量均较少，A注册会计师仅将监盘程序用作实质性程序。

（3）丙公司2×15年末已入库未收到发票而暂估的存货金额占存货总额的30%，A注册会计师对存货实施了监盘，测试了采购和销售交易的截止，均未发现差错，据此认为暂估的存货记录准确。

（4）丁公司管理层未将以前年度已全额计提跌价准备的存货纳入本年末盘点范围，A注册会计师检查了以前年度的审计工作底稿，认可了管理层的做法。

（5）戊公司管理层规定，由生产部门人员对全部存货进行盘点，再由财务部门人员抽取50%进行复盘，A注册会计师对复盘项目执行抽盘，未发现差异，据此认可了管理层的盘点结果。

要求：

针对上述第（1）至第（5）项，逐项指出A注册会计师做法是否恰当。如不恰当，请简要说明理由。

6. (2014年·简答题) 甲公司主要从事家电产品的生产和销售。ABC会计师事务所负责审计甲公司2×13年度财务报表。审计项目组在审计工作底稿中记录了与存货监盘相关的情况，部分内容摘录如下：

（1）审计项目组拟不信赖与存货相关的内部控制运行的有效性，故在监盘时不再观察管理层制定的盘点程序的执行情况。

（2）审计项目组获取了盘点日前后存货收发及移动的凭证，以确定甲公司是否将盘点日前入库的存货、盘点日后出库的存货以及已确认为销售但尚未出库的存货包括在盘点范围内。

（3）由于甲公司人手不足，审计项目组受管理层委托，于2×13年12月31日代为盘点甲公司异地专卖店的存货，并将盘点记录作为甲公司的盘点记录和审计项目组的监盘工作底稿。

（4）审计项目组按存货项目定义抽样单元，选取A产品为抽盘样本项目之一。A产品分布在5个仓库中，考虑到监盘人员安排困难，审计项目组对其中3个仓库的A产品执行抽盘，未发现差异，对该样本项目的抽盘结果满意。

（5）在甲公司存货盘点结束前，审计项目组取得并检查了已填用、作废及未使用盘点表单的号码记录，确定其是否连续编号以及已发放的表单是否均已收回，并与存货盘点汇总表中记录的盘点表单使用情况核对一致。

要求：

针对上述第（1）至第（5）项，逐项指出审计项目组的做法是否恰当。如不恰当，请简要说明理由。

7. (2012年·简答题) A注册会计师负责审计甲公司2×11年度财务报表，确定存货为重要账户，并初步评估存货的完整性存在重大错报风险。A注册会计师于2×11年12月31日对甲公司的存货实施了监盘，按照抽样技术确定抽盘样本规模为50。部分审计工作底稿内容摘录如下：

（1）管理层盘点指令要求，将盘点日前已验收但尚未办理入库手续的若干原材料单独摆放，不纳入盘点范围。

（2）存货监盘计划要求，在对存货盘点结果进行测试时，采取从存货盘点记录中选取项目追查至存货实物的方法。

（3）在抽盘过程中，A注册会计师发现1个样本项目存在盘点错误，要求甲公司在盘点记录中更正了该项错误。A注册会计师认为该错误在数量和金额方面均不重要，因此，得出抽盘结果满意的结论，不再实施其他审计程序。

要求：

（1）针对上述第（1）项，指出管理层盘点指令是否恰当。如不恰当，请简要说明理由。

（2）针对上述第（2）项，指出存货监盘计划是否恰当。如不恰当，请简要说明理由。

（3）针对上述第（3）项，指出A注册会计师采取的应对措施是否恰当。如不恰当，请简要说明理由，并指出正确的应对措施。

8.（2010年·简答题）A注册会计师负责对常年审计客户甲公司2×09年度财务报表进行审计。甲公司从事商品零售业，存货占其资产总额的60%。除自营业务外，甲公司还将部分柜台出租，并为承租商提供商品仓储服务。根据以往的经验和期中测试的结果，A注册会计师认为甲公司有关存货的内部控制有效。A注册会计师计划于2×09年12月31日实施存货监盘程序。A注册会计师编制的存货监盘计划部分内容摘录如下：

（1）在到达存货盘点现场后，监盘人员观察代柜台承租商保管的存货是否已经单独存放并予以标明，确定其未被纳入存货盘点范围。

（2）在甲公司开始盘点存货前，监盘人员在拟检查的存货项目上作出标识。

（3）对以标准规格包装箱包装的存货，监盘人员根据包装箱的数量及每箱的标准容量直接计算确定存货的数量。

（4）在存货监盘过程中，监盘人员除关注存货的数量外，还需要特别关注存货是否出现毁损、陈旧、过时及残次等情况。

（5）对存货监盘过程中收到的存货，要求甲公司单独码放，不纳入存货监盘的范围。

（6）在存货监盘结束时，监盘人员将除作废的盘点表单以外的所有盘点表单的号码记录于监盘工作底稿。

要求：

（1）针对上述第（1）至第（6）项，逐项指出A注册会计师的做法是否存在不当之处。如果存在，请简要说明理由。

（2）假设因雪灾导致监盘人员于原定存货监盘日未能到达盘点现场，请指出A注册会计师应当采取何种补救措施。

9.（2019年·综合题）甲公司年末存放在客户仓库的产品余额为2 000万元。由于无法实施监盘，且认为函证很可能无效，A注册会计师检查了甲公司相关产品的发出和客户签收记录、与客户的对账记录以及期后结算单据，查询了客户网站上开放给供应商的库存信息，据此认可了该项存货的数量。

要求：

针对上述事项，假定不考虑其他条件，指出 A 注册会计师的做法是否恰当。如不恰当，请简要说明理由。

真题答案及解析

1. 【答案】 A

    【解析】 本题主要考查存货监盘程序，具体分析如下：

    选项 A，盘点是被审计单位的工作，注册会计师的工作是监盘，当选；

    选项 B，质押的存货、第三方保管的存货通过监盘程序并不足以确定，不选；

    选项 C，对于不可预见的情况，注册会计师应当另择日期实施监盘，并对间隔期内发生的交易实施审计程序，不选；

    选项 D，存货监盘程序一共有四项，缺一不可，观察程序仅为其中一项，不选。

2. 【答案】 AB

    【解析】 本题主要考查存货监盘程序，具体分析如下：

    选项 A，如果被审计单位存在某些特殊类型的存货（如盘点人员无法对其移动实施控制），注册会计师在制定监盘计划时就需要考虑利用专家的工作，当选；

    选项 B，盘点日不是资产负债表日，需要将盘点日的存货数量倒推到资产负债表日，倒推所需的数据就是存货变动的记录，当选；

    选项 C，注册会计师通常应当考虑被审计单位的重要存货存放地点，将这些存货地点列入监盘地点，不选；

    选项 D，如果是由于不可预见情况而导致无法在存货盘点现场实施监盘，注册会计师应当另择日期实施监盘，并对间隔期内发生的交易实施审计程序，不选。

3.

【答案】 不恰当。注册会计师应当对期初存货项目的计价实施审计程序。	【答案解读】 存货监盘仅仅是对存货的数量获取审计证据，对于存货金额的确定，还需实施计价测试。

4.

【答案】 （1）恰当。 （2）不恰当。注册会计师应当测试盘点日与资产负债表日之间存货的变动是否已得到恰当记录。	【答案解读】 （1）了解内部控制后，未测试控制运行的有效性，说明控制设计不合理或不再执行，从而直接实施细节测试。 （2）盘点日与资产负债表日不是同一时间，无论差异是否较小，均需要测试期间的变动情况。

(3) 恰当。

(4) 不恰当。注册会计师应当验证传真件回函的可靠性。

(5) 不恰当。注册会计师还需测试存货货龄分析表的准确性。

(3) 双向抽盘。

(4) 传真件可靠性存疑。

(5) 获取的存货货龄分析表时，需要考虑被审计单位编制的货龄分析表编制的是否准确。

5.

【答案】

(1) 不恰当。A注册会计师没有/应当观察管理层制定的盘点程序的执行情况。

(2) 恰当。

(3) 不恰当。A注册会计师没有/应当检查暂估存货的单价。

(4) 不恰当。存货监盘是检查存货的存在，已全额计提跌价的存货价值虽然为0，但数量仍存在/仍需对存货是否存在实施监盘。

(5) 不恰当。抽盘的总体不完整。

【答案解读】

(1) 存货监盘程序缺一不可。

(2) 当存货品种、数量较少时，可以仅将监盘程序作为实质性程序。

(3) 存货的金额=数量×单价，监盘只能确定数量，无法确定单价。

(4) 虽然全额计提跌价，导致存货账面价值为0，但存货仍存在于被审计单位的仓库中，仍需监盘。

(5) 不能在抽样的基础上再进行抽盘。

6.

【答案】

(1) 不恰当。无论是否信赖内部控制，注册会计师在监盘中均应当观察管理层制定的盘点程序的执行情况。

(2) 不恰当。已确认为销售但尚未出库的存货不应包括在盘点范围内。

(3) 不恰当。审计项目组代管理层执行盘点工作，将会影响其独立性。盘点存货是甲公司管理层的责任。

(4) 不恰当。当A产品被选为样本项目时，应当对所有A产品执行抽盘。

(5) 恰当。

【答案解读】

(1) 监盘的四个程序缺一不可。

(2) 所有权已经转移。

(3) 盘点是管理层的责任。

(4) 当某类存货选为样本项目时，应对该类存货的全部项目纳入检查范围。

(5) 已填用、作废及未使用这三者缺一不可。

7.

【答案】	【答案解读】
（1）不恰当。盘点日前验收的货物都应纳入存货盘点范围。 （2）不恰当。事项中的做法只能取得存货记录准确性的审计证据，注册会计师还应从存货实物中选取项目追查至盘点记录，以证实存货记录完整性。 （3）不恰当。抽盘过程中发现的错误很可能意味着甲公司的盘点中还存在其他错误。注册会计师应当查明原因，并考虑潜在错误的范围和重大程度。	（1）盘点日前验收的货物，所有权已属于被审计单位。 （2）盘点记录追查到实物，实物追查到盘点记录，均需要测试。 （3）抽盘当中发现了错误，还可能存在其他错误，不能因被审计单位更正了已发现的错误，而得出满意的抽盘结果。

8.

【答案】	【答案解读】
（1）具体分析如下： 第（1）项，不存在。 第（2）项，存在。对拟检查的存货作出标识会为甲公司盘点人员所知悉，损害审计程序的不可预测性。 第（3）项，存在。应当进行必要的开箱检查。 第（4）项，不存在。 第（5）项，存在。应当确定收到的存货是否应纳入2×09年12月31日的存货。如果需要，应当纳入存货监盘范围。 第（6）项，存在。应当取得所有已填用、作废及未使用盘点表单的号码记录。 （2）A注册会计师应当采取以下补救措施： ①改变存货监盘日期； ②对资产负债表日与改变后的存货监盘日之间的交易进行测试，倒轧出资产负债表日存货的数量。	（1）代第三方保管的存货所有权不属于被审计单位。 （2）作出标识，影响不可预测性。 （3）在存货监盘过程中检查存货，有助于确定存货的存在，以及识别过时、毁损或陈旧的存货。 （4）需要关注存货的状态如何。 （5）在监盘过程中收到的存货，关注所有权何时转移到被审计单位。 （6）已填用、作废及未使用盘点表单，三者缺一不可。

9.

【答案】	【答案解读】
恰当。	客户的签收记录、对账记录、结算单据以及客户网站上开放给供应商的库存信息等都有高质量的外部审计证据。

第十二章 货币资金的审计

本章考情 Q&A

Q：本章的重要性如何？
A：本章属于一般重要章节，历年平均考查分值在3分左右。

Q：本章知识点在考试中通常以什么形式出现？
A：本章知识点在选择题、简答题、综合题中均有可能出现。

Q：本章2020年的主要变动有哪些？
A：无变动。

Q：本章主要考点历年分布如何？
A：以下是老师们的统计。

考点	2010年	2011年	2012年	2013年	2014年	2015年	2016年	2017年	2018年	2019年
监盘库存现金								√		
银行存款的实质性程序			√		√	√		√		
定期存款的实质性程序							√			

经 典 例 题

【考点一】 监盘库存现金

【例题·2017年·简答题】

ABC会计师事务所的A注册会计师负责审计甲公司2016年度财务报表，与货币资金审计相关的部分事项如下： 2×17年1月5日 [1]，A注册会计师对甲公司库存现金实施了监盘，并<u>与当日现金日记账余额核对</u> [2] 一致，据此认可了年末现金余额。 要求： 针对上述事项，指出A注册会计师的做法是否恰当。如不恰当，请简要说明理由。	【审题过程】 [1] 2×17年1月5日为非资产负债表日，需要调整。 [2] 与当日现金日记账余额核对只能说明当日的账面金额正确，不能由此认可年末现金金额，需要将监盘金额调整至资产负债表日。

【答案】 不恰当。注册会计师应将监盘金额调整至资产负债表日的金额，并对变动情况实施程序。

【私教点拨】 监盘库存现金的掌握要点如下：

(1) **时间**：**突击性检查**，最好上午上班前或下午下班时（避免工作时间现金流动造成监盘困难）。

(2) **地点**：如库存现金存放有**两处或两处以上**，应当**同时**进行盘点（避免被审计单位转移库存现金）。

(3) **金额**：检查被审计单位现金实存数，将监盘金额与现金日记账余额核对。

(4) **调整**：非资产负债表日进行监盘，应将监盘金额调整至资产负债表日金额。

(5) **人员责任**：**出纳员**盘点，注册会计师编制库存现金监盘表（出纳，会计主管人员和注册会计师共同签字）。

【考点二】银行存款的实质性程序

【例题1·2012年·单项选择题】注册会计师在检查被审计单位2×11年12月31日的银行存款余额调节表时，发现下列调节事项，其中有迹象表明性质或范围不合理的是（   ）。

A. "银行已收、企业未收"项目包含一项2×11年12月31日到账的应收账款，被审计单位尚未收到银行的收款通知

B. "企业已付、银行未付"项目包含一项被审计单位于2×11年12月31日提交的转账支付申请，用于支付被审计单位2×11年12月的电费

C. "企业已收、银行未收"项目包含一项2×11年12月30日收到的退货款，被审计单位已将供应商提供的支票提交银行

D. "银行已付、企业未付"项目包含一项2×11年11月支付的销售返利，该笔付款已经总经理授权，但由于经办人员未提供相关单据，会计部门尚未入账

【答案】 D

【解析】 本题主要考查银行余额调节表中的调整事项，需要对选项进行逐一判断。具体分析如下：

选项A，被审计单位未收到银行的收款通知，属于业务流程时间差异，是正常情况，不选；

选项B，企业已经提交了转账支付申请，对于企业已付，由于业务流程时间差异导致银行未付，属于正常情况，不选；

选项C，企业已经将支票提交银行，对于企业已收，由于业务流程时间差异导致银行未收，属于正常情况，不选；

选项D，经办人员未提供相关单据，会计部门尚未入账，属于企业内部的异常情况，不属于与银行之间的未达账项，当选。

【私教点拨】 检查银行存款余额调节表的步骤如下：

第一步，检查**数字**上是否存在问题（检查调节表中加计数是否正确，调节后银行存款日记账余额与银行对账单余额是否一致）。

第二步，查看一些**正常**需要调节的事项（未达账项，包括"企业已收付、银行未入账"和"银行已收付、企业未入账"的情况）。

（1）判断调节事项是否正常：如果企业或银行将自己应该做的事项全部做完，但是由于**企业与银行之间**的流程交接需要时间，导致的差异属于正常情况。

（2）调节事项的检查："谁未达"便查谁的**期后相关单据**。

第三步，关注**长期**的未达账项。看看是否存在**舞弊**（特别关注银付企未付、企付银未付中支付异常的领款事项，包括没有载明收款人、签字不全等支付事项）。

【例题 2·2015 年·简答题】

因对甲公司提供的**银行对账单 [1]** 的真实性存有疑虑 [2]，审计项目组要求甲公司管理层重新取得了所有银行账户的对账单 [3]，并现场观察了对账单的打印过程，未发现异常。 要求： 针对上述表述，指出审计项目组做法是否恰当，如不恰当，请提出改进建议。	【审题过程】 第一步：确定对象。 [1] 银行对账单。 第二步：具体程序要求。 [2] 对真实性存疑。 在对银行存款的实质性程序中，只要是对真实性存疑，都要注册会计师亲自去银行获取相应的单据。 [3] 让管理层取得银行对账单是不正确的做法。注册会计师亲自去获取，并对全过程保持控制。

【答案】 不恰当。注册会计师可以在被审计单位的协助下亲自到银行获取银行对账单，在获取银行对账单时，注册会计师要全程关注银行对账单的打印过程。

【私教点拨】

1. 银行存款相关实质性程序的做题步骤

第一步：确定对象。

银行对账单；

银行存款余额调节表。

第二步：具体程序要求。

银行对账单：取得并检查银行对账单：（3 个程序）

（1）必须是加盖银行**印章**的银行对账单，对真实性存疑，**亲自获取**并**全程控制**。（查看真伪）

（2）将银行对账单**余额**和现金日记账**余额**进行核对，存在差异，获取余额调节表。（检查余额）

（3）将资产负债表日的银行对账单与银行**询证函回函**进行核对。（利用函证）

银行对账单：检查银行存款账户发生额：（4 个程序）

（1）获取**相关**账户**相关**期间的**全部**银行对账单。（**全**）

（2）对真实性存疑，要**亲自**到银行获取对账单，并全程关注。（**真**）

(3) 银行对账单和现金日记账分别选取样本，互相核对。（核）

(4) 关注大额异常交易。（异）

银行存款调节表：见本考点例题1【私教点拨】。

2. 注册会计师对银行存款实施的实质性程序

【记忆技巧】 "分析""余额""发生额"是否合理（1分析，2余额，2发生额）。

(1) 获取银行存款**余额**明细表，复核加计是否正确，并与总账数和日记账合计数核对是否相符。

(2) 实施实质性**分析**程序。

(3) 检查银行存款账户的**发生额**。

(4) 取得并检查银行对账单和银行存款**余额**调节表（**发生额**）。

(5) 函证银行存款**余额**。

3. 对银行账户**完整性**存疑的做法

(1) **亲自去银行**查询打印，确认结算账户是否完整。

(2) 结合其他细节测试，关注**原始单据**中被审计单位的收（付）款银行账户是否包含在注册会计师获取的"已开立银行结算账户清单"内。

【考点三】定期存款的实质性程序

【例题·2016年·单项选择题】下列审计程序中，通常不能为定期存款的存在认定提供可靠的审计证据的是（　　）。

　A. 函证定期存款的相关信息

　B. 对于未质押的定期存款，检查开户证实书原件

　C. 对于已质押的定期存款，检查定期存单复印件

　D. 对于在资产负债表日后已到期的定期存款，核对兑付凭证

【答案】 C

【解析】 本题考查定期存款的实质性程序相关内容，需要对选项进行逐一判断。具体分析如下：

选项A，函证可以为定期存款的存在认定提供可靠的审计证据，不选；

选项B，对于未质押的定期存款，必须检查原件，避免提供的是质押前的原件复印件，不选；

选项C，对于已经质押的定期存款，检查存单复印件并与质押合同核对，避免质权已经被行使，当选；

选项D，对于资产负债表日后已到期的定期存款，需要兑付凭证证明资产负债日时该定期存款是存在的，不选。

【私教点拨】 定期存款的实质性程序如下：

(1) 未质押：必须是**原件**（如果是复印件，有可能是质押前的复印件，不能证明这笔定期存款未质押）。

(2) 已质押：**复印件**与**质押合同**核对（如果不与质押合同核对，则该质权有可能已经被行使）。

(3) 函证：函证定期存款相关信息。

(4) 到期：对于资产负债表日后已到期的定期存款，需要兑付凭证证明资产负债日时该定期存

款是存在的。

（5）监盘：监盘库存现金的同时，对定期存款凭证进行监盘。

真 题 演 练

1.（2014年·多项选择题）被审计单位2×13年12月31日的银行存款余额调节表包括一笔"企业已付、银行未付"调节项，其内容为以支票支付赊购材料款。下列审计程序中，能为该调节项提供审计证据的有（   ）。

　　A. 检查付款申请单是否经适当批准

　　B. 就2×13年12月31日相关供应商的应付账款余额实施函证

　　C. 检查支票开具日期

　　D. 检查2×14年1月的银行对账单

2.（2017年·简答题）ABC会计师事务所的A注册会计师负责审计甲公司2×16年度财务报表，与货币资金审计相关的部分事项如下：

对于账面余额与银行对账单余额存在差异的银行账户，A注册会计师获取了银行存款余额调节表，检查了调节表中的加计数是否正确，并检查了调节后的银行存款日记账余额与银行对账单余额是否一致，据此认可了银行存款余额调节表。

要求：

针对上述事项，指出A注册会计师的做法是否恰当。如不恰当，请简要说明理由。

3.（2015年·简答题）针对年末银行存款余额调节表中企业已开支票银行尚未扣款的调节项，审计项目组通过检查相关的支票存根和记账凭证予以确认。

要求：

针对上述事项，指出审计项目组做法是否恰当，如不恰当，请提出改进建议。

真 题 答 案 及 解 析

1.【答案】 BCD

【解析】 本题考查"银行存款余额调节表"里的调节事项是否真实，具体分析如下：

选项A，检查付款申请单是否经适当批准，不能证明企业就有付款义务，不选；

选项B，就2×13年12月31日相关供应商的应付账款余额实施函证，可以证明应付账款的存在，当选；

选项C，检查支票开具日期，能证明应付账款是否存在，当选；

选项D，检查2×14年1月的银行对账单，能为上期末应付账款的存在提供相关的审计证据，当选。

2.

【答案】 不恰当。注册会计师还应检查调节事项/关注长期未达账项/关注未达账中异常的支付款项。	【答案解读】 第一步：确定对象。 银行存款余额调节表。 第二步：具体程序要求。 ［1］检查调节表中的加计数。 ［2］检查调节后的银行存款日记账余额与银行对账单余额是否一致。 这两步均属于检查数字上的问题，注册会计师还需要检查一些正常需要调节的情况，并关注长期的未达账项。

3.

【答案】 不恰当。针对所述调节项，审计项目组还应取得期后银行对账单，确认未达账项是否存在，银行是否已于期后入账。	【答案解读】 针对企业已付银行未付的情况，审计项目组要追查银行最终是否扣款、何时扣款。

第四编
对特殊事项的考虑

第十三章 对舞弊和法律法规的考虑

本章考情 Q&A

Q：本章的重要性如何？
A：本章属于比较重要章节，平均考查分值为 5 分左右，其中官方教材第一节"财务报表审计中与舞弊相关的责任"是考试重点，每年都会出现考题。

Q：这章知识点在考试中通常以什么形式出现？
A：本章考试题型多为选择题、简答题、综合题。

Q：本章难学吗？
A：本章内容大多属于审计准则条款（硬性规定），较难理解，需要利用较多时间复习。

Q：本章 2020 年的变动有哪些？
A：增加针对舞弊风险"项目组内部讨论"的内容，对"违反法律法规"相关内容进行了完善。

Q：本章主要考点历年分布如何？
A：以下是老师们的统计。

考点	2010 年	2011 年	2012 年	2013 年	2014 年	2015 年	2016 年	2017 年	2018 年	2019 年
舞弊风险因素					√	√		√		
识别和评估舞弊导致的重大错报风险			√		√	√				
应对舞弊导致的重大错报风险	√		√	√	√	√		√		√
会计分录测试						√	√		√	√
财务报表审计中对法律法规的考虑			√			√	√		√	√

经 典 例 题

【考点一】舞弊风险因素

【例题 1·2017 年·单项选择题】 下列各项中,属于舞弊发生的首要条件的是( )。

A. 实施舞弊的动机或压力　　　　B. 治理层和管理层对舞弊行为的态度

C. 实施舞弊的机会　　　　　　　D. 为舞弊行为寻找借口的能力

【答案】 A

【解析】 本题考查舞弊发生的首要条件,需要理解记忆。具体分析如下:

选项 A,舞弊者具有舞弊的动机是舞弊发生的首要条件,当选;

选项 B,态度问题促成了舞弊,但它并不是首要条件(如果没有动机或压力,即使态度有问题,也不会去实施舞弊),不选;

选项 C,机会增加了舞弊的成功率,但它并不是首要条件(如果没有动机或压力,即使有机会,也不会去实施舞弊),不选;

选项 D,借口促成了舞弊,但它并不是首要条件(如果没有动机或压力,即使可以找到借口,也不会去实施舞弊),不选。

【例题 2·2015 年·单项选择题】 下列舞弊风险因素中,与实施舞弊的动机或压力相关的是( )。

A. 非财务管理人员过度参与会计政策的选择或重大会计估计的确定

B. 职责分离或独立审核不充分

C. 管理层在被审计单位中拥有重大经济利益

D. 组织结构过于复杂,存在异常的法律实体或管理层级

【答案】 C

【解析】 本题考查舞弊风险因素的辨析,需要理解记忆。具体分析如下:

选项 A,非财务管理人员过度干预会计问题,态度有问题,属于态度或借口,不选;

选项 B,职责分离或独立审核不充分,增加了舞弊的成功率,属于机会,不选;

选项 C,管理层在被审计单位中拥有重大经济利益,利益驱使,动机很足,属于动机或压力,当选;

选项 D,组织结构过于复杂,存在异常的法律实体或管理层级,增加了舞弊的成功率,属于机会,不选。

【例题 3·2014 年·多项选择题】 下列情形中,注册会计师认为被审计单位可能为管理层提供实施舞弊机会的有( )。

A. 被审计单位从事科技含量高、研发周期长的经营业务

B. 被审计单位大量采用分销渠道销售产品

C. 被审计单位高级管理人员变更频繁

D. 管理层拥有被审计单位10%的股份

【答案】 ABC

【解析】 本题考查舞弊风险因素的辨析，需要逐一分析掌握。具体分析如下：

选项A，被审计单位业务性质复杂，让舞弊者有机可乘，为舞弊提供了机会，当选；

选项B，被审计单位采用的分销渠道过多，管理起来较困难，为舞弊提供了机会，当选；

选项C，被审计单位高级管理人员变更频繁，组织结构不稳定，容易浑水摸鱼，为舞弊提供了机会，当选；

选项D，管理层在被审计单位中拥有重大经济利益，利益驱使，动机很足，属于动机或压力，不选。

【私教点拨】

1. 三类舞弊风险因素

(1) 动机或压力——利益。利益是舞弊发生的首要条件，无利不起早。

(2) 机会——伺机。机会增加了舞弊的成功率。

(3) 态度或借口——掩饰。做错了却说没做错，或者为错误的行为寻找合理化的理由。

2. 关于舞弊风险因素官方教材中的具体示例的掌握方法（该考点主要考查选择题）

(1) 眼熟（无需死记硬背，眼熟即可）。

(2) 排除法（动机或压力、机会比较容易理解，态度或借口较难理解。在做选择题时，可以使用排除法，不属于动机或压力、机会的，可判断其为态度或借口）。

【考点二】 识别和评估舞弊导致的重大错报风险

【例题1·2012年·单项选择题】 在识别和评估重大错报风险时，下列各项中，注册会计师应当假定存在舞弊风险的是（ ）。

A. 复杂衍生金融工具的计价　　　　B. 存货的可变现净值
C. 收入确认　　　　　　　　　　　D. 应付账款的完整性

【答案】 C

【解析】 本题考查舞弊风险的假定，需要逐一分析掌握。具体分析如下：

选项A，通过复杂衍生金融工具来实施舞弊，不是最常见的舞弊方式（不是每个企业都会持有该工具），需要注册会计师运用职业判断，不能直接假定存在舞弊风险，不选；

选项B，通过存货的可变现净值来实施舞弊，不是最常见的舞弊方式（有些服务类企业存货很少，甚至没有存货），需要注册会计师运用职业判断，不能直接假定存在舞弊风险，不选；

选项C，通过收入确认来调节利润是企业舞弊最常见的一种方式，所以，出于谨慎原则，注册会计师应当基于收入确认存在舞弊风险的假定，评价哪些类型的收入、收入交易或认定导致舞弊风险，当选；

选项D，通过应付账款来实施舞弊，不是最常见的舞弊方式，需要注册会计师运用职业判断，不能直接假定存在舞弊风险，不选。

【例题2·2016年·简答题】

ABC会计师事务所的A注册会计师负责审计甲公司2×15年度财务报表，与审计工作底稿相关的部分事项如下： 因以前年度审计中未发现收入舞弊情况，A注册会计师认为甲公司2×15年度收入确认［1］不存在舞弊风险，在审计工作底稿中记录了上述理由和结论。	【审题过程】 ［1］看到收入确认想直接假定，不能因为以前年度未发现收入舞弊情况，就不直接假定存在舞弊风险。

【答案】 不恰当。注册会计师应当基于收入确认存在舞弊风险的假定，评价哪些类型的收入、收入交易或认定导致舞弊风险。

【私教点拨】 关于舞弊风险的总结：

(1) 看到舞弊联想到特别风险（舞弊导致的重大错报风险一定是特别风险）。

(2) 看到收入确认想直接假定（只有收入确认应当直接假定存在舞弊风险，其他都不能直接假定，如存货、应付账款等）。

(3) 直接假定有例外（收入确认存在舞弊风险的假定可能不适用所有业务），理由需要在审计底稿中记录。

(4) 直接假定收入确认存在舞弊风险，并不意味着收入确认的所有方面都存在舞弊风险，注册会计师应当基于收入确认存在舞弊风险的假定，评价哪些类型的收入、收入交易或认定导致舞弊风险。

【考点三】 应对舞弊导致的重大错报风险

【例题1·2013年·单项选择题】注册会计师应当针对评估的由于舞弊导致的财务报表层次重大错报风险确定总体应对措施。下列各项措施中，错误的是（　　）。

A. 修改财务报表整体的重要性

B. 评价被审计单位对会计政策的选择和运用

C. 指派更有经验、知识、技能和能力的项目组成员

D. 在确定审计程序的性质、时间安排和范围时，增加审计程序的不可预见性

【答案】 A

【解析】 本题考查如何应对舞弊导致的财务报表层次重大错报风险，需要逐一分析掌握。具体分析如下：

选项A，财务报表整体的重要性在制定总体审计策略时确定，不得随意变更，当选；

选项B，评价被审计单位对会计政策的选择和运用，是否可能表明管理层通过操纵利润对财务信息作出虚假报告，可以应对，不选；

选项C，在分派和督导项目组成员时，应考虑承担重要业务职责的项目组成员所具备的知识、

技能和能力，并考虑由于舞弊导致的重大错报风险的评估结果，可以应对，不选；

选项D，在选择审计程序的性质、时间安排和范围时，增加审计程序的不可预见性（不按套路出牌），可以应对，不选。

【例题2·2010年·多项选择题】 对于舞弊导致的重大错报风险，下列审计程序中，注册会计师认为通常可以增强审计程序不可预见性的有（　　）。

A. 在事先不通知被审计单位的情况下，选择以前未曾到过的存货存放地点实施监盘

B. 运用不同的抽样方法选择需要检查的存货

C. 向以前审计过程中接触不多的被审计单位员工询问存货采购和销售情况

D. 在存货监盘时对大额存货进行抽盘

【答案】 ABC

【解析】 本题考查如何增加审计程序不可预见性，有意识地避免被审计单位预见或事先了解其实施的审计程序，需要逐一分析掌握。具体分析如下：

选项A，以前选择对A仓库存货实施监盘，本年选择对B仓库存货实施存货监盘（不按套路出牌，增加了不可预见性），当选；

选项B，运用不同的抽样方法，选择不同的样本存货实施检查程序（不按套路出牌，增加了不可预见性），当选；

选项C，以前选择对A员工实施询问程序，本年选择对B员工实施询问程序（不按套路出牌，增加了不可预见性），当选；

选项D，在存货监盘时通常都是选择对大额存货进行抽盘（老套路，可预见），不选。

【例题3·2014年·多项选择题】 下列各项做法中，可以应对舞弊导致的重大错报风险的有（　　）。

A. 选取以前年度未寄发询证函的客户的应收账款余额实施函证

B. 在同一天对所有存放在不同地点的存货实施监盘

C. 扩大营业收入细节测试的样本规模

D. 通过实地走访，核实供应商和客户真实存在

【答案】 ABCD

【解析】 本题考查如何应对舞弊导致的认定层次重大错报风险，注册会计师应当考虑通过改变拟实施的实质性程序的性质、时间和范围来应对。具体分析如下：

选项A，以前对A实施函证程序，本年对B实施函证程序，属于改变拟实施审计程序的范围，可以应对，当选；

选项B，以前对部分仓库的存货实施监盘，本年对所有仓库的存货实施存货监盘，属于改变拟实施审计程序的范围，可以应对，当选；

选项C，以前对一部分营业收入实施细节测试，本年扩大样本规模，对更多的营业收入实施细节测试，属于改变拟实施审计程序的范围，可以应对，当选；

选项D，以前没有实施该程序，本年通过实地走访，核实供应商和客户真实存在，属于改变拟

实施审计程序的性质,可以应对,当选。

【私教点拨】
1. 应对舞弊导致的财务报表层次重大错报风险(总体应对措施)
（1）关注项目组成员的知识技能（在分派和督导项目组成员时，考虑承担重要业务职责的项目组成员所具备的知识、技能和能力，并考虑由于舞弊导致的重大错报风险的评估结果）。
（2）关注会计政策（评价被审计单位对会计政策，特别是涉及主观计量和复杂交易的会计政策的选择和运用，是否可能表明管理层通过操纵利润对财务信息作出虚假报告）。
（3）增加审计程序的不可预见性（不按套路出牌，强调改变）。
2. 应对舞弊导致的认定层次重大错报风险（从三个方面改变拟实施的审计程序）
（1）性质（以前实施 A 程序，本年实施 B 程序）。
（2）时间（以前在期中实施程序，本年在期末实施程序）。
（3）范围（以前对 A 实施程序，本年对 B 实施程序）。
【拓展】 可以和"针对财务报表层次重大错报风险的总体应对措施"章节对比记忆。

【例题 4·2015 年·多项选择题】下列各项中,属于管理层通过凌驾于控制之上实施舞弊的手段的有（   ）。
A. 不恰当地调整会计估计所依据的假设　　B. 随意变更会计政策
C. 篡改与重大交易相关的会计记录和交易条款　D. 构造复杂的交易以歪曲财务状况或经营成果
【答案】 ABCD
【解析】 本题考查管理层通过凌驾于控制之上实施舞弊的手段，需要逐一分析掌握。具体分析如下：
选项 A，通过不恰当地调整会计估计所依据的假设，从而调节会计估计金额，以实施舞弊，当选；
选项 B，通过随意变更会计政策来调节利润等，以实施舞弊，当选；
选项 C，通过篡改与重大交易相关的会计记录和交易条款，影响重大交易的确认与计量等，以实施舞弊，当选；
选项 D，通过构造复杂的交易以歪曲财务状况或经营成果，以实施舞弊，当选。

【例题 5·2017 年·单项选择题】下列审计程序中，通常不能应对管理层凌驾于控制之上的风险的是（   ）。
A. 测试会计分录和其他调整　　　　　　B. 获取有关重大关联方交易的管理层书面声明
C. 复核会计估计是否存在偏向　　　　　D. 评价重大非常规交易的商业理由
【答案】 B
【解析】 本题考查如何应对管理层凌驾于控制之上的风险，需要逐一分析掌握。具体分析如下：
选项 A，测试会计分录和其他调整，属于直接发现有无操纵财务报表的舞弊行为，不选；
选项 B，书面声明是必要的证据，但不是充分的（有它无用，没它不行），通常不能应对管理层凌驾于控制之上的风险，当选；

选项C，复核会计估计是否存在偏向是应对管理层凌驾于控制之上的风险手段之一，不选；

选项D，评价重大非常规交易的商业理由是否表明被审计单位从事交易的目的是对财务信息作出虚假报告或掩盖侵占资产的行为，不选。

【私教点拨】

1. 管理层通过凌驾于控制之上实施舞弊的手段（主观故意，不受控制）

（1）编制虚假的会计分录，特别是在临近会计期末时。

（2）滥用或随意变更会计政策。

（3）不恰当地调整会计估计所依据的假设及改变原先作出的判断。

（4）故意漏记、提前确认或推迟确认报告期内发生的交易或事项。

（5）隐瞒可能影响财务报表金额的事实。

（6）构造复杂或虚假的交易以歪曲财务状况或经营成果。

（7）篡改与重大或异常交易相关的会计记录和交易条款。

【记忆技巧】 不恰当构造虚假会计分录，故意隐瞒篡改滥用会计政策。

2. 应对管理层凌驾于控制之上的风险的程序

（1）测试日常会计核算过程中作出的会计分录以及编制财务报表过程中作出的其他调整是否适当。

（2）复核会计估计是否存在偏向，并评价产生这种偏向的环境是否表明存在由于舞弊导致的重大错报风险。

（3）对于超出被审计单位正常经营过程的重大交易，或基于对被审计单位及其环境的了解以及在审计过程中获取的其他信息而显得异常的重大交易，评价其商业理由（或缺乏商业理由）是否表明被审计单位从事交易的目的是对财务信息作出虚假报告或掩盖侵占资产的行为。

【记忆口诀】 凌驾控制有三怕：测试复核加评价。

（会计分录及其他调整，会计估计偏向，超常重大交易商业理由）。

【考点四】会计分录测试

【例题1·2016年·多项选择题】下列有关会计分录测试的说法中，正确的有（　　）。

A. 在所有财务报表审计业务中，注册会计师均应当实施会计分录测试

B. 注册会计师应当对待测试会计分录总体实施完整性测试

C. 即使被审计单位对会计分录和其他调整实施的控制有效，注册会计师也不可以缩小会计分录的测试范围

D. 会计分录测试的对象包括被审计单位编制合并财务报表时作出的抵销分录

【答案】 ABD

【解析】 本题考查会计分录测试的相关内容，需要逐一分析掌握。具体分析如下：

选项A，所有被审计单位都存在管理层凌驾于控制之上的风险，所以，在所有财务报表审计业务中，注册会计师都需要专门针对管理层凌驾于控制之上的风险设计和实施会计分录测试，当选；

选项B，注册会计师应当对待测试会计分录总体实施完整性测试，不能直接就选取样本测试，

当选；

选项 C，如果被审计单位对会计分录和其他调整实施的控制有效，即风险较小，注册会计师可以缩小会计分录的测试范围，但需要充分考虑管理层凌驾于控制之上的风险，不选；

选项 D，会计分录测试的对象是与被审计财务报表相关的所有会计分录和其他调整，包括编制合并报表时作出的调整分录和抵销分录，当选。

【例题 2·2015 年·综合题】

甲集团公司是 ABC 会计师事务所的常年审计客户，主要从事化妆品的生产、批发和零售。A 注册会计师负责审计甲集团公司 2×14 年度财务报表，确定集团财务报表整体的重要性为 600 万元。 资料三： A 注册会计师在审计工作底稿中记录了风险应对的情况，部分内容摘录如下： A 注册会计师在实施会计分录测试时，将甲集团公司全年的标准会计分录和非标准会计分录作为待测试总体，在测试其完整性后，对选取的样本实施了细节测试，未发现异常。 要求： 针对上述事项，指出 A 注册会计师的做法是否恰当。如不恰当，请简要说明理由。	【审题过程】 [1] 会计分录测试总体包括标准会计分录、非标准会计分录、其他调整，三种类型缺一不可。

【答案】 不恰当。注册会计师确定的会计分录测试总体不完整。除了测试标准会计分录、非标准会计分录外，注册会计师还应当测试报告期末作出的其他调整。

【例题 3·2015 年·简答题】

甲公司是 ABC 会计师事务所的常年审计客户，A 注册会计师负责审计甲公司 2×14 年度财务报表，审计工作底稿中与会计分录测试相关的部分内容摘录如下： （1）A 注册会计师通过询问管理层以充分了解甲公司是否存在与处理会计分录和其他调整相关的不恰当或异常的活动。 （2）A 注册会计师在了解甲公司财务报告流程以及针对会计分录和其他调整已实施控制后，直接实施了细节测试。	【审题过程】 （1）注册会计师应当向参与财务报告过程的人员询问，因为他们对相关不恰当或异常的活动更加清楚。 （2）了解内部控制后，必要时进行测试，不能说必须测试或直接不测试。

（3）考虑到对财务报表项目实施的实质性程序已涵盖了日常会计分录，A 注册会计师认为无需测试整个会计期间的会计分录和其他调整，仅测试了甲公司于 2×14 年末作出的会计分录和其他调整。

（4）A 注册会计师根据甲公司管理层提供的 2×14 年末会计分录和其他调整清单，选取了测试样本。

（5）A 注册会计师选取了符合设定的异常特征且金额高于明显微小错报临界值的会计分录和其他调整作为测试样本。

要求：

针对上述第（1）至第（5）项，逐项指出 A 注册会计师的做法是否恰当。如不恰当，请简要说明理由。

（3）选择报告期末作出的会计分录和其他调整，必要时测试整个会计期间的会计分录和其他调整。

（4）确定总体之后，一定要测试总体的完整性，不能直接就选取样本测试。

（5）所有异常的项目都需测试，不能仅考虑符合设定特征的项目。

【答案】

（1）不恰当。仅询问管理层难以充分了解甲公司是否存在与处理会计分录和其他调整相关的不恰当或异常的活动。A 注册会计师应询问参与财务报告过程的人员。

（2）不恰当。在了解甲公司财务报告流程以及相关控制后，A 注册会计师应考虑是否有必要测试相关控制运行的有效性。

（3）不恰当。由于舞弊导致的财务报表重大错报可能发生于整个会计期间，并且舞弊者可能运用各种方式隐瞒舞弊行为。因此，审计准则要求注册会计师考虑是否有必要测试整个会计期间的会计记录和其他调整。

（4）不恰当。针对会计分录和其他调整清单选取样本测试前，A 注册会计师应测试总体的完整性。

（5）不恰当。选择测试样本时，A 注册会计师还应当考虑不具备设定特征，但是可能由于舞弊导致的重大错报风险的会计分录和其他调整。

【私教点拨】 会计分录测试内容总结：

1. 必要性

所有被审计单位都存在管理层凌驾于控制之上的风险。所以，在所有财务报表审计业务中，注册会计师都需要专门针对管理层凌驾于控制之上的风险设计和实施会计分录测试。

2. 对象

会计分录测试的对象是与被审计财务报表相关的所有会计分录和其他调整，包括编制合并报表时作出的调整分录和抵销分录（会计分录测试总体包括标准会计分录、非标准会计分录、其他调整，这三种类型缺一不可）。

3. 步骤

（1）了解被审计单位的财务报告流程以及针对分录和其他调整的控制，必要时测试相关控制的运行有效性（关于控制，了解是必须的；测试是在必要时，不能说是必须测试或无需测试）。

（2）确定待测试分录和其他调整的总体，并测试总体的完整性。

【注意1】 标准会计分录、非标准会计分录、其他调整，这三种类型缺一不可。

【注意2】 选择报告期末作出的会计分录和其他调整，必要时测试整个会计期间的会计分录和其他调整。

【注意3】 确定总体之后，一定要测试总体的完整性，不能直接选取样本测试。

（3）从总体中选取待测试的会计分录及其调整（所有异常的项目都需测试）。

（4）测试选取的分录及调整，并记录测试结果（该步骤对会计分录和其他调整实施的控制有效。注册会计师可以缩小会计分录的测试范围，但需要充分考虑管理层凌驾于控制之上的风险）。

【考点五】财务报表审计中对法律法规的考虑

【例题1·2012年·单项选择题】关于注册会计师对被审计单位违反法律法规行为的审计责任，下列说法中，正确的是（　　）。

A. 注册会计师有责任发现被审计单位所有的违反法律法规行为

B. 针对通常对决定财务报表中的重大金额和披露有直接影响的法律法规的规定，注册会计师应当获取被审计单位遵守这些规定的充分、适当的审计证据

C. 注册会计师没有责任专门实施审计程序以发现被审计单位的违反法律法规行为

D. 对被审计单位的违反法律法规行为，注册会计师应当在审计报告中予以反映

【答案】 B

【解析】 本题考查注册会计师对被审计单位违反法律法规行为的审计责任，需要逐一分析掌握。具体分析如下：

选项A，注册会计师没有责任发现被审计单位所有的违反法律法规行为（发现所有的违反法律法规行为的情况不现实），不选；

选项B，第一类法律法规，通常对决定财务报表中的重大金额和披露有直接影响，注册会计师应当获取被审计单位遵守这些法律法规的规定的充分、适当的审计证据，当选；

选项C，针对第一类法律法规，注册会计师应当就被审计单位遵守这些法律法规的规定获取充分、适当的审计证据（需要实施审计程序以识别和应对被审计单位的违反法律法规行为），不选；

选项D，违反法律法规行为不一定对财务报表有重大影响，即使有影响，如果被审计单位在财务报表中已经恰当反映，注册会计师也无需在审计报告中予以反映，不选。

【例题2·2015年·单项选择题】下列审计程序中，通常不能识别被审计单位违反法律法规行为的是（　　）。

A. 向管理层、内部或外部法律顾问询问诉讼、索赔及评估情况

B. 获取来自管理层关于被审计单位不存在违反法律法规行为的书面声明

C. 对营业外支出中的罚款及滞纳金支出实施细节测试

D. 阅读董事会和管理层的会议纪要

【答案】 B

【解析】 本题考查识别被审计单位违反法律法规行为的程序，需要逐一分析掌握。具体分析如下：

选项A，向管理层、内部或外部法律顾问询问诉讼、索赔及评估情况，可以直接获取被审计单位违反法律法规行为的证据，不选；

选项B，书面声明是必要的证据，但其本身并不提供充分、适当的审计证据，通常不能识别被审计单位违反法律法规的行为，当选；

选项C，对营业外支出中的罚款及滞纳金支出实施细节测试，可以发现审计单位违反法律法规行为，不选；

选项D，被审计单位可能会在会议中讨论违反法律法规行为，阅读董事会和管理层的会议纪要，可能会识别被审计单位违反法律法规行为，不选。

【例题3·2018年·单项选择题】当怀疑被审计单位存在违反法律法规行为时，下列各项审计程序中，通常不能为注册会计师提供额外审计证据的是（　　）。

A. 获取被审计单位管理层的书面声明　　B. 与被审计单位治理层讨论

C. 向被审计单位内部法律顾问咨询　　D. 向会计师事务所的法律顾问咨询

【答案】 A

【解析】 本题考查怀疑被审计单位存在违反法律法规行为时的审计程序，需要逐一分析掌握。具体分析如下：

选项A，书面声明是必要的证据，但其本身并不能提供充分、适当的审计证据（有它无用，没它不行），当选；

选项B，与被审计单位治理层讨论，其目的在于证实治理层是否对此具有相同的理解，可以提供额外审计证据，不选；

选项CD，求助专业人士，可以获取额外审计证据，不选。

【例题4·2015年·多项选择题】如果识别出被审计单位违反法律法规的行为，下列各项程序中，注册会计师应当实施的有（　　）。

A. 评价识别出的违反法律法规行为对注册会计师风险评估的影响

B. 评价被审计单位书面声明的可靠性

C. 就识别出的所有违反法律法规行为与治理层进行沟通

D. 了解违反法律法规行为的性质及其发生的环境

【答案】 ABD

【解析】 本题考查识别出被审计单位违反法律法规行为时的审计程序，需要逐一分析掌握。具体分析如下：

选项A，识别出违反法律法规行为，可能表明被审计单位风险较高，需要考虑对风险评估的影

响,当选;

选项 B,识别出违反法律法规行为,可能与书面声明中的内容相矛盾,需要评价书面声明是否可靠,当选;

选项 C,注册会计师不必与治理层沟通明显不重要的违反法律法规行为,不选;

选项 D,识别出违反法律法规行为,首先要定性分析,了解违反法律法规行为的性质及其发生的环境,当选。

【私教点拨】

1. 注册会计师对被审计单位违反法律法规行为的审计责任

(1) 注册会计师没有责任防止被审计单位违反法律法规行为,也不能期望其发现所有的违反法律法规行为(注册会计师仅有责任对财务报表整体是否不存在由于舞弊或错误导致的重大错报获取合理保证)。

(2) 针对第一类法律法规,就被审计单位遵守这些法律法规的规定获取充分、适当的审计证据(需要实施审计程序,以识别和应对该类违反法律法规行为)。

(3) 针对第二类法律法规,仅限于实施特定的审计程序(例如询问、观察等程序),以有助于识别可能对财务报表产生重大影响的违反这些法律法规的行为(注册会计师无需实施特定程序去应对该类违反法律法规行为)。

2. 对法律法规可能实施的其他审计程序

(1) 阅读会议纪要。(看)

(2) 向被审计单位管理层、内部或外部法律顾问询问诉讼、索赔及评估情况。(问)

(3) 对某类交易、账户余额和披露实施细节测试。(动手做)

【记忆口诀】 一看二问三动手。

3. 怀疑被审计单位存在违反法律法规时的审计程序

(1) 询问知情人——治理层。

(2) 求助专业人士——法律顾问(不管是被审计单位内部还是外部或者是会计师事务所的)。

4. 评价违反法律法规行为的影响

(1) 了解违反法律法规行为的性质及其发生的环境。(定性分析)

(2) 获取进一步信息,以评价对财务报表可能产生的影响。(定量分析)

(3) 考虑对审计其他方面(风险评估、书面声明可靠性)可能产生的影响。

真 题 演 练

1. (2016 年·单项选择题) 下列有关财务报表审计中对法律法规的考虑的说法中,错误的是( )。

A. 注册会计师没有责任防止被审计单位违反法律法规

B. 注册会计师有责任实施特定的审计程序,以识别和应对可能对财务报表产生重大影响的违反法律法规行为

C. 注册会计师通常采用书面形式与被审计单位治理层沟通审计过程中注意到的有关违反法律法规的事项

D. 如果被审计单位存在对财务报表有重大影响的违反法律法规行为，且未能在财务报表中得到充分反映，注册会计师应当发表保留意见或否定意见

2. （2015 年·单项选择题）如果注册会计师认为存货数量存在舞弊导致的重大错报风险，下列做法中，通常不能应对该风险的是（　　）。

A. 扩大与存货相关的内部控制测试的样本规模

B. 要求被审计单位在报告期末或邻近期末的时点实施存货盘点

C. 在不预先通知被审计单位的情况下对特定存放地点的存货实施监盘

D. 利用专家的工作对特殊类型的存货实施更严格的检查

3. （2014 年·单项选择题）下列有关舞弊导致的重大错报风险的说法中，错误的是（　　）。

A. 编制虚假财务报告导致的重大错报风险，大于侵占资产导致的重大错报风险

B. 舞弊导致的重大错报未被发现的风险，大于错误导致的重大错报未被发现的风险

C. 所有被审计单位都存在管理层凌驾于控制之上的风险

D. 收入确认存在舞弊风险的假定可能不适用于所有审计项目

4. （2019 年·多项选择题）下列有关注册会计师在执行财务报表审计时对法律法规的考虑的说法中，正确的有（　　）。

A. 注册会计师没有责任防止被审计单位违反法律法规行为

B. 对于不直接影响财务报表金额和披露的法律法规，注册会计师应就被审计单位遵守了这些法律法规获取管理层的书面声明

C. 如果识别出被审计单位的违反法律法规行为，注册会计师应当考虑是否有责任向被审计单位以外的监管机构报告

D. 对于直接影响财务报表金额和披露的法律法规，注册会计师应就被审计单位遵守了这些法律法规获取充分、适当的审计证据

5. （2012 年·多项选择题）针对管理层凌驾于控制之上的风险，下列审计程序中，应当实施的有（　　）。

A. 测试被审计单位在报告期末做出的会计分录和其他调整

B. 追溯复核与以前年度财务报表反映的重大会计估计相关的管理层判断和假设

C. 对于超出被审计单位正常经营过程的重大交易，评价其商业理由

D. 在年末对被审计单位的所有存货进行监盘

6. （2009 年·多项选择题）下列情形中，可能表明管理层存在舞弊借口的有（　　）。

A. 对注册会计师施加限制，使其难以接触某些人员

B. 管理层没有及时纠正已发现的内部控制重大缺陷

C. 管理层过分强调保持或提高公司股票价格或盈利水平

D. 高层管理人员、法律顾问或治理层频繁变更

7. （2019 年·综合题） A 注册会计师评估认为整个会计期间均存在舞弊导致的重大错报风险，将会计分录测试的范围确定为 2×18 年度的所有非标准分录和其他调整。

要求：

针对上述事项，假定不考虑其他条件，指出 A 注册会计师的做法是否恰当。如不恰当，请简要说明理由。

8. （2018 年·综合题） 上市公司甲公司是 ABC 会计师事务所的常年审计客户，主要从事药品的研发、生产和销售。A 注册会计师负责审计甲公司 2×17 年度财务报表，确定财务报表整体的重要性为 300 万元，明显微小错报的临界值为 15 万元。

资料三：

A 注册会计师在审计工作底稿中记录了审计计划，部分内容摘录如下：

因 2×16 年度财务报表审计时实施的会计分录测试未发现错报，A 注册会计师拟将会计分录测试总体确定为甲公司于 2×17 年末作出的会计分录和其他调整。

要求：

针对上述事项，假定不考虑其他条件，指出 A 注册会计师的做法是否恰当。如不恰当，请简要说明理由。

9. （2018 年·综合题） 上市公司甲公司是 ABC 会计师事务所的常年审计客户，主要从事汽车的生产和销售。注册会计师负责审计甲公司 2×17 年度财务报表，确定财务报表整体的重要性为 1 000 万元，明显微小错报的临界值为 30 万元。

资料三：

注册会计师在审计工作底稿中记录了审计计划，部分内容摘录如下：

因评估的舞弊风险较高，A 注册会计师拟将甲公司全年的会计分录和其他调整作为会计分录测试的总体。针对该总体实施完整性测试，并选取所有金额超过 30 万元的异常项目进行测试。

要求：

针对上述事项，假定不考虑其他条件，指出审计计划的内容是否恰当。如不恰当，请简要说明理由。

10. （2016 年·综合题） 上市公司甲公司是 ABC 会计师事务所的常年审计客户，主要从事电子商务业务。A 注册会计师负责审计甲公司 2×15 年度财务报表，确定财务报表整体的重要性为 600 万元，实际执行重要性为 360 万元，明显微小错报临界值为 30 万元。

资料四：

A 注册会计师在审计工作底稿中记录了实施实质性程序的情况，部分内容摘录如下：

A 注册会计师将甲公司 2×15 年度所有的非标准会计分录和其他调整作为会计分录测试的总体，在测试总体的完整性后，选取具有异常特征的项目实施了细节测试，结果满意。

要求：

针对上述事项，指出 A 注册会计师的做法是否恰当。如不恰当，请提出改进建议。

真题答案及解析

1. 【答案】 B

   【解析】 本题考查注册会计师对被审计单位违反法律法规行为的审计责任和程序，需要逐一分析掌握。具体分析如下：

   选项A，注册会计师没有责任防止被审计单位违反法律法规，也不能期望其发现所有的违反法律法规行为，不选。

   选项B，针对第一类法律法规，注册会计师应当就被审计单位遵守这些法律法规的规定获取充分、适当的审计证据；针对第二类法律法规，注册会计师的责任仅限于实施特定的审计程序，以有助于识别可能对财务报表产生重大影响的违反这些法律法规的行为，当选。

   选项C，注册会计师通常采用书面形式与被审计单位治理层沟通审计过程中注意到的有关违反法律法规的事项，不选。

   选项D，如果被审计单位存在对财务报表有重大影响的违反法律法规行为，且未能在财务报表中得到充分反映，表明财务报表存在重大错报，注册会计师应当发表保留意见或否定意见，不选。

2. 【答案】 A

   【解析】 本题考查如何应对舞弊导致的重大错报风险，需要逐一分析掌握。具体分析如下：

   选项A，存货数量存在舞弊导致的重大错报风险时，可能导致注册会计师无法信赖内部控制，而主要依赖实施实质性程序获取审计证据，当选；

   选项B，要求被审计单位在报告期末或邻近期末的时点实施存货盘点，属于改变实质性程序的时间，可以应对舞弊导致的重大错报风险，不选；

   选项C，在不预先通知被审计单位的情况下对特定存放地点的存货实施监盘，增加审计程序的不可预见性，可以应对舞弊导致的重大错报风险，不选；

   选项D，利用专家的工作对特殊类型的存货实施更严格的检查，可以应对舞弊导致的重大错报风险，不选。

3. 【答案】 A

   【解析】 本题考查对舞弊导致的重大错报风险的理解，需要逐一分析掌握。具体分析如下：

   选项A，编制虚假财务报告导致的重大错报风险与侵占资产导致的重大错报风险之间没有必然的高低关系，当选；

   选项B，舞弊导致的重大错报未被发现的风险，大于错误导致的重大错报未被发现的风险（舞弊可能涉及精心策划和蓄意实施以进行隐瞒，很难被发现），不选；

   选项C，由于管理层在被审计单位的地位，管理层凌驾于控制之上的风险在所有被审计单位中都会存在，不选；

   选项D，如果认为收入确认存在舞弊风险的假定不适用于所有业务的具体情况，从而未将收入确认作为由于舞弊导致的重大错报风险领域，注册会计师应当在审计工作底稿中记录得出该结论的理由，不选。

4. 【答案】 ACD

【解析】 本题考查注册会计师对被审计单位违反法律法规行为的审计责任，需要逐一分析掌握。具体分析如下：

选项A，注册会计师没有责任防止被审计单位违反法律法规行为，也不能期望其发现所有的违反法律法规行为，当选。

选项B，对于管理层识别出的或怀疑存在的、可能对财务报表产生重大影响的违反法律法规行为，书面声明可以提供必要的审计证据；对于不直接影响财务报表金额和披露的法律法规，无需获取管理层的书面声明，不选。

选项C，如果识别出或怀疑存在违反法律法规行为，注册会计师应当考虑是否有责任向被审计单位以外的监管机构和执法机构等相关机构或人员报告，当选。

选项D，针对被审计单位需要遵守的第一类法律法规，注册会计师的责任是，就被审计单位遵守这些法律法规的规定获取充分、适当的审计证据，当选。

5. 【答案】 ABC

【解析】 本题考查应对管理层凌驾于控制之上的审计程序，管理层凌驾于控制之上的风险属于特别风险。无论对管理层凌驾于控制之上的风险的评估结果如何，注册会计师都应当设计和实施审计程序。具体分析如下：

选项A，测试日常会计核算过程中作出的会计分录以及编制财务报表过程中作出的其他调整是否适当，当选；

选项B，复核会计估计是否存在偏向，并评价产生这种偏向的环境是否表明存在由于舞弊导致的重大错报风险，当选；

选项C，对于超出被审计单位正常经营过程的重大交易，或基于对被审计单位及其环境的了解以及在审计过程中获取的其他信息而显得异常的重大交易，评价其商业理由（或缺乏商业理由）是否表明被审计单位从事交易的目的是为了对财务信息作出虚假报告或掩盖侵占资产的行为，当选；

选项D，在年末对被审计单位的所有存货进行监盘，属于常规的程序，不能应对管理层凌驾于控制之上的风险，不选。

6. 【答案】 ABC

【解析】 本题考查舞弊风险因素的辨析，需要理解记忆。具体分析如下：

选项A，管理层对注册会计师施加限制，使其难以接触某些人员（管理层与现任关系紧张），这种不当限制，表明态度有问题，属于态度或借口因素，当选；

选项B，管理层没有及时纠正已发现的内部控制重大缺陷，态度有问题（应纠正而未纠正），属于态度或借口因素，当选；

选项C，管理层过分强调保持或提高公司股票价格或盈利水平，说明态度有问题，可能只是寻找的借口，属于态度或借口因素，当选；

选项D，高层管理人员、法律顾问或治理层频繁变更，增加了舞弊的机会，属于机会因素，不选。

7.

【答案】 不恰当。测试范围还应当包括标准会计分录。	【答案解读】 会计分录测试的对象是与被审计单位财务报表相关的所有会计分录（标准会计分录和非标准会计分录）和其他调整，包括编制合并报表时作出的调整分录和抵销分录。

8.

【答案】 不恰当。会计分录测试的目的是应对管理层凌驾于控制之上的特别风险。对存在特别风险的领域，注册会计师不能依赖以前年度控制测试获得的控制有效的证据，应考虑是否有必要测试整个会计期间的会计分录和其他调整。	【答案解读】 测试日常会计核算过程中作出的会计分录以及编制财务报表过程中作出的其他调整是否适当有三个要求： (1) 向参与财务报告过程的人员询问与处理分录与调整相关的不恰当或异常的活动。 (2) 选择在报告期末作出的分录和其他调整（必须做）。 (3) 考虑是否有必要测试整个会计期间的分录和其他调整［考虑做，不能直接不做，也不能考虑错误的因素，比如本题中，对于应对特别风险（管理层凌驾于控制之上导致的风险属于特别风险）的内部控制，注册会计师不能依赖以前年度控制测试获得的控制有效的证据（该因素为错误因素）］。

9.

【答案】 不恰当。金额大小不是选取测试异常项目的考虑因素/注册会计师应测试所有异常项目。	【答案解读】 所有异常的项目都需测试，不能仅考虑符合设定特征（比如大金额）的项目。

10.

【答案】　不恰当。A 注册会计师确定的会计分录测试总体不完整，除了测试非标准会计分录和其他调整外，还应当测试标准会计分录/不应仅以异常项目作为细节测试的对象。	【答案解读】 会计分录测试总体包括标准会计分录、非标准会计分录、其他调整，三种类型缺一不可。本题中，A 注册会计师只选择了两种（非标准会计分录和其他调整），还应当测试标准会计分录。

第十四章 审计沟通

本章考情 Q&A

Q：本章的重要性如何？
A：本章属于一般重要章节，平均考查分值为4分左右，篇幅较长，但重点较突出，抓住重点即可。

Q：这章知识点在考试中通常以什么形式出现？
A：本章考试题型主要以选择题为主，也有可能出现简答题、综合题。

Q：本章难学吗？
A：本章内容大部分属于审计准则条款（硬性规定），需要利用较多时间去记忆，复习难度不大，考题主要考查对知识点的记忆，即使不能完全理解也不影响答题。

Q：本章2020年的主要变动有哪些？
A：无实质性变动，对内部审计具体活动进行了重新表述。

Q：本章主要考点历年分布如何？
A：以下是老师们的统计。

考点	2010年	2011年	2012年	2013年	2014年	2015年	2016年	2017年	2018年	2019年
与治理层沟通的事项	√		√		√			√	√	√
与治理层沟通的过程				√	√	√	√	√		
前后任注册会计师的沟通				√	√	√	√	√		√

经 典 例 题

【考点一】与治理层沟通的事项

【例题1·2010年·单项选择题】 在与治理层沟通计划的审计范围和时间安排时，下列各项中，注册会计师通常认为不宜沟通的是（　　）。

A. 重要性的具体金额
B. 拟如何应对由于舞弊或错误导致的特别风险
C. 对与审计相关的内部控制采取的方案
D. 拟利用内部审计工作的程度

【答案】 A

【解析】 本题考查与治理层沟通计划的审计范围和时间安排，需要逐一分析掌握。具体分析如下：

选项 A，可以沟通在审计中对重要性概念的运用，但不能沟通重要性的具体金额，否则可能因被预见而降低其有效性，影响审计效果，当选；

选项 B，可以沟通如何应对特别风险以及高风险领域（总体应对情况，而非具体的应对程序），不选；

选项 C，可以沟通对与审计相关的内部控制采取的方案（实质性方案或综合性方案，而非具体的程序），不选；

选项 D，如果被审计单位设有内部审计，可以沟通拟利用内部审计工作的程度，以及双方如何以建设性和互补的方式更好地协调和配合工作，不选。

【例题 2 · 2012 年 · 单项选择题】如果被审计单位是上市实体，下列事项中，注册会计师通常不应与治理层沟通的是（　　）。

　　A. 已与管理层讨论的审计中出现的重大事项

　　B. 就审计项目组成员、会计师事务所其他相关人员及会计师事务所按照相关职业道德要求保持了独立性的声明

　　C. 审计工作中遇到的重大困难

　　D. 已确定的财务报表整体的重要性

【答案】 D

【解析】 本题考查与治理层沟通的事项，需要逐一分析掌握。具体分析如下：

选项 A，已与管理层讨论或需要书面沟通的审计中出现的重大事项，属于审计中发现的重大问题，需要与治理层沟通，不选；

选项 B，就审计项目组成员、会计师事务所其他相关人员及会计师事务所按照相关职业道德要求保持了独立性的声明，需要与治理层沟通，不选；

选项 C，审计工作中遇到的重大困难，属于审计中发现的重大问题，需要与治理层沟通，不选；

选项 D，可以沟通在审计中对重要性概念的运用，但不能沟通重要性的具体金额，否则可能因被预见而降低其有效性，影响审计效果，当选。

【例题 3 · 2010 年 · 单项选择题】在与治理层沟通审计工作中遇到的重大困难时，下列各项中，注册会计师通常认为无需沟通的是（　　）。

　　A. 管理层在提供审计所需要信息时出现严重拖延

　　B. 管理层对审计工作施加限制

　　C. 审计项目组修改审计时间预算

　　D. 注册会计师为获取充分、适当的审计证据需要付出的努力远远超过预期

【答案】 C

【解析】 本题考查与治理层沟通审计工作中遇到的重大困难，需要逐一分析掌握。具体分析

如下：

选项 A，管理层在提供审计所需要信息时出现严重拖延（管理层主动为难），属于重大困难，需要与治理层沟通，不选；

选项 B，管理层对审计工作施加限制（管理层主动为难），属于重大困难，需要与治理层沟通，不选；

选项 C，审计项目组修改审计时间预算，属于项目组内部决策，不属于重大困难，通常无需与治理层沟通，当选；

选项 D，注册会计师为获取充分、适当的审计证据需要付出的努力远远超过预期，属于客观原因所致的重大困难，需要与治理层沟通，不选。

【例题 4·2014 年·多项选择题】下列各项中，注册会计师应当与治理层沟通的有（　　）。

A. 注册会计师发现的可能导致财务报表重大错报的员工舞弊行为
B. 注册会计师识别的特别风险
C. 注册会计师对会计政策、会计估计和财务报表披露重大方面的质量的看法
D. 管理层已更正的重大审计调整

【答案】　ABC

【解析】　本题考查与治理层沟通的事项，需要逐一分析掌握。具体分析如下：

选项 A，注册会计师发现可能导致财务报表重大错报的员工舞弊行为，表明存在值得关注的内部控制缺陷，需要与治理层沟通，当选；

选项 B，注册会计师识别的特别风险，属于计划的审计范围和时间安排内容，需要与治理层沟通，当选；

选项 C，注册会计师对会计政策、会计估计和财务报表披露重大方面的质量的看法，属于审计中发现的重大问题，需要与治理层沟通，当选；

选项 D，管理层已更正的重大审计调整，无需再与治理层沟通（错报已经更正，问题已解决），不选。

【例题 5·2012 年·多项选择题】下列各项中，注册会计师应当与被审计单位治理层沟通的有（　　）。

A. 注册会计师在审计过程中识别出的值得关注的内部控制缺陷
B. 注册会计师与财务报表审计相关的责任
C. 被审计单位管理层拒绝对其持续经营能力进行评估
D. 注册会计师对被审计单位会计实务重大方面的质量的看法

【答案】　ABCD

【解析】　本题考查与治理层沟通的事项，需要逐一分析掌握。具体分析如下：

选项 A，注册会计师在审计过程中识别出的值得关注的内部控制缺陷，应当与治理层沟通，当选；

选项 B，注册会计师与财务报表审计相关的责任，应当与治理层沟通，当选；

选项C，被审计单位管理层拒绝对其持续经营能力进行评估，属于审计中遇到的重大困难，应当与治理层沟通，当选；

选项D，注册会计师对被审计单位会计实务重大方面的质量的看法，属于审计中发现的重大问题，应当与治理层沟通，当选。

【私教点拨】

1. 注册会计师与治理层沟通的事项

该考点可以从正反两个方面去记忆和理解。

（1）正面：从"应当"出发，强调记忆。

①注册会计师与财务报表审计相关的责任。

②计划的审计范围和时间安排。

③审计中发现的重大问题。

④值得关注（并非所有）的内部控制缺陷。

⑤注册会计师的独立性。

⑥补充事项。

【记忆口诀】 责任重大值得关注，补充独立时间范围。

（2）反面：从"不应当"出发，强调理解。

①沟通无效，如与兼任高管的治理层成员沟通自身的问题（诚信问题、舞弊嫌疑、胜任能力问题）；

②沟通影响审计效果，如沟通具体的审计程序。

2. 沟通计划的审计范围和时间安排具体事项掌握要点

可能沟通的事项如下：

（1）识别的特别风险，如何应对特别风险以及高风险领域。

（2）针对内部控制采取的方案。

（3）在审计中对重要性概念的运用（不能沟通具体的重要性金额，影响审计效果）。

（4）实施计划的审计程序或评价审计结果需要的专门技术或知识的性质和程度，包括利用专家的工作。

（5）注册会计师对哪些事项可能需要重点关注因而可能构成关键审计事项所作的初步判断。

【注意】 应当沟通计划的审计范围和时间安排的总体情况，但不能沟通具体的审计程序的性质、时间安排和范围以及重要性水平（具体金额），可能因被预见而降低其有效性，影响审计效果（总体可沟通，具体不能说）。

3. 审计中发现的重大问题掌握要点

（1）对会计实务重大方面的质量的看法（政策、估计、披露）。

（2）审计工作中可能遇到的重大困难。

①管理层在提供审计所需信息时出现严重拖延。

②不合理地要求缩短完成审计工作的时间。

③为获取充分、适当的审计证据需要付出的努力远远超过预期。

④无法获取预期的信息。

⑤管理层对注册会计师施加的限制。

⑥管理层不愿意按照要求对被审计单位持续经营能力进行评估，或不愿意延长评估期间。

【记忆技巧】 一方面，管理层主动为难，如施加限制、严重拖延、不合理要求缩短时间、不按要求进行持续经营能力评估或不愿延长期间等；另一方面，由客观原因所致，如无法获取预期的信息、为获取证据需付出的努力远远超过预期等。

(3) 已与管理层讨论或需要书面沟通的审计中出现的重大事项、要求提供的书面声明。

(4) 影响审计报告形式和内容的情形（既然影响审计报告形式和内容，说明事项比较重大）。

(5) 审计中出现的、根据职业判断认为对监督财务报告过程重大的其他事项。

【记忆技巧】 看到"重大"就沟通。

【考点二】与治理层沟通的过程

【例题1·2017年·单项选择题】下列各项中，注册会计师应当以书面形式与治理层沟通的是（　　）。

A. 注册会计师识别出的舞弊风险

B. 未更正错报

C. 注册会计师确定的关键审计事项

D. 注册会计师识别出的值得关注的内部控制缺陷

【答案】 D

【解析】 本题考查与治理层沟通的形式，需要逐一分析掌握。具体分析如下：

选项A，注册会计师识别出的舞弊风险，可以采取口头或书面的方式沟通，并非必须以书面形式沟通，不选；

选项B，未更正错报，可以采取口头或书面的方式沟通，并非必须以书面形式沟通，不选；

选项C，注册会计师确定的关键审计事项，可以采取口头或书面的方式沟通，并非必须以书面形式沟通，不选；

选项D，注册会计师应当以书面形式与治理层沟通识别出的值得关注的内部控制缺陷，当选。

【例题2·2016年·单项选择题】下列各项中，注册会计师应当以书面形式与治理层沟通的是（　　）。

A. 计划的审计范围和时间安排　　　　B. 审计过程中遇到的重大困难

C. 审计中发现的所有内部控制缺陷　　D. 上市公司审计中注册会计师的独立性

【答案】 D

【解析】 本题考查与治理层沟通的形式，需要逐一分析掌握。具体分析如下：

选项A，计划的审计范围和时间安排，可以采取口头或书面的方式沟通，并非必须以书面形式沟通，不选；

选项B，审计过程中遇到的重大困难，可以采取口头或书面的方式沟通，并非必须以书面形式沟通，不选；

选项C，注册会计师应当以书面形式与治理层沟通识别出的值得关注的内部控制缺陷（并非所有的内控缺陷，治理层不关注所有的内控缺陷），不选；

选项D，对于注册会计师的独立性，注册会计师应当以书面形式与治理层沟通，当选。

【私教点拨】 与治理层沟通的形式有两种：书面形式和口头形式。对于这个知识点，可以采取排除法做题：记住应当采用书面形式沟通的事项（独立性、值得关注内控缺陷），其他事项则是两种形式都可以。（不用刻意记忆）

【注意】 审计业务约定的事项（如业务收费等）应当包含在审计业务约定书（书面合同）中，不能口头约定。

【例题3·2013年·单项选择题】如果注册会计师与治理层之间的双向沟通不充分，并且这种情况得不到解决，下列有关注册会计师采取的措施中，错误的是（ ）。

A. 根据范围受到限制的情况，发表非无保留意见或增加其他事项段

B. 就采取不同措施的后果征询法律意见

C. 与被审计单位外部的在治理结构中拥有更高权力的组织或人员进行沟通

D. 在法律法规允许的情况下解除业务约定

【答案】 A

【解析】 本题考查注册会计师与治理层之间的双向沟通不充分时的应对措施，需要逐一分析掌握。具体分析如下：

选项A，双向沟通不充分，根据审计范围受到限制的情况，发表非无保留意见（保留意见/无法表示意见），不包括其他事项段，当选；

选项B，双向沟通不充分，可以就采取不同措施的后果征询法律意见（听取专业人员的建议），不选；

选项C，双向沟通不充分，可以与第三方（如监管机构）、被审计单位外部的在治理结构中拥有更高权力的组织或人员（如企业的业主、股东大会中的股东）或对公共部门负责的政府部门进行沟通，不选；

选项D，双向沟通不充分，可以在法律法规允许的情况下解除业务约定（问题较严重），不选。

【私教点拨】 注册会计师与治理层之间的双向沟通不充分时的应对措施如下：

（1）根据范围受到的限制发表非无保留意见（保留/无法表示）。

（2）就采取不同措施的后果征询法律意见。

（3）与第三方（如监管机构）、被审计单位外部的在治理结构中拥有更高权力的组织或人员（如企业的业主、股东大会中的股东）或对公共部门负责的政府部门进行沟通。

（4）在法律法规允许的情况下解除业务约定。

【记忆技巧】 双向沟通不充分的应对措施。

第一步，找上级沟通（监管机构、外部在治理结构中拥有更高权力的组织或人员、政府部门）；

第二步，征询法律意见；

第三步，做决定（发表非无保留意见、解除业务约定）。

【例题4·2014年·单项选择题】下列有关注册会计师记录与治理层沟通的重大事项的说法中，错误的是（　　）。
A. 对以口头形式沟通的事项，注册会计师应当形成审计工作底稿
B. 注册会计师应当保存沟通文件的副本，作为审计工作底稿的一部分
C. 如果根据业务环境不容易识别出适当的沟通人员，注册会计师应当记录识别治理结构中适当沟通人员的过程
D. 如果被审计单位编制了会议纪要，注册会计师应当将其副本作为对口头沟通的记录

【答案】　D
【解析】　本题考查与治理层沟通过程中的记录要求，需要逐一分析掌握。具体分析如下：
选项A，对以口头形式沟通的事项，注册会计师应当形成审计工作底稿，并记录沟通的时间和对象，不选。
选项B，对以书面形式沟通的事项，注册会计师应当保存沟通文件的副本，作为审计工作底稿的一部分，不选。
选项C，如果根据业务环境不容易识别出适当的沟通人员，注册会计师应当记录识别治理结构中适当沟通人员的过程，不选。
选项D，如果被审计单位编制的会议纪要是沟通的适当记录，注册会计师可以将其副本作为对口头沟通的记录，并作为审计工作底稿的一部分；如果发现这些记录不能恰当地反映沟通的内容，且有差别的事项比较重大，注册会计师一般会另行编制能恰当记录沟通内容的纪要，将其副本连同被审计单位编制的纪要一起致送治理层，提示两者的差别，以免引起不必要的误解，当选。

【私教点拨】　不同沟通形式下的记录要求总结如下：
(1) 口头形式：注册会计师应当将其包括在审计工作底稿中，并记录沟通的时间和对象。
(2) 书面形式：注册会计师应当保存一份沟通文件的副本，作为审计工作底稿的一部分。
(3) 被审计单位编制的会议纪要：如果是沟通的适当记录，注册会计师可以将其副本作为对口头沟通的记录，并作为审计工作底稿的一部分；如果发现这些记录不能恰当地反映沟通的内容，且有差别的事项比较重大，注册会计师一般会另行编制能恰当记录沟通内容的纪要，将其副本连同被审计单位编制的纪要一起致送治理层，提示两者的差别，以免引起不必要的误解。（会议记录不能拿来直接用，要看是否适当）

【记忆口诀】　口头形式重新记，书面适当副本够，书面不当重新编，编完还需一起送。

【考点三】前后任注册会计师的沟通

【例题1·2013年·单项选择题】下列有关前后任注册会计师的说法中，正确的是（　　）。
A. 前任注册会计师包括对前期财务报表执行审阅的注册会计师
B. 在未发生会计师事务所变更的情况下，同处于某一会计师事务所的先后负责同一审计项目的不同注册会计师不属于前后任注册会计师的范畴

C. 在发生会计师事务所变更的情况下，先后就职于不同会计师事务所的同一注册会计师不属于前后任注册会计师的范畴

D. 如果委托人在相邻两个会计年度中连续变更多家会计师事务所，前任注册会计师不包括在后任注册会计师之前接受业务委托对当期财务报表进行审计但未完成审计工作的会计师事务所

【答案】 B

【解析】 本题考查前后任注册会计师的概念辨析，具体分析如下：

选项A，属于前后任注册会计师范畴的前提之一是"审计"业务，执行审阅业务（非审计业务）的注册会计师，不属于前后任注册会计师的范畴，不选；

选项B，属于前后任注册会计师范畴的前提之一是"换所"，事务所未发生变更，不涉及前后任注册会计师，当选；

选项C，满足"审计+换所"两个前提，即使人未变（先后就职于不同会计师事务所的同一注册会计师），也属于前后任注册会计师的范畴，不选；

选项D，如果委托人在相邻两个会计年度中连续变更多家会计师事务所，前任注册会计师是指相对于执行当期财务报表审计业务的会计师事务所而言，为最近一期财务报表出具了审计报告的某会计师事务所，以及在后任注册会计师之前接受委托对当期财务报表进行审计但未完成审计工作的所有会计师事务所（涉及本期审计，不管有无完成工作，都属于前任注册会计师），不选。

【例题2·2014年·单项选择题】下列有关后任注册会计师的说法中，错误的是（   ）。

A. 当会计师事务所发生变更时，正在考虑接受委托的会计师事务所是后任注册会计师

B. 当会计师事务所发生变更时，已经接受委托的会计师事务所是后任注册会计师

C. 被审计单位的财务报表已经审计但需要重新审计时，接受委托执行重新审计的会计师事务所为后任注册会计师

D. 会计师事务所以投标方式承接审计业务时，所有参与投标的会计师事务所均为后任注册会计师

【答案】 D

【解析】 本题考查后任注册会计师的定义，需要逐一分析掌握。具体分析如下：

选项A，正在考虑接受委托的会计师事务所是后任注册会计师，不选；

选项B，已经接受委托的会计师事务所是后任注册会计师，不选；

选项C，后任注册会计师业务涉及本期审计或重新审计，接受委托执行重新审计的会计师事务所为后任注册会计师，不选；

选项D，当会计师事务所以投标方式承接审计业务时，只有中标的会计师事务所才是后任注册会计师（因为参与投标的事务所有很多，如果都沟通，增加了前任注册会计师的工作量，前任注册会计师估计不会配合，所以才会这样规定），当选。

【例题3·2014年·单项选择题】下列有关前后任注册会计师沟通的总体要求的说法中，错误的是（   ）。

A. 后任注册会计师负有主动沟通的义务

B. 前后任注册会计师的沟通需要征得被审计单位同意

C. 前后任注册会计师应当对沟通过程中获知的信息保密

D. 前后任注册会计师的沟通可以采用书面或口头形式，其中接受委托前的沟通应当采用书面形式

【答案】 D

【解析】 本题考查前后任注册会计师沟通的总体要求，需要逐一分析掌握。具体分析如下：

选项 A，后任注册会计师负有主动沟通的义务，不选；

选项 B，前后任注册会计师的沟通需要征得被审计单位同意，不选；

选项 C，前后任注册会计师应当对沟通过程中获知的信息保密，不选；

选项 D，前后任沟通可以采用书面或口头方式（不管是接受委托前还是接受委托后的沟通），当选。

【例题 4·2015 年·单项选择题】下列有关前后任注册会计师沟通的说法中，错误的是（ ）。

A. 如果被审计单位不同意前任注册会计师对后任注册会计师的询问做出答复，后任注册会计师应当拒绝接受委托

B. 当会计师事务所通过投标方式承接审计业务时，前任注册会计师无需对所有参与投标的会计师事务所的询问进行答复

C. 接受委托后，如果需要查阅前任注册会计师的审计工作底稿，后任注册会计师应当征得被审计单位的同意

D. 接受委托前的沟通是必要的审计程序，接受委托后的沟通不是必要的审计程序

【答案】 A

【解析】 本题考查前后任注册会计师沟通的要求，需要逐一分析掌握。具体分析如下：

选项 A，如果被审计单位不同意前任注册会计师对后任注册会计师的询问做出答复，或限制答复的范围，后任注册会计师应当向被审计单位询问原因，并考虑是否接受委托。当这种情况出现时，后任注册会计师一般应当拒绝接受委托，除非可以通过其他方式获知必要的事实，或有充分证据表明被审计单位财务报表的审计风险水平非常低（不是一定要拒绝接受委托），当选。

选项 B，当会计师事务所以投标方式承接审计业务时，只有中标的会计师事务所才是后任注册会计师（因为参与投标的事务所有很多，如果都沟通，增加了前任注册会计师的工作量，前任注册会计师估计不会配合，所以才会这样规定），不选。

选项 C，前后任沟通之前（不管是接受委托前还是接受委托后的沟通），应当征得被审计单位的同意，不选。

选项 D，接受委托前的沟通是必要的审计程序，接受委托后的沟通不是必要的审计程序，不选。

【例题 5·2014 年·单项选择题】下列有关前后任注册会计师沟通的说法中，错误的是（ ）。

A. 在确定向后任注册会计师提供哪些审计工作底稿时，前任注册会计师应当征得被审计单位

同意

B. 在查阅前任注册会计师的审计工作底稿前，后任注册会计师应当征得被审计单位同意

C. 在允许后任注册会计师查阅审计工作底稿前，前任注册会计师应当向其取得确认函

D. 为获取更多接触前任注册会计师审计工作底稿的机会，后任注册会计师可以在工作底稿使用方面作出较高程度的限制性保证

【答案】 A

【解析】 本题考查前后任注册会计师沟通的要求，需要逐一分析掌握。具体分析如下：

选项A，前任注册会计师所在的会计师事务所可自主决定是否允许后任注册会计师查阅、复印或摘录部分工作底稿（因为工作底稿的所有权属于会计师事务所），当选；

选项B，前后任注册会计师沟通之前（不管是接受委托前还是接受委托后的沟通），应当征得被审计单位的同意，不选；

选项C，在允许查阅工作底稿之前，前任注册会计师应当向后任注册会计师获取确认函，就工作底稿的使用目的、范围和责任等与其达成一致意见，不选；

选项D，为获取更多接触前任注册会计师审计工作底稿的机会，后任注册会计师可以在工作底稿使用方面作出较高程度的限制性保证，不选。

【例题6·2015年·简答题】

ABC会计师事务所通过招投标程序，首次接受委托审计甲银行2×14年度财务报表，委派A注册会计师担任审计项目合伙人，B注册会计师担任项目质量控制复核合伙人，相关事项如下： 中标后，经甲银行同意，A注册会计师立即与前任注册会计师进行了沟通，内容包括：①前任注册会计师认为甲银行更换会计师事务所的原因[1]；②其是否发现甲银行管理层存在诚信[1]问题；③其与甲银行管理层在重大会计和审计等问题上是否存在意见分歧[1]；④其向甲银行治理层通报的管理层舞弊、违反法律法规行为以及值得关注的内部控制缺陷[1]。 要求： 针对上述事项，指出审计项目组的处理是否恰当。如不恰当，请简要说明理由。	【审题过程】 [1] 4个事项都要沟通：管理层诚信，意见分歧，换所原因，向治理层通报的管理层舞弊、违反法律法规行为以及值得关注的内部控制缺陷。

【答案】 恰当。

【私教点拨】

1. 前后任注册会计师概念的辨析

(1) 两个前提：

审计：不是审计业务，不属于前后任注册会计师的范畴（只要题目未提其他业务，默认是审计业务）。

换所：事务所未变更，不属于前后任注册会计师的范畴，即使人变了（同一审计项目由同所的不同注册会计师负责）。

【注意】满足"审计+换所"，即使人未变（先后就职于不同会计师事务所的同一注册会计师），也属于前后任注册会计师的范畴。

2. 前任注册会计师概念掌握要点

(1) 两种情形：可能解约；已经解约。

(2) 业务：完成最近一期审计；完成或未完成本期审计。

(3) 前任注册会计师可以有多个。

3. 后任注册会计师概念掌握要点

(1) 两种情形：未签约后任（正在考虑签约）；已签约后任。

(2) 业务：本期审计；重新审计。

(3) 补充：当会计师事务所以投标方式承接审计业务时，只有中标的会计师事务所才是后任注册会计师（因为参与投标的事务所有很多，如果都沟通，增加了前任注册会计师的工作量，前任注册会计师估计不会配合，所以才会这样规定）。

4. 前后任沟通的要求（见表14-1、表14-2、表14-3）

表14-1 前后任沟通的总体要求

发起方	后任注册会计师负有主动沟通的义务
前提	需要征得被审计单位的同意
方式	可以采用书面或口头的方式
记录	后任注册会计师应当将沟通的情况记录于审计工作底稿
要求	前后任注册会计师应当对沟通过程中获知的信息保密；即使未接受委托，后任注册会计师仍应履行保密义务

表14-2 接受委托前的沟通要求

目的	确定是否接受委托
必要性	与前任注册会计师进行沟通，是后任注册会计师在接受委托前应当执行的必要审计程序
评价	如前任注册会计师与被审计单位提供的更换事务所的原因不符，特别是在会计、审计问题上存在重大意见分歧时，后任注册会计师应慎重考虑，一般应拒绝接受委托
内容	(1) 是否发现被审计单位管理层存在诚信方面的问题。 (2) 前任注册会计师与管理层在重大会计、审计等问题上存在的意见分歧。 (3) 前任注册会计师向被审计单位治理层通报的关于管理层舞弊、违反法律法规行为，以及值得关注的内部控制缺陷。 (4) 前任注册会计师认为导致被审计单位更换会计师事务所的原因。 【注意】4个事项都要沟通，如果题目只沟通其中几项，需要补全

表 14-3 接受委托后的沟通要求

必要性	接受委托后的沟通与接受委托前的有所不同，它不是必要程序
方式	最常用、最有效的方式是查阅前任注册会计师的工作底稿（接受委托前，一般不会允许查阅）
要求	（1）后任注册会计师可以在工作底稿使用方面作出较高程度的限制性保证。 （2）前任注册会计师所在的会计师事务所可自主决定是否允许后任注册会计师查阅、复印或摘录部分工作底稿（因为工作底稿的所有权属于会计师事务所）。 （3）在允许查阅工作底稿之前，前任注册会计师应当向后任注册会计师获取确认函，就工作底稿的使用目的、范围和责任等与其达成一致意见

真 题 演 练

1. （2017 年·单项选择题）下列有关前任注册会计师与后任注册会计师的沟通的说法中，正确的是（　　）。

    A. 后任注册会计师应当在接受委托前和接受委托后与前任注册会计师进行沟通

    B. 前任注册会计师和后任注册会计师应当将沟通的情况记录于审计工作底稿

    C. 后任注册会计师与前任注册会计师的沟通应当采用书面方式

    D. 后任注册会计师应当在取得被审计单位的书面同意后，与前任注册会计师进行沟通

2. （2016 年·多项选择题）下列有关前后任注册会计师沟通的说法中，错误的有（　　）。

    A. 后任注册会计师在接受委托前与前任注册会计师沟通，应当征得被审计单位同意

    B. 在接受委托前，后任注册会计师应当采用书面形式与前任注册会计师进行沟通

    C. 如果需要查阅前任注册会计师的审计工作底稿，后任注册会计师不必征得被审计单位同意

    D. 在接受委托前和接受委托后，后任注册会计师均应与前任注册会计师沟通

3. （2015 年·多项选择题）如果注册会计师与治理层之间的双向沟通不充分，并且这种情况得不到解决，下列措施中，注册会计师可以采取的有（　　）。

    A. 根据范围受到的限制发表非无保留意见

    B. 与监管机构、被审计单位外部的在治理结构中拥有更高权力的组织或人员进行沟通

    C. 在法律法规允许的情况下解除业务约定

    D. 就采取不同措施的后果征询法律意见

4. （2019 年·简答题）ABC 会计师事务所首次接受委托审计甲公司 2×18 年度财务报表，委派 A 注册会计师担任项目合伙人。与首次承接审计业务相关的部分事项如下：

    （1）DEF 会计事务所审计了甲公司 2×17 年度财务报表。XYZ 会计师事务所接受委托审计甲公司 2×18 年度财务报表，但未完成审计工作。A 注册会计师将 DEF 会计师事务所确定为前任注册会计师，与其进行了沟通。

    （2）A 注册会计师在与甲公司签署审计业务约定书并征得管理层同意后，与前任注册会计师进行了口头沟通，沟通内容包括：是否发现甲公司管理层存在诚信方面的问题，前任注册会计师与甲公司管理层存在重大会计、审计等问题上存在的意见分歧；向甲公司治理层通报的管理层舞弊、违反法律法规行为以及值得关注的内部控制缺陷；甲公司变更会计师事务所的原因。

要求：

针对上述第（1）至第（2）项，逐项指出 A 注册会计师的做法是否恰当。如不恰当，请简要说明理由。

5.（2019 年·综合题）A 注册会计师在审计过程中发现，甲公司出纳利用内部控制缺陷挪用公司资金 600 万元。甲公司管理层追回了该款项，并将出纳开除。因该事项未对甲公司造成损失，且管理层已向治理层汇报，A 注册会计师认为无需再与治理层沟通。

要求：

针对上述事项，假定不考虑其他条件，指出 A 注册会计师的做法是否恰当。如不恰当，请简要说明理由。

6.（2018 年·综合题）上市公司甲公司是 ABC 会计师事务所的常年审计客户，主要从事药品的研发、生产和销售。A 注册会计师负责审计甲公司 2×17 年度财务报表，确定财务报表整体的重要性为 300 万元，明显微小错报的临界值为 15 万元。

资料五：

A 注册会计师的审计工作底稿中记录了重大事项的处理情况，部分内容摘录如下。

因甲公司 2×17 年发生召回事件，A 注册会计师认为甲公司对产品质量的控制存在重大缺陷，与治理层进行了书面沟通。

要求：

针对上述事项，假定不考虑其他条件，指出 A 注册会计师的做法是否恰当。如不恰当，请简要说明理由。

7.（2017 年·综合题）A 注册会计师在审计工作底稿中记录了审计计划，部分内容摘要如下：

A 注册会计师拟与治理层沟通计划的审计范围和时间安排，为避免损害审计的有效性，沟通内容不包括识别出的重大错报风险以及应对措施。

要求：

针对上述事项，指出审计计划的内容是否恰当。如不恰当，请简要说明理由。

8.（2017 年·综合题）A 注册会计师在审计工作底稿中记录了审计计划，部分内容摘录如下：

A 注册会计师评估认为甲公司的收入确认存在特别风险，拟实施具有不可预见性的审计程序，包括走访客户、函证销售条款和销售金额等，并与管理层事先沟通了这些程序的具体内容。

要求：

针对上述事项，指出审计计划的内容是否恰当。如不恰当，简要说明理由。

9.（2015 年·综合题）A 注册会计师负责审计甲公司 2×14 年度财务报表。

资料四：

A 注册会计师在审计工作底稿中记录了重大事项的处理情况，部分内容的摘录如下：

在审计过程中，A 注册会计师与甲集团公司管理层讨论了值得管理层关注的内部控制缺陷，并在审计报告日后、审计工作底稿归档日前以书面形式向甲集团管理层和治理层通报了值得关注的内部控制缺陷。

要求：

针对上述事项，指出 A 注册会计师的做法是否恰当。如不恰当，请简要说明理由。

10. （2014 年·综合题） 上市公司甲集团公司是 ABC 会计师事务所的常年审计客户，主要从事化工产品的生产和销售。A 注册会计师负责审计甲集团公司 2×13 年度财务报表。A 注册会计师制定了甲集团公司总体审计策略，部分内容摘录如下：

A 注册会计师拟在审计计划阶段与治理层沟通，主要内容为：注册会计师与财务报表审计相关的责任、注册会计师的独立性、计划的审计范围以及具体审计程序的性质和时间安排等。

要求：

针对上述事项，假定不考虑其他条件，指出 A 注册会计师的处理是否恰当。如不恰当，请简要说明理由。

真题答案及解析

1. 【答案】 D

   【解析】 本题考查前后任注册会计师沟通的要求，需要逐一分析掌握。具体分析如下：

   选项 A，在接受委托前，后任注册会计师应与前任注册会计师沟通，而接受委托后，与前任注册会计师的沟通非必要程序，不选；

   选项 B，后任注册会计师应当将沟通的情况记录于审计工作底稿，不选；

   选项 C，后任注册会计师与前任注册会计师的沟通可以采用书面或口头的方式，不选；

   选项 D，后任注册会计师进行主动沟通的前提是征得被审计单位的同意。后任注册会计师应当提请被审计单位以书面方式允许前任注册会计师对其询问作出充分答复，当选。

2. 【答案】 BCD

   【解析】 本题考查前后任注册会计师沟通的要求，需要逐一分析掌握。具体分析如下：

   选项 A，后任注册会计师在接受委托前与前任注册会计师沟通，应当征得被审计单位同意，不选；

   选项 B，在接受委托前，后任注册会计师可以采用书面形式或口头形式与前任注册会计师进行沟通，当选；

   选项 C，如果需要查阅前任注册会计师的审计工作底稿，后任注册会计师必须征得被审计单位同意，当选；

   选项 D，在接受委托前，后任注册会计师应与前任注册会计师沟通，而接受委托后，与前任注册会计师的沟通为非必要程序，当选。

3. 【答案】 ABCD

   【解析】 本题考查注册会计师与治理层之间的双向沟通不充分时的应对措施，需要逐一分析掌握。具体分析如下：

   选项 A，双向沟通不充分，根据审计范围受到限制的情况，发表非无保留意见（保留意见/无法表示意见），当选；

选项B，双向沟通不充分，可以与第三方（如监管机构）、被审计单位外部的在治理结构中拥有更高权力的组织或人员（如企业的业主、股东大会中的股东）或对公共部门负责的政府部门进行沟通，当选；

选项C，双向沟通不充分，可以在法律法规允许的情况下解除业务约定（问题较严重），当选；

选项D，双向沟通不充分，可以就采取不同措施的后果征询法律意见（听取专业人员的建议），当选。

4.

【答案】 （1）不恰当。应当将DEF会计师事务以及XYZ会计师事务所均应确定为前任注册会计师。 （2）不恰当。注册会计师应当在接受委托前与前任注册会计师沟通此部分内容。	【答案解读】 （1）接受委托但未完成审计工作，已经或可能与委托人解除业务约定的注册会计师也属于前任注册会计师。 （2）接受委托前的沟通是必做的审计程序。

5.

【答案】 不恰当。该事项表明存在值得关注的内部控制缺陷，应当与治理层沟通。	【答案解读】 甲公司出纳利用内部控制缺陷挪用公司资金，表明存在值得关注的内部控制缺陷，应当与治理层沟通。

6.

【答案】 恰当。	【答案解读】 产品质量控制的重大缺陷不属于财务报告内部控制的重大缺陷，不属于必须沟通的内容，也可以不以书面方式沟通。但注册会计师认为必要时也可以书面方式与治理层沟通。

7.

【答案】 不恰当。注册会计师应当与治理层沟通识别的特别风险。	【答案解读】 注册会计师识别的特别风险，属于计划的审计范围和时间安排内容，应当与治理层沟通。

8.

【答案】 不恰当。注册会计师事先与管理层沟通不可预见性程序的具体内容,损害审计程序的有效性。	【答案解读】 总体可沟通,但具体不能说。与治理层沟通具体的不可预见性的审计程序的内容,可能因这些程序易于被预见而降低其有效性,影响审计的效果。

9.

【答案】 恰当。	【答案解读】 注册会计师应当以书面形式向治理层通报值得关注的内部控制缺陷。

10.

【答案】 不恰当。与治理层沟通具体审计程序的性质和时间安排,可能因这些程序易于被预见而降低其有效性。	【答案解读】 总体可沟通,但具体不能说。与治理层沟通具体审计程序的性质和时间安排,可能因这些程序易于被预见而降低其有效性,影响审计的效果。

第十五章 注册会计师利用他人的工作

本章考情 Q&A

Q：本章的重要性如何？
A：本章属于一般重要章节，平均考查分值为 3 分左右。第二节"利用专家的工作"的考试频率高于第一节"利用内部审计工作"，但由于官方教材第一节是 2019 年重新编写的，所以需要特别关注。

Q：这章知识点在考试中通常以什么形式出现？
A：本章考试题型主要以选择题为主，简答题、综合题也有涉及。

Q：本章 2020 年的主要变动有哪些？
A：无实质性变动，对内部审计具体活动进行了重新表述。官方教材第一节"利用内部审计工作"是 2019 年重新编写的，2019 年考题也涉及修改的内容，但只考了一道选择题，所以今年仍需要关注。

Q：本章主要考点历年分布如何？
A：以下是老师们的一些统计。

考点	2010 年	2011 年	2012 年	2013 年	2014 年	2015 年	2016 年	2017 年	2018 年	2019 年
内部审计与注册会计师审计的关系					√				√	
确定是否利用、在哪些领域利用以及在多大程度上利用内部审计的工作										√
专家的定义						√				√
与专家达成一致意见				√	√	√	√		√	√
评价专家工作的恰当性								√		

经典例题

【考点一】内部审计与注册会计师审计的关系

【例题1·2014年·多项选择题】下列各项审计工作中,注册会计师不能利用内部审计工作的有( )。

A. 评估重大错报风险
B. 确定重要性水平
C. 确定控制测试的样本规模
D. 评估会计政策和会计估计

【答案】 ABCD

【解析】 本题考查利用内部审计工作的范围,需要逐一分析掌握。

选项A,评估重大错报风险,涉及重大职业判断,应当由注册会计师负责执行,不得利用内部审计工作,当选;

选项B,确定重要性水平,涉及重大职业判断,应当由注册会计师负责执行,不得利用内部审计工作,当选;

选项C,确定样本规模(不管是在控制测试还是细节测试中),涉及重大职业判断,应当由注册会计师负责执行,不得利用内部审计工作,当选;

选项D,评估会计政策和会计估计是否恰当,涉及重大职业判断,应当由注册会计师负责执行,不得利用内部审计工作,当选。

【例题2·2018年·单项选择题】下列各项中,注册会计师通常可以利用内部审计人员工作的是( )。

A. 评估会计政策的恰当性
B. 确定财务报表整体的重要性
C. 实施控制测试
D. 确定细节测试的样本规模

【答案】 C

【解析】 本题考查利用内部审计工作的范围,需要逐一分析掌握。

选项A,评估会计政策和会计估计是否恰当,涉及重大职业判断,应当由注册会计师负责执行,不得利用内部审计工作,不选;

选项B,确定财务报表整体的重要性,涉及重大职业判断,应当由注册会计师负责执行,不得利用内部审计工作,不选;

选项C,是否实施控制测试、样本规模的确定等,这些主观决策涉及重大职业判断,应当由注册会计师负责执行,实施控制测试只是做程序,不涉及重大职业判断,通常可以利用内部审计人员工作,当选;

选项D,确定样本规模(不管是在控制测试还是细节测试中),涉及重大职业判断,应当由注册会计师负责执行,不得利用内部审计工作,不选。

【私教点拨】 注册会计师应当对与财务报表审计有关的所有重大事项独立作出职业判断,不应完全依赖内部审计工作,包括以下内容:

(1) 重大错报风险的评估。
(2) 重要性水平的确定。
(3) 样本规模的确定。
(4) 对会计政策和会计估计的评估等。

【记忆口诀】 两重两会一样本，重大判断独立做。

【做题技巧】 采用排除法：牢记不能利用内部审计人员的工作（考试常考的就是以上列举的四项），其他的工作通常都是可以利用的。

【考点二】 确定是否利用、在哪些领域利用以及在多大程度上利用内部审计的工作

【例题·2019年·多项选择题】下列情况中，注册会计师不得利用内部审计工作的有（　　）。
A. 内部审计没有采用系统、规范化的方法
B. 评估的认定层次的重大错报风险较高
C. 内部审计的地位不足以支持内部审计人员的客观性
D. 计划和实施相关的审计程序涉及较多判断

【答案】 AC

【解析】 本题考查不得利用内部审计工作的情形，需要逐一分析掌握。

选项A，内部审计没有采用系统、规范化的方法（内部审计工作不可靠），不得利用内部审计工作，当选；

选项B，评估的认定层次的重大错报风险较高，注册会计师需要更加谨慎，可以较少地利用内部审计工作，并非不得利用，不选；

选项C，内部审计的地位不足以支持内部审计人员的客观性（内部审计人员不具有客观性，则其工作不值得信赖），不得利用内部审计工作，当选；

选项D，计划和实施相关的审计程序涉及较多判断，注册会计师需要更加谨慎，可以较少地利用内部审计工作，并非不得利用，不选。

【私教点拨】 注册会计师应当评价下列事项，确定是否能够利用内部审计的工作以实现审计目的：
(1) 内部审计在被审计单位中的地位，以及相关政策和程序支持内部审计人员客观性的程度。
(2) 内部审计人员的胜任能力。
(3) 内部审计是否采用系统、规范化的方法（包括质量控制）。

【记忆技巧】 判断3个原则问题：2人员（客观性、胜任能力），1机构（系统、规范化方法）。

存在下列情形之一，注册会计师不得利用内部审计的工作（红线，3个原则问题不满足）：
(1) 内部审计在被审计单位中的地位，以及相关政策和程序不足以支持内部审计人员的客观性。
(2) 内部审计人员缺乏足够的胜任能力。
(3) 内部审计没有采用系统、规范化的方法（包括质量控制）。

当存在下列4种情况之一时，注册会计师应当计划较少地利用内部审计工作，而更多地直接执行审计工作（黄线，满足3个原则问题，但稍有欠缺）：

(1) 当在下列方面涉及较多判断时：

①计划和实施相关的审计程序；

②评价收集的审计证据。

(2) 当评估的认定层次重大错报风险较高，需要对识别出的特别风险予以特殊考虑时。

(3) 当内部审计在被审计单位中的地位以及相关政策和程序对内部审计人员客观性的支持程度较弱时。

(4) 当内部审计人员的胜任能力较低时。

【记忆口诀】 判风胜客，关注4个"较"（较多、较高、较低、较弱）。

【考点三】专家的定义

【例题1·2015年·单项选择题】下列不属于注册会计师的专家的是（   ）。

A. 受雇于会计师事务所的帮助评估投资性房地产的资产评估师

B. 就复杂会计问题提供建议的会计师事务所技术部门人员

C. 对与企业重组相关的复杂税务问题进行分析的会计师事务所税务部门人员

D. 对保险合同进行精算的会计师事务所精算部门人员

【答案】 B

【解析】 本题考查注册会计师的专家的定义，需要逐一分析掌握。

选项A，资产评估师的专长是评估投资性房地产（会计审计领域之外），属于注册会计师的专家，不选；

选项B，会计师事务所技术部门人员的专长是就复杂会计问题提供建议（会计领域），不属于注册会计师的专家，当选；

选项C，会计师事务所税务部门人员的专长是对与企业重组相关的复杂税务问题进行分析（会计审计领域之外），属于注册会计师的专家，不选；

选项D，会计师事务所精算部门人员的专长是对保险合同进行精算（会计审计领域之外），属于注册会计师的专家，不选。

【例题2·2019年·多项选择题】下列选项中，可以作为注册会计师专家的有（   ）。

A. 网络所的合伙人或员工 B. 会计审计领域有专长的个人或者组织

C. 被审计单位的管理层的专家 D. 会计师事务所的临时员工

【答案】 ACD

【解析】 本题考查注册会计师的专家的定义，需要逐一分析掌握。

选项A，专家既可能是会计师事务所内部专家（如会计师事务所或其网络事务所的合伙人或员工，包括临时员工），也可能是会计师事务所外部专家，当选；

选项B，专长在会计审计领域之内，不属于注册会计师的专家，不选；

选项C，管理层的专家，是指在会计、审计以外的某一领域具有专长的个人或组织，其工作被管理层利用以协助编制财务报表，管理层的专家的专长领域是会计、审计之外，所以，可以作为注册会计师专家，当选；

选项 D，专家既可能是会计师事务所内部专家（如会计师事务所或其网络事务所的合伙人或员工，包括临时员工），也可能是会计师事务所外部专家，当选。

【私教点拨】 关于注册会计师的专家，考生需掌握以下要点：

(1) 专长领域：会计审计领域之外（如税务、法律、资产评估、IT、精算等）。

(2) 来源：专家既可能是会计师事务所内部专家（如会计师事务所或其网络事务所的合伙人或员工，包括临时员工），也可能是会计师事务所外部专家。

(3) 类型：专家既可以是个人（如工程师、律师、资产评估师、精算师、环境专家、地质专家、IT专家、税务专家等），也可以是这些个人所属的组织（律师事务所、资产评估公司以及各种咨询公司）。

【考点四】 与专家达成一致意见

【例题1·2019年·多项选择题】下列各项中，注册会计师在利用外部专家工作时应当与专家达成一致意见的有（　　）。

A. 注册会计师和专家各自的责任

B. 注册会计师和专家之间沟通的时间安排

C. 注册会计师对专家遵守事务所质量控制政策和程序的要求

D. 专家工作的性质、范围和目标

【答案】 ABD

【解析】 本题考查与专家达成一致意见的事项，需要逐一分析掌握。具体分析如下：

选项 A，注册会计师和专家各自的角色和责任应当与专家达成一致意见（避免相互推卸责任以及责任转嫁），当选；

选项 B，注册会计师和专家之间沟通的性质、时间安排和范围应当与专家达成一致意见（有助于实现及时、有效地沟通），当选；

选项 C，外部专家不是项目组成员，不受会计师事务所按照质量控制准则制定的质量控制政策和程序的约束，无需与其达成一致意见，不选；

选项 D，专家工作的性质、范围和目标应当与专家达成一致意见（明确需要遵守的相关技术标准、其他职业准则或行业要求），当选。

【例题2·2013年·单项选择题】下列有关注册会计师利用外部专家工作的说法中，错误的是（　　）。

A. 外部专家需要遵守适用于注册会计师的相关职业道德要求中的保密条款

B. 外部专家不受会计师事务所按照质量控制准则制定的质量控制政策和程序的约束

C. 外部专家的工作底稿是审计工作底稿的一部分

D. 在审计报告中提及外部专家的工作并不减轻注册会计师对审计意见承担的责任

【答案】 C

【解析】 本题考查对外部专家的理解，需要逐一分析掌握。具体分析如下：

选项 A，不管是内部专家还是外部专家，都需要遵守适用于注册会计师的相关职业道德要求中的保密条款，不选；

选项 B，外部专家不是项目组成员，不受会计师事务所质量控制政策和程序的约束，不选；

选项 C，除非协议另作安排，外部专家的工作底稿属于外部专家，不是审计工作底稿的一部分，当选；

选项 D，注册会计师对发表的审计意见独立承担责任，这种责任并不因利用专家的工作而减轻，不选。

【例题 3·2016 年·单项选择题】下列有关注册会计师的专家的说法中，正确的是（　　）。

A. 无论是内部专家还是外部专家，都不包括会计、审计领域的专家

B. 无论是内部专家还是外部专家，都是项目组成员，受会计师事务所质量控制政策和程序的约束

C. 无论是内部专家还是外部专家，注册会计师都应当询问对专家客观性产生不利影响的利益和关系

D. 无论是内部专家还是外部专家，注册会计师都应当就专家工作的性质、范围和目标等事项与专家达成一致意见，并形成书面协议

【答案】　A

【解析】　本题考查对注册会计师的专家的理解，需要逐一分析掌握。具体分析如下：

选项 A，注册会计师的专家的专长领域在会计审计领域之外，专长在会计审计领域之内的，不属于注册会计师的专家，当选；

选项 B，外部专家不是项目组成员，不受会计师事务所质量控制政策和程序的约束，不选；

选项 C，在评价外部专家的客观性时，注册会计师应当询问可能对专家客观性产生不利影响的利益和关系，对于内部专家（自己人），知根知底，就不用强制（应当）询问了，不选；

选项 D，无论是内部专家还是外部专家，注册会计师都应当就专家工作的性质、范围和目标等事项与专家达成一致意见，并根据需要形成书面协议（书面协议不是必须要有），不选。

【例题 4·2014 年·综合题】

A 注册会计师负责审计甲公司 2×14 年度财务报表。 资料五： 审计工作底稿中记录了重大事项的处理情况，部分内容摘录如下： A 注册会计师在存货监盘过程中利用了专家的工作，专家工作的结果与甲公司管理层的盘点结果差异较大，A 注册会计师实施了追加的审计程序并与管理层沟通后仍无法解决，因该项差异对财务报表的影响重大但不广泛，A 注册会计师拟出具保留意见审计报告，并提及专家的工作，同时指明这种提及不减轻注册会计师对审计意见承担的责任 [1]。	【审题过程】 [1] 如果注册会计师在审计报告中提及专家的工作，并且这种提及与理解审计报告中的非无保留意见相关，注册会计师应当在审计报告中说明，这种提及并不减轻注册会计师对审计意见承担的责任。

要求：
针对上述事项，指出 A 注册会计师的做法是否恰当。如不恰当，请简要说明理由。

【答案】 恰当。
【私教点拨】
（1）无论是内部专家还是外部专家，注册会计师都有必要就下列事项与其达成一致意见，并根据需要形成书面协议。
①专家工作的性质、范围和目标；
②注册会计师和专家各自的角色与责任；
③注册会计师和专家之间沟通的性质、时间安排和范围；
④对专家遵守保密规定的要求（不管是外部专家还是内部专家，都需要遵守）。
【记忆口诀】 专家工作要保密，角色责任要沟通。
【注意】 四个事项必须达成一致意见，但书面协议不是必须要有。
（2）注册会计师和专家各自的角色与责任掌握要点：
①由注册会计师还是专家对原始数据实施细节测试（两者都可以，要事先约定好）；
②同意注册会计师与被审计单位或其他人员讨论专家的工作结果或结论，必要时，包括同意注册会计师将专家的工作结果或结论的细节作为注册会计师在审计报告中发表非无保留意见的基础；
【注意】 当出具无保留意见的审计报告时，注册会计师不应在审计报告中提及专家的工作。如果注册会计师在审计报告中提及专家的工作，并且这种提及与理解审计报告中的非无保留意见相关，注册会计师应当在审计报告中说明，这种提及并不减轻注册会计师对审计意见承担的责任（注册会计师对发表的审计意见独立承担责任，这种责任并不因利用专家的工作而减轻）。
③将注册会计师对专家工作形成的结论告知专家。
（3）对外部专家与内部专家要求的对比记忆（见表 15-1）。

表 15-1 对外部专家与内部专家要求的对比记忆

要求	内部专家	外部专家
是否需要遵守保密规定	是	是
是否需要遵守质量控制政策和程序	是	否
工作底稿是否属于会计师事务所	是	否
是否需要就 4 个事项达成一致意见	是	是
是否必须形成书面协议	否	否

【考点五】评价专家工作的恰当性

【例题·2017 年·综合题】

甲公司是 ABC 会计师事务所的常年审计客户，主要从事电气设备的生产和销售。A 注册会计师负责审计甲公司 2×16 年度财务报表。 资料三： 　　A 注册会计师在审计工作底稿中记录了审计计划，部分内容摘录如下： 　　A 注册会计师拟利用评估专家对甲公司的商誉减值测试进行评估。由专家负责评价其使用的重要原始数据的相关性、准确性和完整性。A 注册会计师负责评价：①专家工作涉及使用的<u>重要假设和方法</u>[1]的相关性和合理性；②专家<u>工作结果</u>[1]的相关性和合理性，以及与其他审计证据的一致性。 　　要求： 　　针对上述事项，指出审计计划的内容是否恰当。如不恰当，请简要说明理由。	【审题过程】 [1] 评价的事项有三个（重要原始数据、重要假设方法、工作结果或结论），缺一不可。

【答案】 不恰当。注册会计师应当评价专家的工作涉及使用的重要原始数据的相关性、准确性和完整性。

【私教点拨】 注册会计师应当评价专家的工作是否足以实现审计目的，评价内容包括以下几点：

（1）专家的工作结果或结论的相关性和合理性，以及与其他审计证据的一致性。

（2）如果专家的工作涉及使用重要的假设和方法，评价内容包括这些假设和方法在具体情况下的相关性和合理性。

（3）如果专家的工作涉及使用重要的原始数据，评价内容包括这些原始数据的相关性、完整性和准确性。

【记忆技巧】 在评价专家工作的恰当性时，我们可以按照专家工作的流程去评价：原始数据→假设方法→结果或结论。

【注意】 涉及评价的原始数据、假设方法都是重要的，而非所有的。

真 题 演 练

1. （2018年·单项选择题）下列有关注册会计师的外部专家的说法中，错误的是（　　）。
   A. 外部专家无需遵守注册会计师职业道德守则的要求
   B. 外部专家不是审计项目组成员
   C. 外部专家不受会计师事务所质量控制政策和程序的约束
   D. 外部专家的工作底稿通常不构成审计工作底稿

2. （2019年·多项选择题）下列有关注册会计师的专家的说法中，正确的有（　　）。
   A. 注册会计师的专家包括在会计或审计领域具有专长的个人或组织
   B. 注册会计师的专家可以是网络事务所的合伙人或员工
   C. 注册会计师的专家可以是会计师事务所的临时员工
   D. 注册会计师的专家包括被审计单位管理层的专家

3. （2015年·综合题）A注册会计师负责审计甲集团公司2×14年度财务报表，审计工作底稿中记录了重大事项的处理情况，部分内容摘录如下：

   因审计中利用的外部专家并非注册会计师，A注册会计师未要求其遵守注册会计师职业道德守则的相关规定。

   要求：

   针对上述事项，指出A注册会计师的做法是否恰当。如不恰当，请简要说明理由。

4. （2013年·综合题）甲公司拟申请首次公开发行股票并上市，ABC会计师事务所负责审计甲公司2×10年度至2×12年度的比较财务报表，委派A注册会计师担任项目合伙人，B注册会计师担任项目质量控制复核合伙人。相关事项如下：

   A注册会计师拟利用会计师事务所聘请的外部信息技术专家，对甲公司的信息系统进行测试。该信息技术专家不是项目组成员，不受ABC会计师事务所质量控制政策和程序的约束。

   要求：

   针对上述事项，指出ABC会计师事务所或其注册会计师的做法是否恰当。如不恰当，请简要说明理由。

真 题 答 案 及 解 析

1. 【答案】 A

   【解析】 本题考查对外部专家的理解，具体分析如下：

   选项A，不管是内部专家还是外部专家，都需要遵守适用于注册会计师的相关职业道德要求中的保密条款，当选；

   选项B，外部专家不是项目组成员，不选；

   选项C，外部专家不是项目组成员，不受会计师事务所质量控制政策和程序的约束，不选；

   选项D，除非协议另作安排，外部专家的工作底稿属于外部专家，不是审计工作底稿的一部分，不选。

2. 【答案】 BC

【解析】 本题考查对注册会计师的专家的理解，具体分析如下：

选项A，注册会计师的专家是会计或审计领域之外具有专长的个人或组织，不选；

选项B，注册会计师的专家可以是事务所（包括网络所）内部的合伙人或员工（包括临时员工），也可以是事务所外部人员，当选；

选项C，注册会计师的专家可以事务所（包括网络所）内部的合伙人或员工（包括临时员工），也可以是事务所外部人员，当选；

选项D，注册会计师的专家不包括被审计单位管理层的专家，不选。

3.

【答案】 不恰当。注册会计师应当要求专家遵守注册会计师职业道德守则中与保密等相关的规定。	【答案解读】 不管是内部专家还是外部专家，都需要遵守适用于注册会计师的相关职业道德要求中的保密条款。

4.

【答案】 恰当。	【答案解读】 外部专家不是项目组成员，不受会计师事务所质量控制政策和程序的约束。

第十六章　对集团财务报表审计的特殊考虑

本章考情 Q&A

Q：本章的重要性如何？
A：本章为一般重要章节，历年平均考查分值在 5 分左右。

Q：本章知识点在考试中通常以什么形式出现？
A：本章知识点在选择题、简答题、综合题中均有可能出现。

Q：本章 2020 年的主要变动有哪些？
A：无变动。

Q：本章主要考点历年分布如何？
A：以下是老师们的统计。

考点	2010 年	2011 年	2012 年	2013 年	2014 年	2015 年	2016 年	2017 年	2018 年	2019 年
集团财务报表审计中的责任设定					√				√	
集团审计业务的承接与保持					√		√			
了解组成部分注册会计师						√	√		√	
组成部分重要性					√	√		√	√	√
对组成部分需执行的工作					√	√	√	√		√
参与组成部分注册会计师的工作						√	√		√	√
与集团管理层和治理层的沟通					√			√		√

经典例题

【考点一】集团财务报表审计中的责任设定

【例题·2018 年·简单题】

ABC 会计师事务所的 A 注册会计师负责审计多家上市公司 2×17 年度财务报表，遇到下列与审计报告相关的事项： XYZ 会计师事务所担任了丁公司海外重要子公司的组成部分注册会计师。A 注册会计师认为该事项与财务报表使用者理解审计工作相关，拟在对丁公司 2×17 年度财务报表出具的无保留意见审计报告中增加其他事项段，<u>说明该子公司经 XYZ 会计师事务所审计</u> [1]。 要求： 针对上述事项，指出 A 注册会计师的做法是否恰当。如不恰当，请简要说明理由。	【审题过程】 [1]"自己的事情自己负责。" 集团项目合伙人及其所在的会计师事务所对集团审计意见负全部责任，对集团财务报表出具的审计报告不应提及组成部分注册会计师（提及就有"甩锅"嫌疑），除非法律法规另有规定。

【答案】不恰当。注册会计师对集团财务报表出具的审计报告不应提及组成部分注册会计师，除非法律法规另有规定。

【私教点拨】集团项目合伙人及其所在的会计师事务所（自己）对集团审计意见负全部责任（自己负责），对集团财务报表出具的审计报告**不应提及**组成部分注册会计师（提及就有"甩锅"嫌疑），除非**法律法规**另有规定。

如果法律法规要求在审计报告中提及组成部分注册会计师，审计报告应当指明，这种提及并**不减轻**集团项目合伙人及其所在的会计师事务所对集团审计意见承担的**责任**。

如果因未能就组成部分财务信息获取充分、适当的审计证据，导致集团项目组在对集团财务报表出具的审计报告中发表非无保留意见，集团项目组需要在形成保留/否定/无法表示意见的基础部分说明不能获取充分、适当审计证据的原因，除非**法律法规要求**在审计报告中提及组成部分注册会计师，并且这样做**对充分说明情况是必要的**，否则不应提及组成部分注册会计师。

【记忆技巧】"自己的事情自己负责。"

【考点二】 集团审计业务的承接与保持

【例题·2016 年·简答题】

ABC 会计师事务所的 A 注册会计师负责审计甲集团公司 2×15 年度财务报表，与集团审计相关的部分事项如下： 联营公司戊公司为<u>重要组成部分 [1]</u>，因<u>无法接触戊公司的管理层和注册会计师 [2]</u>，A 注册会计师取得了戊公司 2×15 年度财务报表和审计报告，甲集团公司管理层拥有的戊公司财务信息及作出的与戊公司财务信息有关的书面声明，认为这些信息已构成与戊公司相关的充分、适当的审计证据。 要求： 针对上述事项，指出 A 注册会计师的做法是否恰当。如不恰当，请简要说明理由。	【审题过程】 第一步：判断是否为重要组成部分。 [1] 重要组成部分。 第二步：确定事项。 [2] 无法接触戊公司的管理层和注册会计师。 集团管理层限制集团项目组或组成部分注册会计师接触重要组成部分的信息，则集团项目组将无法获取充分、适当的审计证据，考虑解约或审计范围受限。

【答案】 不恰当。因戊公司为重要组成部分，集团项目组或代表集团项目组的组成部分注册会计师应当对戊公司财务信息实施适当的审计程序/仅获得相关财务资料不构成充分适当的审计证据/集团项目组应当将所述情况视为审计范围受到重大或广泛的限制。

【私教点拨】 审计范围受限对业务承接保持的影响汇总，见图 16-1。

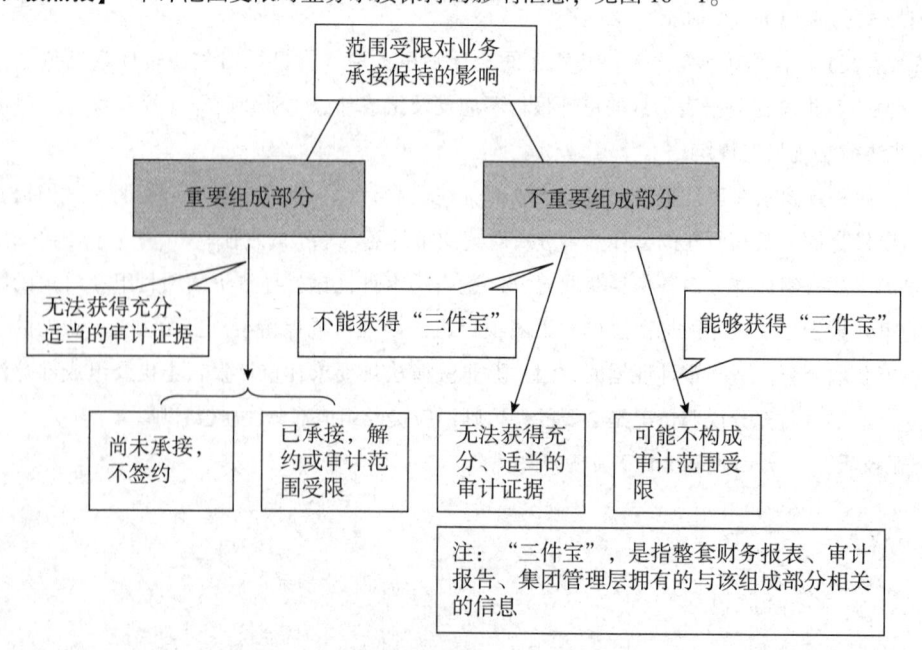

图 16-1 审计范围受限对业务承接保持的影响汇总

【考点三】了解组成部分注册会计师

【例题·2015年·单项选择题】 在了解组成部分注册会计师后，下列情形中，集团项目组可以通过参与组成部分工作消除其疑虑或影响的是（   ）。

A. 集团项目组对组成部分注册会计师的专业胜任能力存有重大疑虑

B. 集团项目组对组成部分注册会计师的职业道德存有重大疑虑

C. 组成部分注册会计师未处于积极有效的监管环境中

D. 组成部分注册会计师不符合与集团审计相关的独立性要求

【答案】 C

【解析】 本题考查了解组成部分注册会计师的内容，以及对其存疑的处理方式，需要对选项进行逐一判断。具体分析如下：

选项A，专业胜任能力属于"内在"，集团项目组的参与无法弥补组成部分注册会计师内在的重大不足，不选；

选项B，职业道德属于"内在"，集团项目组的参与无法弥补组成部分注册会计师内在的重大不足，不选；

选项C，监管环境属于"外在"，集团项目组的参与本身就具有监督的性质，可以弥补监管环境的不足，当选；

选项D，独立性属于"灵魂"，必须一尘不染，集团项目组不能利用独立性不符合要求的组成部分注册会计师的工作，不选。

【私教点拨】 了解组成部分注册会计师需掌握的要点如下：

（1）**专业胜任能力/职业道德/监管环境**：只要是重大疑虑，注册会计师都必须亲自做；非重大疑虑的，注册会计师可参与。

（2）**独立性**：与独立性相关，注册会计师必须亲自做（无论是否重大，独立无小事）。

【考点四】组成部分重要性

【例题·2017年·多项选择题】 在审计集团财务报表时，下列有关组成部分重要性的说法中，正确的有（   ）。

A. 组成部分重要性的汇总数不能高于集团财务报表整体的重要性

B. 集团项目组应当将组成部分重要性设定为低于集团财务报表整体的重要性

C. 组成部分重要性应当由集团项目组确定

D. 集团项目组应当为所有组成部分确定组成部分重要性

【答案】 BC

【解析】 本题考查组成部分重要性的相关知识，需要对选项进行逐一判断。具体分析如下：

选项A，如果组成部分较多，其重要性的汇总数超过集团财务报表整体的重要性，不选；

选项B，集团财务报表整体的重要性高于组成部分重要性，当选；

选项 C，集团项目组应当基于集团审计的目的，为组成部分确定组成部分重要性，当选；

选项 D，如果集团项目组仅在集团层面上对不重要组成部分的财务信息实施分析程序，则无需为该组成部分确定重要性，不选。

【私教点拨】 重要性类型及其制定方，见表 16-1。

表 16-1 重要性类型及其制定方

重要性类型	制定方
集团财务报表整体的重要性①	集团项目组
集团"特定类别"的重要性（如适用）②	集团项目组
集团实际执行的重要性③	集团项目组
组成部分财务报表整体的重要性④	集团项目组
组成部分"特定类别"的重要性（如适用）⑤	集团项目组
组成部分实际执行重要性⑥	集团项目组/组成部分注册会计师（还需集团项目组确认）
明显微小错报临界值⑦	集团项目组

(1) 组成部分项目组只能确定**组成部分实际执行重要性**，并且还需要集团项目组确认。
(2) ①最大。
(3) 按重要性的大小排序：①>②、③；④>⑤、⑥。
(4) ∑④可能大于①（不同组成部分确定的重要性的汇总数，可能高于集团财务报表整体重要性）

【考点五】 对组成部分需执行的工作

【例题 1·2016 年·简答题】

ABC 会计师事务所的 A 注册会计师负责审计甲集团公司 2×15 年度财务报表，与集团审计相关的部分事项如下： 丙公司为甲集团公司 2×15 年新收购的子公司，存在导致集团财务报表发生<u>重大错报的特别风险</u>[1]。A 注册会计师要求组成部分注册会计师使用组成部分重要性对丙公司财务信息实施<u>审阅 [2]</u>。 要求： 针对上述事项，指出 A 注册会计师的做法是否恰当。如不恰当，请简要说明理由。	【审题过程】 第一步：判断组成部分。 [1] 发生重大错报的特别风险，即因风险而重大。 第二步：确定实施的程序。 [2] 审阅。 因风险为重大的组成部分不能实施审阅程序的，可以实施普审（对财务报表实施审计程序），局审（针对特定项目实施审计），风审（针对特别风险实施特定的审计程序）。

【答案】 不恰当。在存在导致集团财务报表发生重大错报的特别风险的情况下，A 注册会计师可以实施的工作类型包括对财务报表实施审计程序，针对特定项目实施审计，或针对特别风险实施

特定风险评估程序，但不能实施审阅程序。

【例题 2·2014 年·简答题】

ABC 会计师事务所负责审计甲集团公司 2×13 年度财务报表。集团项目组在审计工作底稿中记录了集团审计总结，部分内容摘录如下： 　　已公司为**不重要的组成部分** [1]。集团项目组要求组成部分注册会计师使用**集团财务报表整体的重要性** [3] 对己公司财务信息实施了**审阅** [2]，结果满意。 　　要求： 　　针对上述事项，指出集团项目组的做法是否恰当。如不恰当，请简要说明理由。	【审题过程】 第一步：判断组成部分。 [1] 不重要的组成部分，属于不重要被添加。 第二步：确定实施的程序。 [2] 审阅。 [3] 集团财务报表整体的重要性。 不重要但被添加的组成部分可以实施审阅程序，但是应对其使用组成部分重要性实施审阅。

【答案】　不恰当。集团项目组应使用组成部分重要性实施审阅。

【私教点拨】　判断对组成部分需执行的工作的做题步骤：

第一步：判断组成部分。

(1) 因**财务**而重大。

(2) 因**风险**而重大：存在导致集团财务报表发生重大错报的特别风险。

(3) 不重要被添加：重要的已经做完还不够的情况下，选择添加不重要的组成部分实施程序。

(4) 不重要未添加。

第二步：确定实施的程序。

组成部分注册会计师实施程序的相关总结，见图 16-2。

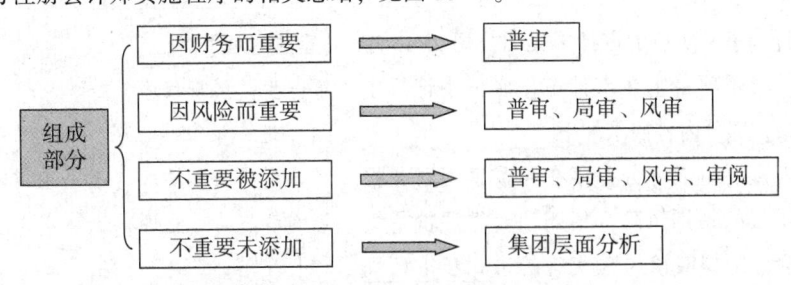

```
                  ┌─ 因财务而重要       ──→  普审
                  │
                  ├─ 因风险而重要       ──→  普审、局审、风审
        组成部分 ─┤
                  ├─ 不重要被添加       ──→  普审、局审、风审、审阅
                  │
                  └─ 不重要未添加       ──→  集团层面分析
```

普审：使用**组成部分重要性**对组成部分财务信息实施审计
局审：针对可能导致特别风险的相关内容实施审计（**特定项目**审计）
风审：针对特别风险**实施特定的审计程序**
审阅：使用**组成部分重要性**对组成部分财务信息实施审阅

图 16-2　组成部分注册会计师实施程序汇总图

【考点六】参与组成部分注册会计师的工作

【例题 1·2014 年·综合题】

A 注册会计师负责审计甲集团公司 2×13 年度财务报表。与集团审计相关的部分信息摘录如下： 资料二： A 注册会计师在审计工作底稿中记录了具体审计计划，部分内容摘录如下： A 注册会计师参与 X 注册会计师实施的风险评估程序 [1] 的性质和范围包括：①与 X 注册会计师讨论对集团而言重要 [2] 的乙公司业务活动；②复核 [2] X 注册会计师对识别出的导致集团财务报表发生重大错报的特别风险形成的审计工作底稿。 要求： 针对资料二中的事项，假定不考虑其他条件，指出 A 注册会计师的处理是否恰当。如不恰当，请简要说明理由。	【审题过程】 第一步：判断程序。 [1] 风险评估程序。 第二步：确定要求。 风险评估程序集团项目组应当参与。 [2] 讨论重要的业务活动，复核底稿。 风险评估程序需要讨论重要的业务活动和舞弊可能性，复核底稿，因此还需讨论舞弊的可能性。

【答案】 不恰当。A 注册会计师没有与 X 注册会计师讨论由于舞弊或错误导致乙公司财务信息发生重大错报的可能性，工作不充分。

【例题 2·2014 年·简答题】

ABC 会计师事务所负责审计甲集团公司 2×13 年度财务报表。集团项目组在审计工作底稿中记录了集团审计总结，部分内容摘录如下： 丁公司为重要组成部分，存在导致集团财务报表发生重大错报的特别风险。集团项目组评价了组成部分注册会计师拟对该风险实施的进一步审计程序 [1] 的恰当性，但根据对组成部分注册会计师的了解 [2]，未参与进一步审计程序。 要求： 针对上述事项，指出集团项目组的做法是否恰当，并简要说明理由。	【审题过程】 第一步：判断程序。 [1] 进一步审计程序。 第二步：确定要求（进一步审计程序讨论影响参与的可能性）。 [2] 了解。 集团项目组根据对组成部分注册会计师的了解，确定是否参加。

【答案】 恰当。集团项目组是否参与进一步审计程序取决于对组成部分注册会计师的了解。

【私教点拨】 判断参与组成部分注册会计师的工作的做题步骤如下：

第一步：判断程序。

(1) 风险评估程序。

(2) 进一步审计程序。

第二步：确定要求。

(1) 风险评估程序：集团项目组**应当**参与。

风险评估程序中集团项目组参与的内容如下：

①与组成部分注册会计师或组成部分管理层讨论**对集团而言重要**的组成部分业务活动。

②与组成部分注册会计师讨论由于**舞弊或错误**导致组成部分财务信息发生重大错报的可能性。

③**复核**组成部分注册会计师对识别出的导致**集团财务报表发生重大错报**的特别风险形成的审计工作底稿。审计工作底稿可以采用备忘录的形式，反映组成部分注册会计师针对识别出的特别风险得出的结论。

【记忆技巧】 讨论重要的业务活动和舞弊可能性，复核底稿。

(2) 进一步审计程序：根据对组成部分注册会计师的**了解**，确定是否参加。

影响集团项目组参与组成部分注册会计师工作的因素如下：

①组成部分的**重要程度**。

②识别出的导致集团财务报表发生重大错报的**特别风险**。

③集团项目组对组成部分注册会计师的**了解**。

【记忆技巧】 重不重要，有没有特别风险，是否了解。

【考点七】与集团管理层和治理层的沟通

【例题·2017年·单项选择题】下列有关集团项目组与集团治理层的沟通内容的说法中，错误的是（　　）。

A. 沟通内容应当包括引起集团项目组对组成部分注册会计师工作质量产生疑虑的情形

B. 沟通内容应当包括集团项目组计划参与组成部分注册会计师工作的性质的概述

C. 如果集团项目组认为组成部分管理层的舞弊行为不会导致集团财务报表发生重大错报，无需就该事项进行沟通

D. 沟通内容应当包括集团项目组对组成部分注册会计师工作作出的评价

【答案】 C

【解析】 本题考查集团项目组与集团治理层沟通的事项，需要对选项进行逐一判断。具体分析如下：

选项A，对工作质量存疑属于对组成部分注册会计师工作作出的评价，需要同治理层沟通，不选；

选项B，集团项目组计划参与组成部分注册会计师工作的性质的概述需要同治理层沟通，不选；

选项C，管理层舞弊的性质恶劣，无论是否导致集团财务报表发生重大错报，都需要与治理层

进行沟通，当选；

选项 D，对组成部分注册会计师工作作出的评价，需要同治理层沟通，不选。

【私教点拨】

1. 与治理层沟通

（1）对组成部分**财务信息**拟执行工作的类型的概述；

（2）集团项目组**计划参**与组成部分工作性质的概述；

（3）集团项目组对组成部分注册会计师工作的**评价**；

（4）集团审计受到**限制**（重大困难）；

（5）涉及集团**管理层**、组成部分**管理层**、在**集团层面**控制中承担重要职责的员工和其他人员（在舞弊行为导致集团财务报表出现重大错报的情况下）的**舞弊**或舞弊嫌疑。

【记忆技巧】 集团项目组评价组成部分会计师工作后，决定计划参与组成部分工作，对财务信息执行工作，但是受到了限制，可能是由于**管理层**或影响到集团层面的人在舞弊。

【注意】 其他人员的舞弊行为没有导致集团财务报表出现重大错报，不需要与治理层进行沟通。

2. 与管理层沟通

（1）**内控缺陷**。（与内控缺陷相关的都要与管理层沟通）

①集团项目组识别出的集团内控缺陷。

②集团项目组识别出的组成部分内控缺陷。

③组成部分注册会计师提请集团项目组关注的内控缺陷。

（2）**舞弊**。（一般舞弊都与管理层沟通，但是管理层舞弊与治理层沟通）

①集团项目组识别出舞弊。

②组成部分注册会计师提请集团关注舞弊。

③有关信息表明可能存在舞弊。

（3）对组成部分财务报表产生重要影响但组成部分管理层尚未知悉的事项：

①要求集团公司管理层告知组成部分管理层。

②拒绝告知，集团项目组应与集团治理层讨论。

③仍未解决，建议组成部分注册会计师考虑不对组成部分出具报告。

真 题 演 练

1.（2018年·单项选择题）在审计集团财务报表时，下列情形中，导致集团项目组无法利用组成部分注册会计师工作的是（　　）。

A. 组成部分注册会计师未处于积极有效的监管环境中

B. 组成部分注册会计师不符合与集团审计相关的独立性要求

C. 集团项目组对组成部分注册会计师的专业胜任能力存有并非重大的疑虑

D. 组成部分注册会计师无法向集团项目组提供所有审计工作底稿

2. (2018年·单项选择题) 对于集团财务报表审计，下列有关组成部分重要性的说法中，错误的是（　　）。

A. 组成部分重要性应当由集团项目组确定

B. 组成部分重要性应当小于集团财务报表整体的重要性

C. 不重要的组成部分无需确定组成部分重要性

D. 不同组成部分的组成部分重要性可能不同

3. (2017年·单项选择题) 在审计集团财务报表时，下列工作类型中，不适用于重要组成部分的是（　　）。

A. 特定项目审计　　　　　　　　B. 实施特定审计程序

C. 财务信息审阅　　　　　　　　D. 财务信息审计

4. (2015年·单项选择题) 下列各项工作中，可以由组成部分注册会计师代表集团项目组执行的是（　　）。

A. 测试集团层面控制运行的有效性　　B. 对不重要的组成部分实施集团层面分析程序

C. 确定对组成部分财务信息执行工作的类型　　D. 了解集团层面的控制和合并过程

5. (2017年·多项选择题) 在审计集团财务报表时，下列各项工作中，应当由集团项目组执行的有（　　）。

A. 了解合并过程

B. 对重要组成部分实施风险评估程序

C. 对不重要的组成部分在集团层面实施分析程序

D. 确定对组成部分执行的工作类型

6. (2015年·多项选择题) 下列各项中，集团项目组应当确定的有（　　）。

A. 集团财务报表明显微小错报的临界值　　B. 组成部分重要性

C. 组成部分实际执行的重要性　　　　　　D. 集团财务报表实际执行的重要性

7. (2019年·简答题) ABC会计师事务所的A注册会计师负责审计甲集团公司2×18年度财务报表。与集团审计相关的部分事项如下：

（1）A注册会计师将资产总额、营业收入或利润总额超过设定金额的组成部分识别为重要组成部分，其余作为不重要的组成部分。

（2）乙公司为重要组成部分，各项主要财务指标均占集团财务报表相关财务指标的50%以上。A注册会计师亲自担任组成部分注册会计师，选取乙公司财务报表中所有金额超过组成部分重要性的项目执行了审计工作，结果满意。

（3）A注册会计师对不重要组成部分的财务报表执行了集团层面分析程序，并对这些组成部分的年末银行存款、借款和与金融机构往来的其他信息实施了函证程序，结果满意。

（4）A注册会计师评估认为重要组成部分丙公司的组成部分注册会计师具备专业胜任能力，复核后认可了其确定的组成部分重要性和组成部分实际执行的重要性。

（5）A注册会计师要求所有组成部分注册会计师汇报组成部分的控制缺陷和超过组成部分实际执行重要性的未更正错报，将其与集团层面的控制缺陷和未更正错报汇总评估后认为：甲集团公司不存在值得关注的内部控制缺陷；集团财务报表不存在重大错报。

要求：

针对上述第（1）至（5）项，逐项指出 A 注册会计师的做法是否恰当。如不恰当，请简要说明理由。

8.（2019 年·简答题）ABC 会计师事务所的 A 注册会计师负责审计甲集团公司 2×18 年度财务报表。与集团审计相关的部分事项如下：

（1）联营企业丙公司的管理层和对其执行法定审计的注册会计师拒绝向 A 注册会计师提供有关信息。A 注册会计师通过甲集团公司管理层取得了丙公司 2×18 年度已审计财务报表，评价了执行法定审计的注册会计师的专业胜任能力和职业道德遵守情况，认为可以信赖其工作。

（2）丁公司为甲集团公司于 2×18 年 1 月设立的子公司，从事衍生品业务。因丁公司各项主要财务指标占集团财务报表相关财务指标的比例较低，A 注册会计师要求组成部分注册会计师采用组成部分重要性对丁公司财务信息执行审阅。

（3）重要组成部分己公司的组成部分注册会计师与己公司治理层和 A 注册会计师沟通了己公司管理层可能存在的舞弊行为。A 注册会计师评估后认为该事项对集团财务报表影响不重大，未再与集团治理层沟通。

要求：

针对上述第（1）至第（3）项，逐项指出 A 注册会计师的做法是否恰当。如不恰当，请简要说明理由。

9.（2016 年·简答题）ABC 会计师事务所的 A 注册会计师负责审计甲集团公司 2×15 年度财务报表，与集团审计相关的部分事项如下：

乙公司为不重要的组成部分，A 注册会计师对组成部分注册会计师的专业胜任能力存在重大疑虑，因此，对其审计工作底稿实施了详细复核，不再实施其他审计程序。

要求：

针对上述事项，指出 A 注册会计师做法是否恰当。如不恰当，请简要说明理由。

10.（2014 年·简答题）ABC 会计师事务所的 A 注册会计师担任多家被审计单位 2×13 年度财务报表审计的项目合伙人，遇到下列事项：

因持续经营能力存在重大不确定性，组成部分注册会计师对乙公司的子公司出具了带强调事项段的无保留意见审计报告。乙公司管理层认为该事项不会对乙公司财务报表产生重大影响。A 注册会计师同意乙公司管理层的判断，拟在无保留意见审计报告中增加其他事项段，提及组成部分注册会计师对子公司出具的审计报告类型、日期和组成部分注册会计师名称。

要求：

针对上述事项，指出 A 注册会计师的做法是否恰当。如不恰当，请简要说明理由。

11.（2016 年·简答题）ABC 会计师事务所负责审计甲集团公司 2×13 年度财务报表。集团项目组在审计工作底稿中记录了集团审计总结，部分内容摘录如下：

（1）联营公司乙公司为重要组成部分。组成部分注册会计师拒绝向集团项目组提供审计工作底稿或备忘录，乙公司管理层拒绝集团项目组对乙公司财务信息执行审计工作，向其提供了乙公司审计报告和财务报表。集团项目组就该事项与集团治理层进行了沟通。

（2）丙公司为重要组成部分。集团项目组利用了组成部分注册会计师对丙公司执行法定审计的结果。集团项目组确定该组成部分重要性为 300 万元，组成部分注册会计师执行法定审计使用的财务报表整体重要性为 320 万元，实际执行的重要性为 240 万元。

（3）戊公司为不重要的组成部分。其他会计师事务所的注册会计师对戊公司财务报表执行了法定审计。集团项目组对戊公司财务报表执行了集团层面分析程序，未对执行法定审计的注册会计师进行了解。

要求：

针对上述第（1）至第（3）项，逐项指出集团项目组的做法是否恰当，并简要说明理由。

12.（2015 年·综合题）甲集团公司是 ABC 会计师事务所的常年审计客户，主要从事化妆品的生产、批发和零售。A 注册会计师负责审计甲集团公司 2×14 年度财务报表，确定集团财务报表整体的重要性为 600 万元。

资料一：

A 注册会计师在审计工作底稿中记录了审计计划，部分内容摘录如下：

（1）子公司乙公司从事新产品研发，2×14 年度新增无形资产 1 000 万元，为自行研发的产品专利，A 注册会计师拟仅针对乙公司的研发支出实施审计程序。

（2）子公司丙公司负责生产，产品全部在集团内销售，A 注册会计师认为丙公司的成本核算存在可能导致集团财务报表发生重大错报的特别风险，拟仅针对与成本核算相关的财务报表项目实施审计。

（3）甲集团公司的零售收入来自 40 家子公司，每家子公司的主要财务报表项目金额占集团的比例均低于 1%，A 注册会计师认为这些子公司均不重要，拟实施集团层面分析程序。

（4）DEF 会计师事务所作为组成部分注册会计师负责审计联营企业丁公司的财务信息，其审计项目组按丁公司利润总额的 3%确定组成部分重要性为 300 万元，实际执行的重要性为 150 万元。

（5）子公司戊公司负责甲集团公司主要原材料的进口业务，通过外汇掉期交易管理外汇风险，A 注册会计师拟使用 50 万元的组成部分重要性对戊公司财务信息实施审阅。

资料二：

A 注册会计师在审计工作底稿中记录了甲集团公司的财务数据，部分内容摘录如下：

金额单位：万元

集团/组成部分	未审数（2×14 年度）		
	资产总额	营业收入	利润总额
甲集团公司（合并）	80 000	60 000 其中： 批发收入 38 000 零售收入 20 000 其他 2 000	12 000
乙公司	1 900	200	(300)

续表

集团/组成部分	未审数（2×14 年度）		
	资产总额	营业收入	利润总额
丙公司	60 000	40 000	8 000
丁公司	20 000	50 000	10 000
戊公司	2 000	200	50

要求：

针对资料一中的事项，结合资料二，假定不考虑其他条件，逐项指出资料一所列审计计划是否恰当。如不恰当，请简要说明理由。

13．（2014 年·综合题）A 注册会计师负责审计甲集团公司 2×13 年度财务报表。

资料一：

与集团审计相关的部分信息摘录如下：

组成部分	组成部分类型	执行工作的类型	组成部分注册会计师
持有 20% 股权的联营企业丙公司	不重要	集团层面分析程序	不适用

资料二：

注册会计师在审计工作底稿中记录了 A 评估错报及处理重大事项的情况，部分内容摘录如下：

丙公司的控股股东拒绝 A 注册会计师接触丙公司的治理层、管理层和注册会计师。A 注册会计师获取了甲集团公司管理层拥有的丙公司财务报表、审计报告及与丙公司相关的信息，在集团层面实施了分析程序，未发现异常，决定不再对丙公司财务信息执行进一步工作。

要求：

针对资料二中的事项，结合资料一，假定不考虑其他条件，指出 A 注册会计师的处理是否恰当。如不恰当，请提出改进建议。

真 题 答 案 及 解 析

1．【答案】 B

【解析】 本题考查了解组成部分会计师相关知识，以及对其存疑的处理方式，需要对选项进行逐一判断。具体分析如下：

选项 A，监管环境属于"外在"，集团项目组的参与本身就具有监督的性质，可以弥补监管环境的不足，不选；

选项 B，独立性属于"灵魂"，必须一尘不染，集团项目组不能利用独立性不符合要求的组成部分注册会计师的工作，当选；

选项 C，专业胜任能力属于"内在"，集团项目组的参与无法弥补组成部分注册会计师内在的重大不足，非重大疑虑可以弥补，不选；

选项 D，组成部分注册会计师无法向集团项目组提供所有审计工作底稿，不代表集团项目组不能利用组成部分注册会计师提供的审计工作底稿，不选。

2. 【答案】 C

【解析】 本题考查组成部分重要性相关知识，需要对选项进行逐一判断。具体分析如下：

选项 A，集团项目组应当基于集团审计的目的，为组成部分确定组成部分重要性，不选；

选项 B，集团财务报表整体的重要性高于组成部分重要性，不选；

选项 C，如果集团项目组计划对不重要的组成部分实施审计或审阅，需要为不重要的组成部分确定重要性，当选；

选项 D，不同的组成部分的重要性如果全部相同，就没必要对组成部分确定重要性，不选。

3. 【答案】 C

【解析】 本题考查对重要的组成部分执行工作的类型。具体分析如下：

选项 ABD，重要组成部分可以实施局审（特定项目审计）、普审（财务信息审计）、风审（实施特定审计程序）；

选项 C，审阅是仅在已执行的工作不能提供充分、适当审计证据时，对选取的不重要组成部分实施的工作之一，不可能针对重要组成部分实施审阅。

4. 【答案】 A

【解析】 本题考查参与组成部分注册会计师工作相关知识点，需要对选项进行逐一判断。具体分析如下：

选项 A，如果预期集团层面控制运行有效，集团项目组应当测试或者要求组成部分注册会计师测试这些控制运行的有效性，因为效果在组成部分体现，当选；

选项 B，对于不重要的组成部分，集团项目组应当在集团层面实施分析程序，因为集团层面分析程序需要集团财务信息，不选；

选项 C，集团项目组应当确定对组成部分财务信息拟执行工作的类型，属于集团审计策略，不选；

选项 D，了解集团层面的控制和合并过程需要集团财务报表信息，不选。

5. 【答案】 ACD

【解析】 本题考查应当由集团项目组执行的工作类型。

选项 ACD 均为审计准则的明确要求。如果由集团项目组亲自对重要组成部分执行相关工作，则选项 B 正确；如果由组成部分注册会计师按照集团审计要求对重要组成部分实施相关工作，集团项目组应当"参与"组成部分注册会计师实施的风险评估程序，而非"执行"风险评估程序。此时，是否选择选项 B 取决于是否认为"参与实施"与"执行"相同。

6. 【答案】 ABD

【解析】 本题考查应当由集团项目组确定的重要性类型。

组成部分项目组只能确定组成部分实际执行的重要性（选项 C 不选），并且还需要集团项目组确认，其他重要性全部由集团项目组确认（选项 ABD 当选）。

7.

【答案】	【答案解读】
（1）不恰当。在识别重要组成部分时还要考虑可能存在导致集团财务报表发生重大错报的特别风险的组成部分。 （2）不恰当。乙公司是具有财务重大性的重要组成部分，应当对乙公司财务信息执行审计。 （3）恰当。 （4）不恰当。应当由集团项目组确定组成部分重要性。 （5）不恰当。应当要求组成部分注册会计师汇报超过集团层面明显微小错报临界值的错报。	（1）重要的组成部分包括因财务重大的和因特别风险而重大的。 （2）因财务重大性的重要组成部分，应当对乙公司财务信息执行审计（所有科目）。 （3）对不重要的组成部分可仅在集团层面对其进行分析。 （4）组成部分的重要性应由集团项目组制定。 （5）超过明显微小错报临界值的错报都是需要累积并更正的。

8.

【答案】	【答案解读】
（1）不恰当，如果集团项目组利用对组成部分执行法定审计的组成部分会计师的工作，集团项目组应当参与组成部分实施的风险评估程序，不能仅评价其专业胜任能力和职业道德遵守情况。 （2）不恰当。针对因风险而重要的组成部分，仅实施审阅不足以获取充分、适当的审计证据。 （3）不恰当。涉及组成部分管理层的舞弊或舞弊嫌疑，应当与治理层沟通。	（1）如果组成部分注册会计师对重要组成部分财务信息执行审计，集团项目组应当参与组成部分注册会计师的风险评估程序，已识别导致集团财务报表发生重大错报的特别风险。 （2）重要的组成部分包含因财务而重要的组成部分和因风险而重要的组成部分。不能因为财务指标的比例较低就认为其不属于重要的组成部分。对重要的组成部分要实施审计而非审阅程序。 （3）舞弊性质很严重，应当与集团治理层沟通。

9.

【答案】	【答案解读】
不恰当。集团项目组对组成部分注册会计师专业胜任能力存在重大疑虑，集团项目组应当就组成部分财务信息亲自获取充分适当的审计证据，而不应要求组成部分注册会计师对组成部分财务信息执行相关工作。	专业胜任能力属于"内在"，集团项目组的参与无法弥补组成部分注册会计师内在的重大不足，集团项目组应当就组成部分财务信息亲自获取充分适当的审计证据。

10.

【答案】 不恰当。不应在审计报告中提及组成部分注册会计师/如果提及组成部分注册会计师,应指明这种提及并不减轻 ABC 会计师事务所/A 注册会计师对乙公司审计意见承担的责任。	【答案解读】"自己的事情自己负责。" (1) 集团项目合伙人及其所在的会计师事务所对集团审计意见负全部责任,对集团财务报表出具的审计报告不应提及组成部分注册会计师(提及就有"甩锅"嫌疑),除非法律法规另有规定。 (2) 如果法律法规要求在审计报告中提及组成部分注册会计师,审计报告应当指明,这种提及并不减轻集团项目合伙人及其所在的会计师事务所对集团审计意见承担的责任。

11.

【答案】 (1) 恰当。该事项属于审计过程中遇到的重大困难,应当与治理层进行沟通。 (2) 不恰当。组成部分注册会计师在执行法定审计时应使用 300 万元作为重要性/组成部分注册会计师执行法定审计使用的重要性大于集团项目组确定的该组成部分重要性,集团项目组不能利用法定审计的工作结果。 (3) 恰当。其他会计师事务所的注册会计师不构成组成部分注册会计师,集团项目组无需对其进行了解/仅实施集团层面分析程序,无需了解其他注册会计师。	【答案解读】 (1) 该事项属于集团审计受到限制(重大困难),应当与治理层进行沟通。 (2) 组成部分实际执行重要性不应大于组成部分财务报表整体的重要性。 (3) 不重要的组成部分且未被添加,只需要执行集团层面分析程序。

12.

【答案】 (1) 恰当。	【答案解读】 (1) 第一步:判断组成部分。 新增无形资产 1 000 万元大于集团财务报表整体的重要性 600 万元,即因风险而重大。

	第二步：确定实施的程序。 仅针对乙公司的研发支出实施审计程序属于局审。 因风险为重大的组成部分可以实施普审（对财务报表实施审计程序）、局审（针对特定项目实施审计）、风审（针对特别风险实施特定的审计程序）。
（2）不恰当。丙公司是具有财务重大性的重要组成部分，应当对丙公司的财务信息实施审计。	（2）第一步：判断组成部分。 丙公司的资产总额、营业收入和利润总额均大于集团整体的50%，属于具有财务重大性的重要组成部分。 第二步：确定实施的程序。 具有财务重大性的重要组成部分，应当实施普审（对财务信息实施审计）。
（3）不恰当。零售收入占集团营业收入的三分之一，属于金额重大，对这40家子公司仅在集团层面实施分析程序不足够。	（3）零售收入占集团营业收入的三分之一，不属于不重要组成部分，仅在集团层面实施分析程序不够。
（4）不恰当。丁公司属于对集团具有财务重大性的重要组成部分。集团项目组应当确定丁公司财务报表整体的重要性。丁公司实际执行的重要性可以由集团项目组确定，或者由DEF会计师事务所确定但由集团项目组进行评价。	（4）组成部分财务报表整体的重要性应当由集团项目组确定，组成部分实际执行的重要性可以由集团项目组确定，或者由组成部分注册会计师确定但由集团项目组进行评价。
（5）不恰当。戊公司的业务涉及外汇掉期交易，属于可能存在导致集团财务报表发生重大错报的特别风险的重要组成部分，应当实施审计程序。	（5）第一步：判断组成部分。 戊公司的业务涉及外汇掉期交易，属于可能存在导致集团财务报表发生重大错报的特别风险的重要组成部分。 第二步：确定实施的程序。 因风险为重大的组成部分不能仅实施审阅程序，可以实施普审（对财务报表实施审计程序）、局审（针对特定项目实施审计）、风审（针对特别风险实施特定的审计程序）。

13.

| 【答案】 恰当。 | 【答案解读】
第一步：判断是否为重要组成部分。
[1] 丙公司属于不重要组成部分。
第二步：确定事项。
[2] 无法接触丙公司的治理层、管理层和注册会计师。
获取了甲集团公司管理层拥有的丙公司财务报表、审计报告及与丙公司相关的信息。（即能够获得"三件宝"）
不重要组成部分能够获得"三件宝"不构成审计范围受限。 |

第十七章 其他特殊项目的审计

本章考情 Q&A

Q：本章的重要性如何？
A：本章考点多，考频高，每年分值为 8 分左右，排在本书各章的首位，属于绝对重要章节。

Q：本章知识点在考试中通常以什么形式出现？
A：本章知识点主要以选择题和简答题的形式出现，也会在综合题中进行考查。

Q：本章考点多，从应试的角度该如何把握重点？
A：本章官方教材中的前两节（会计估计审计和关联方审计）更注重风险评估和风险应对的业务流程，即需要掌握不同情况的审计程序；后两节（考虑持续经营假设和首次接受委托时对期初余额的审计）更强调注册会计师在面对该事项时的责任以及识别出事项的处理。

Q：本章 2020 年的主要变动有哪些？
A：无实质性变动，修改了部分表述。

Q：本章主要考点历年分布如何？
A：以下是老师们的统计。

	考点	2010 年	2011 年	2012 年	2013 年	2014 年	2015 年	2016 年	2017 年	2018 年	2019 年
审计会计估计	估计的不确定性						√		√	√	
	会计估计的风险评估程序					√	√		√		
	应对评估的重大错报风险							√	√	√	√
	应对会计估计导致的特别风险							√	√		
	评价会计估计的合理性并确定错报				√			√	√	√	
	其他相关审计程序					√	√			√	

续表

考点		2010年	2011年	2012年	2013年	2014年	2015年	2016年	2017年	2018年	2019年
关联方的审计	识别和评估关联方重大错报风险				√		√	√	√		
	识别出管理层未向注册会计师披露的关联方关系或重大关联方交易时的应对程序		√				√				
	识别超出正常经营过程的重大关联方交易					√	√				
考虑持续经营假设	对持续经营的责任				√						
	应对与持续经营相关的重大错报风险			√		√				√	√
	持续经营对审计报告的影响						√	√		√	
期初余额的审计	期初余额的审计目标					√				√	
	期初余额的审计程序						√	√	√		

经 典 例 题

【考点一】会计估计的不确定性

【例题1·2018年·单项选择题】下列有关估计不确定性的说法中，错误的是（   ）。

A. 会计估计涉及的预测期越长，估计不确定性越高

B. 会计估计与实际结果之间的差异越大，估计不确定性越高

C. 会计估计所使用的不可观察输入值越多，估计不确定性越高

D. 历史数据与会计估计预测未来事项的相关性越小，估计不确定性越高

【答案】 B

【解析】 会计估计具有不确定性，本题考查会计估计不确定性的影响因素，具体分析如下：

选项A，预测期越长，数据越难获取，估计的不确定性越高，不选；

选项B，估计的不确定性越高，可能会导致会计估计与实际结果之间的差异越大，选项因果关系颠倒，当选；

选项C，不可观察输入值指的是不能从市场数据中取得的输入值，这种输入值没得到市场的验

证，用得越多，会计估计的不确定性越高，不选；

选项 D，历史数据与会计估计预测未来事项的相关性越小，越难预测，估计不确定性越高，不选。

【例题2·2018年·多项选择题】下列各项会计估计中，可能具有高度估计不确定性的有（　　）。

A. 未采用经认可的计量技术计算的会计估计
B. 高度依赖管理层判断的会计估计
C. 采用高度专业化的、由被审计单位自主开发的模型作出的公允价值会计估计
D. 在缺乏可观察到的输入数据的情况下作出的公允价值会计估计

【答案】　ABCD

【解析】　本题考查具有高度估计不确定性的事例，具体分析如下：

选项 A，计量技术未经认可，也就是没有经过市场的检验，其作出的会计估计可能具有高度估计不确定性，当选。

选项 B，越依赖判断，不确定性越高。如果是高度依赖判断，其作出的会计估计可能具有高度估计不确定性，当选。

选项 C，自主开发的模型不是市场通用的模型，也是没有经过市场检验的，其作出的会计估计可能具有高度估计不确定性，当选。

选项 D，可观察输入值指的是能从市场数据中取得的输入值，如果缺乏可观察输入值，也就是没有事实验证，其作出的会计估计可能具有高度估计不确定性，当选。

【私教点拨】　估计的不确定性程度与具有高度估计不确定性的判断总结，见表17-1。

表17-1　估计的不确定性程度与具有高度估计不确定性的判断

估计不确定性程度（影响因素）	具有高度估计不确定（情形）
会计估计对判断的依赖程度	高度依赖判断的会计估计
会计估计对假设变化的敏感性	对假设变化非常敏感的会计估计
是否存在可以降低估计不确定性的经认可的计量术	未采用经认可的计量技术计算的会计估计（采用自主开发的、高度专业化的模型计算的会计估计）
预测期的长度从过去事项得出的数据对预测未来事项的相关性	预测期非常长；过去事项得出的数据对预测未来事项不相关
是否能够从外部来源获得可靠的数据	无法从外部来源获得可靠的数据
会计估计依据可观察到的或不可观察到的输入数据的程度	缺乏可观察到的输入数据的情况下作出的公允价值会计估计

【提示】
(1) 不确定性程度的考虑因素，如果给出的是一个"消极"的结果，就可能具有高度估计不确定。
(2) 具有高度不确定性的会计估计**一定要考虑**其是否会导致特别风险（不是必然导致特别风险）

【考点二】 会计估计的风险评估程序

【例题 1·2018 年·简答题】

ABC 会计师事务所的 A 注册会计师负责审计甲公司 2×17 年度财务报表。与会计估计审计相关的部分事项如下： 2×16 年末，管理层对某项应收款项全额计提了坏账准备 [1]。因 2×17 年全额收回该款项 [2]，管理层转回了相应的坏账准备。A 注册会计师据此认为 2×16 年度财务报表存在重大错报 [3]，要求管理层更正 2×17 年度财务报表的对应数据。 要求： 针对上述事项，指出 A 注册会计师的做法是否恰当。如不恰当，请简要说明理由。	【审题过程】 [1] [2] 上年末计提了全额坏账，在本年又全部收回了（即上年会计估计与实际结果存在差异）。 [3] 据此认为上年的会计估计存在重大错报是不恰当的。因为会计估计本身具有不确定性，上年的会计估计与实际结果存在差异，并不必然表明存在错报。

【答案】 不恰当。2×16 年度财务报表中的会计估计与实际结果存在差异，并不必然表明 2×16 年度财务报表存在错报。

【例题 2·2015 年·单项选择题】 下列与会计估计审计相关的程序中，注册会计师应当在风险评估阶段实施的是（　　）。

A. 复核上期财务报表中会计估计的结果
B. 确定管理层做出会计估计的方法是否恰当
C. 评价会计估计的合理性
D. 确定管理层是否恰当运用与会计估计相关的财务报告编制基础

【答案】 A

【解析】 本题考查会计估计的风险评估程序，具体分析如下：

选项 A，审计本期的会计估计，是要确定本期的会计估计是否恰当。如果是复核上期的会计估计在本期的结果，其实是想看上期的会计估计与实际结果的差异，本质上是在看会计估计的不确定性，是在做风险评估，当选。

选项 B，确定方法是否恰当是在做风险应对，不选。

选项 C，评价会计估计的合理性是在做风险应对，不选。

选项 D，确定运用财务报告编制基础是否恰当是在做风险应对，不选。

【私教点拨】 考生可通过关键字判断给出的程序属于风险评估还是风险应对。

(1) 属于风险评估的关键字：了解、复核（上期）。

(2) 属于风险应对的关键字：确定、评价、复核（本期）。

【提示】 本期财务报表审计，是确定本期的内容，复核上期会计估计在本期的结果，其实是想看上期的会计估计与实际结果的差异（有差异也不必然表明上期存在错报），本质上是在看会计估计的不确定性程度，是在做风险评估。

【考点三】 应对评估的重大错报风险

【例题·2015年·多项选择题】下列各项审计工作中，可以应对与会计估计相关的重大错报风险的有（　　）。
A. 测试与管理层作出会计估计相关的控制的运行有效性
B. 作出注册会计师的点估计或区间估计，以评价管理层的点估计
C. 确定截至审计报告日发生的事项是否提供有关会计估计的审计证据
D. 测试管理层如何作出会计估计以及会计估计所依据的数据

【答案】 ABCD

【解析】 本题考查应对会计估计导致的重大错报风险，具体分析如下：

选项A，根据风险应对的总体思路（控制测试和实质性程序）可得出，测试与管理层作出会计估计相关的控制的运行有效性是应对程序之一，当选；

选项B，会计估计的特殊性，注册会计师可以做出一个点估计或者区间估计去评价管理层的点估计，当选；

选项C，会计估计是在期末根据可获得的所有信息作出的，可能期末以后有事实证明在期末作出的会计估计是否合理，当选；

选项D，应对会计估计的重大错报风险，测试管理层如何作出会计估计以及会计估计所依据的数据是比较直接的一个方法，当选。

【私教点拨】 为应对评估的会计估计导致的重大错报风险，注册会计师应当实施下列一项或多项审计程序：（以坏账准备为例）

（1）财务报表日，被审计单位未计提坏账准备，但是在财务报表日后（截至审计报告日）得知被审计单位的客户早已陷入财务困境。此时就提供了需要对该笔应收账款计提坏账准备的依据。(**确定截至审计报告日发生的事项是否提供有关会计估计的审计证据**)

（2）询问管理层为什么没有对应收账款计提坏账准备，不计提坏账准备的依据是什么。(**测试管理层如何作出会计估计以及会计估计所依据的数据**)

（3）询问管理层是否有与计提坏账准备的相关规定以及执行情况如何，并实施相应的检查程序等予以验证。(**测试与管理层如何作出会计估计有关的控制的运行有效性，并实施恰当的实质性程序**)

（4）根据被审计单位的实际情况以及历史数据，做出坏账准备的区间，用以评价管理层的估计是否合理。(**作出注册会计师的点估计或区间估计，以评价管理层的点估计**)

【考点四】应对会计估计导致的特别风险

【例题·2016年·简答题】

甲公司是ABC会计师事务所的常年审计客户。A注册会计师负责审计甲公司2×15年度财务报表，确定财务报表整体的重要性为200万元，审计工作底稿中与会计估计审计相关的部分事项摘录如下： （1）因甲公司2×15年度经营情况较上年度没有发生重大变化，A注册会计师通过实施分析程序[1]对上年会计估计在本年的结果进行了复核，以评估与会计估计相关的重大错报风险。 （2）甲公司管理层实施固定资产减值测试时采用的重大假设具有高度估计不确定性，导致特别风险[2]。A注册会计师评价了管理层采用的计量方法，测试了基础数据，并将重大假设与相关历史数据进行了比较[3]，并未发现重大差异，据此认为管理层的减值测试结果合理。 要求： 针对上述第（1）至第（2）项，逐项指出A注册会计师做法是否恰当。如不恰当，请简要说明理由。	【审题过程】 [1] 分析程序，适用于存在"预期关系"的情形。如果是"高度估计不确定性"的会计估计，可能这种"预期关系"是不存在的，在这种情况下，仅实施分析程序就不足以评估重大错报风险了。 [2] 指明了是"特别风险"。 [3] 可看出注册会计针对该风险做的程序有：①评价了计量方法；②测试了基础数据；③将重大假设与历史数据进行了比较。（针对特别风险，注册会计师没有评价管理层如何评估估计不确定性对会计估计的影响和相关披露的充分性。）

【答案】
（1）不恰当。对具有高度估计不确定性的会计估计仅实施分析程序不够。
（2）不恰当。对存在特别风险的会计估计，注册会计师未评价管理层如何考虑替代性的假设/未评价管理层在作出会计估计时如何处理估计不确定性。（在审计导致特别风险的会计估计时，注册会计师需要重点评价：管理层是如何评估估计不确定性对会计估计的影响，以及这种不确定性对财务报表中会计估计的确认的恰当性可能产生的影响；相关披露的充分性。）

【私教点拨】 应对会计估计导致的特别风险审计程序总结，见表17-2。

表 17-2 应对会计估计导致的特别风险审计程序

重点评价	审计程序
(1) 管理层如何评估估计不确定性对会计估计的影响,以及这种不确定性对财务报表中会计估计的确认的恰当性可能产生的影响。 (2) 相关披露的充分性	评价管理层如何考虑替代性的假设或结果,以及拒绝采纳的原因,或者在管理层没有考虑替代性的假设或结果的情况下,评价管理层在作出会计估计时如何处理估计不确定性
	评价管理层使用的重大假设是否合理
	当管理层实施特定措施的意图和能力与其使用的重大假设的合理性或对适用的财务报告编制基础的恰当应用相关时,评价这些意图和能力
	必要时作出区间估计。 【提示】 (1) 必要时:因为会计估计的不确定性程度很高,可能不需要在财务报表中确认,只需要披露,此时就不需要做区间估计去评价了。 (2) 区间估计:导致特别的会计估计一定是具有高度估计不确定性的会计估计,没法做出点估计
	确定管理层对会计估计在报表中予以确认或不予确认的决策是否合理
	确定作出会计估计所选择的计量基础是否恰当

【提示】 从本质上去理解记忆审计程序。
(1) 导致特别风险的会计估计一定是具有高度估计不确定性的会计估计。会计估计是建立在一系列的假设上作出的,如果具有高度估计不确定性,那么对假设的敏感性就较高,所以在应对特别风险时需特别关注"替代性假设""重大假设"。
(2) 会计准则要求,如果会计估计不满足确认条件,只需在附注中披露即可。高度估计不确定性的会计估计,很可能不满足确认条件,所以要关注管理层对会计估计在报表中予以确认或不予确认的决策是否合理

【考点五】评价会计估计的合理性并确定错报

【例题 1 · 2018 年 · 简答题】

ABC 会计师事务所的 A 注册会计师负责审计甲公司 2×17 年度财务报表。与会计估计审计相关的部分事项如下: 2×17 年末,甲公司确认与产品保修义务相关的预计负债 400 万元 [1],A 注册会计师作出的点估计为 600 万元 [2]。管理层将预计负债调增至 550 万元 [3]。A 注册会计师将未调整的 50 万元作为错报累积。 要求: 针对上述事项,指出 A 注册会计师的做法是否恰当。如不恰当,请简要说明理由。	【审题过程】 [1] [3] 管理层的点估计最终是 550 万元。 [2] 注册会计师的点估计是 600 万元。 相关规定:注册会计师的点估计与管理层的点估计之间的差异构成错报。

【答案】 恰当。

【例题 2·2017 年·单项选择题】

下列有关会计估计错报的说法中，正确的是（　　）。

A. 当审计证据支持注册会计师的点估计时，该点估计与管理层的点估计之间的差异构成错报

B. 由于会计估计具有主观性，与会计估计相关的错报是判断错报

C. 如果会计估计的结果与上期财务报表中已确认的金额存在重大差异，表明上期财务报表存在错报

D. 如果管理层的点估计在注册会计师的区间估计内，表明管理层的点估计不存在错报

【答案】　A

【解析】　本题考查评价会计估计的合理性并确定错报，具体分析如下：

选项 A，注册会计师作出的点估计是有审计证据的支持的，如果管理层的点估计与注册会计师的点估计有所差异，那么该差异构成错报，当选；

选项 B，判断错报是假设性错误，如果存在会计估计的计算性错误就会有事实错报，如果审计会计估计时运用抽样还可能存在推断错报，不选；

选项 C，会计估计存在不确认性，会计估计的结果与上期财务报表中已确认的金额存在重大差异，并不必然表明上期财务报表存在错报，不选；

选项 D，管理层的点估计在注册会计师的区间估计内，只能说明管理层的点估计是可能的和合理的，误差在允许的范围之内，但不足以说明会计估计不存在错报，不选。

【私教点拨】　错报知识点的观点性比较强，对错比较容易区分。考试中会出现一些描述，看似是正确的观点，但却是错误的观点。有关错报的观点辨析，见表 17-3。

表 17-3　有关错报的观点辨析

观点	判断结果	理由
如果管理层的点估计在注册会计师的区间估计内，表明管理层的点估计不存在错报	错误	该观点太绝对，如果注册会计师的区间估计不能获取充分、适当的审计证据，那么即使管理层的点估计落在该区间里，也不能证明是合理的
凡是会计估计的错报，都是判断错报	错误	该观点太绝对，对于会计估计的错报，包括事实错报、判断错报和推断错报（另外，对于错报不小于管理层的点估计与注册会计师的区间估计之间的最小差异，该错报一定是判断错报，这个观点是正确的）
存在管理层偏向的迹象表明存在错报	错误	准确的说法为，管理层偏向的迹象本身并不构成错报

【考点六】其他相关审计程序

【例题·2018 年·简答题】

ABC 会计师事务所的 A 注册会计师负责审计甲公司 2×17 年度财务报表。与会计估计审计相关的部分事项如下：

| 甲公司对其产品提供一年的保修义务，根据以往经验，保修费用占销售收入的比例为 5% 至 10%，管理层按 5% ［1］ 确认了 2×17 年度的保修费用。A 注册会计师认为可能存在管理层偏向 ［2］，要求管理层调整计提比例。

要求：
针对上述事项，指出 A 注册会计师的做法是否恰当。如不恰当，请简要说明理由。 | 【审题过程】
［1］以往的经验是 5% 至 10%；管理层的计提比例是 5%。
［2］注册会计师据此认为存在管理层偏向，该做法不妥（要在做评价的基础上得出结论，应当复核管理层在作出会计时的判断和决策）。 |

【答案】 不恰当。识别是否可能存在管理层偏向的迹象时，注册会计师应复核管理层在作出会计估计时的判断和决策。

【私教点拨】 其他相关审计程序包括以下内容：

(1) 关注与会计估计相关的披露。

(2) 识别可能存在管理层偏向的迹象（识别是否可能存在管理层偏向的迹象时，注册会计师应复核管理层在作出会计估计时的判断和决策）。

(3) 获取书面声明。

【考点七】识别和评估关联方重大错报风险

【例题·2016 年·单项选择题】下列情形中，注册会计师应当将其评估为存在特别风险的是（　　）。

A. 被审计单位将重要子公司转让给实际控制人控制的企业并取得大额转让收益

B. 被审计单位对母公司的销量占总销量的 50%

C. 被审计单位与收购交易的对方签订了对赌协议

D. 被审计单位销售产品给子公司的价格低于销售给第三方的价格

【答案】 A

【解析】 本题考查关联方审计中一定评估为特别风险的情形，根据需要满足的条件，具体分析如下：

选项 A，将重要子公司转让属于超出正常经营过程的交易；取得大额转让收益属于重大的；实际控制人控制的企业是关联方。满足特别风险的三个条件，当选。

选项 B，对母公司的销量占总销量的 50% 属于重大的；母公司是其关联方。只满足两个条件，不一定是特别风险，不选。

选项 C，签订对赌协议属于超出正常经营过程的交易；收购交易的对方属于关联方。只满足两个条件，不一定是特别风险，不选。

选项 D，子公司属于关联方；销售交易是正常的交易，并非超出正常经营过程的交易，题中也没指明是"重大"的，不选。

【私教点拨】 关联方审计中，一定评估为特别风险的要同时满足以下三个条件，缺一不可：

（1）超出正常经营过程的交易。（超）

（2）该交易是重大的。（重）

（3）该交易是对关联方的。（关）

【考点八】识别出管理层未向注册会计师披露的关联方关系或重大关联方交易时的应对程序

【例题·2015年·多项选择题】如果识别出管理层未向注册会计师披露的重大关联方交易，下列各项措施中，注册会计师应当采取的有（　　）。

A. 将与新识别的重大关联方交易相关的风险评估为特别风险

B. 重新考虑可能存在管理层以前未向注册会计师披露的其他关联方或重大关联方交易的风险

C. 对新识别的重大关联方交易实施恰当的实质性程序

D. 立即将相关信息向项目组其他成员通报

【答案】 BCD

【解析】 本题考查识别出管理层未向注册会计师披露的重大关联方交易时的应对程序，具体分析如下：

选项A，识别出管理层未向注册会计师披露的重大关联方交易不一定导致特别风险（特别风险要同时满足"超""重""关"三个条件），不选；

选项B，识别出管理层未向注册会计师披露的重大关联方交易，注册会计师更应该保持职业怀疑，重新考虑可能存在的风险，当选；

选项C，既然识别出了新的关联方或重大关联方交易，就要对其实施实质性程序，当选；

选项D，立即将相关信息向项目组其他成员通报，让项目组其他成员也都保持警觉，当选。

【私教点拨】 针对识别出以前未识别出或未向注册会计师披露的关联方关系或重大关联方交易，注册会计师应：（牢记关键词）

（1）立即将相关信息向项目组其他成员**通报**。

（2）在适用的财务报告编制基础对关联方作出规定的情况下，要求管理层识别与新识别出的关联方之间发生的**所有**交易，以便注册会计师作出进一步评价，并询问与关联方关系及其交易相关的控制为何未能识别或披露该关联方关系或交易。

（3）对新识别出的关联方或重大关联方交易实施恰当的实质性**程序**。

（4）**重新考虑**可能存在管理层以前未识别出或未向注册会计师披露的其他关联方或重大关联方交易的风险，如有必要，实施追加的审计程序。

（5）如果管理层不披露关联方关系或交易看似是有意的，因而显示可能存在由于舞弊导致的重大错报风险，注册会计师应评价这一情况对审计的影响。注册会计师因此还可能考虑是否有必要重新评价管理层对询问的答复以及管理层声明的可靠性。

【提示】 关键词汇总可记忆为：通报，所有，程序，重新考虑，是否有意。

【考点九】 识别超出正常经营过程的重大关联方交易

【例题·2015年·单项选择题】 如果注册会计师识别出超出正常经营过程的重大关联方交易导致的舞弊风险，下列程序中，通常能够有效应对该风险的是（　　）。

A. 评价交易是否具有合理的商业理由
B. 检查交易是否按照适用的财务报告编制基础进行会计处理和披露
C. 就交易事项向关联方函证
D. 检查交易是否经适当的管理层审批

【答案】 A

【解析】 本题考查注册会计师识别出超出正常经营过程的重大关联方交易导致的舞弊风险的应对程序，根据该类交易的核心风险点选择有效的审计程序，具体分析如下：

选项A，"超""重""关"，交易越"超常"越容易产生风险，故最具有针对的应对程序应当能够揭示交易的"超常"之处，换句话说，能够确定交易是否具有合理的商业理由，当选；

选项B，评价完商业理由，再看交易是否按照适用的财务报告编制基础进行会计处理和披露，这样才有意义，不选；

选项C，关联方之间可能串通，函证很可能无效，不选；

选项D，如果被审计单位与关联方串通舞弊或关联方对被审计单位具有支配性影响，被审计单位与授权和批准相关的控制可能是无效的，不选。

【私教点拨】 注册会计师识别出超出正常经营过程的重大关联方交易时的处理总结，见表17-4。

表17-4 注册会计师识别出超出正常经营过程的重大关联方交易时的处理

结论	直接认定为存在**特别风险**	
程序	检查相关合同或协议（如有）	交易的（或缺乏）商业理由是否表明被审计单位的目的是对财务信息作出虚假报告或隐瞒侵占资产
		交易条款是否与管理层的解释一致
		关联方交易是否已按编制基础得到恰当会计处理和披露
	获取交易已经恰当授权和批准的审计证据	授权和批准可能表明"超""重""关"交易已在被审计单位内部适当层面进行了考虑，并在财务报表中恰当披露了交易的条款和条件
	【提示】 上述程序中，评价商业理由是有效的审计程序；其他程序虽要求必做，但通常不能有效应对。例如，商业理由不合理，即使已按编制基础得到恰当会计处理和披露，也无意义。 另外，授权和批准本身不足以就是否不存在由于舞弊或错误导致的重大错报风险得出结论，原因在于如果被审计单位与关联方串通舞弊或关联方对被审计单位具有支配性影响，被审计单位与授权和批准相关的控制可能是无效的	

【记忆口诀】 检查合同或协议，获取授权和批准。

【记忆技巧】 "超""重""关"，交易越"超常"越容易产生风险，应对该核心风险的程序应当能够揭示交易的"超常"之处,故要首先检查相关的合同或协议。

【考点十】对持续经营的责任

【例题·2014年·单项选择题】下列有关注册会计师对持续经营假设的审计责任的说法中,错误的是(   )。

A. 注册会计师有责任就管理层在编制和列报财务报表时运用持续经营假设的适当性获取充分、适当的审计证据

B. 如果适用的财务报告编制基础不要求管理层对持续经营能力作出专门评估,注册会计师没有责任对被审计单位的持续经营能力是否存在重大不确定性作出评估

C. 除询问管理层外,注册会计师没有责任实施其他审计程序,以识别超出管理层评估期间并可能导致对被审计单位持续经营能力产生重大疑虑的事项或情况

D. 注册会计师未在审计报告中提及持续经营能力的不确定性,不能被视为对被审计单位持续经营能力的保证

【答案】 B

【解析】 本题考查注册会计师对持续经营的责任,具体分析如下:

选项 A,审计的要求是要取得合理保证,合理保证就需要获取充分适当的审计证据,不选;

选项 B,不管财务报告编制基础是否要求管理层对持续经营能力作出专门评估,注册会计师都有责任对被审计单位的持续经营能力是否存在重大不确定性作出评估,当选;

选项 C,识别超出管理层评估期间的事项,注册会计师除询问外,没有其他责任(如果是识别出了事项,注册会计师仅询问就不够了),不选;

选项 D,因为未来事项本身难以预测,再加上审计固有限制的存在,不选。

【私教点拨】 与持续经营相关的责任总结,见表 17-5。

表 17-5 与持续经营相关的责任

责任	具体内容
一直在	**无论**财务报告编制基础有没有明确要求管理层对持续经营能力作出专门评估,注册会计师**都有**责任就管理层运用持续经营假设的适当性获取充分、适当的审计证据,并就持续经营能力是否存在重大不确定性得出结论
不默认保证	注册会计师未在审计报告中提及持续经营的不确定性,不能被视为对被审计单位持续经营能力的保证
超出期间	除询问管理层外,注册会计师没有责任实施其他审计程序,以识别超出管理层评估期间并可能导致对被审计单位持续经营能力产生重大疑虑的事项或情况

【考点十一】应对与持续经营相关的重大错报风险

【例题1·2012年·单项选择题】注册会计师对被审计单位 2×11 年 1 月至 6 月财务报表进行审计,并于 2×11 年 8 月 31 日出具审计报告。下列各项中,管理层在编制 2×11 年 1 月至 6 月财务报表时,评估其持续经营能力应当涵盖的最短期间是(   )。

A. 2×11年7月1日至2×12年6月30日止期间
B. 2×11年9月1日至2×12年8月31日止期间
C. 2×11年7月1日至2×11年12月31日止期间
D. 2×11年7月1日至2×12年12月31日止期间

【答案】 A

【解析】 本题考查评估持续经营能力应当涵盖的最短期间，解答本题需要关注一个时间节点（财务报表日）和一个时长（最短12个月），具体分析如下：

选项A，财务报表日是2×11年6月30日，评估期间应自2×11年7月1日起至少12个月，即到2×12年6月30日，当选；

选项B，评估起点应是2×11年7月1日，不选；

选项C，评估截点应是2×12年6月30日，不选；

选项D，如果题目问的不是"最短期间"，则选项D也是对的（12个月是最低要求），不选。

【例题2·2015年·单项选择题】下列有关注册会计师评价管理层对持续经营能力作出的评估的说法中，错误的是（　　）。

A. 注册会计师应当纠正管理层对持续经营能力作出评估时缺乏分析的错误

B. 注册会计师应当询问管理层是否知悉超出评估期间的、可能导致对持续经营产生重大疑虑的事项或情况

C. 在评价管理层作出的评估时，注册会计师应当考虑该评估是否已包括注册会计师在审计过程中注意到的所有相关信息

D. 注册会计师评价的期间应当与管理层对持续经营能力作出评估期间相同，通常为自财务报表日起的12个月

【答案】 A

【解析】 本题考查注册会计师评价管理层对持续经营能力作出的评估，具体分析如下：

选项A，注册会计师有责任就管理层运用持续经营假设的适当性获取充分、适当的审计证据，并就持续经营能力是否存在重大不确定性得出结论。纠正管理层缺乏分析的错误不是注册会计师的责任，当选。

选项B，超出评估期间的，不强制管理层进行评估，对注册会计师的要求也更低，注册会计师除了询问不需要实施其他任何程序，不选。

选项C，评价需要基于可获得的所有信息，不选。

选项D，管理层评估持续经营能力，注册会计评价管理层的评估，两者的涵盖期间应当相同，不选。

【例题3·2015年·多项选择题】识别出可能导致对持续经营能力产生重大疑虑的事项或情况，下列审计程序中，注册会计师应当实施的有（　　）。

A. 注册会计师评价与持续经营能力评估相关的未来应对计划对于被审计单位的具体情况是否可行

B. 考虑自管理层作出评估后是否存在其他可获得的事实或信息
C. 要求管理层提供有关未来应对计划及其可行性的书面声明
D. 如果管理层尚未对被审计单位持续经营能力作出评估，提请其进行评估

【答案】 ABCD

【解析】 本题考查识别出可能导致对持续经营能力产生重大疑虑的事项或情况时，注册会计师的应对程序。该类题目要理清思路，分不同的情形实施不同的程序，具体分析如下：

选项A，有未来应对计划，注册会计师应评价其是否可行，当选；

选项B，考虑有没有其他信息对管理层的评估进行验证，当选；

选项C，未来的事情本身具有不确定性，管理层制订了未来应对计划，要让其保证计划的可行性，当选；

选项D，若管理层还未评估，应先提请其进行评估，当选。

【私教点拨】 应对与持续经营相关的重大错报风险汇总，见表17-6。

表17-6 应对与持续经营相关的重大错报风险

事项	程序
评价管理层对持续经营能力做出的评估	(1) 评估其持续经营能力应当涵盖的最短期间为自财务报表起的12个月，注意是12个月而非一个自然会计年度。 (2) 在某些情况下，管理层缺乏详细分析以支持其评估，可能不妨碍注册会计师确定管理层运用持续经营假设是否适合具体情况。如被审计单位具有盈利经营的记录并很容易获得财务支持，管理层不需要详细分析就可作出评估，注册会计师可能无需详细评价，就可以得出结论
超出管理层评估期间的事项或情况的应对程序	(1) 注册会计师应当询问管理层是否知悉超出评估期间的、可能导致对持续经营能力产生重大疑虑的事项或情况。 (2) 除询问管理层外，注册会计师没有责任实施其他任何审计程序。 (3) 只有持续经营迹象达到重大时，注册会计师才需要考虑采取进一步措施
识别出事项或情况时实施追加的程序	(1) 如果管理层尚未对被审计单位持续经营能力作出评估，提请其进行评估。 (2) 评价管理层与持续经营能力评估相关的未来应对计划，这些计划的结果是否可能改善目前的状况，以及管理层的计划对于具体情况是否可行。 (3) 如果被审计单位已编制现金流量预测，且对预测的分析是评价管理层未来应对计划时所考虑的事项或情况的未来结果的重要因素，评价用于编制预测的基础数据的可靠性，并确定预测所基于的假设是否具有充分的支持。 (4) 考虑自管理层作出评估后是否存在其他可获得的事实或信息。 (5) 要求管理层和治理层（如适用）提供有关未来应对计划及其可行性的书面声明

【考点十二】 持续经营对审计报告的影响

【例题1·2018年·简答题】

ABC会计师事务所的A注册会计师负责审计多家上市公司2×17年度务报表，遇到下列与审计报告相关的事项：

| 因原董事长以公司名义违规对外提供多项担保，导致戊公司2×17年发生多起重大诉讼，多个银行账户被冻结，业务停止，主要客户和员工流失[1]。管理层在2×17年度财务报表中确认了大额预计负债，并披露了持续经营存在的重大不确定性。A注册会计师认为存在多项对财务报表整体具有重要影响的重大不确定性，拟对戊公司财务报表发表无法表示意见。

要求：
针对上述事项，指出A注册会计师的做法是否恰当。如不恰当，请简要说明理由。 | 【审题过程】
[1]从多起、多个、停业等字眼，可见被审计单位存在多项不确定性。
相关规定：当存在多项对财务报表整体具有重要影响的重大不确定性时，注册会计师可能认为发表无法表示意见而非增加以"持续经营相关的重大不确定性"为标题的单独部分是适当的。 |

【答案】 恰当。

【例题2·2016年·简答题】

| A注册会计师负责审计甲公司2×15年度财务报表。遇到下列与审计报告相关的事项：
甲公司的某重要子公司将于2×16年清算[1]，其2×15年度财务报表以非持续经营为基础编制，甲公司管理层在合并财务报表附注中披露了该情况[2]，A注册会计师拟在对甲公司合并财务报表出具的审计报告中增加强调事项段[3]，提醒财务报表使用者关注该事项。

要求：
针对上述事项，指出A注册会计师拟出具的审计报告类型是否恰当。如不恰当，请指出应当出具何种类型的审计报告。 | 【审题过程】
[1]甲公司的重要子公司计划在2×16年清算。
[2]以非持续经营为基础编制，并在合并报表中进行了披露。
[3]管理层选择的编制基础恰当，会计处理恰当，所以注册会计师增加强调事项段是正确的做法。 |

【答案】 恰当。

【私教点拨】 持续经营假设对审计意见的影响总共有5种情形，相关总结见表17-7。

表 17-7 持续经营假设对审计意见的影响

编制基础	是否适当	情形	对审计意见的影响
持续经营假设	适当，但具有重大不确定性	充分披露	无保留意见+与持续经营相关的重大不确定性
		未充分披露	保留意见或否定意见
		存在多项"重大不确定性"	无法表示意见
	不适当	继续采用	否定意见
		采用替代假设	评价特殊编制基础的适当性，如适当，则发表无保留意见并增加强调事项段

【考点十三】期初余额的审计目标

【例题·2018年·单项选择题】 下列审计工作中，注册会计师首次接受委托时应当执行的是（　　）。

A. 为期初余额确定财务报表整体的重要性和实际执行的重要性

B. 评价期初余额是否含有对上期财务报表产生重大影响的错报

C. 查阅前任注册会计师的审计工作底稿

D. 确定期初余额反映的恰当的会计政策是否在本期财务报表中得到一贯应用

【答案】 D

【解析】 本题考查对期初余额审计目标的理解，具体分析如下：

选项A，期初余额属于本期财务报表的组成部分，注册会计师无需专门为期初余额确定财务报表整体的重要性和实际执行的重要性水平，不选；

选项B，注册会计师需要评价期初余额是否含有对本期财务报表产生重大影响的错报，不选；

选项C，查阅前任工作底稿是签约后与前任沟通的主要方式，而签约后与前任沟通并非必须的，不选；

选项D，确定期初余额反映的恰当的会计政策是否在本期财务报表中得到一贯应用是期初余额的审计目标之一，当选。

【私教点拨】 注册会计师对期初余额的审计目标如下：

（1）确定期初余额是否含有对本期财务报表产生重大影响的错报。

（2）确定期初余额反映的恰当的会计政策是否在本期财务报表中得到一贯运用，或会计政策的变更是否已按照适用的财务报告编制基础作出恰当的会计处理和充分的列报与披露。

【考点十四】期初余额的审计程序

【例题·2014年·单项选择题】 甲公司 2×12 年度财务报表已经 XYZ 会计师事务所的 X 注册会计师审计。ABC 会计师事务所的 A 注册会计师负责审计甲公司 2×13 年度财务报表。下列有关期初余额审计的说法中，错误的是（　　）。

A. A注册会计师应当阅读甲公司2×12年度财务报表和相关披露，以及X注册会计师出具的审计报告

B. 为确定期初余额是否含有对本期财务报表产生重大影响的错报，A注册会计师需要确定适用于期初余额的重要性水平

C. A注册会计师评估认为X注册会计师具备审计甲公司需要的独立性和专业胜任能力，因此，可能通过查阅2×12年度审计工作底稿，获取关于非流动资产期初余额的充分、适当的审计证据

D. A注册会计师未能对2×12年12月31日的存货实施监盘，因此，除对存货的期末余额实施审计程序，有必要对存货期初余额实施追加的审计程序

【答案】B

【解析】本题考查期初余额的审计程序，具体分析如下：

选项A，上期报表经过审计，可信度更高，注册会计师应结合审计报告阅读上期报表及相关披露，不选；

选项B，期初余额包含在本期报表中，注册会计师无需为期初余额单独制定一个重要性，当选；

选项C，如果上期财务报表已经审计，注册会计师可以考虑查阅前任注册会计师的工作底稿，并考虑其独立性和专业胜任能力，不选；

选项D，对存货的期末余额实施审计程序，不能证明期初余额的可靠性，因此还需要实施其他专门的审计程序，不选。

【私教点拨】有关对期初余额实施的审计程序总结，见表17-8。

表17-8　对期初余额实施的审计程序

总体程序	确定上期期末余额是否已正确结转至本期，或在适当的情况下已作出重新表述
	确定期初余额是否反映对恰当会计政策的运用
具体程序 （一项或多项）	如果上期财务报表已经审计，查阅前任注册会计师的工作底稿，并考虑其独立性和专业胜任能力（首选）
	评价本期实施的审计程序是否提供了有关期初余额的审计证据
	实施其他专门的审计程序，以获取有关期初余额的审计证据

真 题 演 练

1. （2019年·单项选择题）下列情形中，通常可能导致注册会计师对财务报表整体的可审计性产生疑问的是（　　）。

A. 注册会计师对管理层的诚信存在重大疑虑

B. 注册会计师对被审计单位的持续经营能力产生重大疑虑

C. 注册会计师识别出与员工侵占资产相关的舞弊风险

D. 注册会计师识别出被审计单位严重违反税收法规的行为

2.（2019年·单项选择题）下列各项中，通常不能应对与会计估计相关的重大错报风险的是（　　）。

A. 复核上期财务报表中会计估计的结果

B. 测试管理层在作出会计估计时采用的关键假设

C. 确定截至审计报告日发生的事项是否提供有关会计估计的审计证据

D. 测试与管理层如何作出会计估计相关的控制的运行有效性

3.（2019年·单项选择题）下列有关注册会计师评估特别风险的说法中，正确的是（　　）。

A. 注册会计师应当将具有高度估计不确定性的会计估计评估为存在特别风险

B. 注册会计师应当将涉及重大管理层判断和重大审计判断的事项评估为存在特别风险

C. 注册会计师应当将管理层凌驾于控制之上的风险作为特别风险

D. 注册会计师应当将重大非常规交易评估为存在特别风险

4.（2019年·单项选择题）如果注册会计师识别出可能导致对被审计单位持续经营能力产生重大疑虑的事项或情况，下列说法中，错误的是（　　）。

A. 注册会计师应当通过实施追加的审计程序，以确定这些事项或情况是否存在重大不确定性

B. 注册会计师应当考虑自管理层对持续经营能力作出评估后是否存在其他可获得的事实或信息

C. 注册会计师应当评价管理层与持续经营能力评估相关的未来应对计划对具体情况是否可行

D. 注册会计师应当根据对这些事项或情况是否存在重大不确定性的评估结果，确定是否与治理层沟通

5.（2019年·单项选择题）下列有关注册会计师作出区间估计以评价管理层的点估计的说法中，错误的是（　　）。

A. 注册会计师作出区间估计时可以使用与管理层不同的假设

B. 注册会计师作出的区间估计需要包括所有可能的结果

C. 如果注册会计师难以将区间估计的区间缩小至低于实际执行的重要性，可能意味着与会计估计相关的估计不确定性可能导致特别风险

D. 在极其特殊的情况下，注册会计师可能缩小区间估计直至审计证据指向点估计

6.（2017年·单项选择题）下列有关超出被审计单位正常经营过程的重大关联方交易的说法中，错误的是（　　）。

A. 此类交易导致的风险可能不是特别风险

B. 注册会计师应当评价此类交易是否已按照适用的财务报告编制基础得到恰当会计处理和披露

C. 注册会计师应当检查与此类交易相关的合同或协议，以评价交易的商业理由

D. 此类交易经过恰当授权和批准，不足以就其不存在由于舞弊或错误导致的重大错报风险得出结论

7.（2016年·单项选择题）在评估和应对与关联方交易相关的重大错报风险时，下列说法中，A注册会计师认为正确的是（　　）。

A. 所有的关联方交易和余额都存在重大错报风险

B. 实施实质性程序应对与关联方交易相关的重大错报风险更有效，因此无需了解和评价与关联

方关系和交易相关的内部控制

C. 超出正常经营过程的重大关联方交易导致的风险属于特别风险

D. A 注册会计师应当评价所有关联方交易的商业理由

8.（2014 年·单项选择题）注册会计师应当评价管理层对持续经营能力作出的评估。下列说法中，错误的是（　　）。

A. 在某些情况下，管理层缺乏详细分析来支持其评估，并不妨碍注册会计师确定管理层运用持续经营假设是否适合具体情况

B. 注册会计师应当考虑管理层作出的评估是否已经考虑所有相关信息，这些信息不包括注册会计师实施审计程序时获取的信息

C. 如果管理层评价持续经营能力涵盖的期间短于自财务报表日起的十二个月，注册会计师应当要求管理层延长评估期间

D. 注册会计师应当考虑管理层对相关事项或情况结果的预测所依据的假设是否合理

9.（2014 年·单项选择题）甲公司 2×12 年度财务报表已经 XYZ 会计师事务所的 X 注册会计师审计。ABC 会计师事务所的 A 注册会计师负责审计甲公司 2×13 年度财务报表。下列有关期初余额审计的说法中，错误的是（　　）。

A. A 注册会计师应当阅读甲公司 2×12 年度财务报表和相关披露，以及 X 注册会计师出具的审计报告

B. 为确定期初余额是否含有对本期财务报表产生重大影响的错报，A 注册会计师需要确定适用于期初余额的重要性水平

C. A 注册会计师评估认为 X 注册会计师具备审计甲公司需要的独立性和专业胜任能力，因此，可以通过查阅 2×12 年度审计工作底稿，获取关于非流动资产期初余额的充分、适当的审计证据

D. A 注册会计师未能对 2×12 年 12 月 31 日的存货实施监盘，因此，除对存货的期末余额实施审计程序，有必要对存货期初余额实施追加的审计程序

10.（2011 年·单项选择题）A 注册会计师发现 2×10 年度甲公司向乙公司支付大额咨询费，乙公司是甲公司总经理的弟弟开设的一家管理咨询公司，并未包括在管理层提供的关联方清单内。下列各项应对措施中，A 注册会计师通常首先采取的是（　　）。

A. 向甲公司董事会通报

B. 向项目质量控制复核人员通报

C. 要求甲公司管理层在财务报表中披露该交易是否为公平交易

D. 要求甲公司管理层识别与乙公司之间发生的所有交易，并询问与关联方相关的控制为何未能识别出该关联方

11.（2019 年·多项选择题）如果识别出管理层未识别出或未披露的关联方关系或重大关联方交易，下列各项程序中，注册会计师应当实施的有（　　）。

A. 立即将相关信息向治理层通报

B. 要求管理层识别与新识别出的关联方之间发生的所有交易

C. 立即将相关信息向项目组其他成员通报

D. 对新识别的关联方或重大关联方交易实施实质性程序

12. （2018年·多项选择题）如果被审计单位存在可能导致对其持续经营能力产生重大疑虑的事项或情况，下列各项中，注册会计师应当执行的有（   ）。

　　A. 与治理层沟通这些事项或情况

　　B. 评价管理层与持续经营能力评估相关的未来应对计划

　　C. 评价财务报表是否对这些事项或情况作出充分披露

　　D. 要求管理层提供有关未来应对计划及其可行性的书面声明

13. （2018年·多项选择题）下列各项中，影响会计估计的估计不确定性程度的有（   ）。

　　A. 会计估计涉及的预测期的长度　　　　B. 会计估计依据不可观察到的输入数据的程度

　　C. 会计估计对假设变化的敏感性　　　　D. 会计估计对判断的依赖程度

14. （2017年·多项选择题）下列有关注册会计师作出的区间估计的说法中，正确的有（   ）。

　　A. 注册会计师作出的区间估计需要包括所有可能的结果

　　B. 注册会计师有可能缩小区间估计直至审计证据指向点估计

　　C. 当区间估计的区间缩小至等于或低于财务报表整体的重要性时，该区间估计对于评价管理层的点估计是适当的

　　D. 如果使用有别于管理层的假设或方法作出区间估计，注册会计师应当充当了解管理层的假设或方法

15. （2017年·多项选择题）下列各项因素中，影响会计估计的估计不确定性程度的有（   ）。

　　A. 管理层在作出会计估计时是否利用专家工作

　　B. 是否存在可以降低估计不确定性的经认可的计量技术

　　C. 是否能够从外部来源获得可靠数据

　　D. 会计估计对假设变化的敏感性

16. （2015年·多项选择题）下列各项中，表明可能存在与会计估计相关的管理层偏向的有（   ）。

　　A. 以前年度财务报表确认和披露的重大会计估计与后期实际结果之间存在差异

　　B. 变更会计估计后被审计单位的财务成果发生显著变化，与管理层增加利润的目标一致

　　C. 会计估计所依赖的假设存在内在的不一致，如对成本费用增长率的预期与收入增长率的预期显著不同

　　D. 环境已经发生变化，但管理层并未根据变化对会计估计或估计方法作出相应的改变

17. （2015年·多项选择题）下列有关注册会计师首次接受委托时就期初余额获取审计证据的说法中，正确的有（   ）。

　　A. 对流动资产和流动负债，注册会计师可以通过本期实施的审计程序获取有关期初余额的审计证据

　　B. 注册会计师可以通过向第三方函证获取有关期初余额的审计证据

　　C. 如果上期财务报表已经审计，注册会计师可以通过查阅前任注册会计师的审计工作底稿获取

有关期初余额的审计证据

　　D. 对非流动资产和非流动负债，注册会计师可以通过检查形成期初余额的会计记录和其他信息获取有关期初余额的审计证据

　　18.（2015年·多项选择题）下列有关关联方审计的说法中错误的有（　　）。

　　A. 关联方交易比非关联方交易具有更高的财务报表重大错报风险

　　B. 如果识别出管理层未向注册会计师披露的重大关联方交易，注册会计师应当出具非无保留意见的审计报告

　　C. 如果适用的财务报告编制基础未对关联方作出规定，注册会计师无需对关联方关系及其交易实施审计程序

　　D. 如果与被审计单位存在担保关系的其他方不在管理层提供的关系方清单上，注册会计师需要对是否存在未披露的关联方关系保持警觉

　　19.（2019年·简答题）ABC会计师事务所首次接受委托审计甲公司2×18年度财务报表，委派A注册会计师担任项目合伙人。与首次承接审计业务相关的部分事项如下：

　　（1）对于长期股权投资的期初余额，A注册会计师检查了形成期初余额的会计记录，以及包括投资协议和被投资单位工商登记信息在内的相关支持性文件，结果满意。

　　（2）A注册会计师对2×18年末的存货实施了监盘，将年末存货数量调节至期初存货数量，并抽样检查了2×18年度存货数量的变动情况，据此认可了存货的期初余额。

　　（3）在征得甲公司管理层同意，并向前任注册会计师承诺不对任何人作出关于其是否遵循审计准则的任何评论后，A注册会计师通过查阅前任注册会计师的审计工作底稿，获取了有关甲公司固定资产期初余额的审计证据，并在审计报告的其他事项段中提及部分依赖了前任注册会计师的工作。

　　要求：

　　针对上述事项，逐项指出A注册会计师的做法是否恰当。如不恰当，请简要说明理由。

　　20.（2018年·简答题）ABC会计师事务所的A注册会计师负责审计甲公司2×17年度财务报表。与会计估计审计相关的部分事项如下：

　　2×17年末甲公司某项重大未决诉讼的结果极不确定，管理层无法作出合理估计，但在财务报表附注中披露了该事项。因该事项不影响财务报表的确认与计量，A注册会计师认为不存在特别风险。

　　要求：

　　针对上述事项，指出A注册会计师的做法是否恰当。如不恰当，请简要说明理由。

　　21.（2018年·简答题）ABC会计师事务所的A注册会计师负责审计甲公司2×17年度财务报表。与会计估计审计相关的部分事项如下：

　　甲公司的会计政策规定，按照成本与可变现净值孰低计提存货跌价准备。A注册会计师将2×16年末的存货跌价准备与相关存货在2×17年实际发生的损失进行了比较，未发现重大差异，认为管理层的估计合理，据此认可了2×17年末的存货跌价准备余额。

　　要求：

　　针对上述事项，指出A注册会计师的做法是否恰当。如不恰当，请简要说明理由。

22. （2018 年·简答题） ABC 会计师事务所的 A 注册会计师负责审计甲公司 2×17 年度财务报表。与会计估计审计相关的部分事项如下：

A 注册会计师就管理层确认的某项预计负债作出了区间估计，该区间包括了甲公司所有可能承担的赔偿金额。管理层确认的预计负债处于该区间内，A 注册会计师据此认可了管理层确认的金额。

要求：

针对上述事项，指出 A 注册会计师的做法是否恰当。如不恰当，请简要说明理由。

23. （2016 年·简答题） A 注册会计师负责审计甲公司 2×15 年度财务报表，审计工作底稿中与会计估计审计相关的部分事项摘录如下：

甲公司年末与固定资产弃置义务相关的预计负债余额为 200 万元。A 注册会计师作出了 300 万元到 360 万元之间的区间估计，与管理层沟通后同意其按 100 万元的错报进行调整。

要求：

针对上述事项，指出 A 注册会计师做法是否恰当。如不恰当，请简要说明理由。

24. （2016 年·简答题） 甲公司是 ABC 会计师事务所的常年审计客户。A 注册会计师负责审计甲公司 2×15 年度财务报表，确定财务报表整体的重要性为 200 万元，审计工作底稿中与会计估计审计相关的部分事项摘录如下：

2×15 年 12 月，甲公司厂房发生重大火灾，管理层根据保险合同和损失情况估计和确认了应收理赔款 1 000 万元。A 注册会计师检查了保险合同和甲公司管理层编制的损失情况说明，据此认为管理层的会计估计合理。

要求：

针对上述事项，指出 A 注册会计师做法是否恰当。如不恰当，请简要说明理由。

25. （2016 年·简答题） ABC 会计师事务所首次接受委托，审计上市公司甲公司 2×15 年度财务报表，委派 A 注册会计师担任项目合伙人。相关事项如下：

（1） A 注册会计师评估认为前任注册会计师具有独立性和专业胜任能力，查阅了前任注册会计师的审计工作底稿，结果满意，未再对非流动资产期初余额实施其他专门的审计程序。

（2） A 注册会计师在对年末存货实施审计程序的基础上，对期初存货项目的计价实施了审计程序，据此获取了有关存货期初余额的充分、适当的审计证据。

（3） 2×15 年 10 月，甲公司向银行归还一笔到期长期借款。A 注册会计师检查了借款合同和银行回单，结果满意，不再向银行函证该笔借款的期初余额。

要求：

针对上述事项，指出 A 注册会计师的做法是否恰当。如不恰当，请简要说明理由。

26. （2015 年·简答题） ABC 会计师事务所的 A 注册会计师担任多家被审计单位 2×14 年度财务报表审计的项目合伙人，遇到下列导致出具非标准审计报告的事项：

因丙公司严重亏损，董事会拟于 2×15 年对其进行清算，管理层运用持续经营假设编制了 2×14 年度财务报表，并在财务报表附注中充分披露了清算计划。

要求：

针对上述事项，指出 A 注册会计师应当出具何种类型的非标准审计报告，并简要说明理由。

27. （2014年·简答题）ABC会计师事务所负责审计甲公司2×13年度财务报表，审计项目组在审计工作底稿中记录了与公允价值和会计估计审计相关的情况，部分内容摘录如下：

审计项目组向管理层获取了有关会计估计的书面声明，内容包括在财务报表中确认或披露的会计估计和未在财务报表中确认或披露的会计估计。

要求：

针对上述事项，指出审计项目组的做法是否恰当。如不恰当，请简要说明理由。

28. （2014年·简答题）ABC会计师事务所负责审计甲公司2×13年度财务报表，审计项目组在审计工作底稿中记录了与公允价值和会计估计审计相关的情况，部分内容摘录如下：

为确定甲公司管理层在2×12年度财务报表中作出的会计估计是否恰当，审计项目组复核了甲公司2×12年度财务报表中的会计估计在2×13年度的结果。

要求：

针对上述事项，指出审计项目组的做法是否恰当。如不恰当，请简要说明理由。

29. （2017年·综合题）甲公司是ABC会计师事务所的常年审计客户，主要从事电气设备的生产和销售。A注册会计师负责审计甲公司2×16年度财务报表，确定财务报表整体的重要性为300万元，实际执行的重要性为210万元。

资料四：

A注册会计师在审计工作底稿中记录了实施的进一步审计程序，部分内容摘录如下：

甲公司管理层对无形资产计提了400万元的资产减值准备。A注册会计师作出了350万元至500万元的区间估计，据此认可了管理层的估计。

要求：

针对上述事项，指出A注册会计师的做法是否恰当。如不恰当，请简要说明理由。

30. （2016年·综合题）A注册会计师负责审计甲公司2×15年度财务报表，确定财务报表整体的重要性为600万元，实际执行重要性为360万元，明显微小错报临界值为30万元。

资料四：

审计工作底稿中记录了实施实质性程序的情况，部分内容摘录如下：

甲公司管理层计提了1 000万元的商誉减值准备。A注册会计师估计减值准备在900万元至1 200万元之间，据此认可了管理层的估计。

要求：

针对上述事项，指出A注册会计师的做法是否恰当。如不恰当，请提出改进建议。

31. （2015年·综合题）A注册会计师负责审计甲集团公司2×14年度财务报表，确定集团财务报表整体的重要性为600万元。

资料四：

审计工作底稿中记录了重大事项的处理情况，部分内容的摘录如下。

化妆品行业将于2×16年执行更严格的化学成分限量标准。甲集团公司的主要产品可能因此被淘汰管理层提供了其对该事项的评估及相关书面声明。A注册会计师据此认为该事项不影响甲集团公司的持续经营能力。

要求：

针对上述事项，指出 A 注册会计师的做法是否恰当。如不恰当，请简要说明理由。

32.（2014 年·综合题）A 注册会计师负责审计甲集团公司 2×13 年度财务报表，确定集团财务报表整体的重要性为 200 万元。

资料三：

A 注册会计师在审计工作底稿中记录了具体审计划，部分内容摘录如下：

2×13 年，甲集团公司以 500 万元向具有支配性影响的母公司购买一项资产，A 注册会计师了解到该交易已经董事会授权和批准，因此，认为不存在重大错报风险，拟通过检查合同等相关支持性文件获取审计证据。

要求：

针对上述事项，指出 A 注册会计师的处理是否恰当。如不恰当，请简要说明理由。

真题答案及解析

1.【答案】A

【解析】 本题考查对财务报表整体的可审计性产生疑问的事项。如果通过对内部控制的了解发现下列情况，并对财务报表局部或整体的可审计性产生疑问，注册会计师应当考虑出具保留意见或无法表示意见的审计报告：

（1）被审计单位会计记录的状况和可靠性存在重大问题，不能获取充分、适当的审计证据以发表无保留意见。

（2）对管理层的诚信存在严重疑虑（选项 A 当选），必要时，注册会计师应当考虑解除业务约定。

2.【答案】A

【解析】 本题考查应对会计估计导致的重大错报风险的审计程序。复核上期财务报表中会计估计的结果，是为了评估与会计估计相关的重大错报风险，选项 A 当选。在应对评估的重大错报风险时，注册会计师应当考虑会计估计的性质，并实施下列一项或多项程序：

（1）确定截至审计报告日发生的事项是否提供有关会计估计的审计证据。

（2）测试管理层如何作出会计估计以及会计估计所依据的数据。

（3）测试与管理层如何作出会计估计有关的控制的运行有效性，并实施恰当的实质性程序。

（4）作出注册会计师的点估计或区间估计，以评价管理层的点估计。

3.【答案】C

【解析】 本题考查注册会计师应当评估为特别风险的事项，具体事项如下：

（1）舞弊导致的重大错报风险。

（2）管理层凌驾于控制之上的风险（选项 C 当选）。

（3）超出被审计单位正常经营过程的重大关联方交易导致的重大错报风险。

其余的事项都需要进一步评估才能确定是否存在特别风险。

4. 【答案】 D

【解析】 本题考查注册会计师识别出可能导致对被审计单位持续经营能力产生重大疑虑的事项或情况时注册会计师的应对措施。具体分析如下：

选项A，注册会计师识别出可能导致对被审计单位持续经营能力产生重大疑虑的事项或情况，应当通过实施追加的审计程序，以确定这些事项或情况是否存在重大不确定性，不选；

选项B，注册会计师识别出可能导致对被审计单位持续经营能力产生重大疑虑的事项或情况，应当考虑自管理层对持续经营能力作出评估后是否存在其他可获得的事实或信息，不选；

选项C，如果有未来应对计划，注册会计师应当评价管理层与持续经营能力评估相关的未来应对计划对具体情况是否可行，不选；

选项D，注册会计师应当与治理层就识别出的可能导致对被审计单位持续经营能力产生重大疑虑的事项或情况进行沟通，除非治理层全部成员参与管理被审计单位，当选。

5. 【答案】 B

【解析】 本题考查对区间估计的理解，具体分析如下：

选项A，注册会计师作出区间估计时可以使用与管理层不同的假设，只要合理即可，不选；

选项B，注册会计师作出的区间估计需要包括所有"合理"的结果，而非所有"可能"的结果，当选；

选项C，与特别风险相关的估计不确定性很高，故难以将区间估计的区间缩小至低于实际执行的重要性，可能意味着与会计估计相关的估计不确定性可能导致特别风险，不选；

选项D，在极其特殊的情况下，注册会计师可能缩小区间估计直至审计证据指向点估计，不选。

6. 【答案】 A

【解析】 本题考查超出被审计单位正常经营过程的重大关联方交易的说法，具体分析如下：

选项A，审计准则要求注册会计师应当将识别出的、超出被审计单位正常经营过程的重大关联方交易导致的风险确定为特别风险，当选；

选项B，识别出超出被审计单位正常经营过程的重大关联方交易，注册会计师应当评价此类交易是否已按照适用的财务报告编制基础得到恰当会计处理和披露，不选；

选项C，识别出超出被审计单位正常经营过程的重大关联方交易，注册会计师应当检查与此类交易相关的合同或协议，以评价交易的商业理由，不选；

选项D，对于超出被审计单位正常经营过程的重大关联方交易，就算经过恰当授权和批准，也不足以就其不存在由于舞弊或错误导致的重大错报风险得出结论，不选。

7. 【答案】 C

【解析】 本题考查对评估和应对与关联方交易相关重大错报风险的理解，具体分析如下：

选项A，所有的关联方交易和余额都存在重大错报风险，该说法太绝对，如果关联方之间按照正常的程序、条款进行交易，不一定产生重大错报风险，不选；

选项B，与审计相关的内部控制必须了解，不选；

选项C，同时满足"超出正常经营过程""重大""关联方"三个条件的，一定是特别风险，当选；

选项 D，评估为特别风险的关联方交易，注册会计师才应当评价其商业理由，不选。

8. 【答案】 B

【解析】 本题考查评价管理层对持续经营能力作出的评估，具体分析如下：

选项 A，如果被审计单位具有盈利经营的记录并很容易获得财务支持，管理层可能不需要进行详细分析就能作出评估，不选；

选项 B，注册会计师应当考虑管理层作出的评估是否已经考虑所有相关信息，这些信息包括注册会计师实施审计程序时获取的信息，当选；

选项 C，管理层评价持续经营能力涵盖的期间最短为自财务报表日起的 12 个月，不选；

选项 D，注册会计师应当考虑管理层对相关事项或情况结果的预测所依据的假设是否合理，不选。

9. 【答案】 B

【解析】 本题考查对期初余额的理解，具体分析如下：

选项 A，如果上期报表经过审计，注册会计师应当阅读上期财务报表和相关披露，以及前任注册会计师出具的审计报告，不选；

选项 B，要确定期初余额是否存在对本期财务报表产生重大影响的错报，主要是判断期初余额的错报对本期财务报表使用者进行决策的影响程度，因而无需确定适用于期初余额的重要性水平，当选；

选项 C，A 注册会计师可以通过查阅 2×12 年度审计工作底稿，获取关于非流动资产期初余额的充分、适当的审计证据，不选；

选项 D，A 注册会计师可以通过对存货期初余额和本年度发生的变动实施追加的审计程序来确定期末的存货余额，不选。

10. 【答案】 D

【解析】 本题考查识别出管理层未向注册会计师披露的关联方关系或重大关联方交易时的应对程序，具体分析如下：

选项 AB，应当立即向项目组其他成员通报，不选；

选项 C，可以要求甲公司管理层在财务报表中披露该交易是否为公平交易，如果无法获取充分、适当的审计证据，以合理确信管理层关于关联方交易是公平交易的披露，注册会计师可以要求管理层撤销此披露。不选；

选项 D，首选应当是"立即向项目组其他成员通报"，没有该选项，则次之，要求甲公司管理层识别与乙公司之间发生的所有交易，当选。

11. 【答案】 BCD

【解析】 本题考查如果识别出管理层以前未识别出或未向注册会计师披露的关联方关系或重大关联方交易，注册会计应当实施的审计程序，具体程序如下：

(1) 立即将相关信息向项目组其他成员通报（选项 C）。

(2) 在适用的财务报告编制基础对关联方作出规定的情况下，要求管理层识别与新识别出的关联方之间发生的所有交易，以便注册会计师作出进一步评价，并询问与关联方关系及其交易相关的控制为何未能识别或披露该关联方关系或交易（选项B）。

(3) 对新识别出的关联方或重大关联方交易实施恰当的实质性程序（选项D）。

(4) 重新考虑可能存在管理层以前未识别出或未向注册会计师披露的其他关联方或重大关联方交易的风险，如有必要，实施追加的审计程序。

(5) 如果管理层不披露关联方关系或交易看似是有意的，因而显示可能存在由于舞弊导致的重大错报风险，评价这一情况对审计的影响。注册会计师因此还可能考虑是否有必要重新评价管理层对询问的答复以及管理层声明的可靠性。

12. 【答案】 ABCD

【解析】 本题考查存在可能导致对其持续经营能力产生重大疑虑的事项或情况时注册会计师的应对程序，具体分析如下：

选项A，存在可能导致对其持续经营能力产生重大疑虑的事项或情况属于重大事项，注册会计师应当与治理层沟通，当选；

选项B，针对重大疑虑的事项或情况，有未来应对计划的，注册会计师应当评价该未来应对计划，当选；

选项C，存在可能导致对其持续经营能力产生重大疑虑的事项或情况属于重大事项，应当看报表是否对这些事项或情况作出充分披露，当选；

选项D，针对重大疑虑的事项或情况，有未来应对计划的，注册会计师应当评价该未来应对计划，并要求管理层提供有关未来应对计划及其可行性的书面声明，当选。

13. 【答案】 ABCD

【解析】 本题考查影响会计估计的估计不确定性程度的因素，具体分析如下：

选项A，会计估计涉及的预测期越长，会计估计的估计不确定性程度越高，当选；

选项B，会计估计越依据不可观察到的输入数据，其不确定性程度越高，当选；

选项C，会计估计对假设变化越敏感，估计的不确定性程度越高，当选；

选项D，越依赖判断的会计估计，其不确定性程度越高，当选。

14. 【答案】 BD

【解析】 本题考查对区间估计的理解，具体分析如下：

选项A，注册会计师的区间估计需要包括所有"合理"的结果，而非所有"可能"的结果，不选；

选项B，如果区间足够小，注册会计师有可能缩小区间估计直至审计证据指向点估计，当选；

选项C，当区间缩小至等于或低于实际执行的重要性时，该区间估计对于评价管理层的点估计是适当的，不选；

选项D，因为要去评价管理层作出的点估计，所以注册会计师如果使用有别于管理层的假设或方法作出区间估计，注册会计师应当充当了解管理层的假设或方法，当选。

15. 【答案】 BCD

【解析】 本题考查影响会计估计的估计不确定性程度的因素，具体分析如下：

选项A，从本质上分析，不会因为是否利用专家工作影响估计的不确定性程度；相反，估计的不确定性程度影响是否要利用专家的工作，不选。

选项B，如果存在可以降低估计不确定性的经认可的计量技术，估计的不确信程序会降低，当选。

选项C，作出估计的数据越可靠，估计的不确定性程度越低，当选。

选项D，会计估计对假设变化越敏感，估计的不确定性程度越高，当选。

16.【答案】 BCD

【解析】 本题考查管理层偏向的情形，具体分析如下：

选项A，原确认的会计估计与后期实际结果之间存在差异，并不表明存在偏向，不选；

选项B，变更会计估计后被审计单位的财务成果发生显著变化，与管理层增加利润的目标一致，变更有明显的倾向，当选；

选项C，会计估计所依赖的假设存在内在的不一致，说明存在偏向，当选；

选项D，环境已发生变化，但管理层并未根据变化对会计估计或估计方法作出相应的改变，属于管理层偏向，当选。

17.【答案】 ABCD

【解析】 本题考查注册会计师首次接受委托时就期初余额获取审计证据的说法，具体分析如下：

选项A，流动资产和流动负债，在本期会得到收回或偿付，这样在本期实施的审计程序是可以获取有关期初余额的审计证据的，当选；

选项B，注册会计师可以通过向第三方函证获取有关期初余额的审计证据，当选；

选项C，如果上期财务报表已经审计，注册会计师可以通过查阅前任注册会计师的审计工作底稿获取有关期初余额的审计证据，当选；

选项D，非流动资产和非流动负债，注册会计师可以通过检查形成期初余额的会计记录和其他信息获取有关期初余额的审计证据，当选。

18.【答案】 ABC

【解析】 本题考查对关联方审计的理解，具体分析如下：

选项A，许多关联方交易是在正常经营过程中发生的，与类似的非关联方交易相比，这些关联方交易可能并不具有更高的财务报表重大错报风险，当选。

选项B，如果识别出管理层以前未识别出或未向注册会计师披露的关联方关系或重大关联方交易，注册会计师应当实施五项程序予以应对，而非直接出具审计意见，当选。

选项C，如果适用的财务报告编制基础没有对关联方作出规定，管理层可能无法知悉所有关联方，但仍可能注意到存在关联方。注册会计师对被审计单位关联方名称和特征的询问，可能构成其根据准则的规定所实施风险评估程序和相关活动的一部分，当选。

选项D，如果与被审计单位存在担保关系的其他方不在管理层提供的关系方清单上，注册会计师需要对是否存在未披露的关联方关系保持警觉，不选。

19.

【答案】	【答案解读】
（1）恰当。	（1）投资协议和工商登记信息属于高质量的外部审计证据。
（2）不恰当。还应对期初存货的计价实施审计程序。	（2）存货余额=单价×数量，仅获得有关数量的审计证据还不够，还有实施计价测试，获取有关单价的审计证据。
（3）不恰当。后任注册会计师应当对自身实施的审计程序/得出的审计结论负责。	（3）注册会计师在其他事项段提及依赖了前任注册会计师的工作有推卸责任的嫌疑。（不得提及）

20.

【答案】 不恰当。A注册会计师应当根据职业判断，确定识别出的具有高度估计不确定性的会计估计是否会导致特别风险。	【答案解读】 存在重大不确定性的未决诉讼，不能因为该事项不影响财务报表的确认与计量，就认为其不存在特别风险。

21.

【答案】 不恰当。上期会计估计的实际结果与上期财务报表中原已确认金额之间不存在重大差异，不足以表明会计估计是否存在重大错报的依据。/复核上期会计估计的结果属于风险评估程序，不足以得出认可2×17年末的存货跌价准备余额的结论。	【答案解读】 会计估计本身具有不确定性。即使上期会计估计的实际结果与上期财务报表中原已确认金额之间存在重大差异，也并不表明一定存在错报。

22.

【答案】 不恰当。作出的区间估计需要包括所有合理的结果而不是所有可能的结果。	【答案解读】 所有可能的结果范围太大，不精准。

23.

【答案】 恰当。	【答案解读】 区间估计为300万元~360万元，点估计为200万元，说明错报不小于100万元。管理层按100万元的错报进行调整之后，点估计的金额就落在了区间内，结果是可以接受的。

24.

【答案】 不恰当。注册会计师还应当考虑从保险公司获取审计证据/利用专家工作对损失情况进行评估。	【答案解读】 注册会计师应当对保险合同的可执行性保持警惕。

25.

| 【答案】
（1）恰当。
（2）不恰当。注册会计师还应将当前已经监盘的存货数量调节至期初存货数量，并且对毛利和存货截止实施审计程序。
（3）恰当。 | 【答案解读】
（1）查阅了前任注册会计师的审计工作底稿是有效的审计程序。（注意要评价前任注册会计师的独立性和专业胜任能力）
（2）存货总金额=单价×数量，仅对计价实施审计程序不够，注册会计师应将当前已经监盘的存货数量调节至期初存货数量，并且对毛利和存货截止实施审计程序。
（3）借款合同和银行回单属于高质量的外部审计证据。 |
|---|---|

26.

【答案】 否定意见审计报告。被审计单位运用持续经营假设不适当。	【答案解读】 董事会拟于2×15年对其进行清算，2×14年不应运用持续经营假设编制报表。

27.

【答案】 恰当。	【答案解读】 有关会计估计的书面声明是必要的审计证据。

28.

【答案】 不恰当。注册会计师复核上期财务报表中会计估计的结果，不是质疑上期依据当时可获得的信息而作出的判断，而是为了识别和评估本期会计估计重大错报风险而执行的风险评估程序。	【答案解读】 上期会计估计的实际结果与上期财务报表中原已确认金额之间不存在重大差异，不足以表明会计估计不存在重大错报。

29.

| 【答案】 恰当。 | 【答案解读】
管理层的点估计落在了注册会计师的区间估计内,因此可以认为其是合理的。 |

30.

| 【答案】 恰当。 | 【答案解读】
管理层的点估计落在了注册会计师的区间估计内,因此可以认为其是合理的。 |

31.

| 【答案】 不恰当。如果识别出可能导致对持续经营能力产生重大疑虑的事项,注册会计师应当通过实施追加的审计程序,获取充分、适当的审计证据,以确定是否存在重大不确定性/本题中,注册会计师未对管理层的评估实施进一步审计程序/书面声明本身并不为所涉及的任何事项提供充分、适当的审计证据。 | 【答案解读】
书面声明本身并不为所涉及的任何事项提供充分、适当的审计证据。 |

32.

| 【答案】 不恰当。母公司对甲集团公司具有支配性影响,甲集团公司与授权和批准相关的控制可能是无效的,因此授权和批准本身不足以就是否不存在重大错报风险得出结论。 | 【答案解读】
母公司对甲集团公司具有支配性影响,甲集团公司与授权和批准相关的控制可能是无效的。 |

第五编
完成审计工作与出具审计报告

CPA
2010—2019

第十八章 完成审计工作

本章考情 Q&A

Q：本章的重要性如何？
A：本章为一般重要章节，历年考试分值在 5 分左右。

Q：本章知识点在考试中通常以什么形式出现？
A：本章知识点在选择题、简答题、综合题中均有可能出现。

Q：本章难度大吗？需要背诵的知识点多吗？
A：本章难度不大，需要将理解与记忆相结合，其中评价错报以应用能力考核为主，复核工作底稿与书面声明需要系统记忆，期后事项通常结合具体问题考查。

Q：本章 2020 年的主要变动有哪些？
A：无实质性变动，删除了"项目组需要在制定审计计划时确定复核人员的指派，以确保所有工作底稿均得到适当层级人员的复核"和"所有的审计工作底稿至少要经过一级复核"。

Q：本章主要考点历年分布如何？
A：以下是老师们的统计。

考点	2010 年	2011 年	2012 年	2013 年	2014 年	2015 年	2016 年	2017 年	2018 年	2019 年
评价错报					√	√	√	√	√	√
复核工作底稿					√		√		√	
期后事项			√	√	√		√	√	√	√
书面声明					√		√	√	√	√

其中，复核工作底稿包括项目合伙人复核、项目质量控制复核两个考点；期后事项包括调整事项与非调整事项、审计报告日期和各时段期后事项的处理等考点。

经 典 例 题

【考点一】评价错报

【例题 1 · 2017 年 · 综合题】

甲公司是 ABC 会计师事务所的常年审计客户,主要从事电气设备的生产和销售。A 注册会计师负责审计甲公司 2×16 年度财务报表,确定财务报表整体的重要性为 300 万元 [2],实际执行的重要性为 210 万元。 资料五: A 注册会计师在审计工作底稿中记录了审计完成阶段的工作,部分内容摘录如下: 甲公司与乙公司既有采购业务也有销售业务,2×16 年末,甲公司多计应收乙公司款项 400 万元 [2],多计应付乙公司款项 360 万元 [2],A 注册会计师认为两项错报相抵 [1] 后的金额不重大,同意管理层不予调整。 要求: 针对上述事项,指出 A 注册会计师的做法是否恰当。如不恰当,请简要说明理由。	【审题过程】 第一步:判断错报类型。 [1] 错报相抵,属于错报抵销。 第二步:针对不同错报的处理方式。 [2] 两项错报金额均超过了财务报表整体重要性。 单项重大错报,不可抵销。

【答案】 不恰当。两项错报的金额都超过了财务报表整体的重要性水平,单独来看都构成重大错报,影响不能相抵。因此,A 注册会计师不应同意管理层不予调整。

【例题 2 · 2015 年 · 综合题】

A 注册会计师负责审计甲集团公司 2×14 年度财务报表,确定集团财务报表整体的重要性为 600 万元。 资料五: 审计工作底稿中记录了处理错报的相关情况,部分内容摘录如下:	

2×14年10月，甲集团公司账面余额1 200万元的一条新建生产线达到预定可使用状态，截至2×14年末，因未办理竣工决算，该生产线尚未转入固定资产 [2]，A注册会计师认为该错报为分类错误 [1]，涉及折旧金额很小，不构成重大错报，同意管理层不予调整。

要求：

针对上述事项，指出A注册会计师的做法是否恰当，如不恰当，请提出改进建议。

【审题过程】

第一步：判断错报类型。

[1] 分类错误。

第二步：针对不同错报的处理方式。

[2] 该生产线尚未转入固定资产不影响经营业绩和关键比率，对财务报表整体不产生重大影响。

【答案】 恰当。

【例题3·2016年·简答题】

A注册会计师负责审计甲公司2×15年度财务报表，确定财务报表整体的重要性为100万元，审计工作底稿中与负债审计相关的部分内容摘录如下：

甲公司应付账款存在高估风险，A注册会计师选取若干个应付账款项目实施细节测试，发现一项因内部控制缺陷 [1] 导致的多计30万元的错报，要求管理层对该笔错报予以调整 [2]，认可了调整后的应付账款余额。

要求：

针对上述事项，指出A注册会计师的做法是否恰当。如不恰当，请简要说明理由。

【审题过程】

第一步：判断错报类型。

[1] 因内控缺陷导致的错报，属于系列错报。

第二步：针对不同错报的处理方式。

[2] 对该笔错报予以调整。

对于系列错报，其单独或汇总时，也可能评价为重大错报，因此不能仅调整该项错报。

【答案】 不恰当。由于内部控制缺陷导致的错报，可能还存在其他错报，A注册会计师应扩大测试范围，确认是否还存在其他错报。

【私教点拨】 评价错报相关题目做题步骤如下：

第一步：判断错报类型。

错报类型包括：错报抵销、分类错报、以前错报和系列错报。

第二步：针对不同错报的处理方式。

(1) 错报抵销。

单项重大错报，不可抵销；对于同一账户余额或同一类别的交易内部的非重大错报，可以抵销，但应考虑可能存在其他未被发现的错报的风险。

(2) 分类错报。

对分类错报进行**定性评估**，重点关注是否影响经营业绩和关键比率；即使分类错报超过了在评价其他错报时运用的重要性水平，注册会计师可能仍然认为该分类错报对财务报表整体**不产生重大影响**。

(3) 以前错报。

注册会计师应当考虑与以前期间相关的未更正错报对相关类别的交易、账户余额或披露以及财务报表整体的影响。

(4) 系列错报。

即使某些错报低于财务报表整体的重要性，但考虑到某些情况，需将其单独或连同在审计过程中累积的**其他错报一并考虑**时，也可能评价为重大错报。

【考点二】项目合伙人复核

【例题·2016年·单项选择题】下列有关项目合伙人复核的说法中，错误的是（　　）。
A. 项目合伙人无需复核所有审计工作底稿
B. 项目合伙人通常需要复核项目组对关键领域所做的判断
C. 项目合伙人应当复核与重大错报风险相关的所有审计工作底稿
D. 项目合伙人应当在审计工作底稿中记录复核的范围和时间
【答案】C
【解析】 本题考查项目合伙人复核的相关内容，需要对选项进行逐一判断。具体分析如下：
选项A，属于项目合伙人复核的要求，项目合伙人无需复核所有审计工作底稿，不选；
选项B，属于项目合伙人复核的内容，项目合伙人需要对关键领域做出的判断进行复核，不选；
选项C，属于项目合伙人复核的内容，项目合伙人需要复核与特别风险相关的审计工作底稿，当选；
选项D，属于项目合伙人复核的要求，项目合伙人应当记录复核的范围和时间，不选。
【私教点拨】 项目合伙人复核：2负责+3内容+4要求。
(1) 负责对象：总体质量，复核。
①对审计业务的**总体质量**负责。
②对按照复核政策和程序实施的**复核**负责。
(2) 内容：关键的，特别的，重要的。
①对**关键领域**所做的判断，尤其是执行业务过程中识别出的疑难问题或争议事项。
②**特别风险**。
③项目合伙人认为**重要**的其他领域。
(3) 要求。
①不应委托他人复核。
②**无需复核所有**的审计工作底稿。
③记录复核的**范围和时间**。

④在审计报告日或审计报告日之前，应当**复核审计工作底稿与项目组讨论**。

【考点三】项目质量控制复核

【例题·2014 年·简答题】

上市公司 [1] 甲公司是 ABC 会计师事务所的常年审计客户。A 注册会计师担任甲公司 2×13 年度财务报表审计项目合伙人，B 注册会计师担任项目质量控制复核合伙人，相关事项如下： B 注册会计师实施了下列质量控制复核程序：与项目合伙人讨论重大事项；复核财务报表和拟出具的审计报告；复核选取的与项目组作出的重大判断和得出的结论相关的审计工作底稿；评价在编制审计报告时得出的结论，并考虑拟出具审计报告的恰当性。 要求： 针对上述事项，指出 B 注册会计师在实施项目质量控制复核时，还应当考虑哪些事项。	**【审题过程】** [1] 对上市公司质量复核范围还需要考虑：独立性、分歧、针对重大判断执行的工作。

【答案】 B 注册会计师在实施项目质量控制复核时，还应当考虑：项目组就具体审计业务对会计师事务所独立性作出的评价；项目组是否已就涉及意见分歧的事项，或者其他疑难问题或争议事项进行适当咨询，以及咨询得出的结论；选取的用于复核的审计工作底稿，是否反映了项目组针对重大判断执行的工作，以及是否支持得出的结论。

【私教点拨】

(1) 质量控制复核范围：
①与项目合伙人**讨论**重大事项。
②**复核**财务报表和拟出具的审计报告。
③**复核**选取的与项目组作出的重大判断和得出的结论相关的审计工作底稿。
④**评价**在编制审计报告时得出的结论，并考虑拟出具审计报告的恰当性。

(2) 对于**上市实体**财务报表审计，还应当考虑的内容：
①项目组就具体审计业务对会计师事务所独立性作出的评价。
②项目组是否已就涉及意见分歧的事项，或者其他疑难问题或争议事项进行适当咨询，以及咨询得出的结论。
③选取的用于复核的审计工作底稿，是否反映了项目组针对重大判断执行的工作，以及是否支持得出的结论。

【考点四】调整事项与非调整事项

【例题 1·2016 年·综合题】

A 注册会计师负责审计甲公司 2×15 年度财务报表，确定财务报表整体的重要性为 100 万元。审计报告日为 2×16 年 4 月 30 日。 资料五： A 注册会计师在审计工作底稿中记录了重大事项的处理情况，部分内容摘录如下： 2×16 年 2 月，甲公司因 2×15 年的食品安全事件 [1] 向主管部门缴纳罚款 300 万元，管理层在 2×15 年度财务报表 [2] 中将其确认为营业外支出。A 注册会计师检查了处罚文件和付款单据，认可了管理层的处理。 要求： 针对上述事项，指出 A 注册会计师的做法是否恰当。如不恰当，请简要说明理由。	【审题过程】 第一步：判断事项起因发生时间。 [1] 2×15 年的食品安全事件，财务报表日前。 第二步：明确处理方式。 财务报表日前：食品安全事件发生在上年，应由上年承担，属于调整事项。 [2] 2×15 年度财务报表中将其确认为营业外支出，调整了 2×15 年财务报表，恰当。

【答案】 恰当。

【例题 2·2016 年·综合题】

上市公司甲公司是 ABC 会计师事务所的常年审计客户，主要从事电子商务业务。A 注册会计师负责审计甲公司 2×15 年度财务报表，确定财务报表整体的重要性为 600 万元，实际执行重要性为 360 万元，明显微小错报临界值为 30 万元。 资料五： A 注册会计师在审计工作底稿中记录了错报及重大事项的处理情况，部分内容摘录如下： 2×16 年 1 月，甲公司的客户丁公司因火灾导致重大损失 [1]，经营困难。甲公司管理层因此在 2×15 年度财务报表 [2] 中补提了 200 万元的应收账款坏账准备。A 注册会计师在对该事项实施细节测试并获取书面声明后，认可了管理层的处理。 要求： 针对上述事项，指出 A 注册会计师的做法是否恰当。如不恰当，请简要说明理由。	【审题过程】 第一步：判断事项起因发生时间。 [1] 2×16 年 1 月发生火灾，财务报表日后。 第二步：明确处理方式。 财务报表日后：火灾在当年发生，与上年无关，属于非调整事项。 [2] 2×15 年度财务报表中补提应收账款坏账准备，调整了 2×15 年财务报表，不恰当。

【答案】不恰当。2×16年1月，甲公司的客户丁公司因火灾导致重大损失，该事项属于资产负债表日后非调整事项，不能调整2×15年报表。

【私教点拨】

（1）期后事项的分类反应做题步骤。

第一步：判断事项起因发生时间。

第二步：明确处理方式。

财务报表日前：起因在上年，应由上年承担，属于调整事项。

财务报表日后：当年发生，与上年无关，属于非调整事项。

（2）期后事项，是指财务报表日至审计报告日之间**发生的事项**，以及注册会计师在审计报告日**后知悉的事实**，分为财务报表日后**调整事项**、财务报表日后**非调整事项**。

【考点五】审计报告日期

【例题1·2014年·综合题】

A注册会计师负责审计甲集团公司2×13年度财务报表。 资料五： A注册会计师在审计工作底稿中记录了评估错报及处理重大事项的情况，部分内容摘录如下： 2×14年2月20日，A注册会计师出具了集团审计报告，在财务报表报出前，A注册会计师获悉甲集团公司2×14年1月10日发生了一笔大额销售退回，因此，要求管理层修改财务报表，并于<u>2×14年2月25日重新出具了审计报告［1］</u>，管理层于<u>2×14年2月26日批准并报出修改后的财务报表［1］</u>。 要求： 针对工作底稿中记录的内容，分析是否恰当。如不恰当，请简要说明理由。	【审题过程】 ［1］注册会计师要在管理层批准财务报表之后才能出具审计报告，即审计报告日不得早于财务报表批准日。

【答案】不恰当。注册会计师重新出具审计报告的日期不能早于管理层重新批准已审计财务报表的日期。

【例题2·2016年·单项选择题】下列有关审计报告日的说法中，错误的是（   ）。

A. 审计报告日可以晚于管理层签署已审计财务报表的日期

B. 审计报告日不应早于管理层书面声明的日期

C. 在特殊情况下，注册会计师可以出具双重日期的审计报告

D. 审计报告日应当是注册会计师获取充分、适当的审计证据，并在此基础上对财务报表形成审计意见的日期

【答案】 D

【解析】 本题考查期后事项划分的时间节点，需要掌握各个时间点的先后顺序。具体分析如下：

选项A，管理层签署已审计财务报表的日期为财务报表批准日，审计报告日不应早于财务报表批准日，但可以晚于，不选；

选项B，获取书面声明后才能出审计报告，不选；

选项C，第二阶段期后事项中，注册会计师可以选择"修改审计报告，针对财务报表修改部分增加补充报告日期"，在这种处理方式下，注册会计师修改审计报告，针对财务报表修改部分增加补充报告日期，而对管理层做出修改前的财务报表出具的审计报告日期保持不变，即为双重日期的审计报告，不选；

选项D，"应当是"应为"不应早于"，形成审计意见之后方可出具审计报告，当选。

【私教点拨】 先有财务报表（财务报表日），然后对其审计，得到批准（财务报表批准日）后将出具审计报告（审计报告日），最后才能报出（财务报表报出日）。期后事项分段示意，见图18-1。

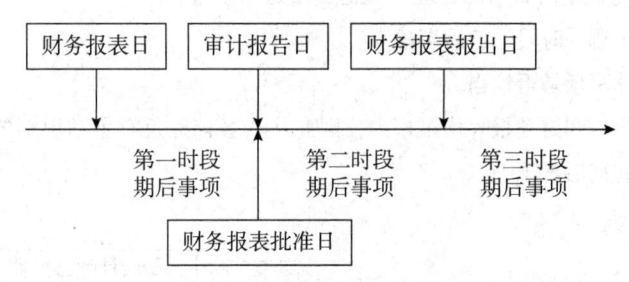

图 18-1 期后事项分段示意

【考点六】各时段期后事项的处理

【例题·2016年·综合题】

上市公司甲公司是ABC会计师事务所的常年审计客户，主要从事电子商务业务。A注册会计师负责审计甲公司2×15年度财务报表，确定财务报表整体的重要性为600万元，实际执行重要性为360万元，明显微小错报临界值为30万元。

资料五：

审计工作底稿中记录了错报及重大事项的处理情况，部分内容摘录如下：

在财务报表报出后 [1]，甲公司管理层发现一项需修改 2×15 年度财务报表的重大错误，因此修改了 2×15 年度财务报表 [2]，并在财务报表附注中披露了修改原因。A 注册会计师就修改事项实施了必要的审计程序，重新出具了<u>无保留意见审计报告</u> [3]。 要求： 针对上述事项，指出 A 注册会计师的做法是否恰当。如不恰当，请简要说明理由。	【审题过程】 第一步：判断属于哪一时段的期后事项。 [1] 财务报表报出后，属于第三时段期后事项。 第二步：判断具体事项是否恰当。 [2] 修改了 2×15 年度财务报表。 [3] 出具了新的审计报告。 对于第三阶段期后事项，修改或提供新的审计报告时，需要在新的或经修改的审计报告中增加强调事项段或其他事项段。

【答案】 不恰当。针对第三时段期后事项，注册会计师应当在新的或经修改的审计报告中增加强调事项段或其他事项段，提醒财务报表使用者关注财务报表附注中有关修改原财务报表的详细原因和注册会计师提供的原审计报告。

【私教点拨】 各时段期后事项的处理相关题目做题步骤如下：

第一步：判断属于哪一时段的期后事项。

第二步：判断具体事项是否恰当。

第一时段：审计报告和财务报表均未报出，因此注册会计师负有**主动识别**的义务，应当设计专门审计程序来识别这些期后事项。

第二时段：见图 18-2。

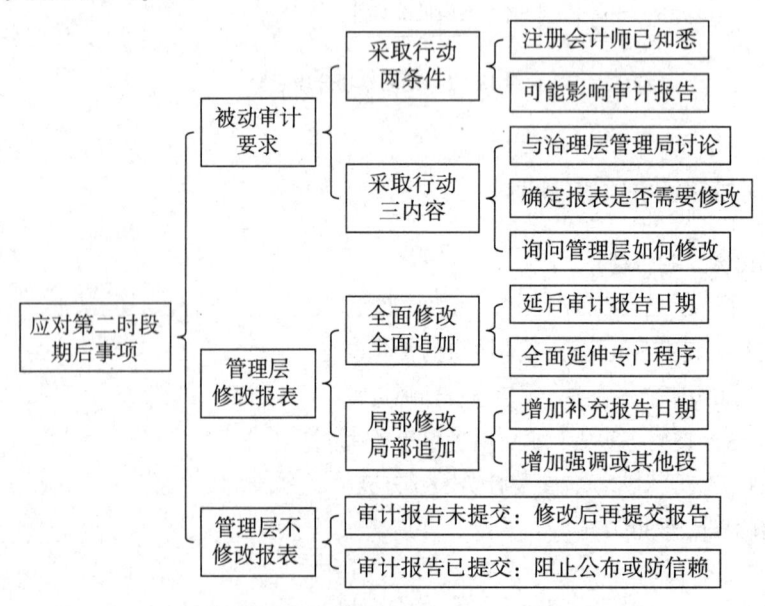

图 18-2 第二时段期后事项汇总

第三时段：见图 18-3。

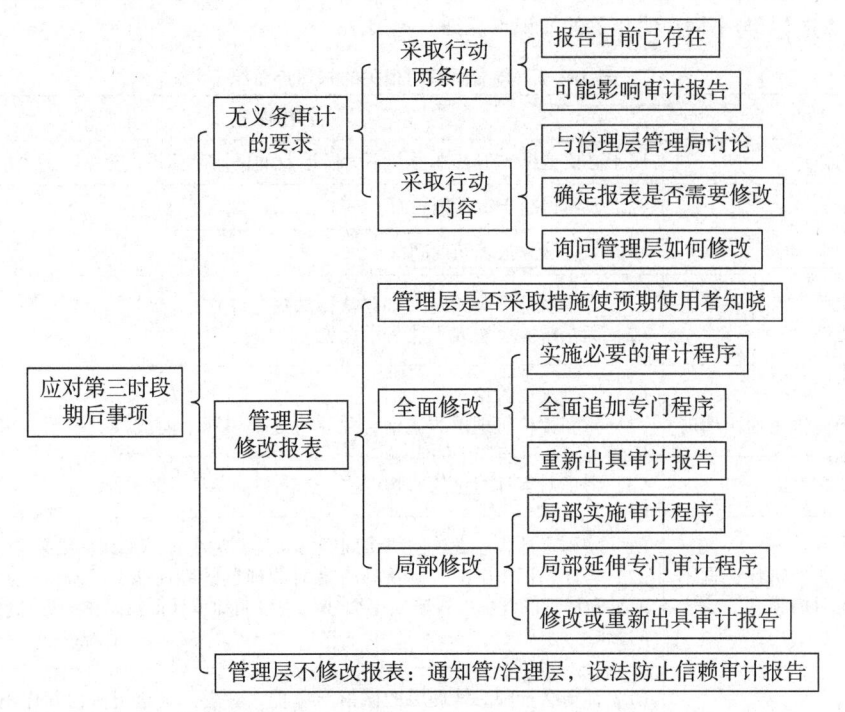

```
                          ┌─ 采取行动 ──┬─ 报告日前已存在
              ┌─ 无义务审计 ─┤  两条件    └─ 可能影响审计报告
              │   的要求     │
              │             └─ 采取行动 ──┬─ 与治理层管理局讨论
              │               三内容      ├─ 确定报表是否需要修改
              │                          └─ 询问管理层如何修改
应对第三时段 ─┤
 期后事项     │             ┌─ 管理层是否采取措施使预期使用者知晓
              │             │            ┌─ 实施必要的审计程序
              ├─ 管理层    ─┼─ 全面修改 ─┼─ 全面追加专门程序
              │  修改报表   │            └─ 重新出具审计报告
              │             │            ┌─ 局部实施审计程序
              │             └─ 局部修改 ─┼─ 局部延伸专门审计程序
              │                          └─ 修改或重新出具审计报告
              │
              └─ 管理层不修改报表：通知管/治理层，设法防止信赖审计报告
```

图 18-3 第三时段期后事项汇总

【考点七】书面声明

【例题 1·2016 年·单项选择题】 下列有关书面声明的说法中，正确的是（　　）。

A. 书面声明的日期应当和审计报告日在同一天，且应当涵盖审计报告针对的所有财务报表期间

B. 管理层已提供可靠书面声明的事实，影响注册会计师管理层责任履行情况或具体审计程序的性质

C. 如果书面声明与其他审计证据不一致，注册会计师应当要求管理层修改书面声明

D. 如果对管理层的诚信产生了重大疑虑，以至于认为其做出的书面声明不可靠，注册会计师应该出具无法表示意见审计报告

【答案】 D

【解析】 本题考查有关书面声明的相关概念，需要对选项进行逐一判断。具体分析如下：

选项 A，书面声明的日期不一定与审计报告为同一天，书面声明的日期不能晚于审计报告日，不选；

选项 B，书面声明提供了必要的审计证据，但是其本身没有什么实质性的作用，不选；

选项 C，如果书面声明与其他审计证据不一致，应该先调查原因，再确定修改哪类审计证据，不选；

选项 D，注册会计师对管理层的诚信产生重大疑虑，以至于认为其作出的书面声明不可靠，注

册会计师应当对财务报表发表无法表示意见,当选。

【私教点拨】 与书面声明相关的知识点总结,见表18-1。

表18-1 与书面声明相关的知识点总结

要点	具体内容
书面声明的作用	属于**必要证据**,但其本身并不为所涉及的任何事项提供充分、适当的审计证据
书面声明的日期	**接近但不得晚于**审计报告日
	涵盖所有财务报表和期间
对书面声明可靠性存在疑虑时的应对措施	(1) 考虑解除业务约定(如果法律法规允许)。 (2) 无法解除,发表无法表示意见
管理层拒绝提供书面声明时的应对措施	(1) 与管理层讨论。 (2) 重新评价管理层的诚信,并评价该事项对书面或口头声明和审计证据总体的可靠性可能产生的影响。 (3) 考虑对审计意见的影响
书面声明与其他审计证据不一致时的应对措施	(1) 实施审计程序设法解决该问题(可能需要考虑风险评估结果是否适当)。 (2) 若问题仍未解决,则重新考虑对管理层的胜任能力、诚信、道德价值观或勤勉尽责的评估,并确定书面或口头声明和审计证据总体的可靠性可能产生的影响
注册会计师应当对财务报表发表**无法表示意见**的情况	(1) 注册会计师对**管理层的诚信**产生重大疑虑,以至于认为其作出的书面声明不可靠。 (2) 管理层不提供的书面声明(和管理层责任对应): ①针对**财务报表的编制**,确认其根据审计业务约定条款,履行了按照适用的财务报告编制基础编制财务报表并使其实现公允反映(如适用)的责任。 ②针对**提供的信息和交易的完整性**,按照审计业务约定条款,已向注册会计师提供所有相关信息,并允许注册会计师不受限地接触所有相关信息以及被审计单位内部人员和其他人员;并保证所有交易均已记录并反映在财务报表中

【例题2·2017年·综合题】

甲公司是ABC会计师事务所的常年审计客户,主要从事电气设备的生产和销售。A注册会计师负责审计甲公司2×16年度财务报表。 资料五: A注册会计师在审计工作底稿中记录了审计完成阶段的工作,部分内容摘录如下: 2×17年3月,甲公司管理层更替。因新任管理层未参与编制2×16年度财务报表,A注册会计师要求由原管理层提供书面声明。 要求: 针对上述事项,指出A注册会计师的做法是否恰当,如不恰当,请简要说明理由。	【审题过程】 书面声明和管理层是否就任无关。

【答案】 不恰当。A注册会计师应当要求现任管理层提供涵盖整个相关期间的书面声明。

【私教点拨】

（1）书面声明应当**涵盖审计报告针对的所有财务报表和期间**。

（2）书面声明和管理层是否就任无关。如果在审计报告中提及的所有期间内，现任管理层均尚未就任，现任管理层可能由此声称无法就审计报告中提及的所有期间提供部分或全部书面声明，这一事实并**不能减轻**现任管理层对财务报表整体的责任，注册会计师**仍然需要**向现任管理层**获取涵盖整个相关期间**的书面声明。

（3）在某些情况下，可能有必要要求管理层更新书面声明。更新后的书面声明需要表明，以前期间所作的声明是否发生了变化，以及发生了什么变化（如有）。

真 题 演 练

1．（2018年·单项选择题）下列有关书面声明日期的说法中，错误的是（　　）。

A．书面声明的日期不得早于财务报表报出日

B．书面声明的日期不得晚于审计报告日

C．书面声明的日期可以和审计报告日是同一天

D．书面声明的日期可以早于审计报告日

2．（2017年·单项选择题）下列有关管理层书面声明的作用的说法中，错误的是（　　）。

A．书面声明为财务报表审计提供了必要的审计证据

B．管理层已提供可靠书面声明的事实，可能影响注册会计师就具体认定获取的审计证据的性质和范围

C．书面声明可以促使管理层更加认真地考虑声明所涉及的事项

D．书面声明本身不为所涉及的任何事项提供充分、适当的审计证据

3．（2013年·单项选择题）下列有关期后事项审计的说法中，错误的是（　　）。

A．在财务报表报出后，如果被审计单位管理层修改了财务报表，且注册会计师提供了新的审计报告或修改了原审计报告，注册会计师应当在新的或经修改的审计报告中增加强调事项段或其他事项段予以说明

B．如果组成部分注册会计师对某组成部分实施审阅，集团项目组可以不要求组成部分注册会计师实施审计程序以识别可能需要在集团财务报表中调整或披露的期后事项

C．在设计用以识别期后事项的审计程序时，注册会计师应当考虑风险评估的结果，但无需考虑对之前已实施审计程序并已得出满意结论的事项执行追加的审计程序

D．注册会计师应当设计和实施审计程序，以确定所有在财务报表日至审计报告日之间发生的事项均已得到识别

4．（2016年·多项选择题）下列各项中，上市实体的项目质量控制复核人应当执行的有（　　）。

A．与项目合伙人讨论重大事项

B. 复核与重大错报风险相关的所有审计工作底稿

C. 复核财务报表和拟出具的审计报告

D. 考虑项目组就具体审计业务对会计师事务所独立性作出的评价

5.（2015年·多项选择题）下列有关期后事项审计的说法中，正确的有（   ）。

A. 注册会计师应当恰当应对在审计报告日后知悉的、且如果在审计报告日知悉可能导致注册会计师修改审计报告的事实

B. 在财务报表报出后，注册会计师没有义务针对财务报表实施任何审计程序

C. 注册会计师应当要求管理层提供书面声明，确认所有在财务报表日后发生的、按照适用的财务报告编制基础的规定应予调整或披露的事项均已得到调整或披露

D. 注册会计师应当设计和实施审计程序，获取充分、适当的审计证据，以确定所有在财务报表日至财务报表报出日之间发生的、需要在财务报表中调整或披露的事项均已得到识别

6.（2014年·多项选择题）A注册会计师负责审计甲公司2×13年度财务报表，现场审计工作完成日为2×14年2月28日，财务报表批准日为2×14年3月20日，审计报告日为2×14年3月29日，财务报表报出日为2×14年3月31日。下列有关书面声明日期的说法中，正确的有（   ）。

A. A注册会计师取得日期为2×14年3月29日的书面声明

B. A注册会计师取得日期为2×14年3月31日的书面声明

C. A注册会计师取得日期为2×14年2月28日的书面声明，并于2×14年3月29日就2×14年2月28日至2×14年3月29日之间的变化获取管理层的更新声明

D. A注册会计师取得日期为2×14年3月20日的书面声明，并于2×14年3月31日就2×14年3月20日至2×14年3月31日之间的变化获取管理层的更新声明

7.（2012年·多项选择题）下列有关期后事项审计的说法中，正确的有（   ）。

A. 期后事项是指财务报表日至财务报表报出日之间发生的事项

B. 期后事项是指财务报表日至审计报告日之间发生的事项，以及注册会计师在审计报告日后知悉的事实

C. 注册会计师仅需主动识别财务报表日至审计报告日之间发生的期后事项

D. 审计报告日后，如果注册会计师知悉某项若在审计报告日知悉将导致修改审计报告的事实，且管理层已就此修改了财务报表，应当对修改后的财务报表实施必要的审计程序，出具新的或经修改的审计报告

8.（2015年·简答题）ABC会计师事务所首次接受委托，审计甲公司2×14年度财务报表。审计工作底稿中与重要性和错报评价相关的部分内容摘录如下：

甲公司某项应付账款被误计入其他应付款，其金额高于财务报表整体的重要性，因此项错报不影响甲公司的经营业绩和关键财务指标，审计项目组同意管理层不予调整。

要求：

针对上述事项，指出审计项目组的做法是否恰当。如不恰当，请简要说明理由。

9.（2014年·简答题）A注册会计师负责审计上市公司甲公司2×13年度财务报表，审计工作底稿中与确定重要性和评估错报相关的部分内容摘录如下：

金额单位：万元

项目	2×13 年	2×12 年	备注
营业收入	16 000 （未审数）	15 000 （已审数）	2×13 年，竞争对手推出新产品抢占市场，甲公司通过降价和增加广告投入促销
税前利润	50 （未审数）	2 000 （已审数）	2×13 年，降价及销售费用增长导致盈利大幅下降
财务报表整体的重要性	80	100	
实际执行的重要性	60	75	
明显微小错报的临界值	0	5	

甲公司 2×13 年末非流动负债余额中包括一年内到期的长期借款 2 500 万元，占非流动负债总额的 50%，A 注册会计师认为，该错报对利润表没有影响，不属于重大错报，同意管理层不予调整。

要求：

针对上述事项，指出 A 注册会计师的做法是否恰当。如不恰当，请简要说明理由。

10.（2019 年·综合题）A 注册会计师在审计工作底稿中记录了重大事项的处理情况，部分内容摘录如下：

（1）甲公司 2×18 年度财务报表存在一笔未更正错报 400 万元，系少计提企业所得税所致。因该错报金额小于财务报表整体的重要性，A 注册会计师认为该错报不重大，不影响审计结论。

（2）甲公司于 2×19 年初更换了管理层。因已获取新任管理层有关 2×18 年度财务报表的书面声明，A 注册会计师未再要求前任管理层提供书面声明。

（3）在审计报告日后、财务报表报出日前，甲公司 2×18 年末的一项重大未决诉讼终审结案，管理层根据判决结果调整了 2×18 年度财务报表。在对该调整实施审计程序后，A 注册会计师对重新批准的财务报表出具了新的审计报告。

要求：

针对上述资料，假定不考虑其他条件，逐项指出 A 注册会计师的做法是否恰当。如不恰当，请简要说明理由。

11.（2018 年·综合题）上市公司甲公司是 ABC 会计师事务所的常年审计客户，主要从事药品的研发、生产和销售。A 注册会计师负责审计甲公司 2×17 年度财务报表，确定财务报表整体的重要性为 300 万元，明显微小错报的临界值为 15 万元。

资料四：

A 注册会计师在审计工作底稿中记录了针对市场推广费实施的进一步审计程序，部分内容摘录如下：

A 注册会计师对期末应付市场推广费余额实施了函证程序，有两份回函显示余额不符。经调查，系甲公司会计记账串户所致。因相关服务商为非关联方，A 注册会计师将该不符事项认定为错报。

要求：

针对上述事项，假定不考虑其他条件，指出 A 注册会计师的做法是否恰当。如不恰当，请简要说明理由。

12. （2018年·综合题）上市公司甲公司是ABC会计师事务所的常年审计客户，主要从事汽车的生产和销售。A注册会计师负责审计甲公司2×17年度财务报表，确定财务报表整体的重要性为1 000万元，明显微小错报的临界值为30万元。

资料五：

A注册会计师在审计工作底稿中记录了重大事项的处理情况，部分内容摘录如下：

（1）2×18年1月初，甲公司对某型号汽车实施召回，免费更换安全气囊，预计将发生更换费用4 000万元。管理层在2×17年度财务报表中确认了该项费用并进行了披露。A注册会计师在对更换费用及相关披露实施审计程序后，认可了管理层的处理。

（2）因不同意A注册会计师提出的某些审计调整建议，管理层拒绝在书面声明中说明未更正错报单独或汇总起来对财务报表整体的影响不重大。考虑到未更正错报对财务报表的影响很小，A注册会计师同意管理层不提供该项声明。

要求：

针对上述第（1）至第（2）项，假定不考虑其他条件，指出A注册会计师的做法是否恰当。如不恰当，请简要说明理由。

13. （2017年·综合题）ABC会计师事务所首次接受委托，审计上市公司甲公司2×16年度财务报表，委派A注册会计师担任项目合伙人。

资料五：

A注册会计师在审计工作底稿中记录了审计完成阶段的工作，部分内容摘录如下：

甲公司2×16年末的一项重大未决诉讼在审计报告日前终审结案，管理层根据判决结果调整了2×16年度财务报表。A注册会计师检查了法院判决书以及甲公司的账务处理和披露，结果满意，未再实施其他审计程序。

要求：

针对上述事项，指出A注册会计师的做法是否恰当。如不恰当，请简要说明理由。

14. （2017年·综合题）甲公司是ABC会计师事务所的常年审计客户，主要从事电气设备的生产和销售。A注册会计师负责审计甲公司2×16年度财务报表。

资料五：

A注册会计师在审计工作底稿中记录了审计完成阶段的工作，部分内容摘录如下：

甲公司在2×16年度财务报表附注中披露了2×17年1月签署的一项重大收购协议，A注册会计师检查了董事会决议及收购协议等相关文件，结果满意。

要求：

针对上述事项，指出A注册会计师的做法是否恰当，如不恰当，请简要说明理由。

15. （2016年·综合题）A注册会计师负责审计甲公司2×15年度财务报表，确定财务报表整体的重要性为600万元，实际执行重要性为360万元，明显微小错报临界值为30万元。

资料五：

审计工作底稿中记录了错报及重大事项的处理情况，部分内容摘录如下：

丙公司为甲公司2×15年新设的进出口贸易公司，应收账款的坏账准备的计提比例高于甲公司，导致 100 万元的差异。甲公司管理层拒绝调整。A 注册会计师将该差异作为未更正错报汇总。

要求：

针对上述事项，指出 A 注册会计师的做法是否恰当。如不恰当，请简要说明理由。

16.（2015 年·综合题）A 注册会计师负责审计甲集团公司 2×14 年度财务报表，确定集团财务报表整体的重要性为 600 万元。

资料五：

审计工作底稿中记录了处理错报的相关情况，部分内容摘录如下：

2×14 年，甲集团公司推出销售返利制度，并在 ERP 系统中开发了返利管理模块，A 注册会计师在对某组成部分执行审计时发现，因系统参数设置有误，导致选取的测试项目少计返利 2 万元，A 注册会计师认为该错报低于集团财务报表明显微小错报的临界值，可忽略不计。

要求：

针对上述事项，指出 A 注册会计师的做法是否恰当。如不恰当，请提出改进建议。

17.（2014 年·综合题）A 注册会计师负责审计甲集团公司 2×13 年度财务报表。

资料五：

在审计工作底稿中记录了评估错报及处理重大事项的情况，部分内容摘录如下：

2×13 年 7 月，甲集团公司更换了主要管理层成员，由于现任管理层仅就其任职期间提供书面声明，A 注册会计师向前任管理层获取了其在任时相关期间的书面声明。

要求：

针对上述事项，指出 A 注册会计师的做法是否恰当。如不恰当，请简要说明理由。

真 题 答 案 及 解 析

1.【答案】 A

【解析】 本题考查书面声明的日期，特别注意书面声明日期和审计报告日的关系。具体分析如下：

选项 A，书面声明的日期不得晚于审计报告日，而审计报告日早于财务报表报出日，因此书面声明的日期早于财务报表报出日，当选；

选项 B，获取书面声明后才能出审计报告，因此书面声明日期不得晚于审计报告日，不选；

选项 C，书面声明的日期应当尽量接近对财务报表出具审计报告的日期，书面声明的日期可以和审计报告日是同一天，不选；

选项 D，获取书面声明后才能出审计报告，因此书面声明的日期可以早于审计报告日，不选。

2.【答案】 B

【解析】 本题考查书面声明的作用，需要仔细掌握。具体分析如下：

选项 A，书面声明属于必要的审计证据，不选；

选项 B，管理层已提供可靠书面声明的事实，并不影响注册会计师就管理层责任履行情况或具体认定获取的其他审计证据的性质和范围，当选；

选项 C，要求管理层提供书面声明而非口头声明，可以促使管理层更加认真地考虑声明所涉及的事项，提高声明质量，不选；

选项 D，书面声明属于必要的审计证据，本身不为所涉及的任何事项提供充分、适当的审计证据，不选。

3. 【答案】 D

【解析】 本题考查期后事项相关内容，需要对各选项进行逐一判断。具体分析如下：

选项 A，第三时段期后事项，管理层修改财务报表，注册会计师应当增加强调事项段或其他事项段，不选；

选项 B，对组成部分实施审阅，可以不要求实施审计程序以识别可能需要在集团财务报表中调整或披露的期后事项，不选；

选项 C，在主动识别第一时段期后事项中，注册会计师无需考虑对之前已实施审计程序并已得出满意结论的事项执行追加的审计程序，不选；

选项 D，主动识别第一时段期后事项，注册会计师应当设计和实施审计程序，获取充分、适当的审计证据，以确定所有在财务报表日至审计报告日之间发生的、需要在财务报表中调整或披露的事项均已得到识别，当选。

4. 【答案】 ACD

【解析】 本题考查项目质量控制复核的范围，具体分析如下：

选项 A，属于质量控制复核范围，与项目合伙人讨论重大事项，当选；

选项 B，属于项目合伙人复核的要求，项目合伙人无需复核与重大错报风险相关的所有审计工作底稿，不选；

选项 C，属于质量控制复核范围，复核财务报表和拟出具的审计报告，当选；

选项 D，属于上市实体质量控制复核范围，考虑项目组就具体审计业务对会计师事务所独立性作出的评价，当选。

5. 【答案】 ABC

【解析】 本题考查期后事项相关内容，需要对各选项进行逐一判断。具体分析如下：

选项 A，"恰当应对"是正确的，当选；

选项 B，财务报表报出后为第三阶段期后事项，注册会计师没有义务针对财务报表实施任何审计程序，当选；

选项 C，注册会计师应当要求管理层提供书面声明，确认所有在财务报表日后发生的、按照适用的财务报告编制基础的规定应予调整或披露的事项均已得到调整或披露，当选；

选项 D，注册会计师仅对第一时段期后事项负有主动识别义务，第一时段期后事项指财务报表日至审计报告日（而不是财务报表报出日）之间发生的期后事项，不选。

6. 【答案】 AC

【解析】 本题考查书面声明的日期，特别注意书面声明日期和审计报告日的关系。具体分析如下：

选项 AB，书面声明日期和审计报告日为同一天；书面声明的日期应当尽量接近对财务报表出具审计报告的日期,但不得在审计报告日后,选项 A 当选,选项 B 不选。

选项 CD,更新书面声明日期和审计报告日为同一天;在某些情况下,在审计过程中获取有关财务报表特定认定的书面声明可能是适当的,此时可能有必要要求管理层更新书面声明,更新书面声明的日期不得在审计报告日后,选项 C 当选,选项 D 不选。

7.【答案】 BCD

【解析】 本题考查期后事项相关内容,需要对各选项进行逐一判断。具体分析如下:

选项 AB,期后事项是指财务报表日至审计报告日之间发生的事项,以及注册会计师在审计报告日后知悉的事实,选项 A 不选,选项 B 当选;

选项 C,注册会计师仅对第一时段期后事项负有主动识别义务,第一时段期后事项指财务报表日至审计报告日之间发生的期后事项,当选;

选项 D,审计报告日后为第二时段期后事项,管理层修改财务报表,注册会计师应当对修改后的财务报表实施必要的审计程序,出具新的或经修改的审计报告,当选。

8.

【答案】 恰当。	【答案解读】 第一步:判断错报类型。 [1] 应付账款被误计入其他应付款,属于分类错报。 第二步:针对不同错报的处理方式。 [2] 金额高于财务报表整体的重要性。 [3] 但不影响经营业绩和关键财务指标。即使分类错报超过了在评价其他错报时运用的重要性水平,注册会计师可能仍然认为该分类错报对财务报表整体不产生重大影响。

9.

【答案】 不恰当。该错报很可能影响关键财务指标,且金额超过重要性水平,属于重大的分类错报,应要求甲公司管理层调整。	【答案解读】 第一步:判断错报类型。 [1] 一年内到期的长期借款属于流动负债,误记为非流动负债,属于分类错报。 第二步:针对不同错报的处理方式。 [2] 占非流动负债总额的 50%,影响关键财务指标,应当要求管理层调整。

10.

【答案】	【答案解读】
(1) 不恰当。构成重大错报还应当考虑错报的性质。 (2) 恰当。 (3) 不恰当。还应将对期后事项的审计程序延伸至新的审计报告日。	(1) 注册会计师应从定量和定性两个方面考虑错报是否构成重大错报。 (2) 注册会计师应向被审计单位现任管理层获取涵盖审计报告针对的所有财务报表和期间的书面声明。 (3) 重新出具审计报告（即第一时段延长），故注册会计师应将针对第一时段期后事项的审计程序延伸至新的审计报告日（不能仅针对调整实施审计程序）。

11.

【答案】 不恰当。串户入账属于同一项目内部的错报，可以抵销，不影响财务报表的列报。	【答案解读】 第一步：判断错报类型。 [1] 记账串户，属于错报抵销。 第二步：针对不同错报的处理方式。 [2] 相关服务商为非关联方，属于非重大错报，对于同一账户余额或同一类别的交易内部的非重大错报，可以抵销。

12.

【答案】	【答案解读】
(1) 恰当。 (2) 不恰当。注册会计师仍应当要求管理层提供有关未更正错报的书面声明/书面声明可以增加有关不同意某事项构成错报的表述。	(1) 2×18年1月初，审计报告和财务报表均未报出，属于第一时段期后事项，因此注册会计师负有主动识别的义务，应当设计专门审计程序来识别这些期后事项。 (2) 书面声明属于必要的审计证据。

13.

【答案】 恰当。	【答案解读】 第一步：判断属于哪一时段的期后事项。 [1] 审计报告日前终审结案，第三时段期后事项。

| | 第二步：判断具体事项是否恰当。
[2] 调整了2×16年度财务报表。
[3] 检查了法院判决书以及甲公司的账务处理和披露。
对于第三时段期后事项，管理层局部修改财务报表，注册会计师可仅局部实施审计程序。 |

14.

| 【答案】 恰当。 | 【答案解读】
第一步：判断事项起因发生时间。
[1] 2×17年1月签署的一项重大收购协议，属于财务报表日后事项。
第二步：明确处理方式。
财务报表日后：当年发生，与上年无关，属于非调整事项。
在2×16年度财务报表附注中披露，恰当。 |

15.

| 【答案】 恰当。 | 【答案解读】
100万元的差异高于明显微小错报临界值，应当累计。 |

16.

| 【答案】 不恰当。该错报为系统性错报/可能发生于其他组成部分。集团项目组应当关注并汇总其他组成部分的这类错报，汇总考虑该类错报对集团财务报告的影响。 | 【答案解读】
第一步：判断错报类型。
[1] 系统参数设置有误，属于系统性错报。
第二步：针对不同错报的处理方式。
[2] 少计返利2万元，低于集团财务报表明显微小错报的临界值。
即使系统性错报低于财务报表整体的重要性，但考虑到某些情况，需将其单独或连同在审计过程中累积的其他错报一并考虑时，也可能评价为重大错报。 |

17.

| 【答案】　不恰当。更换管理层并不减轻现任管理层对财务报表整体的责任。A 注册会计师需要向现任管理层获取涵盖整个相关期间的书面声明。 | 【答案解读】
书面声明和管理层是否就任无关。 |

第十九章　审计报告

本章考情 Q&A

Q：本章的重要性如何？
A：本章属于非常重要章节，每年必出审计意见的相关题目。平均考查分值为 8 分。

Q：本章知识点在考试中通常以什么形式出现？
A：本章主要以简答题、综合题为主。

Q：本章学习特点如何？
A：本章属于财务报表审计最终呈现的结果，考生需要非常熟悉各种意见类型的审计报告，并掌握出现各种意见类型的情形。

Q：本章 2020 年的主要变动有哪些？
A：无实质性变动，修改了部分表述。

Q：本章主要考点历年分布如何？
A：以下是老师们的统计。

考点	2010 年	2011 年	2012 年	2013 年	2014 年	2015 年	2016 年	2017 年	2018 年	2019 年
审计报告的基本内容							√			
在审计报告中沟通关键审计事项								√	√	√
非无保留意见审计报告					√	√	√		√	√
在审计报告中增加强调事项段和其他事项段						√	√	√		
比较信息						√		√	√	√
注册会计师对其他信息的责任					√				√	

经典例题

【考点一】审计报告的基本内容

【例题·2016 年·单项选择题】 下列有关审计报告日的说法中,错误的是( )。

A. 审计报告日可以晚于管理层签署已审计财务报表的日期

B. 审计报告日不应早于管理层书面声明的日期

C. 在特殊情况下,注册会计师可以出具双重日期的审计报告

D. 审计报告日应当是注册会计师获取充分、适当的审计证据,并在此基础上对财务报表形成审计意见的日期

【答案】 D

【解析】 本题考查与审计相关的日期,考生必须明确其规定。具体分析如下:

选项 A,注册会计师签署审计报告的日期通常与管理层签署已审计财务报表的日期为同一天,或晚于管理层签署已审计财务报表的日期,即审计报告日不早于管理层签署已审计财务报表的日期,不选;

选项 B,书面声明的日期应当尽量接近对财务报表出具审计报告的日期,但不得在审计报告日后,即审计报告日不早于书面声明的日期,不选;

选项 C,第二时段期后事项中可以增加补充报告日期(即双重日期的审计报告),不选;

选项 D,审计报告日不应早于注册会计师获取充分、适当的审计证据,并在此基础上对财务报表形成审计意见的日期,即审计报告日不早于形成审计意见的日期,当选。

【私教点拨】 与审计相关的日期规定汇总,见表 19-1。

表 19-1 与审计相关的日期规定汇总

日期	含义
审计报告日 (一般情况下在其他日期之后)	确定审计报告日时,注册会计师应当确信已获取下列两方面的审计证据: (1)构成整套财务报表的所有报表(包括相关附注)已编制完成。 (2)被审计单位的董事会、管理层或类似机构已经认可其对财务报表负责。 审计报告日不应早于注册会计师获取充分、适当的审计证据(包括管理层认可对财务报表的责任且已批准财务报表的证据),并在此基础上对财务报表形成审计意见的日期。 注册会计师签署审计报告的日期通常与管理层签署已审计财务报表的日期为同一天,或晚于管理层签署已审计财务报表的日期
财务报告日	财务报表涵盖的最近期间的截止日期
财务报表批准日	构成整套财务报表的所有报表(包括相关附注)已编制完成,并且被审计单位的董事会、管理层或类似机构已经确认认可其对财务报表负责的日期。 实务中,审计报告日与财务报表批准日通常是相同的日期
财务报表报出日	审计报告和已审计财务报表提供给第三方的日期
书面声明日期	书面声明日期应当尽量接近对财务报表出具审计报告的日期,但不得在审计报告日后

【考点二】在审计报告中沟通关键审计事项

【例题1·2018年·简答题】

ABC会计师事务所的A注册会计师负责审计多家上市公司2×17年度财务报表，遇到下列与审计报告相关的事项： （1）甲公司管理层在2×17年度财务报表中确认和披露了年内收购乙公司的交易。A注册会计师将其作为审计中最为重要的事项与治理层进行了沟通，拟在审计报告的关键审计事项部分沟通该事项。同时 [1]，因该事项对财务报表使用者理解财务报表至关重要，A注册会计师拟在审计报告中增加强调事项段予以说明。 （2）己公司的某重要子公司因环保问题被监管部门调查并停业整顿。A注册会计师将该事项识别为关键审计事项。因己公司管理层未在 [2] 财务报表附注中披露该子公司停业整顿的具体原因，A注册会计师拟在审计报告的关键审计事项部分进行补充说明 [2]。 要求： 针对上述第（1）至第（2）项，逐项指出A注册会计师的做法是否恰当。如不恰当，请简要说明理由。	【审题过程】 [1] 既符合关键审计事项的标准，又符合强调事项的标准，应作为关键审计事项。 [2] 该事项属于原始信息，在描述关键审计事项时，注册会计师需要避免不恰当地提供与被审计单位相关的原始信息。

【答案】

（1）不恰当。注册会计师已经在关键审计事项部分沟通该事项，不应增加强调事项段/该事项同时符合关键审计事项和强调时段的标准，应仅作为关键审计事项。

（2）不恰当。注册会计师不应在关键审计事项部分描述被审计单位的原始信息/关键审计事项不能替代管理层的披露/注册会计师应要求管理层作出补充披露。

【例题2·2017年·简答题】

ABC会计师事务所的A注册会计师负责审计多家上市公司2×16年度财务报表，遇到下列与审计报告相关的事项：	

A 注册会计师对甲公司关联方关系及交易实施审计程序并与治理层沟通后，对是否存在未在财务报表中披露的关联方关系及交易仍存有疑虑 [1]，拟将其作为关键审计事项在审计报告中沟通。 要求： 针对上述事项，指出 A 注册会计师的做法是否恰当。如不恰当，请简要说明理由。	【审题过程】 [1] 在关键审计事项部分披露的关键审计事项必须是已经得到满意解决的事项，仍存有疑虑，说明并没有满意解决。

【答案】 不恰当。关键审计事项必须是已经得到满意解决的事项/关键审计事项不能替代非无保留意见/应当发表非无保留意见。

【私教点拨】 与关键审计事项相关的概念理解、常见误区及相关解答，分别见表 19-2、表 19-3。

表 19-2 关键审计事项概念理解

关键点	具体内容
上市实体	必须在上市实体中增加关键审计事项部分
单设段落	在审计报告中必须单设关键审计事项部分
满意解决	在关键审计事项部分披露的关键审计事项必须是已经得到满意解决的事项
不止一项	确定为关键审计事项可能不止一个
不表意见	不对关键审计事项单独发表意见
保留否定	在保留意见、否定意见的审计报告中有关键审计事项，但无法表示意见的审计报告中没有关键审计事项

表 19-3 关键审计事项常见误区及相关解答

常见误区	解答
已审计财务报表包含比较财务报表时，注册会计师确定的关键审计事项包含比较财务报表及本期财务报表审计最为重要的事项	该观点是对关键审计事项的定义掌握的不牢靠。关键审计事项，是指注册会计师根据职业判断认为对当期财务报表审计最为重要的事项。因此不包含比较财务报表当中最为重要的事项
由于导致非无保留意见的事项不符合关键审计事项的定义，因此不应在关键审计事项部分披露	该观点仍是对审计概念掌握的不准确，导致失误。导致非无保留意见的事项、可能导致对被审计单位持续经营能力产生重大疑虑的事项或情况存在重大不确定性，虽然符合关键审计事项的定义，但这些事项在审计报告中专门的部分披露，不在关键审计事项部分披露
由于关键审计事项部分披露的关键审计事项必须是已经得到满意解决的事项，因此关键审计事项只可能在无保留意见的审计报告中存在，在其他审计意见当中不会涉及关键审计事项	该观点的前半段是正确的，即关键审计事项必须是已经得到满意解决的事项，但这并不意味着关键审计事项满意解决就一定是无保留意见的审计报告。因此在保留意见、否定意见的审计报告中也可能存在关键审计事项，但在无法表示意见的审计报告中是没有关键审计事项的

续表

常见误区	解答
在描述关键审计事项时，注册会计师应当运用职业判断确定是否将其索引至财务报表的相关披露	在审计中，比较绝对的结论一般是不正确的，但该观点是一个特例。"确定是否将……"看似表述无误，但却是错的。正确的描述应为：注册会计师应当分别索引至财务报表的相关披露（如有），以使预期使用者能够进一步了解管理层在编制财务报表时如何应对这些事项

【考点三】非无保留意见审计报告

【例题1·2018年·简答题】

ABC会计师事务所的A注册会计师负责审计多家上市公司2×17年度财务报表，遇到下列与审计报告相关的事项： 因原董事长以公司名义违规对外提供多项担保，导致戊公司2×17年发生多起重大诉讼，多个银行账户被冻结，业务停止，主要客户和员工流失。管理层在2×17年度财务报表中确认了大额预计负债，并披露了持续经营存在的重大不确定性。A注册会计师认为存在多项对财务报表整体具有重要影响的重大不确定性[1]，拟对戊公司财务报表发表无法表示意见。 要求： 针对上述事项，指出A注册会计师的做法是否恰当。如不恰当，请简要说明理由。	【审题过程】 [1] 在极少数情况下，当存在多项对财务报表整体具有重要影响的重大不确定性时，注册会计师可能认为发表无法表示意见而非增加以"持续经营相关的重大不确定性"为标题的单独部分是适当的。《中国注册会计师审计准则第1502号——在审计报告中发表非无保留意见》规定，在极其特殊的情况下，可能存在多个不确定事项。尽管注册会计师对每个单独的不确定事项获取了充分、适当的审计证据，但由于不确定事项之间可能存在相互影响，以及可能对财务报表产生累积影响，注册会计师不可能对财务报表形成审计意见。在这种情况下，注册会计师应当发表无法表示意见。

【答案】 恰当。

【例题2·2015年·简答题】

ABC会计师事务所的A注册会计师在执行项目质量控制复核时遇到下列与审计报告相关的事项： 上市公司甲公司与收入确认相关的内部控制存在值得关注的缺陷[1]，并因此导致重大错报[2]，管理层接受了审计调整建议[2]，截至审计报告日，该项缺陷尚未完成整改，管理层在财务报表附注中披露了这一情况，审计项目组认为该事项对本期财	【审题过程】 [1] 说明内部控制有问题。 [2] 错报已经更正。 因此对于财务报表审计，并不存在重大错报。

务报表无影响，拟出具无保留意见审计报告。

要求：

针对上述事项，判断审计报告类型是否恰当。如不恰当，请指出应当出具何种类型的审计报告。

【答案】恰当。内部控制存在缺陷既不属于审计范围受限，也不属于重大错报，不影响审计意见的类型。

【私教点拨】判断审计意见的类型汇总，见表19-4。

表19-4 审计意见类型汇总表

情形	是否广泛	审计意见类型
存在重大错报	否	保留意见
	是	否定意见
审计范围受限	否	保留意见
	是	无法表示意见

财务报表存在重大错报的情形，见表19-5。

表19-5 财务报表存在重大错报的情形

财务报表存在重大错报的情形	说明
选择的会计政策的恰当性	(1) 选择的会计政策与适用的财务报告编制基础不一致。 (2) 财务报表（包括相关附注）没有按照公允列报的方式反映交易和事项
对所选择的会计政策的运用	(1) 运用不具备一致性。 (2) 不当运用
财务报表披露的恰当性或充分性	(1) 财务报表没有包括适用的财务报告编制基础要求的所有披露。 (2) 财务报表的披露没有按照适用的财务报告编制基础列报。 (3) 财务报表没有作出必要的披露以实现公允反映

审计范围受限的情形，见表19-6。

表19-6 审计范围受限的情形

审计范围受限的情形	说明
超出被审计单位控制的情形	(1) 被审计单位的会计记录已被毁坏。 (2) 重要组成部分的会计记录已被政府有关机构无限期地查封
与注册会计师工作的性质或时间安排相关的情形	(1) 注册会计师无法获取有关联营企业财务信息的充分、适当的审计证据以评价是否恰当地运用了权益法。 (2) 注册会计师无法实施存货监盘。 (3) 注册会计师确定仅实施实质性程序是不充分的，但被审计单位的控制是无效的
管理层施加限制的情形	(1) 管理层阻止注册会计师实施存货监盘。 (2) 管理层阻止注册会计师对特定账户余额实施函证

对财务报表具有广泛性影响的情形,见表19-7。

表19-7 对财务报表具有广泛性影响的情形

对财务报表具有广泛性影响的情形	说明
不限于对财务报表的特定要素、账户或项目产生影响	发生的事项影响多个财务报表的项目,而不仅是影响单个特定项目,如未将子公司纳入合并范围
虽然仅对财务报表的特定要素、账户或项目是或可能是财务报表的主要组成部分	如果发生的事项影响了单个特定项目,但是特定项目是非常重要的,如未更正错报将利润总额由亏损粉饰为盈利
当与披露相关时,产生的影响对财务报表使用者理解财务报表至关重要	如未披露重大关联方交易

【考点四】在审计报告中增加强调事项段和其他事项段

【例题1·2015年·简答题】

ABC会计师事务所的A注册会计师担任多家被审计单位2×14年度财务报表审计的项目合伙人,遇到下列导致出具非标准审计报告的事项: 戊公司2×13年度财务报表未经审计[1]。管理层将一项应当在2×14年度确认的大额长期资产减值损失作为前期差错[2],重述了比较数据。 要求: 针对上述事项,指出A注册会计师应当出具何种类型非标准的审计报告,并简要说明理由。	【审题过程】 [1]上期财务报表未经审计,应当增加其他事项段予以说明。 [2]应当在本年确认的大额长期资产减值损失,却将其作为前期差错,属于重大错报。

【答案】 A注册会计师应当出具带其他事项段的保留意见审计报告。应当在其他事项段中说明对应数据未经审计,且存在影响重大但不广泛的错报。

【例题2·2017年·简答题】

ABC会计师事务所的A注册会计师负责审计多家上市公司2×16年度财务报表,遇到下列与审计报告相关的事项: 戊公司管理层在2×16年度财务报表附注中披露[1]了2×17年1月发生的一项重大收购。A注册会计师认为该事项对财务报表使用者理解财务报表至关重要[2],拟在审计报告中增加其他事项段予以说明。	【审题过程】 强调事项段身份的识别: [1]已在财务报表中恰当列报或披露。 [2]对财务报表使用者理解财务报表至关重要。

要求： 针对上述事项，指出 A 注册会计师的做法是否恰当。如不恰当，请简要说明理由。	

【答案】 不恰当。注册会计师应当增加强调事项段/其他事项段用于提及未在财务报表附注中列报或披露的事项/其他事项段与财务报表使用者理解审计工作、注册会计师的责任或审计报告相关。

【私教点拨】

1. 强调事项段身份的识别

披露列报：已在财务报表中恰当列报或披露。

至关重要：对财务报表使用者理解财务报表至关重要。

2. 强调事项段的情形汇总（见表 19-8）

表 19-8 强调事项段情形汇总表

增加强调事项段情形	应当/可以	章节
针对第二时期期后事项，如果管理层的修改仅限于反映导致修改的期后事项的影响，董事会、管理层或类似机构也仅对有关修改进行批准，注册会计师可以仅针对有关修改将用以识别期后事项的第一时段的审计程序延伸至新的审计报告日。在这种情况下，注册会计师可以出具新的或经修改的审计报告，在强调事项段或其他事项段中说明注册会计师对期后事项实施的审计程序仅限于财务报表相关附注所述的修改	应当	完成审计工作
针对第三时段期后事项，如果管理层修改财务报表，注册会计师应在修改或重新提交的审计报告中增加强调事项段或其他事项段，提醒财务报表使用者关注修改原财务报表的原因和注册会计师提供的原审计报告	应当	完成审计工作
异常诉讼或监管行动的未来结果存在不确定性	可以	审计报告
允许提前应用对报表有广泛影响的新会计准则	可以	审计报告
存在已经或持续对被审计单位财务状况产生重大影响的特大灾难	可以	审计报告
运用持续经营假设不适当，但管理层被要求或自愿选择替代基础编制财务报表，并对此作出了充分披露，注册会计师可以发表无保留意见，但可以增加强调事项段	可以	其他特殊项目审计
即使某一项会计估计没有得到确认，且注册会计师认为这种处理是恰当的，可能仍然有必要在财务报表附注中披露具体情况。注册会计师也可能认为有必要在审计报告中增加强调事项段，以提醒财务报表使用者关注重大不确定性的存在	可以	其他特殊项目审计
上期财务报表存在重大错报时，若对应数据已在本期财务报表中得到适当重述或恰当披露，注册会计师可以在审计报告中增加强调事项段，以描述这一情况，并提及详细描述该事项的相关披露在财务报表中的位置	可以	审计报告

3. 其他事项段身份的识别

无缘披露列报：该段落提及未在财务报表总列报或披露的事项。

工作责任报告：该事项与财务报表使用者理解审计工作、注册会计师的责任或审计报告相关。

4. 其他事项段的情形汇总（见表19-9）

表19-9 其他事项段情形汇总表

增加其他事项段情形	应当/可以	章节
针对第二时段期后事项，如果管理层的修改仅限于反映导致修改的期后事项的影响，董事会、管理层或类似机构也仅对有关修改进行批准，注册会计师可以仅针对有关修改将用以识别期后事项的第一时段的审计程序延伸至新的审计报告日。在这种情况下，注册会计师可以出具新的或经修改的审计报告，在强调事项段或其他事项段中说明注册会计师对期后事项实施的审计程序仅限于财务报表相关附注所述的修改	应当	完成审计工作
针对第三时段期后事项，如果管理层修改财务报表，注册会计师应在修改或重新提交的审计报告中增加强调事项段或其他事项段，提醒财务报表使用者关注修改原财务报表的原因和注册会计师提供的原审计报告	应当	完成审计工作
如果上期财务报表已由前任注册会计师审计，注册会计师在审计报告中可以提及前任注册会计师的审计报告。当决定提及时，应当在其他事项段中说明（考查对应知识点：对应数据）	应当	审计报告
如果上期财务报表未经审计，注册会计师应当在审计报告的其他事项段中予以说明（考查对应知识点：对应数据；比较财务报表）	应当	审计报告
当因本期审计而对上期财务报表发表审计意见时，如果对上期财务报表发表的意见与以前发表的意见不同，注册会计师应当在其他事项段中披露导致不同意见的实质性原因（考查对应知识点：比较财务报表）	应当	审计报告
如果上期财务报表已由前任注册会计师审计，除非前任注册会计师对上期财务报表出具的审计报告与财务报表一同对外提供，注册会计师除对本期财务报表发表意见外，还应当增加其他事项段（考查对应知识点：比较财务报表）	应当	审计报告
在极其特殊的情况下，即使由于管理层对审计范围施加的限制导致无法获取充分、适当的审计证据可能产生的影响具有广泛性，注册会计师也不能解除业务约定。在这种情况下，注册会计师可能认为有必要在审计报告中增加其他事项段，解释为何不能解除业务约定	可以	审计报告
法律法规可能要求注册会计师在审计报告中沟通与计划及范围相关的事项，或者注册会计师可能认为有必要在其他事项段中沟通这些事项	可以	审计沟通
对两套以上财务报表出具审计报告的情形。如果注册会计师已确定两个财务报表编制基础在各自情形下是可接受的，可以在审计报告中增加其他事项段，说明该被审计单位根据另一个通用目的编制基础（如国际财务报告准则）编制了另一套财务报表以及注册会计师对这些财务报表出具了审计报告	可以	审计报告
限制审计报告分发和使用的情形，说明审计报告只是提供给财务报表预期使用者，不应分发给其他机构或人员或者被其他机构或人员使用	可以	审计报告
如果认为存在影响上期财务报表的重大错报，而前任注册会计师以前出具了无保留意见的审计报告，前任注册会计师可能无法或不愿对上期财务报表重新出具审计报告。注册会计师可以在审计报告中增加其他事项段，指出前任注册会计师对更正前的上期财务报表出具了报告	可以	审计报告

【考点五】比较信息

【例题 1·2016 年·简答题】

	【审题过程】
甲公司是 ABC 会计师事务所的常年审计客户。A 注册会计师负责审计甲公司 2×15 年度财务报表，确定财务报表整体的重要性为 200 万元，审计工作底稿中与会计估计审计相关的部分事项摘录如下： 因 2×14 年年末少计无形资产减值准备 300 万元，A 注册会计师对甲公司 2×14 年度财务报表发表了保留意见，甲公司于 2×15 年处置了相关无形资产，并在 2×15 年度财务报表中确认了处置损益，A 注册会计师认为导致对上期财务报表发表保留意见的事项已经解决 [1]，不影响 2×15 年度审计报告。 要求： 针对上述事项，逐项指出 A 注册会计师做法是否恰当。如不恰当，请简要说明理由。	[1] 上期导致非无保留意见的事项在本期仍未解决（虽然无形资产处置掉，但是该错报金额会影响当期损益的金额）。

【答案】 不恰当。该事项对本期财务报表影响重大，A 注册会计师应当考虑该事项对 2×15 年审计意见的影响。

【例题 2·2016 年·简答题】

	【审题过程】
ABC 会计师事务所首次接受委托，审计上市公司甲公司 2×15 年度财务报表，委派 A 注册会计师担任项目合伙人。相关事项如下： A 注册会计师发现甲公司 2×14 年度财务报表存在某项重大错报 [1]。管理层对 2×15 年度财务报表的对应数据进行了适当重述，并在财务报表附注中作出了充分披露 [2]。A 注册会计师在 2×15 年度审计报告中增加其他事项段说明了这一情况，并提及了前任注册会计师对对应数据出具的审计报告。 要求： 针对上述事项，指出 A 注册会计师的做法是否恰当。如不恰当，请简要说明理由。	[1] 上期存在重大错报。 [2] 本期适当重述和披露。 已经适当重述和充分披露，因此可以增加强调事项段。

【答案】 不恰当。针对该事项，注册会计师可以增加强调事项段以描述这一情况，并提及详细

描述该事项的相关披露在财务报表中的位置。

【私教点拨】

1. 对应数据中各种情形对审计报告意见类型的影响（见图19-1）

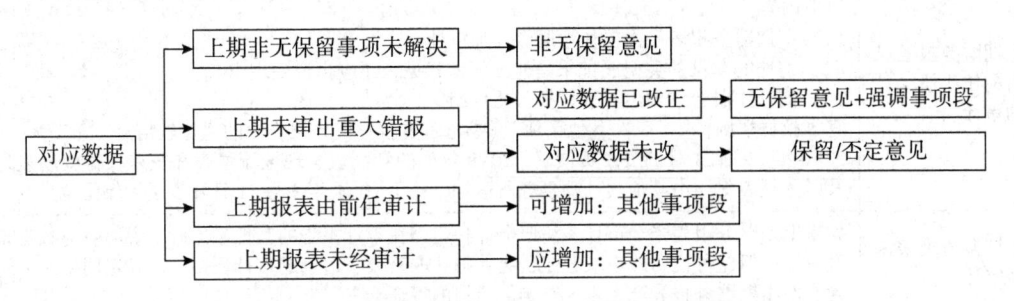

```
                    ┌─ 上期非无保留事项未解决 ──→ 非无保留意见
                    │                          ┌─ 对应数据已改正 ──→ 无保留意见+强调事项段
对应数据 ─┤─ 上期未审出重大错报 ──┤
                    │                          └─ 对应数据未改 ──→ 保留/否定意见
                    ├─ 上期报表由前任审计 ──→ 可增加：其他事项段
                    └─ 上期报表未经审计 ──→ 应增加：其他事项段
```

图19-1 对应数据中各种情形对审计报告意见类型的影响

2. 对应数据对审计报告影响的情形（见表19-10）

表19-10 对应数据对审计报告影响的情形

情形描述	应对措施
上期导致非无保留意见的事项仍未解决	（1）如果未解决事项对本期数据的影响或可能的影响是重大的，注册会计师应当在导致非无保留意见事项段中同时提及本期数据和对应数据。 教材举例："（二）形成保留意见的基础"（参考官方教材审计报告中的"比较信息"章节） 如财务报表附注×所述，ABC公司未按照企业会计准则的规定对房屋建筑物和机器设备计提折旧。这项决定是管理层在上一会计年度开始时作出的，导致我们对该年度财务报表发表了保留意见。如果按照房屋建筑物5%和机器设备20%的年折旧率计提折旧，20×0年度和20×1年度的当年亏损将分别增加x元和y元，20×1年年末和20×0年年末的房屋建筑物和机器设备的净值将因累计折旧而减少x元和y元，并且20×1年年末和20×0年年末的累计亏损将分别增加x元和y元。 （2）如果未解决事项对本期数据的影响或可能的影响不重大，注册会计师应当说明，由于未解决事项对本期数据和对应数据之间可比性的影响或可能的影响，因此发表了非无保留意见。 教材举例："（二）形成保留意见的基础"（参考官方教材审计报告中的"比较信息"章节） 由于我们在20×0年年末接受ABC公司的委托，我们无法对20×0年年初的存货实施监盘，也不能实施替代程序确定存货的数量。鉴于年初存货影响经营成果的确定，我们不能确定是否应对20×0年度的经营成果和年初留存收益作出必要的调整。因此，我们对20×0年度的财务报表发表了保留意见。由于该事项对本期数据和对应数据的可比性存在影响或可能存在影响，我们对本期财务报表发表了保留意见。
上期财务报表存在重大错报	（1）如果注册会计师已经获取上期财务报表存在重大错报的审计证据，以前对该财务报表发表了无保留意见，且对应数据未经适当重述或恰当披露，注册会计师应当就包括在财务报表中的对应数据，在审计报告中对本期财务报表发表保留意见或否定意见。 （2）若对应数据已在本期财务报表中得到适当重述或恰当披露，注册会计师可以在审计报告中增加强调事项段，以描述这一情况，并提及详细描述该事项的相关披露在财务报表中的位置。

续表

情形描述	应对措施
上期财务报表已由前任注册会计师审计	注册会计师在审计报告中可以提及前任注册会计师的审计报告，并应在其他事项段中说明以下内容： (1) 上期财务报表已由前任注册会计师审计。 (2) 前任的意见的类型（如果是非无保留意见，还应当说明理由）。 (3) 前任注册会计师出具审计报告的日期。 官方教材举例："（三）其他事项"（参考官方教材审计报告中的"比较信息"章节） 20×0年12月31日的资产负债表，20×0年度的利润表、现金流量表和股东权益变动表以及财务报表附注由其他会计师事务所审计，并于20×1年3月31日发表了无保留意见
上期财务报表未经审计	如果上期财务报表未经审计，注册会计师应当在审计报告的其他事项段中说明对应数据未经审计，但这种说明并不减轻注册会计师获取充分、适当的审计证据，以确定期初余额不含有对本期财务报表产生重大影响的错报的责任

3. 比较财务报表中各种情形对审计报告意见类型的影响（见图19-2）

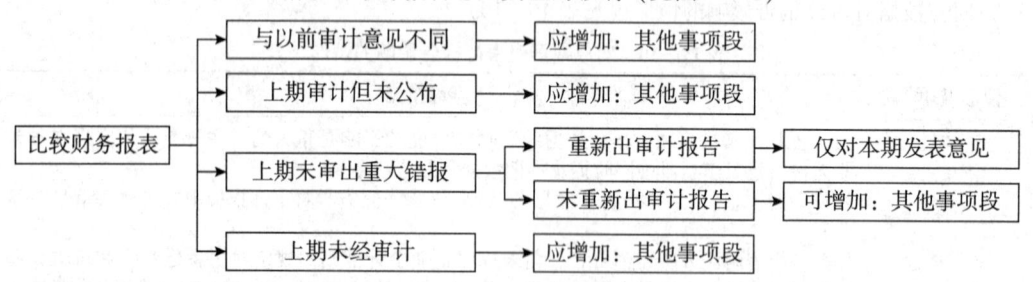

```
                  ┌─ 与以前审计意见不同 ──→ 应增加：其他事项段
                  │
                  ├─ 上期审计但未公布 ──→ 应增加：其他事项段
                  │
比较财务报表 ─────┤                      ┌─ 重新出审计报告 ──→ 仅对本期发表意见
                  ├─ 上期未审出重大错报 ─┤
                  │                      └─ 未重新出审计报告 ──→ 可增加：其他事项段
                  │
                  └─ 上期未经审计 ──→ 应增加：其他事项段
```

图19-2　比较财务报表中各种情形对审计报告意见类型的影响

4. 比较财务报表对审计报告影响的情形（见表19-11）

表19-11　比较财务报表对审计报告影响的情形

情形描述	应对措施
对上期财务报表发表的意见与以前发表的意见不同	当因本期审计而对上期财务报表发表审计意见时，如果对上期财务报表发表的意见与以前发表的意见不同，注册会计师应当在其他事项段中披露导致不同意见的实质性原因
上期财务报表已由前任注册会计师审计	如果上期财务报表已由前任注册会计师审计，除非前任注册会计师对上期财务报表出具的审计报告与财务报表一同对外提供，注册会计师除对本期财务报表发表意见外，还应当增加其他事项段，说明下列事项： (1) 上期财务报表已经前任注册会计师审计。 (2) 前任注册会计师发表的意见类型（如果是非无保留意见，还应当说明非无保留意见的理由）。 (3) 前任注册会计师出具的审计报告的日期
存在影响上期财务报表的重大错报，且前任出具了无保留意见	注册会计师应与适当层级的管理层沟通，并要求其告知前任注册会计师；还应当与治理层沟通，除非治理层全部参与管理被审计单位。 (1) 如果上期财务报表已经更正，且前任注册会计师同意对更正后的上期财务报表出具新的审计报告，注册会计师应当仅对本期财务报表出具审计报告。 (2) 前任注册会计师可能无法或不愿对上期财务报表重新出具审计报告。注册会计师可以在审计报告中增加其他事项段，指出前任注册会计师对更正前的上期财务报表出具了报告

续表

情形描述	应对措施
上期财务报表未经审计	如果上期财务报表未经审计，注册会计师应当在其他事项段中说明比较财务报表未经审计，但这种说明并不减轻注册会计师获取充分、适当的审计证据，以确定期初余额不含有对本期财务报表产生重大影响的错报的责任

【考点六】注册会计师对其他信息的责任

【例题1·2018年·简答题】

	【审题过程】
ABC会计师事务所的A注册会计师负责审计多家上市公司2×17年度财务报表，遇到下列与审计报告相关的事项： A注册会计师无法就丙公司年末与重大诉讼相关的预计负债获取充分、适当的审计证据[1]，拟对财务报表发表保留意见。A注册会计师在审计报告日前取得并阅读了丙公司2×17年年度报告，未发现其他信息与财务报表有重大不一致或存在重大错报[2]，拟在保留意见审计报告的其他信息部分说明无任何需要报告的事项。 要求： 针对上述事项，指出A注册会计师的做法是否恰当。如不恰当，请简要说明理由。	[1] 说明审计范围受限。 [2] 其他信息不存在重大错报。 虽然其他信息不存在重大错报，但由于无法获取充分、适当的与重大诉讼相关的审计证据，因此需要考虑导致保留意见的事项对其他信息的影响。

【答案】 不恰当。注册会计师需要考虑导致保留意见的事项对其他信息的影响/注册会计师需要在其他信息部分说明无法判断与导致保留意见的事项相关的其他信息是否存在重大错报。

【例题2·2018年·综合题】

	【审题过程】
A注册会计师在审计工作底稿中记录了重大事项的处理情况，部分内容摘录如下： 因未能在审计报告日前获取[1]甲公司2×17年年度报告，A注册会计师于审计报告日后从网上下载了甲公司公布的年度报告进行阅读，结果满意。 要求： 针对上述事项，假定不考虑其他条件，指出A注册会计师的做法是否恰当。如不恰当，请简要说明理由。	[1] 如果组成年度报告的部分或全部文件在审计报告日后才能取得，应要求管理层提供书面声明，声明上述文件的最终版本将在可获取时并且在被审计单位公布前提供给注册会计师，以使注册会计师可以完成准则要求的程序。

【答案】不恰当。注册会计师应当获取管理层提供的年度报告的最终版本/不应在网上下载。应当在公布前获取年度报告。

【例题 3·2014 年·综合题】

	审题过程
上市公司甲集团公司是 ABC 会计师事务所的常年审计客户，主要从事化工产品的生产和销售。A 注册会计师负责审计甲集团公司 2×13 年度财务报表，确定集团财务报表整体的重要性为 200 万元。 A 注册会计师在审计工作底稿中记录了评估错报及处理重大事项的情况，部分内容摘录如下： 审计报告日后 [1]，A 注册会计师发现甲集团公司已公告的年度报告中部分信息与已审计财务报表存在重大不一致，要求管理层修改年度报告 [2]，管理层拒绝作出修改。A 注册会计师认为该事项不影响已审计财务报表，无需采取进一步措施。 要求： 针对上述事项，假定不考虑其他条件，指出 A 注册会计师的处理是否恰当。如不恰当，请简要说明理由。	[1] 时间是审计报告日后。 [2] 说明其他信息存在错报。

【答案】不恰当。注册会计师应当与治理层沟通，若沟通后其他信息仍未得到更正，注册会计师应当考虑其法律权利和义务，并采取适当的措施，以提醒审计报告使用者恰当关注未更正的重大错报。

【私教点拨】应对其他信息错报的措施汇总，见表 19-12。

表 19-12 应对其他信息错报的措施汇总

项目	内容		措施
确定其他信息存在重大错报时的应对措施	管理层同意作出更正		注册会计师应当确定更正已经完成
	管理层拒绝作出更正，应当就该事项与治理层进行沟通，并要求作出更正	审计报告日前	(1) 考虑对审计报告的影响，并就注册会计师计划如何在审计报告中处理重大错报与治理层沟通；如果对管理层和治理层的诚信产生怀疑，注册会计师可能发表无法表示意见是恰当的。 (2) 在相关法律法规允许的情况下，注册会计师应解除业务约定（注册会计师拥有主动权）
		审计报告日后	考虑注册会计师在法律上的权利和义务后采取恰当的措施，提醒审计报告使用者恰当关注未更正的重大错报（注册会计师失去主动权）

真 题 演 练

1.（2019 年·简答题） ABC 会计师事务所的 A 注册会计师负责审计多家上市公司 2×18 年度财务报表，遇到下列与审计报告相关的事项：

（1）因无法就甲公司 2×18 年度财务报表的多个项目获取充分、适当的审计证据，A 注册会计师发表了无法表示意见，并在审计报告的关键审计事项部分说明：除形成无法表示意见的基础部分所述事项外，不存在其他需要在审计报告中沟通的关键审计事项。

（2）乙公司管理层 2×17 年末未计提商誉减值准备，A 注册会计师无法就此获取充分、适当的审计证据，对 2×17 年度财务报表发表了保留意见。管理层于 2×18 年年末根据减值测试结果计提了商誉减值准备，并在 2×18 年度利润表中确认了资产减值损失。A 注册会计师认为导致上一年度发表保留意见的事项已经解决，对 2×18 年度财务报表发表了无保留意见。

（3）因丙公司原董事长以子公司名义违规提供对外担保，导致该子公司 2×18 年度发生多起诉讼。丙公司管理层针对年末未决诉讼在财务报表中估计并确认了大额预计负债。因丙公司在审计报告日前转让了该子公司的全部股权，A 注册会计师认为违规担保事项已解决，对 2×18 年度财务报表发表了无保留意见。

（4）2×18 年 11 月初，丁公司因处置重要子公司戊公司的部分股权而对其丧失控制，自此不再将其纳入合并财务报表范围。由于无法获取戊公司 2×18 年度财务报表和相关财务信息，A 注册会计师认为无法就与剩余股权相关的财务报表项目获取充分、适当的审计证据，对财务报表发表了保留意见。

（5）2×18 年年末，己公司将大额债权转让给庚公司，因转回相关的坏账准备而产生的利润占当年利润总额的 20%。因无法就该交易的商业理由获取充分、适当的审计证据，A 注册会计师对财务报表发表了保留意见。

要求：

针对上述第（1）至第（5）项，逐项指出 A 注册会计师的做法是否恰当。如不恰当，请简要说明理由。

2.（2018 年·简答题） ABC 会计师事务所的 A 注册会计师负责审计多家上市公司 2×17 年度财务报表，遇到下列与审计报告相关的事项：

戊公司管理层 2×17 年确认了一笔大额长期职工福利，未将其折现，并拒绝了 A 注册会计师的审计调整建议。A 注册会计师认为该项未更正错报对财务报表整体没有重大影响。因将长期职工福利作为审计中最为重要的事项并与治理层沟通过，A 注册会计师拟将其作为关键审计事项在审计报告中进行沟通。

要求：

针对上述事项，指出 A 注册会计师的做法是否恰当。如不恰当，请简要说明理由。

3.（2017 年·简答题） ABC 会计师事务所的 A 注册会计师负责审计多家上市公司 2×16 年度财务报表，遇到下列与审计报告相关的事项：

A 注册会计师在乙公司审计报告日后获取并阅读了乙公司 2×16 年度报告的最终版本，发现其他信息存在重大错报，与管理层和治理层沟通后，该错报未得到更正。A 注册会计师拟重新出具审计报告，指出其他信息存在的重大错报。

要求：

针对上述事项，指出 A 注册会计师的做法是否恰当。如不恰当，请简要说明理由。

4.（2017 年·简答题）ABC 会计师事务所的 A 注册会计师负责审计多家上市公司 2×16 年度财务报表，遇到下列与审计报告相关的事项：

丁公司 2×16 年发生重大经营亏损。A 注册会计师实施审计程序并与治理层沟通后，认为可能导致对持续经营能力产生重大疑虑的事项或情况不存在重大不确定性。因在审计工作中对该事项进行过重点关注，A 注册会计师拟将其作为关键审计事项在审计报告中沟通。

要求：

针对上述事项，指出 A 注册会计师的做法是否恰当。如不恰当，请简要说明理由。

5.（2017 年·简答题）ABC 会计师事务所的 A 注册会计师负责审计多家上市公司 2×16 年度财务报表，遇到下列与审计报告相关的事项：

A 注册会计师拟对己公司 2×16 年度财务报表发表或出具无保留意见，并确定不存在需要在审计报告中沟通的关键审计事项，因此，在审计报告中拟不包含关键审计事项部分。

要求：

针对上述事项，指出 A 注册会计师的做法是否恰当。如不恰当，请简要说明理由。

6.（2016 年·简答题）A 注册会计师负责审计乙公司 2×15 年度财务报表，遇到下列审计报告相关的事项：

乙集团公司的某联营企业为重要组成部分，A 注册会计师已就其 2×15 年度财务报表获取了与集团审计相关的充分适当的审计证据，截至乙集团公司审计报告日，该联营企业财务报表未经其董事会批准，A 注册会计师拟就此对乙集团公司财务报表发表保留意见。

要求：

判断审计报告类型是否恰当。如不恰当，请简要说明理由。

7.（2015 年·简答题）ABC 会计师事务所的 A 注册会计师在执行项目质量控制复核时遇到下列与审计报告相关的事项：

丙公司按账龄分析法对某客户的大额应收账款计提 5% 的坏账准备，2×15 年初，该客户因经营不善、无力偿还到期债务而向法院申请破产，审计项目组认为该项应收账款的可回收性存在重大不确定性，拟在无保留意见的审计报告中增加强调事项段说明这一情况。

要求：

针对上述事项，判断审计报告类型是否恰当。如不恰当，请简要说明理由，并指出应当出具何种类型的审计报告。

8.（2015 年·简答题）ABC 会计师事务所的 A 注册会计师担任多家被审计单位 2×14 年度财务报表审计的项目合伙人，遇到下列导致出具非标准审计报告的事项：

（1）甲公司 2×14 年初开始使用新的 ERP 系统，因系统缺陷导致 2×14 年度成本核算混乱，审计项目组无法对营业成本、存货等项目实施审计程序。

(2) 丁公司是金融机构，在风险管理中运用大量复杂金融工具。因风险管理负责人离职，人事部暂未招聘到合适的人员，管理层未能在财务报表附注中披露与金融工具相关的风险。

要求：

针对上述第（1）至第（2）项，逐项指出 A 注册会计师应当出具何种类型的非标准审计报告，并简要说明理由。

9. （2015 年·简答题） ABC 会计师事务所的 A 注册会计师在执行项目质量控制复核时遇到下列与审计报告相关的事项：

2×14 年 10 月，上市公司乙公司的董事因涉嫌内幕交易被证券监管机构立案调查，截至审计报告日，尚无调查结论，审计项目组拟在无保留意见的审计报告中增加其他事项段说明这一情况。

要求：

判断审计项目组出具的审计报告类型是否恰当。如不恰当，请简要说明理由，并指出应当出具何种类型的审计报告。

10. （2019 年·综合题） ABC 会计师事务所的 A 注册会计师负责审计多家上市公司 2×18 年度财务报表，遇到下列与审计报告相关的事项：

（1） A 注册会计师无法就乙公司 2×18 年年末存放在第三方的存货获取充分、适当的审计证据，对财务报表发表了保留意见。A 注册会计师认为除这一事项外，不存在其他关键审计事项，因此，未在审计报告中包含关键审计事项部分。

（2）丙公司某子公司于 2×19 年 1 月 1 日起停止营业并开始清算，债权人申报的债权金额比该子公司 2×18 年年末相应的账面余额多 5 亿元，占丙公司 2×18 年年末合并财务报表净资产的 15%。丙公司管理层解释系该子公司与债权人就工程款存在争议，最终需要支付的金额尚不确定，故未在财务报表中予以确认。A 注册会计师认为该事项对财务报表使用者理解财务报表至关重要，在无保留意见的审计报告中增加了强调事项段来提醒报表使用者关注。

（3）丁公司的某重要子公司 2×18 年年末处于停产状态，其核心技术人员已离职成立新公司，与丁公司竞争并占据主要市场份额。管理层拟在三年内自主研发替代性技术，基于该假设编制的预计未来现金流量现值显示，收购该子公司形成的大额商誉不存在减值。A 注册会计师认为技术研发成功的可能性存在重大不确定性，在无保留意见的审计报告中增加了强调事项段来提醒报表使用者关注。

（4）戊公司 2×16 年度和 2×17 年度连续亏损，2×18 年度实现净利润 1.4 亿元，其中包括控股股东债务豁免收益 2 亿元。A 注册会计师认为该交易不具有商业实质，对 2×18 年度财务报表发表了保留意见。

要求：

针对上述第（1）至第（4）项，逐项指出 A 注册会计师的做法是否恰当。如不恰当，请简要说明理由。

11. （2014 年·综合题）上市公司甲集团公司是 ABC 会计师事务所的常年审计客户，主要从事化工产品的生产和销售，A 注册会计师负责审计甲集团公司 2×13 年度财务报表，确定集团财务报表整体的重要性为 200 万元。

资料一：

甲集团公司拥有一家子公司和一家联营企业，与集团审计相关的部分信息摘录如下：

组成部分	组成部分类型	执行工作的类型	组成部分注册会计师
子公司乙公司	重要	审计	XYZ 会计师事务所的 X 注册会计师
持有20%股权的联营企业丙公司	不重要	集团层面分析程序	不适用

资料五：

审计工作底稿中记录了评估错报及处理重大事项的情况，部分内容摘录如下：

2×13 年 12 月，丙公司为提高产能向甲集团公司购入一条生产线，甲集团公司取得 300 万元的处置净收益，在按权益法确认对丙公司的投资收益时，未作抵销处理，并拒绝接受审计调整建议，A 注册会计师认为该错报金额重大，拟因此发表保留意见。

要求：

针对上述事项，假定不考虑其他条件，分析 A 注册会计师的做法是否恰当。如不恰当，请简要说明理由。

12.（2014 年·综合题）ABC 会计师事务所的 A 注册会计师担任多家被审计单位 2×13 年度财务报表审计的项目合伙人，遇到下列与审计报告相关的事项：

甲公司为 ABC 会计师事务所 2×13 年度承接的新客户。前任注册会计师由于未就 2×11 年 12 月 31 日存货余额获取充分、适当的审计证据，对甲公司 2×12 年度财务报表发表了保留意见。审计项目组认为，导致保留意见的事项对本期数据本身没有影响。

要求：

针对上述事项，假定不考虑其他条件，指出 A 注册会计师应当出具何种类型的审计报告，并简要说明理由。

真题答案及解析

1.

【答案】	【答案解读】
（1）不恰当。当对财务报表发表无法表示意见时，注册会计师不得在审计报告中包含关键审计事项部分。 （2）不恰当。导致上期发表保留意见的事项未得到解决/对本期数据仍有影响，应发表保留意见。	（1）准则要求，当发表无法表示意见时不得在审计报告中包含关键审计事项部分。 （2）2×17 年应计提减值而管理层未计提，会影响 2×17 年资产负债表和利润表；对 2×18 年而言，会影响 2×18 年资产负债表的期初数和利润表的上年数，即对 2×18 年的对应数据有影响。

（3）不恰当。可能存在未知悉的担保事项和潜在的诉讼风险/尚未就担保事项的完整性获取充分、适当的审计证据，不应发表无保留意见。 （4）不恰当。戊公司为重要子公司，2×18年1月至10月的经营成果对丁公司合并财务报表具有重大而广泛的影响/应发表无法表示意见。 （5）恰当。	（3）由于原先丙公司与其子公司特殊的关系，可能会存在丙公司对子公司的担保有潜在的诉讼风险，比如承担连带责任。因此不能仅考虑将子公司出售就可以了，还有可能存在丙公司需要承担的担保事项或风险。 （4）戊公司为重要子公司，2×18年1月至10月的经营成果对丁公司合并财务报表具有重大而广泛的影响。 （5）大额坏账准备转回，虽重大但影响不广泛，故发表保留意见恰当。

2.

【答案】 不恰当。管理层拒绝注册会计师就大额长期职工福利提出的审计调整建议，表明该事项未得到满意解决，不符合作为关键审计事项的条件。/该事项未得以满意解决，不符合在关键审计事项部分进行沟通的条件。	【答案解读】 关键审计事项所描述的部分必须是满意解决的事项。

3.

【答案】 恰当。	【答案解读】 审计报告日后获取其他信息存在重大错报且与治理层沟通后其他信息未得到更正，则注册会计师应： （1）向管理层提供一份新的或修改后的审计报告，并在其中指出其他信息的重大错报。 （2）提醒审计报告使用者关注其他信息的重大错报。例如，在股东大会上通报该事项。 （3）与监管机构或相关职业团体沟通未更正的重大错报。 （4）考虑对持续承接业务的影响。

4.

| 【答案】 恰当。 | 【答案解读】
题干中描述的是对持续经营能力产生重大疑虑的事项或情况不存在重大不确定性，一定要注意描述的是存在还是不存在。 |

5.

| 【答案】 不恰当。A注册会计师应当在审计报告的关键审计事项部分说明不存在关键审计事项。 | 【答案解读】
即使没有需要沟通的关键审计事项，注册会计师也要在该事项段落部分说明不存在关键审计事项。但注意，在无法表示意见审计报告中，不得在审计报告中沟通关键审计事项。 |

6.

| 【答案】 不恰当。A注册会计师已经获取了充分、适当的审计证据，即使联营企业财务报表未经批准，也不应因此对乙集团公司财务报表发表保留意见的审计报告。 | 【答案解读】
已经获取了充分适当的审计证据，只是由于时间的因素导致联营企业报表未经董事会批准，并不影响审计意见的类型。 |

7.

| 【答案】 不恰当。客户因经营不善、无力偿还到期债务而向法院申请破产，导致该项应收账款的可收回性存在重大不确定性，表明应收账款坏账准备计提存在重大错报，注册会计师应发表保留意见或否定意见。 | 【答案解读】
注意是客户经营不善而非是丙公司经营不善破产，所以跟持续经营没有关系。 |

8.

| 【答案】
（1）保留意见/无法表示意见审计报告。无法获取充分、适当的审计证据，表明对财务报表影响重大/重大而广泛。
（2）保留意见审计报告。存在影响重大但不具有广泛性的披露错报。 | 【答案解读】
（1）ERP系统缺陷导致成本核算混乱，题中没有明确说明成本对企业的影响是否广泛，因此建议答保留或无法表示意见。
（2）未能披露金融工具相关的风险而非未能披露金融工具，因此不存在广泛性的披露错报。 |

9.

【答案】 不恰当。董事因涉嫌内幕交易被证券监管机构立案调查，截至审计报告日尚无结论。这表明异常监管行动的未来结果存在不确定性，注册会计师应考虑在强调事项段中说明。	【答案解读】 该事项应在报表中予以披露，注册会计师应考虑在强调事项段中说明，而非在其他事项段中说明。

10.

【答案】 （1）不恰当。A注册会计师应当在关键审计事项部分提及形成保留意见的基础部分。 （2）不恰当。A注册会计师应当发表非无保留意见，而不是增加强调事项段。 （3）不恰当。丁公司的持续经营假设适当，但是存在重大不确定性，A注册会计师应当在无保留意见的审计报告中增加"与持续经营相关的重大不确定性"的单独部分，而不是增加强调事项段。 （4）不恰当。A注册会计师应出具否定意见的审计报告。	【答案解读】 （1）上市实体中必须要有关键审计事项部分。 （2）存在争议的事项应当予以披露，但管理层未在报表中予以确认，属于错报。 （3）"处于停产状态""核心员工离职""管理层拟在三年内自主研发替代性技术"且"大额商誉不存在减值"，说明持续经营假设适当但存在重大不确定性，因此不应在强调事项段中说明。 （4）该交易不具有商业实质，属于权益性交易，不影响损益，但是被审计单位却将其计入损益使其扭亏为盈，属于错报且影响广泛。

11.

【答案】 不恰当。甲公司持有丙公司20%的股份（根据资料一），故未作抵销导致的错报金额为300万元的20%，即60万元，远低于财务报表整体的重要性200万元，注册会计师应出具无保留意见审计报告。	【答案解读】 本题将会计长期股权投资与审计重要性相结合，具有一定的综合性。 顺流交易产生的未实行内部交易损益需要进行抵销处理，未抵销就说明有错报，但需要将其与重要性进行比较。本题中未抵销的错报金额远低于重要性，因此可以出具无保留意见的审计报告。

12.

| 【答案】 保留意见审计报告。2×12年度审计报告中导致保留意见的事项对本期数据和对应数据的可比性仍有影响。 | 【答案解读】
2×12年存货的期初余额未获取充分适当的审计证据，有可能会影响2×12年期末存货的余额，同时也会影响2×13年期初存货的余额。 |

第六编
企业内部控制审计

CPA
2010—2019

第二十章 企业内部控制审计

本章考情 Q&A

Q：本章的重要性如何？
A：本章是2017年审计教材新纳入的一章内容，因此比较重要。平均考查分值为4分。

Q：本章知识点在考试中通常以什么形式出现？
A：本章主要以客观题的形式考查。

Q：本章学习特点如何？
A：本章内容较多，但是出题的考点比较集中，考生无需掌握全部章节。

Q：本章2020年的主要变动有哪些？
A：无变动。

Q：本章主要考点历年分布如何？
A：以下是老师们的统计。

考点	2010年	2011年	2012年	2013年	2014年	2015年	2016年	2017年	2018年	2019年
内部控制审计的概念								√		
自上而下的方法								√	√	√
内部控制缺陷的评价								√		√
内部控制审计报告									√	

经典例题

【考点一】内部控制审计的概念

【例题1·2017年·多项选择题】下列各项中，属于被审计单位设计和实施内部控制的责任主体的有（　　）。

A. 被审计单位的管理层　　　　　　B. 被审计单位的普通员工
C. 负责被审计单位内部控制审计的注册会计师　　D. 被审计单位的治理层

【答案】 ABD

【解析】 本题主要考查内部控制责任主体，需要牢牢把握其定义。具体分析如下：

选项A，管理层属于被审计单位的人员，对内部控制负责，当选；

选项B，员工属于被审计单位的人员，对内部控制负责，当选；

选项C，注册会计师不属于被审计单位的人员，不对内部控制负责，不选；

选项D，治理层属于被审计单位的人员，对内部控制负责，当选。

【私教点拨】 内部控制责任主体：内部人员，人人有责！

【例题2·2017年·多项选择题】下列有关财务报表审计与内部控制审计的共同点的说法中，正确的有（　　）。

A. 两者识别的重要账户、列报及其相关认定相同

B. 两者的审计报告意见类型相同

C. 两者了解和测试内部控制设计和运行有效性的审计程序类型相同

D. 两者测试内部控制运行有效性的范围相同

【答案】 AC

【解析】 本题主要考查财务报表审计与内部控制审计的异同，具体分析如下：

选项A，两者识别的重要账户、列报及其相关认定相同，当选；

选项B，企业内部控制审计意见包括无保留意见、否定意见和无法表示意见三种类型，**没有保留意见**，不选；

选项C，两者都采用询问、观察、检查、重新执行、穿行测试的审计程序，当选；

选项D，在财务报表审计中，如果预期不信赖内部控制，可以不实施控制测试，不测试内部控制的有效性；在内部控制审计中，注册会计师应当针对所有重要账户和列报的每一个相关认定获取控制设计和运行有效性的审计证据，以便对内部控制整体的有效性发表审计意见，不选。

【私教点拨】 内部控制审计与财务报表审计的区分，见表20-1。

表20-1　内部控制审计与财务报表审计的区分

比较项目	内部控制审计	财务报表审计
审计目的	对**财务报告**内部控制的有效性发表审计意见，并对内部控制审计过程中注意到的**非财务报告**内部控制的重大缺陷，在内部控制审计报告中增加"非财务报告内部控制重大缺陷描述段"予以披露	对财务报表是否**在所有重大方面按照适用的财务报告编制基础编制并实现公允反映**发表审计意见
	虽然各有侧重，但最终目的均为提高财务报表预期使用者对财务报表的信赖程度	
了解和测试内部控制的目的	对内部控制的有效性发表审计意见	为了识别、评估和应对重大错报风险，据此确定实质性程序的性质、时间安排和范围，并获取与财务报表是否在所有重大方面按照适用的财务报告编制基础编制相关的审计证据，以支持对财务报表发表的审计意见

续表

比较项目	内部控制审计	财务报表审计
测试范围	注册会计师应当针对**所有重要**账户和列报的每一个相关认定获取控制设计和运行有效性的审计证据,以便对内部控制整体的有效性发表审计意见	存在下列情形之一时,应当设计和实施控制测试,针对相关控住运行的有效性,获取充分、适当的审计证据: (1) 在评估认定层次重大错报风险时,预期控制的运行是有效的。 (2) 仅实施实质性程序并不能够提供认定层次充分、适当的审计证据
测试期间	对**特定基准日**内部控制的有效性发表意见,不需要测试整个会计期间,但要测试足够长的期间	一旦确定需要测试,则需测试内部控制在**整个拟信赖的期间**的运行有效性
测试样本量	对结论可靠性的要求高,测试的样本量大	对结论可靠性要求取决于计划从控制测试中获取的保证程度(或减少实质性程序工作量的程度),样本量相对较小
结果报告	(1) 对外披露。 (2) 以正面、积极的方式对内部控制是否有效发表审计意见	(1) 通常不对外披露内部控制的情况,除非是内部控制影响到对财务报表发表的审计意见。 (2) 以管理建议书的方式向管理层或治理层报告财务报表审计过程中发现的内部控制重大缺陷,但注册会计师**没有义务**专门实施审计程序,以发现和报告内部控制重大缺陷
审计方法	均采用风险导向审计方法	
重要性水平	两者运用的重要性水平相同(针对同一份报表的内部控制审计与财务报表审计,报表使用者的信息需求不会发生变化,因此两者运用的重要性水平是相同的)	
重要账户、列报和认定	两者识别的重要账户、列报及其相关认定相同	
审计程序	了解内部控制时采用的程序:询问、观察、检查、穿行测试。 实施控制测试时采用的程序:询问、观察、检查、重新执行	

【考点二】自上而下的方法

【例题·2017年·单项选择题】注册会计师执行内部控制审计时,下列有关识别重要账户、列报及其相关认定的说法中,错误的是( )。

A. 注册会计师应当从定性和定量两个方面识别重要账户、列报及其相关认定

B. 在识别重要账户、列报及其相关认定时,注册会计师应当确定重大错报的可能来源

C. 注册会计师通常将超过财务报表整体重要性的账户认定为重要账户

D. 在识别重要账户、列报及其相关认定时,注册会计师应当考虑控制的影响

【答案】 D

【解析】 本题主要考查识别重要账户、列报及其相关认定时的具体考虑,具体分析如下:

选项 A，性质上越重要或金额越大，越有可能属于重要的账户、列报及其相关认定，不选；

选项 B，以商誉为例，如果商誉存在重大泡沫风险（重大错报的可能来源），那么可以确定商誉是重要的账户，主要关注其准确性、计价和分摊认定，不选；

选项 C，一个账户或列报的金额超过财务报表整体重要性，并不必然表明其属于重要账户或列报，因为注册会计师还需要考虑定性的因素（选项 C 说的是通常情况，而非所有情况，因此该选项的说法没有问题）不选；

选项 D，内部控制审计的目的本身就是在评价控制的有效性，所以不应考虑，当选。

【私教点拨】

1. 定量、定性评价（见表 20-2）

在识别重要账户、列报及其相关认定时，注册会计师应当从**定量**和**定性**两个方面作出评价（包括考虑舞弊的影响）。

表 20-2　定量、定性评价

评价	考虑事项
定量评价	超过财务报表整体重要性的账户，无论是在内部控制审计还是财务报表审计中，通常情况下都被认定为重要账户。 【注意】 (1) 一个账户或列报，即使从性质方面考虑与之相关的风险较小，其金额超过财务报表整体重要性越多，该账户或列报被认定为重要账户或列报的可能性也就越大。 (2) 一个账户或列报的金额超过财务报表整体重要性，并不必然表明其属于重要账户或列报。 **【总结】一个账户金额越重大，越有可能是重要账户**
定性评价	注册会计师可能因为某账户或列报受固有风险或舞弊风险的影响而将其确定为重要账户或列报。 【注意】　在识别重要账户、列报及相关认定时，注册会计师**不应考虑**控制的影响，因为内部控制审计的目标本身就是评价控制的有效性

【提示】　在确定某账户、列报是否重要和某认定是否相关时，注册会计师应当将所有可获得的信息加以**综合考虑**。例如，在识别重要账户、列报及其相关认定时，注册会计师还应当确定重大错报的**可能来源**

2. 控制对相关风险的影响（见表 20-3）

表 20-3　控制对相关风险的影响

章节	规定
风险评估	(1) 在评估重大错报发生的可能性时，除了考虑可能的风险外，注册会计师还**要考虑控制**对风险的抵销和遏制作用（有效的控制会减少错报发生的可能性，而控制不当或缺乏控制，错报就有可能会变成现实）。 (2) 在判断哪些风险是特别风险时，注册会计师**不应考虑**识别出的**控制**对相关风险的抵销效果
企业内部控制审计	在识别重要账户、列报及其相关认定时，注册会计师**不应考虑控制**的影响，因为内部控制审计的目的本身就是在评价控制的有效性

【考点三】内部控制缺陷的评价

【例题·2017 年·单项选择题】注册会计师执行内部控制审计时，下列有关评价控制缺陷的说法中，错误的是（   ）。

　　A. 如果一项控制缺陷存在补偿性控制，注册会计师不应将该控制缺陷评价为重大缺陷
　　B. 注册会计师评价控制缺陷的严重程度时，无需考虑错报是否已经发生
　　C. 注册会计师评价控制缺陷是否可能导致错报时，无需量化错报发生的概率
　　D. 注册会计师评价控制缺陷导致的潜在错报的金额大小时，应当考虑本期或未来期间受控制缺陷影响的账户余额或各类交易涉及的交易量

【答案】 A

【解析】 本题主要考查内部控制缺陷的评价，具体分析如下：

选项 A，存在补偿性控制但如果没有有效运行，则仍然存在重大缺陷，当选；

选项 B，控制缺陷的严重程度取决于控制不能防止或发现并纠正错报的**可能性**的大小，不选；

选项 C，评价控制缺陷是否可能导致错报时，注册会计师无需将错报发生的概率量化为某特定的百分比或区间，不选；

选项 D，有控制缺陷的账户余额越大、交易量越多，错报的金额就可能越大，不选。

【私教点拨】 内部控制缺陷的评价，见表 20－4。

表 20－4 内部控制缺陷的评价

评价维度	具体内容
错报发生的可能性	（1）既然是**可能性**，那么与错报是否已经发生无关。（内部控制有缺陷，并不必然导致错报的发生） （2）可能性，即错报发生的**概率**，但无需**量化**该概率。（定性评估概率的大小，无需定量） （3）多项控制缺陷影响同一账户或列报，则发生错报的**概率会增加**
潜在错报的金额	（1）关注受控制缺陷影响的财务报表金额或交易总额； （2）关注受控制缺陷影响的账户余额或交易量。 【注意】 （1）最大多报金额**通常**是已记录的金额； （2）最大少报金额**可能**超过已记录的金额； （3）小金额错报比大金额错报发生的**概率更高**

【提示】 补偿性控制弥补控制缺陷的前提：补偿性控制**有足够的精确度**（有效运行）以防止或发现并纠正可能发生的重大错报。

【考点四】内部控制审计报告

【例题·2018年·多项选择题】在执行内部控制审计时，下列有关非财务报告内部控制重大缺陷的说法中，正确的有（   ）。

　　A. 注册会计师应当以书面形式与被审计单位董事会沟通发现的非财务报告内部控制重大缺陷
　　B. 注册会计师可以以书面或口头形式与被审计单位经理层沟通发现的非财务报告内部控制重大缺陷
　　C. 注册会计师应当在内部控制审计报告中披露非财务报告内部控制重大缺陷
　　D. 非财务报告内部控制重大缺陷不影响内部控制审计报告的意见类型

【答案】 ACD

【解析】 本题主要考查非财务报告内部控制重大缺陷对审计报告的影响,具体分析如下:

选项 AB,当注册会计师确定该项非财务报告内部控制缺陷为重大缺陷时,应当以书面形式与企业董事会和治理层沟通,当选;

选项 C,当注册会计师确定该项非财务报告内部控制缺陷为重大缺陷时,应当在内部控制审计报告中增加非财务报告内部控制重大缺陷描述段,对重大缺陷的性质及其对实现相关控制目标的影响程度进行披露,当选;

选项 D,注册会计师不对非财务报告内部控制发表意见或提供保证,当选。

【私教点拨】

1. 非财务报告内部控制重大缺陷对审计报告的影响

应当书面:当注册会计师确定该项非财务报告内部控制缺陷为重大缺陷时,应当以书面形式与企业董事会和治理层沟通。

应当披露:当注册会计师确定该项非财务报告内部控制缺陷为重大缺陷时,应当在内部控制审计报告中增加非财务报告内部控制重大缺陷描述段,对重大缺陷的性质及其对实现相关控制目标的影响程度进行披露。

无需发表:无需对非财务报告内部控制重大缺陷发表审计意见。

2. 增加强调事项段的情形(见表 20-5)

表 20-5 增加强调事项段的情形

情形	具体内容
豁免	如果法律法规的相关**豁免**规定允许被审计单位不将某些实体纳入内部控制的评价范围,注册会计师可以不将这些实体纳入内部控制审计的范围。这种情况不构成审计范围受到限制,但注册会计师**应当**在内部控制审计报告中增加**强调**事项段或在注册会计师的责任段中,就这些实体未被纳入评价范围和内部控制审计范围这一情况,作出与被审计单位类似的恰当陈述
要素	如果确定企业内部控制评价报告对**要素**的列报不完整或不恰当,注册会计师**应当**在内部控制审计报告中增加**强调**事项段,说明这一情况并解释得出该结论的理由
期后事项	如果注册会计师知悉在基准日并不存在但在期后期间发生的事项,且这类期后事项对内部控制有重大影响,注册会计师**应当**在内部控制审计报告中增加**强调**事项段,描述该事项及其影响,或提醒内部控制审计报告使用者关注企业内部控制评价报告中披露的该事项及其影响

3. 内部控制评价报告(自评报告)与内部控制审计报告(控审报告)的注意事项(见表 20-6)

表 20-6 内部控制评价报告与内部控制审计报告的注意事项

内部控制评价报告	内部控制审计报告
重大缺陷尚未包含在企业内部控制评价报告中	注册会计师**应当**在内部控制审计报告中**说明**重大缺陷已经识别,但没有包含在企业内部控制评价报告中
企业内部控制评价报告中包含了重大缺陷,但注册会计师认为这些重大缺陷未在所有重大方面得到公允反映	注册会计师**应当**在内部控制审计报告中**说明**这一结论,并公允表达有关重大缺陷的必要信息

4. 财务报表审计报告（表审报告）与内部控制审计报告（控审报告）的注意事项（见表20-7）

表20-7 财务报表审计报告与内部控制审计报告的注意事项

财务报表审计报告	内部控制审计报告
对财务报表发表的审计意见**未受**内部控制审计报告**否定意见影响**	注册会计师应当在内部控制审计报告的导致否定意见的事项段中增加说明段。这一说明对于保证审计报告使用者理解注册会计师为何对财务报表发表无保留意见非常重要
对财务报表发表的审计意见**受到**内部控制审计报告的**否定意见影响**	注册会计师应当在内部控制审计报告的导致否定意见的事项段中增加说明段

5. 内部控制存在重大缺陷的处理（见表20-8）

表20-8 内部控制存在重大缺陷的处理

意见类型	处理方式
否定意见	(1) 重大缺陷的**定义**。 (2) 重大缺陷的**性质**。 (3) 对内部控制的**影响程度**
无法表示意见（受限且存在重大缺陷应当对其进行说明）	已执行的**有限程序**表明内部控制存在重大缺陷。当注册会计师拟出具无法表示意见的审计报告时，如果已执行的有限程序使其认为内部控制存在重大缺陷，审计报告还应当包括下列内容： (1) 重大缺陷的**定义**。 (2) 重大缺陷的**性质**。 (3) 重大缺陷在存在期间对企业编制的财务报表产生的实际和潜在**影响**等信息

真 题 演 练

1. （2019年·单项选择题）对于内部控制审计业务，下列有关控制测试的时间安排的说法中，错误的是（   ）。

  A. 注册会计师应当获取内部控制在基准日之前一段足够长的期间内有效运行的审计证据

  B. 如果被审计单位在所审计年度内对控制作出改变，注册会计师应当对新的控制和被取代的控制分别实施控制测试

  C. 注册会计师对控制有效性测试的实施越接近基准日，提供的控制有效性的审计证据越有力

  D. 如果已获取有关控制在期中运行有效性的审计证据，注册会计师应当获取补充审计证据，将期中测试结果前推至基准日

2. （2019年·单项选择题）在执行内部控制审计时，下列有关注册会计师评价控制缺陷的说法中，错误的是（   ）

  A. 在评价控制缺陷的严重程度时，注册会计师无需考虑错报是否发生

  B. 在评价一项控制缺陷或多项控制缺陷的组合是否构成重大缺陷时，注册会计师应当考虑补偿性控制的影响

  C. 在评价控制缺陷是否可能导致错报时，注册会计师无需量化错报发生的概率

D. 如果被审计单位在基准日完成了对所有存在缺陷的内部控制的整改，注册会计师可以评价认为内部控制在基准日运行有效

3. （2018年·单项选择题）在执行内部控制审计时，下列有关注册会计师选择拟测试的控制的说法中，错误的是（　　）

A. 注册会计师应当选择测试对形成内部控制审计意见有重大影响的控制
B. 注册会计师无需测试即使有缺陷也合理预期不会导致财务报表重大错报的控制
C. 注册会计师选择拟测试的控制，应当涵盖企业管理层在执行内部控制自我评价时测试的控制
D. 注册会计师通常选择能够为一个或多个重要账户或列报的一个或多个相关认定提供最有效果或最有效率的证据的控制进行测试

4. （2019年·多项选择题）对于内部控制审计，下列有关重要账户的说法中，正确的有（　　）

A. 超过财务报表整体重要性的账户未必是重要账户
B. 在识别重要账户时，注册会计师不应考虑控制的影响
C. 在识别重要账户时，注册会计师无需确定重大错报的可能来源
D. 存在舞弊风险的账户，即使其金额小于财务报表整体重要性，仍是重要账户

真题答案及解析

1. 【答案】 B

【解析】 本题考查内部控制审计业务，有关控制测试的时间安排的理解，具体分析如下：

选项A，注册会计师应当获取内部控制在基准日之前一段足够长的期间内有效运行的审计证据，不选；

选项B，在被审计单位对控制作出改变的情况下，如果注册会计师认为新的控制能够满足控制的相关目标，而且新的控制已运行足够长的时间，足以使注册会计师通过实施控制测试评估其设计和运行的有效性，则注册会计师不再需要测试被取代的控制的设计和运行有效性，当选；

选项C，注册会计师对控制有效性测试的实施越接近基准日，提供的控制有效性的审计证据越有力，不选；

选项D，如果已获取有关控制在期中运行有效性的审计证据，注册会计师应当获取补充审计证据，将期中测试结果前推至基准日，不选。

2. 【答案】 D

【解析】 本题主要考查评价内部控制的缺陷，具体分析如下：

选项A，控制缺陷的严重程度与错报是否发生无关，而取决于控制不能防止或发现并纠正错报的可能性大小，不选；

选项B，如果存在补偿性控制且有效运行，就不属于重大缺陷，不选；

选项C，定性评估错报发生的概率，无需量化，不选；

选项D，如果新控制尚没有运行足够长的时间，注册会计师应当认为内部控制在基准日存在重

大缺陷，当选。

3. 【答案】 C

　　【解析】 本题主要考查选取拟测试的控制考虑的内容，具体分析如下：

　　选项 A，对审计意见的影响越重大的控制，越需要测试，不选；

　　选项 B，对可能导致重大错报的控制才需要测试，不选；

　　选项 C，企业管理层在执行内部控制自我评价时选择测试的控制，**可能多于注册会计师认为的为了评价内部控制的有效性有必要测试的控制，注册会计师只需要测试那些对形成内部控制审计意见有重大影响的控制**，当选；

　　选项 D，选取关键控制进行测试，不选。

4. 【答案】 ABD

　　【解析】 本题主要考查识别重要账户、列报及其相关认定的判断，具体分析如下：

　　选项 A，一个账户或列报的金额超过财务报表整体重要性，并不必然表明其属于重要账户或列报，因为注册会计师还需要考虑定性的因素，当选。

　　选项 B，本身的目的就是测试内部控制，因此此时不能考虑控制的影响，当选。

　　选项 C，以商誉为例，如果商誉存在重大泡沫风险（重大错报的可能来源），那么可以确定商誉是重要的账户，主要关注其准确性、计价和分摊认定。因此需要考虑重大错报的可能来源，不选。

　　选项 D，性质比较重要，即使其金额小于财务报表整体重要性，存在舞弊风险的账户仍是重要账户，当选。

第七编
质量控制

CPA
2010—2019

第二十一章 会计师事务所业务质量控制

本章考情 Q&A

Q：本章的重要性如何？
A：本章为非常重要章节，每年必考一道简答题，历年平均考查分值在6分左右。

Q：本章知识点在考试中通常以什么形式出现？
A：本章知识点最近几年均以简答题的形式考查，偶尔会以选择题形式出现。

Q：本章2020年的主要变动有哪些？
A：无实质性变动，修订了"项目质量控制复核的范围"。

Q：本章主要考点历年分布如何？
A：以下是老师们的统计。

考点	2010年	2011年	2012年	2013年	2014年	2015年	2016年	2017年	2018年	2019年
控制目标及领导责任							√	√	√	
相关职业道德要求						√	√		√	√
客户关系和具体业务的接受与保持							√	√	√	√
人力资源					√	√				
项目质量控制复核				√	√	√	√	√		
业务工作底稿							√	√	√	√
监控					√	√				

经 典 例 题

【考点一】控制目标及领导责任

【例题·2017年·简答题】

ABC会计师事务所的质量控制制度部分内容摘录如下： 质量控制部负责会计师事务所**质量控制制度**[1]的设计和监控，其部门主管合伙人对质量控制制度承担最终责任。 要求： 针对上述事项，指出ABC会计师事务所的质量控制制度的内容是否恰当。如不恰当，请简要说明理由。	【审题过程】 [1] 主任会计师对质量控制制度负责。项目合伙人对分派的业务质量负责。

【答案】 不恰当。应由会计师事务所的主任会计师/首席合伙人对质量控制制度承担最终责任。

【私教点拨】
(1) 会计师事务所**主任会计师**对质量控制**制度**承担最终责任。
【注意】主任会计师是会计师事务所最高层管理者和事务所的所有者，因此质量控制对制度负责；项目合伙人是业务的主要负责人，对分派的业务质量负责。
(2) 事务所的业绩评价、工薪及晋升（包括激励制度）的政策和程序，应当表明最重视的是**质量**，建立以质量为导向的业绩评价、工薪及晋升的政策和程序。（质量控制，肯定是质量至上）

【考点二】相关职业道德要求

【例题·2018年·简答题】

ABC会计师事务所的质量控制制度部分内容摘录如下： 审计部员工须每年签署其遵守事务所**独立性政策和程序的书面确认函**[1]，其他部门员工须每三年签署一次[1]该书面确认函。 要求： 针对上述事项，指出ABC会计师事务所的质量控制制度的内容是否恰当。如不恰当，请简要说明理由。	【审题过程】 [1] 看到关于独立性的书面确认函，频率一定是每年至少一次，同时对象是需要按照相关职业道德要求保持独立性的人员，和部门无关。

【答案】 不恰当。其他部门参与审计业务的人员/需要按照职业道德要求保持独立性的人员，会计师事务所也须每年至少一次获得这些人员遵守独立性政策和程序的书面确认函。

【私教点拨】 会计师事务所应当**每年至少一次**向**所有**需要按照相关职业道德要求保持独立性的人员获取其遵守独立性政策和程序的书面确认函。

【注意】 不是应当向**所有人员**获取书面确认函，而是**看需要**。但是，如果事务所自己要求严格，那么向所有人员获取书面确认函当然也可以。

【考点三】客户关系和具体业务的接受与保持

【例题·2018年·多项选择题】下列各项中，会计师事务所在执行客户接受与保持程序时应当获取相关信息的有（　　）。

A. 具有执行业务必要的素质和专业胜任能力　　B. 没有信息表明客户缺乏诚信

C. 能够遵守相关职业道德要求　　D. 具有执行业务必要的时间和资源

【答案】 ABCD

【解析】 本题考查接受或保持客户关系和具体业务应当考虑的情况，需要记忆。具体分析如下：

选项A，执行业务必要的素质和专业胜任能力是看自己有没有能力完成业务，当选；

选项B，考虑客户诚信来降低业务风险，当选；

选项C，遵守职业道德是审计的基本要求，当选；

选项D，执行业务必要的时间和资源是了解自己能不能够完成业务，当选。

【私教点拨】

(1) 只有在下列情况下，才能接受或保持客户关系和具体业务。（知己知彼）

①能够**胜任**该项业务，并具有执行该项业务必要的素质、时间和资源——不得承接不能胜任和无法完成的业务（知己）；

②能够**遵守**相关职业道德要求（知己）；

③已考虑**客户的诚信**，没有信息表明客户缺乏诚信——降低业务风险（知彼）。

(2) 明确初步业务活动的目的（"审计计划"章节）：（知己知彼无误解）

①具备执行业务所需的独立性和能力（知己）；

②不存在因管理层诚信问题而可能影响注册会计师保持该项业务的意愿的事项（知彼）；

③与被审计单位之间不存在对业务约定条款的误解（达成一致意见）。

【考点四】人力资源

【例题·2018年·简答题】

| ABC会计师事务所的质量控制制度部分内容摘录如下：
　　在业务质量及职业道德考查成绩为优秀的前提下 [1]，连续两年业务收入排名靠前 [2] 的高级经理可晋升合伙人。 | 【审题过程】
[1] 晋升的主要途径是提高业务质量和遵守相关职业道德。
[2] 收入作为次要考虑，是可以的。 |

要求： 针对上述事项，指出 ABC 会计师事务所的质量控制制度的内容是否恰当。如不恰当，请简要说明理由。	

【答案】 恰当。

【私教点拨】

1. 招聘

人事管理部门负责招聘活动，招聘过程严格按照规定进行。如果工作人员和被招聘人员存在**亲属关系**，工作人员应当自行**回避**。

2. 工薪、晋升

提高业务质量及**遵守职业道德要求**是晋升更高职位的**主要途径**。

【考点五】项目质量控制复核

【例题 1·2017 年·简答题】

ABC 会计师事务所的质量控制制度部分内容摘录如下： 所有公众实体 [1] 的财务报表审计业务和评价为高风险的业务均需要实施项目质量控制复核 [1]。 要求： 针对上述事项，指出 ABC 会计师事务所的质量控制制度的内容是否恰当。如不恰当，请简要说明理由。	【审题过程】 [1] 项目质量控制复核对象为：上市实体审计业务+符合标准的其他业务。 会计师事务所制定标准考虑事项：性质、异常情况、风险、法律法规。

【答案】 恰当。

【私教点拨】

（1）项目质量控制复核对象（上市实体审计业务+符合标准的其他业务）：

①对所有**上市实体**财务报表审计实施项目质量控制复核。

②明确**标准**，据此评价所有其他的历史财务信息审计和审阅、其他鉴证和相关服务业务，以确定是否应当实施项目质量控制复核。

③对所有符合**标准**的业务实施项目质量控制复核。

（2）制定除上市实体财务报表审计以外的其他业务是否需要实施项目质量控制复核的标准时，事务所应当**考虑**的事项（性质、异常情况或风险、法律法规）：

①业务的**性质**，包括涉及**公众利益**的程度。

②在某项业务或某类业务中识别出的**异常情况或风险**。

③**法律法规**是否要求实施项目质量控制复核。

【例题 2 · 2016 年 · 简答题】

ABC 会计师事务所首次接受委托审计上市公司甲公司 2×15 年度财务报表，委派 A 注册会计师担任项目合伙人 [1]，B 注册会计师担任项目质量控制复核人，相关事项如下： 　　B 注册会计师具有丰富的上市公司审计经验，事务所质量控制部门在委派其担任项目质量控制复核人之前，征求了 A 注册会计师的意见 [1]。 　　要求： 　　指出事务所及其注册会计师的做法是否恰当。如不恰当，请简要说明理由。	【审题过程】 [1] 为保持质量控制复核人员的客观性，不得由项目合伙人挑选质量控制复核人员。

【答案】 不恰当。为保持项目质量控制复核人员的客观性，如果可行，不由项目合伙人挑选项目质量控制复核人员。

【私教点拨】 项目质量控制复核人员的客观性包括以下内容：
（1） 如果可行，不由项目合伙人挑选。（不挑选）
（2） 在复核期间不以其他方式参与该业务。（不参与）
（3） 不代替项目组进行决策。（不决策）
（4） 不存在可能损害复核人员客观性的其他情形。（不存在）

【记忆技巧】 不挑选，不参与，不决策，不存在。

【注意】 可以咨询一般问题，不得咨询重大问题。

【考点六】业务工作底稿

【例题 1 · 2018 年 · 简答题】

ABC 会计师事务所的质量控制制度部分内容摘录如下： 　　历史财务信息审计和审阅业务的工作底稿应在业务报告日后 60 日内归档，除此之外的其他业务工作底稿应在业务报告日后 90 日内归档 [1]。 　　要求： 　　针对上述事项，指出 ABC 会计师事务所的质量控制制度的内容是否恰当。如不恰当，请简要说明理由。	【审题过程】 [1] 对于鉴证业务的工作底稿归档要求一致，均需要在业务报告日后 60 日内归档。

【答案】　不恰当。所有鉴证业务的工作底稿的归档期均为业务报告日后 60 日内。

【例题 2·2018 年·简答题】

ABC 会计师事务所的质量控制制度部分内容摘录如下： 　　历史财务信息审计和审阅业务的工作底稿应自业务报告日起至少保存 10 年，除此之外的其他业务工作底稿应自业务报告日起至少保存 8 年 [1]。 　　要求： 　　针对上述事项，指出 ABC 会计师事务所的质量控制制度的内容是否恰当。如不恰当，请简要说明理由。	【审题过程】 [1] 对于鉴证业务的工作底稿保管要求与审计工作底稿的保存期限一致，均需要自业务报告日起至少保存 10 年。

【答案】　不恰当。会计师事务所应当自业务报告日起对鉴证业务工作底稿至少保存 10 年，如果法律法规有更高的要求，还应保存更长的时间。

【私教点拨】　针对业务工作底稿常考点总结如下（结合审计工作底稿）：

（1）内容。

审计工作底稿应当反映整个审计过程。

（2）所有权。

业务工作底稿的所有权属于**会计师事务所**。会计师事务所可自主决定是否允许客户获取业务工作底稿部分内容，或摘录部分工作底稿，但披露这些信息不得损害会计师事务所执行业务的有效性。

（3）业务工作底稿的保密。

除特定情况外，会计师事务所应当对业务工作底稿包含的信息予以保密。这些特定的情况包括：取得客户的**授权**；根据**法律法规**的规定，会计师事务所为法律诉讼准备文件或提供证据，以及向监管机构报告发现的违反法规行为；接受注册会计师协会和监管机构依法进行的**质量检查**。

（4）归档期限。

鉴证业务工作底稿的归档期限为**业务报告日后 60 日内**。

（5）保管期限。

对鉴证业务，包括历史财务信息审计和审阅业务、其他鉴证业务，会计师事务所应当自业务报告日起，对**业务工作底稿至少保存 10 年**。

（6）归档后的变动。

在审计工作底稿归档后，**不能删减或废除任何性质的工作底稿**。

【考点七】监控

【例题1·2017年·简答题】

ABC会计师事务所的质量控制制度部分内容摘录如下： 每 6 年 [1] 为一个周期，对每个项目合伙人已完成的业务至少选取两项进行检查。 要求： 针对上述事项，指出 ABC 会计师事务所的质量控制制度的内容是否恰当。如不恰当，请简要说明理由。	【审题过程】 [1] 检查周期最长不超过 3 年，每个周期内对每个项目合伙人选取一项业务进行检查。

【答案】 不恰当。至少每 3 年对每个项目合伙人检查一项已完成的业务。

【例题2·2015年·简答题】

ABC会计师事务所的质量控制制度部分内容摘录如下： 会计师事务所对其质量控制制度和程序的遵守情况实施监控，每 3 年至少一次将监控结果 [1] 向项目合伙人及事务所内部的其他适当人员通报，如果发现重大缺陷，立即通报。 要求： 针对上述事项，指出 ABC 会计师事务所的质量控制制度是否恰当。如不恰当，请简要说明理由。	【审题过程】 [1] 每 3 年一次是检查周期，而监控结果是每年都需要通报监控结果。

【答案】 不恰当。会计师事务所应当每年至少一次将监控结果向项目合伙人及事务所内部的其他适当人员通报。

【私教点拨】

1. 监控内容

质量控制制度**设计是否适当，运行是否有效**。

2. 监控人员

会计师事务所可以委派**主任会计师、副主任会计师**或具有足够、适当经验和权限的其他人员履行监控责任。

3. 实施检查

(1) 检查的周期：会计师事务所应当**周期性**地选取已完成的业务进行检查，**周期最长不得超过**

3年。在每个周期内，应对每个项目合伙人的业务至少选取一项进行检查。

（2）确定检查的时间、人员与范围。

①会计师事务所在选取单项业务进行检查时，**可以不事先告知**相关项目组。

②**参与业务执行或项目质量控制复核人员不应当承担该项业务的检查**工作。

③在确定检查的**范围**时，会计师事务所**可以考虑**外部独立检查的范围或结论，但这些检查并**不能替代自身的内部监控**。

4. 定期告知监控结果

事务所应当**每年至少一次**将质量控制制度的监控结果，传达给项目合伙人及会计师事务所内部的其他适当人员。

真 题 演 练

1. （2019·单项选择题）确定项目组内部的复核的性质、时间安排和范围时，注册会计师不应当考虑的是（　　）。

　　A. 被审计单位的规模　　　　　　　　B. 评估的重大错报风险

　　C. 项目质量控制复核人员的经验和能力　　D. 项目组成员的专业素质和胜任能力

2. （2019·单项选择题）下列有关审计工作底稿复核的说法中，错误的是（　　）。

　　A. 审计工作底稿中应当记录复核人员姓名和复核时间

　　B. 项目合伙人应当复核所有审计工作底稿

　　C. 项目质量控制复核人员应当在审计报告出具前复核审计工作底稿

　　D. 应当由项目组内经验较多的人员复核经验较少的人员编制的审计工作底稿

3. （2019年·简答题）ABC会计师事务所的质量控制制度部分内容摘录如下：

（1）事务所每年对业务收入考核排名前十位的合伙人奖励50万元，对业务质量考核排名后十位的合伙人罚款5万元。

（2）事务所每3年至少一次对所有需按照相关职业道德需求保持独立性的人员获取其遵守独立性政策和程序的书面确认函。

（3）对新晋升的合伙人，每年事务所对其已完成的一项业务进行业务质量检查，若连续5年合格，以后改为以3年为周期的质量检查，若连续两个周期合格，以后以5年为周期进行质量检查。

（4）为确保客观性，项目质量复核人员不得对其复核的审计业务提供咨询。

（5）如果审计业务工作底稿中的纸质信息被扫描为电子形式归档，则应当将纸质信息毁损，以确保客户信息的保密性。

要求：

针对上述第（1）至第（5）项，逐项指出审计项目组的做法是否恰当。如不恰当，请简要说明理由。

4. （2018年·简答题）ABC会计师事务所的质量控制制度部分内容摘录如下：

（1）对上市实体财务报表审计业务应实施项目质量控制复核，其他业务是否实施项目质量控制复核由各业务部门的主管合伙人决定。

(2) 审计项目组成员应当在执行业务时遵守事务所质量控制政策和程序。参与审计项目的实习生和事务所外部专家不受上述规定的限制。

要求：

针对上述第（1）至第（2）项，指出 ABC 会计师事务所的质量控制制度的内容是否恰当。如不恰当，请简要说明理由。

5.（2017 年•简答题）ABC 会计师事务所的质量控制制度部分内容摘录如下：

(1) 项目合伙人对会计师事务所分派的业务的总体质量负责。项目质量控制复核可以减轻但不能替代项目合伙人的责任。

(2) 质量控制对新晋升的合伙人每年选取一项已完成的业务进行检查，连续检查 3 年，对晋升 3 年以上的合伙人，每 5 年选取一项已完成的业务进行检查。

(3) 除内部专家外，项目组成员应当在执行业务过程中严格遵守会计师事务所的质量控制政策和程序。

(4) 在所披露的信息不损害执行业务的有效性和会计师事务所及其人员的独立性的前提下，经项目合伙人批准，项目组可以向客户提供业务工作底稿的部分内容。

(5) 业务工作底稿可以采用纸质、电子或其他介质，如将纸质工作底稿的电子扫描件存入业务档案，应当将纸质工作底稿一并归档。

要求：

针对上述事项，指出 ABC 事务所的质量控制制度的内容是否恰当。如不恰当，请简要说明理由。

6.（2016 年•简答题）ABC 会计师事务所的质量控制制度部分内容摘录如下：

(1) 合伙人考核的主要指标依次为业务收入指标的完成情况、参与事务所管理的程度、职业道德遵守情况以及业务质量评价结果。

(2) 事务所所有员工须每年签署其遵守相关职业道德要求的书面确认函。对参与业务的事务所外部专家或其他会计师事务所的注册会计师，由项目组自行决定是否向其获取有关独立性的书面确认函。

(3) 在执行业务过程中遇到难以解决的重大问题时，由项目合伙人和项目质量控制复核人共同决定是否需要调整工作程序以及如何调整，由项目合伙人执行调整后的业务计划。

(4) 事务所质量控制部门每 3 年进行一次业务检查，每次检查选取每位合伙人已完成的一个项目。

(5) 所有项目组应当在每年 4 月 30 日之前将上一年度的业务约定书交给事务所行政管理部门集中保存。

(6) 事务所应当自业务报告日起，对鉴证业务工作底稿至少保存 12 年。

要求：

针对上述事项，指出事务所的质量控制制度的内容是否恰当。如不恰当，请简要说明理由。

7.（2016年·简答题）ABC会计师事务所首次接受委托审计上市公司甲公司2×15年度财务报表，委派A注册会计师担任项目合伙人，B注册会计师担任项目质量控制复核人，相关事项如下：

（1）在完成有关客户关系和审计业务接受的评估程序后，A注册会计师在审计工作底稿中记录了评估结论。

（2）B注册会计师在完成项目质量控制复核工作后，与A注册会计师共同签署了审计报告。

要求：

针对上述事项，指出事务所及其注册会计师的做法是否恰当。如不恰当，请简要说明理由。

8.（2015年·简答题）ABC会计师事务所的质量控制制度部分内容摘录如下：

（1）会计师事务所接受或保持客户关系和具体业务的前提条件是：会计师事务所能够胜任该项业务，具有执行该项业务必要的素质、时间和资源；已考虑客户诚信，没有信息表明客户缺乏诚信。

（2）实体财务报表审计应当实施项目质量上市控制复核，非上市实体财务报表审计是否实施项目质量控制复核应当依据会计师事务所制定的标准确定，非审计业务是否实施项目质量控制复核由项目合伙人确定。

（3）会计师事务所应当对业务工作底稿包含的信息保密，未经客户许可，不得将业务工作底稿提供给他人。

要求：

针对上述事项，指出ABC会计师事务所的质量控制制度是否恰当。如不恰当，请简要说明理由。

9.（2015年·简答题）ABC会计师事务所通过招投标程序，首次接受委托审计甲银行2×14年度财务报表，委派A注册会计师担任审计项目合伙人，B注册会计师担任项目质量控制复核合伙人，相关事项如下：

（1）B注册会计师在信息技术审计方面经验丰富，A注册会计师安排其负责与甲银行信息系统审计相关的工作。

（2）A注册会计师就特别风险的评估、集团审计策略以及重要性的确定向B注册会计师进行了咨询。

（3）A注册会计师负责招聘了五位实习生参与甲银行审计项目，并通知ABC会计师事务所人事部办理了实习生登记手续。

要求：

针对上述事项，指出审计项目组的处理是否恰当。如不恰当，请简要说明理由。

10.（2014年·简答题）2×13年1月，DEF会计师事务所与XYZ会计师事务所合并成立ABC会计师事务所，相关事项如下：

（1）ABC会计师事务所提出了扩大鉴证业务市场份额的目标，要求合伙人及经理级别以上的员工在确保业务质量的前提下，每年完成一定金额的新鉴证业务收入指标，并纳入业绩评价范围。

（2）ABC会计师事务所规定，所有上市公司财务报表审计项目应当实施项目质量控制复核，其他项目根据相关标准判断是否需要实施项目质量控制复核。

（3）ABC会计师事务所规定，对鉴证业务的工作底稿从业务报告日起至少保存十年；如果组成部分业务报告日与集团业务报告日不同，从各自的业务报告日起至少保存十年。

（4）DEF和XYZ两家会计师事务所的质量控制制度存在差异。ABC会计师事务所拟逐步进行整合，确保两年后建立统一的质量控制制度。

（5）ABC会计师事务所设立了不当行为举报热线，并制定了有关调查和处理举报事项的政策和程序。对所有举报事项的调查和处理过程均需执行监督，该项工作由具有适当经验和权限的业务部门的A合伙人兼任。

要求：

针对上述事项，指出ABC会计师事务所的做法是否恰当。如不恰当，请简要说明理由。

11.（2013年·简答题）甲公司拟申请首次公开发行股票并上市，ABC会计师事务所负责审计甲公司2×10年度至2×12年度的比较财务报表，委派A注册会计师担任项目合伙人，B注册会计师担任项目质量控制复核合伙人。相关事项如下：

（1）根据ABC会计师事务所质量控制制度的规定，B注册会计师对该项审计业务的总体质量负责。

（2）B注册会计师在审计工作底稿中就其执行的项目质量控制复核作出以下记录：①会计师事务所项目质量控制复核政策要求的程序均已实施；②没有发现任何尚未解决的事项，使其认为审计项目组做出的重大判断和得出的结论不适当；③项目质量控制复核在审计报告日之前已完成。

（3）A注册会计师由于事务繁忙，委托B注册会计师代为复核甲公司下属重要子公司乙公司的审计工作底稿。

（4）A注册会计师拟利用会计师事务所聘请的外部信息技术专家，对甲公司的信息系统进行测试。该信息技术专家不是项目组成员，不受ABC会计师事务所质量控制政策和程序的约束。

要求：

针对上述事项，逐项指出ABC会计师事务所或其注册会计师的做法是否恰当。如不恰当，请简要说明理由。

真题答案及解析

1.【答案】 C

【解析】 本题考查确定项目组内部复核的性质、时间安排和范围时的考虑因素。注册会计师应当考虑的因素如下：

（1）被审计单位的规模和复杂程度（选项A）。

（2）审计领域。

（3）评估的重大错报风险（选项B）。

（4）执行审计工作的项目组成员的专业素质和胜任能力（选项D）。

2.【答案】 B

【解析】 本题考查对复核审计工作底稿的理解。项目合伙人复核的内容包括：

（1）对关键领域所做的判断，尤其是执行业务过程中识别出的疑难问题或争议事项。

(2) 特别风险。

(3) 项目合伙人认为重要的其他领域。

选项 B，项目合伙人无需复核所有审计工作底稿，当选。

3.

【答案】	【答案解读】
（1）不恰当。会计师事务所应建立以质量为导向的业务评价政策。 （2）不恰当。会计师事务所应当每年至少一次向所有需要按相关职业道德要求保持独立性的人员获取其遵守独立性政策和程序的书面确认函。 （3）不恰当。会计师事务所应当周期性地选取已完成的业务进行检查，周期最长不得超过3年；在每个周期内，应对每个项目合伙人的业务至少选取一项进行检查。 （4）恰当。 （5）不恰当。根据质量控制准则的规定，会计师事务所应当按照规定的保存期限保存纸质工作底稿。	（1）质量控制，肯定是质量至上。 （2）看到关于独立性的书面确认函，频率一定是每年至少一次。 （3）检查周期最长不超过3年，每个周期内对每个项目合伙人选取一项业务进行检查。 （4）为保证项目质量控制复核人员的客观性，不得咨询重大问题。 （5）如将纸质工作底稿的电子扫描件存入业务档案，应当将纸质工作底稿一并保存。

4.

【答案】	【答案解读】
（1）不恰当。针对上市实体财务报表审计以外的其他业务，会计师事务所应根据事务所制定的明确标准确定是否应当实施项目质量控制复核/不应由各业务部主管合伙人自行决定。 （2）不恰当。参加审计项目的实习生属于项目组成员，应在提供服务期间遵守事务所质量控制政策和程序。	（1）项目质量控制复核对象：上市实体审计业务+符合标准的其他业务（标准为会计师事务所制定）。 （2）项目组成员都要遵守事务所质量控制政策和程序，实习生也属于项目组成员。

5.

【答案】	【答案解读】
（1）不恰当。项目质量控制复核不能减轻项目合伙人的责任。	（1）项目质量控制复核不能减轻项目合伙人的责任。

（2）不恰当。会计师事务所应当以不超过 3 年为一个周期，在每个周期内对每个项目合伙人的业务至少选取一项进行检查。 （3）不恰当。内部专家也要遵守会计师事务所的质量控制政策和程序。 （4）恰当。 （5）恰当。	（2）检查周期最长不超过 3 年，每个周期内对每个项目合伙人选取一项业务进行检查。 （3）会计师事务所内部人员都需要遵守事务所质量控制政策和程序，内部专家属于事务所内部人员。 （4）审计工作底稿的所有权属于会计师事务所。项目组向客户提供业务工作底稿的部分内容，应取得会计师事务所的批准。 （5）对于鉴证业务的工作底稿保管要求一致，均需要自业务报告日起至少保存 10 年。

6.

【答案】 （1）不恰当。会计师事务所应当建议以质量为导向的业绩质量评价政策/应当将质量放在第一位。 （2）恰当。 （3）不恰当。应由项目合伙人决定是否需要调整工作程序及如何调整/项目质量控制复核人不应参与决策，否则影响其客观性。 （4）恰当 （5）不恰当。审计业务约定书应纳入审计工作底稿。 （6）恰当。	【答案解读】 （1）质量控制，肯定是质量至上。 （2）会计师事务所应当每年至少一次向所有需要按照相关职业道德要求保持独立性的人员获取其遵守独立性政策和程序的书面确认函。（不是应当向**所有人员**，而是**看需要**。） （3）为保持质量控制复核人员的客观性，质量控制复核人员不得参与该业务。 （4）检查周期最长不超过 3 年，每个周期内对每个项目合伙人选取一项业务进行检查。 （5）业务约定书属于审计工作底稿。 （6）对于鉴证业务的工作底稿保管要求一致，均需要自业务报告日起至少保存 10 年，会计师事务所自行规定至少保存 12 年恰当。

7.

【答案】	【答案解读】
（1）恰当。	（1）客户关系和具体业务的接受与保持需要记入审计工作底稿。
（2）不恰当。项目质量控制复核人不应以任何其他方式参与业务。	（2）为保持质量控制复核人员的客观性，质量控制复核人员不得参与该业务。

8.

【答案】	【答案解读】
（1）不恰当。会计师事务所接受或保持客户关系和具体业务的前提条件还包括能够遵守相关职业道德要求。	（1）接受或保持客户关系和具体业务的条件：知己（胜任能力和职业道德）知彼（客户诚信）。
（2）不恰当。对非审计业务是否实施项目质量控制复核，应按会计师事务所的标准确定。	（2）项目质量控制复核对象：上市实体审计业务+符合标准的其他业务（标准为事务所制定）。
（3）不恰当。在接受注册会计师协会或监管机构的执业质量检查等情况下，无需取得客户同意即可提供业务工作底稿。	（3）除特定情况外，会计师事务所应当对业务工作底稿包含的信息予以保密。这些特定的情况包括：客户的授权；根据法律法规的规定；质量检查。

9.

【答案】	【答案解读】
（1）不恰当。A注册会计师不应要求项目质量控制复核人参与审计业务，否则影响其客观性。	（1）为保持项目质量控制复核人员的客观性：不挑选，不参与，不决策，不存在。
（2）不恰当。A注册会计师不得向项目质量控制复核人进行性质和范围十分重大的咨询，否则影响其客观性。	（2）为保证项目质量控制复核人员的客观性，不得咨询重大问题。
（3）不恰当。项目组实习生的招聘应当由会计事务所人事部门负责。	（3）人事管理部门负责招聘活动。

10.

【答案】	【答案解读】
（1）恰当。	（1）质量控制，肯定是质量至上，在确保质量的前提下加入其他考核指标。

（2）不恰当。会计师事务所应对上市实体财务报表审计实施项目质量控制复核/上市实体比上市公司的范围大。 （3）不恰当。如果组成部分业务报告日早于集团业务报告日，应当自集团业务报告日起对组成部分业务工作底稿至少保存10年。 （4）不恰当。两年内 ABC 会计师事务所没有使用统一的质量控制制度不符合质量控制准则的规定。/会计师事务所应当制定统一的质量控制制度。 （5）不恰当。投诉或指控所涉项目可能是 A 合伙人负责的项目，由其执行监督不具有客观性。	（2）项目质量控制复核对象：上市实体（不只是上市公司）审计业务+符合标准的其他业务（标准为事务所制定）。 （3）组成部分业务报告日早于集团业务报告日，集团项目组应当自集团业务报告日起对组成部分业务工作底稿至少保存10年。 （4）质量控制制度针对整个事务所，在事务所内部必须要统一。 （5）执行监督工作的人不应该负责被监督的业务，防止监守自盗。

11.

【答案】 （1）不恰当。该项业务的质量应当由项目合伙人（A 注册会计师）负责。B 注册会计师在执行项目质量控制复核时，还应当复核选取的与项目组作出的重大判断和得出的结论相关的审计工作底稿。 （2）恰当。 （3）不恰当。项目质量控制复核人员应当保持客观性，在复核期间不以其他方式参与该业务。 （4）恰当。	【答案解读】 （1）项目合伙人对分派的业务质量负责。 （2）项目质量控制复核的记录： ①有关项目质量控制复核的政策所要求的程序已得到执行； ②项目质量控制复核在出具报告前业已完成； ③复核人员没有发现任何尚未解决的事项，使其认为项目组作出的重大判断及形成的结论不适当。 （3）为保持项目质量控制复核人员的客观性：不挑选，不参与，不决策，不存在。 （4）质量控制制度针对事务所内部，外部专家不受其约束。

第八编
职业道德

CPA

2010—2019

第二十二章 职业道德基本原则和概念框架

本章考情 Q&A

Q：本章的重要性如何？
A：本章内容广而不深，主要介绍框架性的内容，一般会结合"审计业务对独立性的要求"章节一起考查，平均考查分值为 1 分，属于不重要的章节。

Q：本章在考试中通常以什么形式出现？
A：本章通常结合"审计业务对独立性的要求"章节一起在简答题中进行考查，考查其中的一小问，也可能考查客观题，概率较小。

Q：本章 2020 年的主要变动有哪些？
A：无变动。

Q：本章主要考点历年分布如何？
A：以下是老师们的统计。

考点	2010 年	2011 年	2012 年	2013 年	2014 年	2015 年	2016 年	2017 年	2018 年	2019 年
职业道德基本原则				√			√	√		
注册会计师对职业道德概念框架的具体运用				√	√		√			

经 典 例 题

【考点一】职业道德基本原则

【例题·2016 年·简答题】

ABC 会计师事务所首次接受委托审计上市公司甲公司 2×15 年度财务报表，委派 A 注册会计师担任项目合伙人。相关事项如下： （1）A 注册会计师将与某重大会计问题相关的审计工作底稿发给其大学导师 [1]，并就具体问题进行了讨论。	【解题过程】 [1] A 的大学导师不是甲公司项目组成员。相关规定：未经客户授权或法规允许，不得向会计师事务所以外的第三方披露所获知的涉密信息。

（2）甲公司的客户乙公司也是 ABC 会计师事务所的审计客户，为提高工作效率，A 注册会计师安排项目组成员与乙公司审计项目组成员［2］互相查阅审计工作底稿，确认了甲公司和乙公司的往来余额。 要求： 针对上述事项，指出 ABC 会事务所及注册会计师的做法是否恰当。如不恰当，请简要说明理由。	［2］乙公司项目组成员并非甲公司项目组成员。 相关规定：未经客户授权或法规允许，不得向会计师事务所以外的第三方披露所获知的涉密信息。

【答案】

（1）不恰当。A 注册会计师的导师不是项目组专家，未经客户许可，A 注册会计师不得泄露客户的信息给项目组以外的其他人员。

（2）不恰当。乙公司项目组成员并非甲公司项目组成员，未经客户的许可，会计师事务所及其人员不得泄露客户的信息给项目组以外的其他人员。

【私教点拨】 职业道德基本原则，见表 22-1。

表 22-1 职业道德基本原则

基本原则	关键词
诚信	正直、诚实、秉公处事、实事求是
独立性	不受外来力量控制、支配
保密	不向第三方透露
客观和公正	公正处事、实事求是
专业胜任能力和应有的关注	通过教育、培训和执业实践获取和保持专业胜任能力
良好的职业行为	遵守相关法律法规

【保密原则的做题技巧】 明确第三方的身份。只要不是直接参与该审计客户项目的人员，就都是"非项目组成员"，注册会计师就不得向他们透露与该项目有关的信息。
（注册会计师全国统一考试教材原文为：未经客户授权或法规允许，不得向会计师事务所以外的第三方披露所获知的涉密信息。该表述不严谨，即使是同一事务所的非项目组成员不得向他们透露与该项目有关的信息）
【提示】 注册会计师不得利用涉密信息为自己或第三方谋取利益（否则属于违反保密原则）

【考点二】注册会计师对职业道德概念框架的具体运用

【例题 1·2013 年·简答题】

甲公司拟申请首次公开发行股票并上市，ABC 会计师事务所负责审计甲公司 2×10 年度至 2×12 年度的比较财务报表，委派 A 注册会计师担任项目合伙人，B 注册会计师担任项目质量控制复核合伙人。相关事项如下：	

审计业务约定书约定，审计费用为200万元，甲公司应当在 ABC 会计师事务所出具审计报告后10日内支付70%审计费用，成功上市后10日内支付其余30%审计费用 [1]。

要求：

针对上述事项，指出 ABC 事务所或其他注册会计师的做法是否恰当。如不恰当，请简要说明理由。

【审题过程】

[1] 该表述表明剩下30%审计费的支付与否取决于上市是否成功，属于或有收费。

相关规定：除法律法规允许外，注册会计师不得以或有收费方式提供鉴证服务。

【答案】 不恰当。付款安排表明30%的审计费用实质属于或有收费。

【私教点拨】 收费是否对职业道德基本原则产生不利影响，取决于收费的报价水平和所提供的相应服务。要注意以下三个方面：

（1）收费过低。在承接业务时，如果收费报价过低，可能导致难以按照执业准则和相关职业道德的要求执行业务，从而对专业胜任能力和应有的关注原则产生不利影响。

（2）或有收费。除法律法规允许外，注册会计师不得以或有收费方式提供鉴证服务，收费与否或收费多少不得以鉴证工作结果或实现特定目的为条件。

（3）介绍费或佣金。这里又分为收取介绍费和佣金与支付业务介绍费两种情形，详情见表22-2。

表22-2 收取与支付介绍费或佣金的情形、评价因素或事项及防范措施

情形	评价的因素或事项	防范措施
收取介绍费和佣金	注册会计师收取与客户相关的介绍费或佣金，可能对客观和公正原则以及专业胜任能力和应有的关注原则产生非常严重的不利影响	明确禁止（注册会计师不得收取与客户相关的介绍费或佣金），导致没有防范措施能够消除不利影响或将其降低至可接受的水平
支付业务介绍费	注册会计师为获得客户而支付业务介绍费，可能对客观和公正原则以及专业胜任能力和应有的关注原则产生非常严重的不利影响	明确禁止（注册会计师不得向客户或其他方支付业务介绍费），导致没有防范措施能够消除不利影响或将其降低至可接受的水平

【例题2·2014年·简答题】

2×13年1月，DEF 会计师事务所与 XYZ 会计师事务所合并成立 ABC 会计师事务所，相关事项如下：

ABC 会计师事务所以"强强联手，服务最优" [1] 为主题在多家媒体刊登广告，宣传两家会计师事务所的合并事宜。

要求：

针对上述事项，指出 ABC 会计师事务所的做法是否恰当。如不恰当，请简要说明理由。

【审题过程】

[1] "服务最优"属于夸大宣传提供的服务，也是无根据的比较。

相关规定：注册会计师在营销专业服务时，不得夸大宣传提供的服务、拥有的资质或获得的经验。

【答案】 不恰当。"强强联手,服务最优"夸大宣传了事务所提供的服务/无根据地比较其他注册会计师的工作,违反职业道德守则中有关专业服务营销的要求。

【私教点拨】 注册会计师通过广告或其他营销方式招揽业务,可能对职业道德基本原则产生不利影响。需要注意以下内容:

(1) 在营销专业服务时,不得有下列行为:

①夸大宣传提供的服务、拥有的资质或获得的经验。

②贬低或无根据地比较其他注册会计师的工作。

③暗示有能力影响有关主管部门、监管机构或类似机构。

④作出其他欺骗性的或可能导致误解的声明。

(2) 注册会计师不得采用强迫、欺诈、利诱或骚扰等方式招揽业务。

(3) 注册会计师不得对其能力进行广告宣传以招揽业务,但可以利用媒体刊登设立、合并、分立、解散、迁址、名称变更和招聘员工等信息。

真 题 演 练

1. (2017年·多选题) 下列各项中,属于注册会计师应当遵守的职业道德基本原则的有( )。

A. 诚信
B. 保密
C. 客观和公正
D. 专业胜任能力和应有的关注

2. (2016年·简答题) ABC会计师事务所委派A注册会计师担任上市公司甲公司2×16年度财务报表审计项目合伙人。ABC会计师事务所和XYZ公司处于同一网络。审计项目组在审计中遇到下列事项:

ABC会计师事务所推荐甲公司与某开发区管委会签订了投资协议,因此获得开发区管委会的奖励10万元。

要求:

针对上述事项,指出是否存在违反中国注册会计师职业道德守则有关职业道德和独立性规定的情况,并简要说明理由。

3. (2013年·简答题) 上市公司甲公司是ABC会计师事务所的常年审计客户,拥有乙公司和丙公司两家子公司。A注册会计师担任甲公司2×13年度财务报表审计项目合伙人,B注册会计师担任项目质量控制复核合伙人。相关事项如下:

甲公司财务总监向A注册会计师私下透露,某电商公司正与甲公司秘密协商参股乙公司。A注册会计师就此事询问了其在该电商公司工作的朋友,并与朋友们讨论了该投资的可能性。

要求:

针对上述事项,指出ABC会计师事务所或其注册会计师的做法是否恰当。如不恰当,请简要说明理由。

4.（2013年·简答题）上市公司甲公司是ABC会计师事务所的常年审计客户，拥有乙公司和丙公司两家子公司。A注册会计师担任甲公司2×13年度财务报表审计项目合伙人，B注册会计师担任项目质量控制复核合伙人。相关事项如下：

ABC会计师事务所的网络事务所受聘对丙公司财务信息进行尽职调查，经A注册会计师批准，借阅了过去3年审计工作底稿中与丙公司相关的部分。

要求：

针对上述事项，指出ABC会计师事务所或其注册会计师的做法是否恰当。如不恰当，请简要说明理由。

真 题 答 案 及 解 析

1. 【答案】 ABCD

   【解析】 本题考查职业道德基本原则，具体分析如下：

   选项A，职业道德基本原则要求会员是诚信的，当选；

   选项B，职业道德基本原则要求会员对职业活动中获知的涉密信息予以保密，当选；

   选项C，职业道德基本原则要求会员保持客观和公正，当选；

   选项D，职业道德基本原则要求会员具备专业胜任能力和应有的关注，当选。

2.

【答案】 违反。ABC会计师事务所收取与甲公司有关的介绍费/收到的政府奖励实质构成介绍费，可能对客观和公正原则/专业胜任能力和应有的关注原则产生严重不利影响。	【答案解读】 收到的政府奖励实质构成介绍费。相关规定：会计师事务所禁止收取介绍费。

3.

【答案】 不恰当。A注册会计师将客户和潜在投资方未公开的事项与朋友讨论不符合保密规定。/注册会计师未经客户授权，不得向会计师事务所以外的第三方披露所获知的涉密信息。	【答案解读】 该信息属于未公开的事项，为涉密信息。相关规定：注册会计师未经客户授权，不得向会计师事务所以外的第三方披露所获知的涉密信息。

4.

【答案】 不恰当。在未获得客户授权的情况下，同意尽职调查团队借阅与丙公司相关的审计工作底稿不符合保密规定/除非客户已授权披露信息，会计师事务所人员有义务始终对业务工作底稿包含的信息予以保密。	【答案解读】 该信息属于未公开的事项，为涉密信息。相关规定：注册会计师未经客户授权，不得向会计师事务所以外的第三方披露所获知的涉密信息。

第二十三章　审计业务对独立性的要求

本章考情 Q&A

Q：本章的重要性如何？
A：本章属于非常重要章节，每年必考简答题，最低考查分值为 6 分。

Q：本章知识点在考试中通常以什么形式出现？
A：本章几乎全部以简答题的形式进行考查。

Q：本章很多都是准则原文，是不是本章未明确禁止的事情，注册会计师是可以做的？
A：不是。在判断具体事项或情况是否符合独立性相关的要求时，往往涉及高度的职业判断，通常有规定按照具体规定，没规定时按照"独立性的概念框架"进行职业判断。

Q：本章 2020 年的主要变动有哪些？
A：无实质性变动，只修改了部分表述。

Q：本章主要考点历年分布如何？
A：以下是老师们的统计。

考点	2010年	2011年	2012年	2013年	2014年	2015年	2016年	2017年	2018年	2019年
经济利益			√	√	√	√		√	√	√
贷款和担保					√			√	√	
商业关系			√	√	√			√	√	√
家庭和私人关系			√					√		
人员交流					√	√	√	√		
长期业务关系			√				√			√
为审计客户提供非鉴证服务			√	√	√	√		√	√	√

经典例题

【考点一】经济利益

【例题1·2018年·简答题】

| 上市公司甲公司是 ABC 会计师事务所的常年审计客户。XYZ 公司和 ABC 会计师事务所处于同一网络。审计项目组在甲公司 2×17 年度财务报表审计中遇到下列事项：
项目合伙人 A 注册会计师的妻子 [2] 在甲公司担任人事部经理并持有该公司股票期权 [1] 1 万股，该期权自 2×18 年 1 月 1 日起可以行权，A 注册会计师的妻子于 2×18 年 1 月 2 日行权后立即处置了该股票。
要求：
针对上述事项，指出是否可能存在违反中国注册会计师职业道德守则有关独立性规定的情况，并请简要说明理由。 | 【审题过程】
第一步：判断经济利益的类型。
[1] 属于直接经济利益。
第二步：找到持有人员。
[2] 项目合伙人的主要近亲属。
第三步：判断事项。
A 的妻子在 2×17 年度持有该公司的股票期权。
相关规定：会计师事务所、审计项目组成员或其主要近亲属不得在审计客户中拥有直接经济利益。 |

【答案】 违反。A 注册会计师不应参与甲公司审计/A 注册会计师的妻子不得以任何形式/通过员工股票期权计划拥有甲公司的直接经济利益，否则将因自身利益对独立性产生严重不利影响。

【例题2·2015年·简答题】

| 上市公司甲公司是 ABC 会计师事务所的常年审计客户，审计项目组在甲公司 2×14 年度财务报表审计中遇到下列事项。
乙公司是甲公司的重要联营公司，从事房地产业务，审计项目组成员 C 的父亲 [2] 从银行购买了 10 万元定向信托理财产品 [1]，根据该产品的说明书，其募集的资金用于投资乙公司的房地产项目。
要求：
针对上述事项，指出是否可能违反有关独立性规定，并简要说明理由。 | 【审题过程】
第一步：判断经济利益的类型。
[1] 属于重大间接经济利益。
第二步：找到持有对象。
[2] 项目组成员的主要近亲属。
第三步：判断事项。
C 的父亲从银行买了 10 万元的信托理财产品，该信托理财产品投资了乙公司
相关规定：会计师事务所、审计项目组成员或其主要近亲属不得在审计客户中拥有重大间接经济利益。 |

【答案】 违反。乙公司是甲公司的关联实体。项目组成员 C 的父亲在乙公司中拥有重大间接经济利益,因自身利益对独立性产生非常严重的不利影响。

【私教点拨】

1. 与经济利益相关的做题技巧总结

第一步:判断经济利益的类型。

(1) 直接经济利益。

(2) 重大间接经济利益。

(3) 非重大经济利益(除上述两者之外)。

第二步:找到持有对象。

(1) 事务所。

(2) 项目组成员及其主要近亲属。

(3) 项目组成员的其他近亲属。

(4) 项目组以外的人员及其主要近亲属。

第三步:判断事项。

根据题干描述,识别双方有着怎样的联系,再根据相关规定判断是否符合独立性的要求。

2. 与经济利益相关的知识点总结(见表 23-1、表 23-2、表 23-3)

表 23-1　在审计客户中不被允许拥有的经济利益

主体	经济利益类型
会计师事务所、项目组成员或其主要近亲属	在审计客户中拥有直接或重大间接经济利益
	在某实体(该实体在审计客户中拥有控制性的权益,并且审计客户对该实体重要)中拥有直接或重大间接经济利益
项目合伙人所在分部的其他合伙人或其主要近亲属	在审计客户中拥有直接或重大间接经济利益
为审计客户提供非审计服务的其他合伙人、管理人员或其主要近亲属	在审计客户中拥有直接或重大间接经济利益

表 23-2　在非审计客户中拥有经济利益对独立性的影响

主体	情形	具体情况	对独立性的影响
会计师事务所、项目组成员或其主要近亲属在某一实体拥有经济利益	审计客户也在该实体拥有经济利益(如子公司)	如果经济利益并不重大,并且审计客户不能对该实体施加重大影响	不被视为损害独立性
		如果经济利益重大,并且审计客户能够对该实体施加重大影响	非常严重的不利影响,没有防范措施能够将不利影响降至可接受的水平

表 23-3 通过继承、馈赠或合并获得直接经济利益或重大间接经济利益

主体	防范措施
会计师事务所、项目组成员及其主要近亲属	应当立即处置全部经济利益，或处置全部直接经济利益并处置足够数量的间接经济利益以使剩余经济利益不再重大
审计项目组以外的人员或其主要近亲属	应当在合理期限内尽快处置全部经济利益，或处置全部直接经济利益并处置足够数量的间接经济利益以使剩余经济利益不再重大。在完成处置该经济利益前，会计师事务所应当确定是否需要采取防范措施

【考点二】 贷款和担保

【例题·2018年·简答题】

上市公司甲银行是 ABC 会计师事务所的常年审计客户。XYZ 公司和 ABC 会计师事务所处于同一网络。审计项目组在甲银行 2×17 年度财务报表审计中遇到下列事项： 2×17 年 12 月，ABC 会计师事务所 [1] 按正常的贷款程序、条款和条件 [2] 从甲银行获得短期贷款 500 万元，用于支付员工年终奖金。该笔贷款对 ABC 会计师事务所不重大 [3]。 要求： 针对上述事项，指出是否可能存在违反中国注册会计师职业道德守则有关独立性规定的情况，并简要说明理由。	【审题过程】 [1] 第一步：看主体。 我方：是事务所还是成员。 他方：是金融机构还是非金融机构。 [2] 第二步：看程序是否按照正常的程序、条款。 [3] 第三步：看金额是否重大。 第四步：判断事项。 事务所按正常的贷款程序、条款和条件从银行获得贷款 500 万元（不重大）。 相关规定：会计师事务所如按正常程序、条款和条件取得贷款，而贷款对审计客户或事务所影响不重大，则不会对独立性产生不利影响。

【答案】 不违反。如果会计师事务所按照正常的贷款程序、条款和条件从银行或类似金融机构等审计客户取得贷款，该贷款对审计客户或会计师事务所影响不重大，则不会对独立性产生不利影响。

【私教点拨】

1. 与贷款与担保相关的做题技巧总结

第一步：看主体。

我方：是事务所还是成员。

他方：是金融机构还是非金融机构。

第二步：看程序。

是否按照正常的程序、条款。

第三步：看金额是否重大。

第四步：判断事项。

2. 与贷款与担保相关的知识点总结（见表 23-4）

表 23-4 与贷款与担保相关的识点总结

情形	主体	对独立性的影响
从银行或类似金融机构客户获得贷款和担保	会计师事务所 （不仅要看程序还要看金额）	（1）如不按正常程序、条款和条件办理，没有防范措施，事务所不得接受此类贷款或担保； （2）如按正常程序、条款和条件取得贷款，而贷款对审计客户或事务所影响重大，需采取措施防范，如由网络中未参与该业务且未接受该贷款的事务所复核
	审计项目组成员及其主要近亲属 （只看程序）	如按正常程序、条款和条件取得贷款或担保，不产生不利影响
在银行或类似金融机构客户开立账户	会计师事务所、项目组成员或其主要近亲属	如按正常的商业条件开立，不产生不利影响
从非银行或类似金融机构客户获得贷款和担保	会计师事务所、项目组成员或其主要近亲属	将因自身利益产生非常严重的不利影响，没有防范措施
向审计客户提供贷款或为其提供担保		

【考点三】商业关系

【例题 1·2018 年·简答题】

上市公司甲公司是 ABC 会计师事务所的常年审计客户。XYZ 公司和 ABC 会计师事务所处于同一网络。审计项目组在甲公司 2×17 年度财务报表审计中遇到下列事项： 乙公司是甲公司的子公司，从事小额贷款业务，2×17 年 12 月，乙公司和 ABC 会计师事务所联合 [2] 对外发布行业研究报告，对该行业现状与前景进行分析，并介绍了乙公司的业务 [1]。 要求： 针对上述事项，指出是否可能存在违反中国注册会计师职业道德守则有关独立性规定的情况，并简要说明理由。	【审题过程】 第一步：确定商业关系类型。 [1] 属于推销客户业务。 第二步：确定主体。 [2] 主体是事务所。 第三步：判断事项。 ABC 会计师事务所对外介绍审计客户（乙公司，关联实体）的业务。 相关规定：事务所不得介入销售或推广客户的产品或服务的业务。

【答案】 违反。ABC 会计师事务所通过和乙公司共同发布的行业研究报告推广了乙公司的业务/属于禁止的商业关系。

【例题 2·2017 年·简答题】

ABC 会计师事务所委派 A 注册会计师担任上市公司甲公司 2×16 年度财务报表审计项目合伙人。审计项目组在审计中遇到下列事项： D 注册会计师和 A 注册会计师同处一个分部 [2]，不是甲公司审计项目组成员。D 的母亲和甲公司某董事共同开办了一家早教机构 [1]。 要求： 针对上述事项，指出是否存在违反中国注册会计师职业道德守则有关职业道德和独立性规定的情况，并简要说明理由。	【审题过程】 第一步：确定商业关系类型。 [1] 属于共同开办。 第二步：确定主体。 [2] 主体是同处于一个分部的注册会计师（不是项目组成员）的主要近亲属。 第三步：判断事项。 同处于一个分部的注册会计师的主要近亲属与审计客户（某董事）共同开办业务。 相关规定：项目组成员的主要近亲属在与客户或其控股股东、董事、高级管理人员共同开办的企业中拥有经济利益，要评价不利影响，必要时采取防范措施。

【答案】 不违反。D 不是甲公司审计项目组成员，其母亲与甲公司董事的合作不属于被禁止的商业关系。

【例题 3·2014 年·简答题】

上市公司甲公司系 ABC 会计师事务所的常年审计客户，从事房地产开发业务。在对甲公司 2×13 年度财务报表执行审计的过程中存在下列事项： 2×13 年 12 月，审计项目组成员 [2] B 注册会计师通过银行按揭，按照市场价格 [3] 500 万元 [4] 购买了甲公司出售的公寓房一套 [1]。 要求： 针对上述事项，指出是否存在违反《中国注册会计师职业道德守则》有关职业道德和独立性规定的情况，并简要说明理由。	【审题过程】 第一步：确定商业关系类型。 [1] 属于从审计客户购买商品。 第二步：确定主体。 [2] 项目组成员。 第三步：判断事项。 项目组成员从审计客户购买了金额重大的商品。 相关规定：会计师事务所、项目组成员或其主要近亲属从审计客户购买商品或服务，只要是按照正常的商业程序进行公平交易 [3]，则不影响独立性；如交易性质特殊或金额较大 [4]，则应评价不利影响，必要时采取防范措施。 【注意】 性质特殊、金额重大需要职业判断。

【答案】 违反。该交易金额对 B 注册会计师而言较大，可能因自身利益对独立性产生不利影响。

【私教点拨】

1. 与商业关系相关的做题技巧总结

第一步：确定商业关系类型。

(1) 共同开办、捆绑销售和互相推广。

(2) 共同商业利益（股东有限的实体中）。

(3) 购买商品。

第二步：确定主体。

(1) 事务所。

(2) 项目组成员。

(3) 项目组成员的主要近亲属。

第三步：判断事项。

2. 与商业关系相关的知识点总结（见表 23-5）

表 23-5 与商业关系相关的知识点总结

商业关系的种类	主体	对独立性的影响
共同开办、捆绑销售和互相推广	会计师事务所	事务所不得介入此类商业关系
	项目组成员	成员应当调离
	项目组成员的主要近亲属	评价不利影响，必要时采取防范措施
共同商业利益（股东有限的实体中）	会计师事务所、项目组成员或其主要近亲属	如果这种商业关系对双方均不重要，且经济利益对投资者不重大，不能控制该实体，通常不会对独立性产生不利影响（不影响）
购买商品或服务	会计师事务所、项目组成员或其主要近亲属	只要是按照正常的商业程序进行公平交易，则不影响独立性；如交易性质特殊或金额较大，应评价，必要时采取防范措施（取消交易或降低交易规模、将项目组成员调离）

【考点四】家庭和私人关系

【例题 1·2018 年·简答题】

上市公司甲公司是 ABC 会计师事务所的常年审计客户。XYZ 公司和 ABC 会计师事务所处于同一网络。审计项目组在甲公司 2×17 年度财务报表审计中遇到下列事项： XYZ 公司合伙人 C 的丈夫 [1] 于 2×17 年 7 月加入甲公司并担任培训部经理 [2]。合伙人 C 没有为甲公司提供任何服务。	【审题过程】 第一步：确定主体。 [1] 非项目组成员 C 的主要近亲属。 第二步：确定情形。 [2] C 的主要近亲属担任审计客户培训部经理，其不属于董事、高管或特定员工（简称"董、高、特"）。

| 要求： | 相关规定：项目组成员的主要近亲属，是审计客户的董、高、特，或在业务期间或报表涵盖期间曾担任上述职务，将对独立性产生非常严重的不利影响，只有将其调离。 |
| 针对上述事项，指出是否可能存在违反中国注册会计师职业道德守则有关独立性规定的情况，并简要说明理由。 | |

【答案】 不违反。合伙人 C 不是审计项目组成员，且其丈夫的职位对所审计的财务报表的编制不能施加重大影响，不会对独立性产生不利影响。

【例题 2·2017 年·简答题】

ABC 会计师事务所委派 A 注册会计师担任上市公司甲公司 2×16 年度财务报表审计项目合伙人。审计项目组在审计中遇到下列事项：	【审题过程】
	第一步：确定主体。
2×16 年 11 月，丙公司被甲公司收购成为其重要子公司，2×17 年 1 月 1 日，甲公司审计项目组成员 C 的妻子 [1] 加入丙公司并担任财务总监 [2]。	[1] 项目组成员的主要近亲属。
	第二步：确定情形。
	[2] C 的主要近亲属担任审计客户的财务总监（属于董、高、特）。
要求：	相关规定：项目组成员的主要近亲属，是审计客户的董、高、特，或在业务期间或报表涵盖期间曾担任上述职务，将对独立性产生非常严重的不利影响，只有将其调离。
针对上述事项，指出是否存在违反中国注册会计师职业道德守则有关职业道德和独立性规定的情况，并简要说明理由。	

【答案】 违反。C 的妻子在甲公司审计业务期间/执行审计期间担任丙公司财务总监，将因自身利益、密切关系或外在压力对独立性产生严重不利影响。

【私教点拨】

1. 与家庭和私人关系相关的做题技巧总结

第一步：确定主体。

(1) 项目组成员的主要近亲属。

(2) 项目组成员的其他近亲属。

(3) 非项目组成员的主要近亲属。

第二步：确定情形。

(1) 是审计客户的董、高、特，或在业务期间或报表涵盖期间曾担任上述职务。

(2) 可以对客户的财务状况、经营成果和现金流量施加重大影响。

(3) 与审计客户的董、高、特存在密切关系。

2. 与家庭和私人相关的知识点总结（见表 23-6）

表 23-6　与家庭和私人关系相关的知识点总结

主体	情形	对独立性的影响	防范措施
项目组成员的**主要**近亲属	是审计客户的董、高、特，或在业务期间或报表涵盖期间曾担任上述职务	对独立性产生非常严重的不利影响	只有调离
项目组成员的**主要**近亲属	对客户的财务状况、经营成果和现金流量施加重大影响	评价不利影响： (1) 该亲属/员工与项目组成员的关系。 (2) 该亲属/员工在客户中的职位。 (3) 该项目组成员在项目组中的角色	(1) 将该成员调离审计项目组。 (2) 合理安排审计项目组成员的职责，使该成员的工作不涉及其亲属/密切关系人员的职责范围
项目组成员的**其他**近亲属	处在重要职位或可以对财务报表施加重大影响		
项目组成**员**	与审计客户的董、高、特存在密切关系		
非项目组成员的合伙人或员工	与审计客户重要职位的人员存在家庭或个人关系	咨询并评价不利影响： (1) 该合伙人或员工与审计客户的董、高、特之间的关系。 (2) 该合伙人或员工与审计项目组之间的相互影响。 (3) 该合伙人或员工在会计师事务所中的角色。 (4) 董、高、特在审计客户中的职位	(1) 合理安排该合伙人或员工的职责，以减少对审计项目组可能产生的影响。 (2) 由审计项目组以外的注册会计师复核已执行的相关审计工作

【注意】 上述情形一中的"特定员工"（即"董、高、特"中的"特"）与情形二中的"对客户的财务状况、经营成果和现金流量施加重大影响的员工"的区别。
(1) 特定员工是对对客户会计记录或被审计财务报表的编制施加重大影响的员工，这里的重大影响是对账套、报表有重大影响。
(2) 对客户的财务状况、经营成果和现金流量施加重大影响的员工，这里的重大影响是对财务状况、经营成果和现金流量

【考点五】人员交流

【例题 1·2017 年·简答题】

ABC 会计师事务所委派 A 注册会计师担任非上市银行甲银行 2×16 年度财务报表审计项目合伙人。审计中遇到下列事项： ABC 会计师事务所的合伙人 B [1] 于 2×15 年 1 月 1 日退休后，根据政策继续享受两年分红 [3]。B 自 2×16 年 7 月 1 日起担任甲银行独立董事 [2]。 要求： 针对上述事项，指出是否存在违反中国注册会计师职业道德守则有关独立性规定的情况，并简要说明理由。	【审题过程】 第一步：找出"前世今生"。 [1]"前世"：合伙人。 [2]"今生"：审计客户的独立董事。 第二步：看"两世"有无牵连。 [3] 仍以"前世"身份领钱。 第三步：判断事项。 事务所的合伙人离职后担任审计客户的独立董事，并仍从事务所领钱。

| | 相关规定：项目组前成员或前任合伙人担任审计客户董、高、特，不得与事务所保持重要联系（领钱或参与业务）。 |

【答案】 违反。事务所前任合伙人担任审计客户的董事，且与事务所保持重要联系，将因自身利益、密切关系和外在压力对独立性产生严重不利影响。

【例题 2 · 2014 年 · 简答题】

| 上市公司甲公司从事保险业务。2×13 年 5 月，ABC 事务所拟承接甲公司 2×13 年度财务报表审计业务，在执行客户和业务的接受评估过程中发现下列事项：
A 注册会计师曾任 ABC 会计师事务所合伙人 [1]，自 2×11 年 12 月退休后担任 ABC 会计师事务所技术顾问 [3] 及甲公司独立董事 [2]。
要求：
针对上述事项，指出是否可能对独立性产生不利影响，请简要说明理由。 | 【审题过程】
第一步：找出"前世今生"。
[1] "前世"：合伙人。
[2] "今生"：审计客户的独立董事。
第二步：看"两世"有无重要联系。
[3] 仍以"前世"身份参与事务所业务。
第三步：判断事项。
事务所的合伙人离职后担任审计客户的独立董事，并仍参与事务所的业务。
相关规定：项目组前成员或前任合伙人担任审计客户董、高、特，不得与事务所保持重要联系（领钱或参与业务）。 |

【答案】 会产生不利影响。前任合伙人加入甲公司担任独立董事，并作为技术顾问继续参与 ABC 会计师事务所的专业活动/与事务所保持重要交往或联系，将因自身利益、自我评价/外在压力对独立性产生严重不利影响。

【例题 3 · 2016 年 · 简答题】

| 非上市公司甲银行是 ABC 会计师事务所的常年审计客户。ABC 会计师事务所和 XYZ 公司处于同一网络。审计项目组在甲银行 2×15 年度财务报表审计中遇到下列事项：
2×15 年 9 月，XYZ 公司的合伙人 C [1] 受聘兼任 [3] 甲银行独立董事 [2]。C 不是甲银行审计项目组成员，也未向甲银行及其关联实体提供任何非审计服务。
要求：
针对上述事项，指出是否存在违反有关独立性规定的情况，并简要说明理由。 | 【审题过程】
第一步：找出"前世今生"。
[1] "前世"：合伙人。
[2] "今生"：审计客户的独立董事。
第二步：看"两世"有无重要联系。
[3] 兼任。
第三步：判断事项。
事务所的合伙人兼任审计客户的独立董事。
相关规定：事务所的合伙人或员工不得兼任客户董、高、特。 |

【答案】 违反。会计师事务所及其网络事务所的合伙人或者员工兼任审计客户的董事或高级管理人员,将因自我评价和自身利益/外在压力产生非常严重的不利影响。

【私教点拨】
1. 与人员交流相关的做题技巧总结
第一步:找出"前世今生"。
(1) 前世:项目(事务所)合伙人、项目组成员。
(2) 今生:审计客户的董、高、特。
第二步:看"两世"有无重要联系。
(1) 仍以"前世"身份领钱。
(2) 仍以"前世"身份参与业务。
(3) 双重身份(兼任)。
第三步:判断事项。
2. 与人员交流相关的一般规定总结(见表23-7、表23-8)

表23-7 与人员交流相关的一般规定

"前世"	"今生"	对独立性的影响	防范措施
合伙人、成员	审计客户董、高、特	如与事务所保持重要联系(领钱或参与),将因密切关系或外在压力产生非常严重的不利影响	没有防范措施
		如未与事务所保持重要联系(未领钱且未参与事务所业务)	(1) 修改审计计划。 (2) 向审计项目组分派经验更丰富的人员。 (3) 由审计项目组以外的注册会计师复核前任审计项目组成员已执行的工作
合伙人、成员兼任客户董、高、特		将因密切关系或外在压力产生非常严重的不利影响	没有防范措施
合伙人、成员拟加入审计客户		将因自身利益产生不利影响。如项目组成员与客户协商受雇事项,应向事务所报告,以便事务所评价不利影响的严重程度,必要时采取防范措施	(1) 将该成员调离项目组。 (2) 由组外注册会计师复核该成员的重大判断
合伙人、成员临时出借		只能短期借出员工,并且借出的员工不得提供职业道德守则禁止提供的非鉴证服务,也不得承担审计客户的管理层职责	

表23-8 属于公众利益实体的相关规定

"前世"	"今生"	对独立性的影响
关键审计合伙人	审计客户董、高、特	因密切关系或外在压力产生不利影响，需根据"冷却期"长短规定进行评价。"冷却期"规定：不担任关键审计合伙人、也不担任项目组成员后，该公众利益实体发布了已审计的涵盖期间不少于12个月的财务报表，则不利影响可以接受
	因企业合并担任审计客户董、高、特	同时满足下列条件，不视为独立性受到损害： (1) 当关键审计合伙人接受该职务时，并未预料到会发生企业合并。 (2) 关键审计合伙人在事务所中应得的报酬或福利都已全额支付（除非报酬或福利是按照预先确定的固定金额支付且未付金额对事务所不重要）。 (3) 关键审计合伙人未继续参与，或在外界看来未参与会计师事务所的经营活动或专业活动。 (4) 已就关键审计合伙人在审计客户中的职位与治理层讨论
高级合伙人	审计客户董、高、特	将因外在压力产生不利影响，除非该高级合伙人**离职已超过12个月**，否则将被视为独立性受到损害
【注意】 属于公众利益实体的审计客户也要满足一般规定		

3. 审计客户的董、高、特跳槽到事务所相关总结（见表23-9）

表23-9 审计客户的董、高、特跳槽到事务所相关总结

"前世"	"今生"	对独立性的影响	防范措施
审计客户董、高、特	合伙人、成员	在财务报表涵盖的期间：审计项目组成员曾担任董、高、特产生非常严重的不利影响，没有防范措施	事务所不得将此类人员分派到审计项目组
		在财务报表涵盖的期间之前：项目组成员曾任董、高、特，可能因自身利益、自我评价或密切关系产生不利影响	评价此类人员以前就职于审计客户时作出的决策或工作

【考点六】长期业务关系

【例题1·2017年·简答题】

| ABC会计师事务所委派A注册会计师担任上市公司[1]甲公司2×16年度财务报表审计项目合伙人。审计项目组在审计中遇到下列事项：
B注册会计师担任甲公司2×11年度至2×15年度[3]财务报表审计项目合伙人，之后调离甲公司审计项目组，担任乙公司2×16年度财务报表审计项目合伙人。乙公司是甲公司重要的子公司[2]。
要求：
针对上述事项，指出是否存在违反中国注册会计师职业道德守则有关职业道德和独立性规定的情况，并简要说明理由。 | 【审题过程】
第一步：判断客户性质。
[1] 甲公司是公众利益实体；
[2] 乙公司是甲的关联实体。
第二步：计算已服务期间。
[3] 5年。
第三步：判断事项。
项目合伙人已为审计客户服务了5年，第6年继续为审计客户（关联实体）服务。 |

	相关规定：关键审计合伙人任职时间：执行公众利益实体审计业务的关键审计合伙人任职时间不得超过5年。

【答案】 违反。B注册会计师作为甲公司关键审计合伙人，在冷却期内不得以任何方式参与甲公司审计业务，否则将因密切关系或自身利益对独立性产生严重不利影响。

【例题2·2016年·简答题】

非上市公司甲 [1] 银行是ABC会计师事务所的常年审计客户。审计项目组在甲银行2×15年度财务报表审计中遇到下列事项： A注册会计师自2×10年度起担任甲银行财务报表审计项目合伙人，5年任期结束后 [3] 轮换出该审计项目，转任乙公司2×15年度财务报表审计项目合伙人，乙公司和甲银行同为丙公司的重要子公司 [2]。 要求： 针对上述事项，指出是否存在违反有关独立性规定的情况，并简要说明理由。	【审题过程】 第一步：判断客户性质。 [1] 甲公司是非上市公司； [2] 乙公司与甲公司是姐妹实体（乙不是甲的关联实体）。 第二步：计算已服务期间。 [3] 5年。 第三步：判断事项。 项目合伙人已为审计客户服务了5年，第6年为审计客户的非关联实体服务。 相关规定：关键审计合伙人任职时间：执行公众利益实体审计业务的关键审计合伙人任职时间不得超过5年。

【答案】 不违反。乙公司属于甲公司的姐妹实体。双方相互无影响，也不纳入另一方的财务报表，A注册会计师担任乙公司审计项目合伙人与甲公司审计业务无关。

【例题3·2015年·简答题】

上市公司甲公司是ABC会计师事务所的常年审计客户。乙公司是非公众利益实体 [1]，于2×14年6月被甲公司收购，成为甲公司重要的全资子公司 [2]，审计项目组在甲公司2×14年度财务报表审计中遇到下列事项： B注册会计师自2×09年度起 [3] 担任乙公司财务报表审计项目合伙人，在乙公司被甲公司收购后，继续担任乙公司2×14年度财务报表审计项目合伙人 [3]，并成为甲公司的关键审计合伙人。	【审题过程】 第一步：判断客户性质。 [1] 乙公司是非公众利益实体； [2] 被收购后变为公众利益实体。 第二步：计算已服务期间。 [3] 5年（2×09年至2×13年）。 第三步：判断事项。 [3] 项目合伙人已为审计客户服务了5年，审计客户被收购成为公众利益实体后，项目合伙人仍为其服务。

| 要求：
针对上述事项，指出是否可能违反有关独立性的规定，并简要说明理由。 | 相关规定：关键审计合伙人为客户服务了4年或更长的时间，在该客户成为公众利益实体之后，该合伙人还可以继续服务2年。 |

【答案】 不违反。B注册会计师在成为公众利益实体的关键合伙人后还可以继续服务2年。

【私教点拨】

1. 与长期业务关系相关的做题技巧总结

第一步：判断客户性质。

(1) 审计客户已是公众利益实体。

(2) 审计客户成为公众利益实体。

第二步：计算已服务期间。

【注意】 计算的是任职项目合伙人的时间，如果职位不是项目合伙人，但是行使了合伙人权利（签署审计报告），也视同其是项目合伙人。

第三步：判断事项。

2. 适用于一般公众利益实体的审计客户的长期业务关系总结（见表23-10）

表23-10 适用于一般公众利益实体的审计客户的长期业务关系

已成为公众利益实体的审计客户	轮换之前最长服务年期	暂停服务期间
一般情况	5年	2年
特殊情况（对审计质量特别重要且有防范措施）	6年	2年

3. 适用于客户成为公众利益实体后的轮换时间总结（见表23-11）

表23-11 适用于客户成为公众利益实体后的轮换时间

在审计客户成为公众利益实体前的服务年期（X年）	成为公众利益实体后继续提供服务的年限	暂停服务期间
X≤3	(5-X)年	2年
X≥4	2年	2年
客户首次公开发行证券（IPO）	2年	2年

【考点七】为审计客户提供非鉴证服务

【例题1·2015年·简答题】

上市公司甲公司是ABC会计师事务所的常年审计客户，XYZ公司和ABC会计师事务所处于同一网络，审计项目组在甲公司2×14年度财务报表审计中

遇到下列事项：	【审题过程】
丙公司是甲公司新收购的海外子公司，为甲公司不重要的子公司，丙公司聘请 XYZ 公司<u>将其按国际财务报告准则编制的财务报表转化为按照中国企业会计准则编制的财务报表</u>［1］。 要求： 针对上述事项，指出是否可能违反有关独立性的规定，并简要说明理由。	第一步：判断提供的服务是否承担管理层职责。 ［1］承担了管理层职责（编制报表，属于管理层的责任）。 第二步：判断有没有利用自己提供的服务。 第三步：判断事项。 事务所为审计客户提供编制财务报表的服务。 相关规定：会计师事务所不得向属于公众利益实体的审计客户提供编制所审计的财务报表的服务。

【答案】 违反。该服务不属于日常性和机械性的工作，将因自我评价对独立性产生严重不利影响。

【例题2·2014年·简答题】

| 上市公司甲公司系 ABC 会计师事务所的常年审计客户，从事房地产开发业务。在对甲公司 2×13 年度财务报表执行审计的过程中存在下列事项：
甲公司聘请 ABC 会计师事务所为其提供税务服务，<u>服务内容为协助整理税务相关资料</u>［1］。ABC 会计师事务所委派<u>审计项目组以外的人员</u>［2］提供该服务，<u>不承担管理层职责</u>。
要求：
针对<u>上述事项，指出是否可能违反有关独立性的规定，并简要说明理由</u>。 | 【审题过程】
第一步：判断提供的服务是否承担管理层职责。
［1］没承担管理层职责（只是机械地整理材料）。
第二步：判断有没有利用自己提供的服务。
第三步：判断事项。
［2］审计项目组以外的人员为审计客户提供整理税务相关资料的服务。
相关规定：项目组成员为审计客户提供税务服务且未承担管理层职责，不影响审计的独立性。 |

【答案】 不违反。由审计项目组以外的人员提供该税务服务，且未承担管理层职责，一般不会对独立性产生不利影响。

【例题 3 · 2018 年 · 简答题】

上市公司甲公司是 ABC 会计师事务所的常年审计客户。XYZ 公司和 ABC 会计师事务所处于同一网络。审计项目组在甲公司 2×17 年度财务报表审计中遇到下列事项： 　　甲公司内审部计划对新并购的子公司执行内部控制审计 [1]。因缺乏人手，甲公司聘请 XYZ 公司协助执行该项工作，但 XYZ 公司不参与制定内审计划或管理层决策。 　　要求： 　　针对上述事项，指出是否可能存在违反中国注册会计师职业道德守则有关独立性规定的情况，并简要说明理由。	【审题过程】 第一步：判断提供的服务是否承担管理层职责。 第二步：判断有没有利用自己提供的服务。 [1] 内部控制包括与财务报表相关的，提供审计业务的时候会利用到自己提供的内审服务。 第三步：判断事项。 相关规定：会计师事务所不得向属于公众利益实体的审计客户提供与财务报告相关的内部控制审计服务。

【答案】　违反。该内部审计服务涉及甲公司与财务报告相关的内部控制，将因自我评价对独立性产生严重不利影响。

【私教点拨】

1. 与为审计客户提供非鉴证业务相关的做题技巧总结

第一步：判断提供的服务是否承担管理层职责。

（1）编制报表。

（2）设计、执行相关的内部控制。

第二步：判断有没有利用自己提供的服务。

如没有承担管理层职责，再进一步看审计时是否利用自己提供服务的成果。

第三步：判断事项。

2. 与为审计客户提供非鉴证业务相关的知识点总结

（1）会计师事务所承担审计客户的管理层职责，将对独立性产生非常严重的不利影响，导致没有防范措施能够将其降至可接受的低水平。这些不利影响包括因自我评价、自身利益和密切关系产生的不利影响。

（2）会计师事务所人员为审计客户提供内部审计服务时，若涉及与财务报告相关的内部控制，将因自我评价对独立性产生严重不利影响。

（3）会计师事务所向审计客户提供某些税务服务，如果被审计单位管理层对纳税申报表承担责任，会计师事务所提供此类服务通常不对独立性产生不利影响。

真 题 演 练

1.（2019·简答题）上市公司甲公司是 ABC 会计师事务所的常年审计客户。XYZ 公司和 ABC 会计师事务所处于同一网络。审计项目组在甲公司 2×18 年度财务报表审计中遇到下列事项：

（1）项目合伙人 A 注册会计师曾负责审计甲公司 2×13 年度至 2×15 年度财务报表，之后调离甲公司审计项目组，担任乙公司 2×16 年度至 2×17 年度财务报表审计项目合伙人，乙公司是甲公司不重要的子公司。

（2）审计项目组成员 B 注册会计师的父亲在丙公司持有重大经济利益。丙公司为甲公司不重要的联营企业，不是 ABC 会计师事务所的审计客户。

（3）审计项目组成员 C 曾担任甲公司成本会计，2×18 年 5 月离职加入 ABC 会计师事务所，同年 10 月加入甲公司审计项目组，负责审计固定资产。

（4）甲公司聘请 XYZ 公司提供人力资源系统的设计和实施服务，该系统包括考勤管理和薪酬计算等功能。

（5）甲公司是丁公司的重要联营企业。2×18 年 8 月，XYZ 公司接受丁公司委托对其拟投资的标的公司进行评估，作为定价参考。丁公司不是 ABC 会计师事务所的审计客户。

（6）甲公司研发的新型电动汽车于 2×18 年 12 月上市。甲公司在 ABC 会计师事务所年会上为其员工举办了专场试驾活动，并宣布事务所员工可以按照甲公司给其同类大客户的优惠价格购车。

要求：

针对上述第（1）至第（6）项，逐项指出是否可能存在违反《中国注册会计师职业道德守则》有关独立性规定的情况，并简要说明理由。

2.（2019 年·简答题）上市公司甲公司是 ABC 会计师事务所的常年审计客户，与上市公司乙公司为同一母公司的重要子公司，乙公司不是该事务所的审计客户。XYZ 公司和 ABC 会计师事务所处于同一网络。甲公司审计项目组在 2×18 年度财务报表审计中遇到下列事项：

（1）项目合伙人 A 注册会计师的父亲于 2×18 年 5 月买入乙公司股票 20 000 股，该股权对 A 注册会计师的父亲而言不属于重大经济利益。

（2）B 注册会计师曾作为审计经理签署了甲公司 2×13 年度至 2×17 年度审计报告，之后调离甲公司审计项目组，加入事务所质量控制部，负责复核所有上市公司审计客户的财务报表。

（3）审计项目组成员 D 的妻子于 2×18 年 5 月在网贷平台上购买了互联网金融产品 10 万元。根据其与网贷平台及资金使用方签署的三方协议，该资金用于补充甲公司某不重要子公司的短期流动资金。

（4）2×18 年 9 月，甲公司在海外设立子公司，聘请 XYZ 公司提供设立申请服务，以及业务流程和财务流程文档的编制服务。

（5）2×18 年 10 月，XYZ 公司的合伙人 E 应邀参加了甲公司为其经销商举办的研讨会，介绍了数据保护相关的监管要求及 XYZ 公司的相关服务。

要求：

针对上述第（1）至第（5）项，逐项指出是否可能存在违反中国注册注会计师职业道德守则有关独立性规定的情况，并简要说明理由。

3. （2017 年·简答题） ABC 会计事务所委派 A 注册会计师担任上市公司甲公司 2×16 年度财务报表审计项目合伙人。ABC 会计师事务所和 XYZ 公司处于同一网络。审计项目组在审计中遇到下列事项：

（1） A 注册会计师因继承其祖父的遗产获得甲公司股票 20 000 股，承诺将在有权处置这些股票之日起一个月内出售。

（2） B 注册会计师曾担任甲公司 2×11 年度至 2×15 年度财务报表审计项目合伙人，之后调离甲公司审计项目组，担任乙公司 2×16 年度财务报表审计项目合伙人。乙公司是甲公司重要的子公司。

（3） 2×16 年 11 月，丙公司被甲公司收购成为其重要子公司，2×17 年 1 月 1 日，甲公司审计项目组成员 C 的妻子加入丙公司并担任财务总监。

（4） D 注册会计师和 A 注册会计师同处一个分部，不是甲公司审计项目组成员。D 的母亲和甲公司某董事共同开办了一家早教机构。

（5） 丁公司是甲公司的母公司，聘请 XYZ 公司为其共享服务中心提供信息系统的设计和实施服务。该共享服务中心承担丁公司下属各公司的财务及人力资源等职能。丁公司不是 ABC 会计师事务所的审计客户。

（6） ABC 会计师事务所推荐甲公司与某开发区管委会签订了投资协议，因此获得开发区管委会的奖励 10 万元。

要求：

针对上述第（1）至第（6）项，逐项指出是否存在违反《中国注册会计师职业道德守则》有关职业道德和独立性规定的情况，并简要说明理由。

4. （2015 年·简答题） 上市公司甲公司是 ABC 会计师事务所的常年审计客户。乙公司是非公众利益实体，于 2×14 年 6 月被甲公司收购，成为甲公司重要的全资子公司。XYZ 公司和 ABC 会计师事务所处于同一网络。审计项目组在甲公司 2×14 年度财务报表审计中遇到下列事项：

（1） A 注册会计师自 2×12 年度起担任甲公司财务报表审计项目合伙人，其妻子在甲公司 2×13 年年度报告公布后购买了甲公司股票 3 000 股，在 2×14 年度审计工作开始前卖出了这些股票。

（2） B 注册会计师自 2×09 年度起担任乙公司财务报表审计项目合伙人，在乙公司被甲公司收购后，继续担任乙公司 2×14 年度财务报表审计项目合伙人，并成为甲公司的关键审计合伙人。

（3） 在收购过程中，甲公司聘请 XYZ 公司对乙公司的各项资产和负债进行了评估，并根据评估结果确定了购买日乙公司可辨认净资产的公允价值。

（4） C 注册会计师曾是 ABC 会计师事务所的管理合伙人，于 2×14 年 1 月退休后担任甲公司董事。

（5） 丙公司是甲公司新收购的海外子公司，为甲公司不重要的子公司。丙公司聘请 XYZ 公司将其按照国际财务报告准则编制的财务报表转化为按照中国企业会计准则编制的财务报表。

（6） 甲公司的子公司丁公司提供信息系统咨询服务，与 XYZ 公司组成联合服务团队，向目标客户推广营业税改增值税相关咨询和信息系统咨询一揽子服务。

要求：

针对上述第（1）至第（6）项，逐项指出是否可能存在违反中国注册会计师职业道德守则有关独立性规定的情况，并简要说明理由。

5.（2014年·简答题）上市公司甲公司系ABC会计师事务所的常年审计客户，从事房地产开发业务。XYZ公司是ABC会计师事务所的网络事务所。在对甲公司2×13年度财务报表执行审计的过程中存在下列事项：

（1）2×13年10月，甲公司收购了乙公司25%的股权，乙公司成为甲公司的重要联营公司。审计项目组经理A注册会计师在收购生效日前一周得知其妻子持有乙公司发行的价值1万元的企业债，承诺将在收购生效日后一个月内出售该债券。

（2）2×13年12月，审计项目组成员B注册会计师通过银行按揭，按照市场价格500万元购买了甲公司出售的公寓房一套。

（3）甲公司聘请ABC会计师事务所为其提供税务服务，服务内容为协助整理税务相关资料。ABC会计师事务所委派审计项目组以外的人员提供该服务，不承担管理层职责。

（4）甲公司拟进军新的产业，聘请XYZ公司作为财务顾问，为其寻找、识别收购对象。双方约定服务费为10万元，该项收费对ABC会计师事务所不重大。

（5）甲公司内审部负责对所有子公司的内部控制进行评价。由于缺乏人手，甲公司聘请XYZ公司对其中3家子公司与财务报告相关的内部控制实施测试，并将结果汇报给甲公司内审部。该3家子公司对甲公司不重大。

（6）甲公司的子公司丁公司从事咨询业务。2×13年2月，丁公司与XYZ公司合资成立了一家咨询公司。

要求：

针对上述第（1）至第（6）项，逐项指出是否可能存在违反中国注册会计师职业道德守则有关独立性规定的情况，并简要说明理由。

6.（2013年·简答题）甲银行是A股上市公司，系ABC会计师事务所的常年审计客户。XYZ咨询公司是ABC会计师事务所的网络事务所。在对甲银行2×12年度财务报表执行审计的过程中存在下列事项：

（1）A注册会计师担任甲银行2×12年度财务报表审计项目合伙人。其于2×12年10月按正常商业条件在甲银行开立账户，并购买10 000元的甲银行公开发行的三个月期非保本浮动收益型人民币理财产品。该理财产品主要投资于各类债券基金。

（2）B注册会计师曾担任甲银行2×11年度财务报表审计项目经理，并签署该年度审计报告。B注册会计师于2×12年4月30日辞职，于2×12年末加入甲银行下属某分行担任财务负责人。

（3）乙保险公司与甲银行均为丙公司的重要子公司。乙保险公司于2×12年2月聘请XYZ咨询公司为其提供与财务会计系统相关的内部审计服务，并由乙保险公司承担管理层职责。乙保险公司及丙公司不是ABC会计师事务所的审计客户。

（4）XYZ咨询公司的合伙人C的父亲持有甲银行少量股票，截至2×12年12月31日，这些股票市值为6 000元。合伙人C自2×11年起为甲银行下属某分行提供企业所得税申报服务，但在服务过程中不承担管理层职责。

（5）甲银行持有上市公司丁公司3%的股份，对丁公司不具有重大影响。该投资对甲银行也不重大。甲银行2×12年度审计项目经理D注册会计师于2×12年12月购买500股丁公司股票。截至2×12年12月31日，这些股票市值为3 000元。

（6）甲银行于2×12年初收购戊银行，为将两个银行的财务信息系统进行整合，聘请XYZ咨询公司重新设计财务信息系统。

要求：

针对上述第（1）至第（6）项，逐项指出是否存在违反中国注册会计师职业道德守则的情况，并简要说明理由。

7. （2012年·简答题）上市公司甲公司系ABC会计师事务所的常年审计客户。在对甲公司2×11年度财务报表审计中，ABC会计师事务所遇到下列与职业道德相关的事项：

（1）A注册会计师在2×06年度至2×10年度期间担任甲公司财务报表审计项目经理，并签署了2×09年度和2×10年度甲公司审计报告。2×11年度，A注册会计师新晋升为合伙人，担任甲公司2×11年度财务报表审计项目合伙人。

（2）甲公司与ABC会计师事务所签订协议，由甲公司向其客户推荐ABC会计师事务所的服务。每次推荐成功后，由ABC会计师事务所向甲公司支付少量的业务介绍费。

（3）审计项目组成员B因工作较忙，授权理财顾问管理其股票账户。在B不知情的情况下，理财顾问通过该账户代其购买了少量甲公司股票。截至2×11年12月31日，这些股票市值合计为500元。

（4）审计项目组成员C为新员工，其妻子曾担任甲公司财务经理，于2×11年3月离职。

（5）经甲公司总经理批准，审计项目组成员可以按成本价购买甲公司的产品，每人限购2 000元。

（6）甲公司在海外有一家规模很小的分公司，其财务经理突然离职。在新聘财务经理上任前，由ABC会计师事务所的海外网络事务所借调一名审计部经理临时负责其财务经理工作，借调时间为一周。

要求：

针对上述第（1）至第（6）项，逐项指出ABC会计师事务所及甲公司审计项目组成员是否违反中国注册会计师职业道德守则，并简要说明理由。

真题答案及解析

1.

事项序号	是否违反（违反/不违反）	理由
(1)	不违反	A注册会计师不是甲公司2×16年度及2×17年度关键审计合伙人/2×16年度及2×17年度不计入甲公司关键审计合伙人5年连续任期。
(2)	违反	甲公司对丙公司有重大影响，且项目组成员B的父亲在丙公司持有重大经济利益，因自身利益对独立性产生严重不利影响。
(3)	违反	C在财务报表涵盖的期间曾担任甲公司的特定员工/财务人员，因自身利益、自我评价或密切关系对独立性产生严重不利影响。
(4)	违反	人力资源系统包括薪酬计算功能，生成的信息对甲公司会计记录或财务报表影响重大/构成财务报告内部控制的重要组成部分，将因自我评价对独立性产生严重不利影响。
(5)	不违反	对丁公司拟投资标的的评估结果不会对甲公司财务报表产生影响/不构成实施审计程序的对象，不会对独立性产生不利影响。
(6)	违反	该试驾活动被视为ABC会计师事务所向其员工推销甲公司产品/属于禁止的商业关系，将因自身利益对独立性产生严重不利影响。

【答案解读】
(1) 关键审计合伙人是指项目合伙人、实施项目质量控制复核的负责人，以及审计项目组中负责对财务报表审计所涉及的重大事项作出关键决策或判断的其他审计合伙人。其他合伙人还可能包括负责审计重要子公司或分支机构的项目合伙人。乙公司是不重要的组成部分，不计算在内。
(2) 甲公司是上市实体，丙公司是甲公司的联营企业，属于关联实体；会计师事务所、项目组成员或其主要近亲属不得在审计客户（关联实体）中拥有直接或重大间接经济利益。
(3) 在财务报表涵盖的期间，审计项目组成员曾担任被审计单位特定员工，对独立性产生非常严重的不利影响，没有防范措施。
(4) 人力资源系统包括薪酬计算功能，生成的信息对甲公司会计记录或财务报表影响重大。
(5) 甲是丁的重要联营企业（是丁投资甲），XYZ公司对丁公司拟投资标的的评估结果不会对甲公司财务报表产生影响。
(6) 事务所允许审计客户在其年会上举办专场试驾活动，说明是事务所向自己的员工推销客户的产品，属于互相推介，是禁止的商业关系。

2.

【答案】
(1) 违反。审计项目组成员的主要近亲属不得在审计客户的关联实体中拥有直接经济利益，否则将因自身利益产生非常严重的不利影响。

【答案解读】
(1) 相关规定：事务所、项目组成员及其主要近亲属不得在审计客户中拥有直接经济利益或重大间接经济利益，将没有防范措施。

(2) 违反。关键审计合伙人在2年的冷却期内不得为该客户的审计业务实施质量控制复核，否则将因密切关系和自身利益产生不利影响。

(3) 违反。审计项目组成员的主要近亲属不得在审计客户的关联实体中拥有重大间接经济利益，否则将因自身利益产生非常严重的不利影响。

(4) 违反。ABC会计师事务所的网络所为审计客户的关联实体提供构成财务报告内部控制重大组成部分的信息技术系统服务，将因自我评价产生不利影响。

(5) 违反。注册会计师通过广告或其他营销方式招揽业务，可能对独立性产生不利影响。

(2) 相关规定：关键审计合伙人在2年的冷却期内不得以任何形式参与审计客户的业务。

(3) 相关规定：事务所、项目组成员及其主要近亲属不得在审计客户中拥有直接经济利益或重大间接经济利益，将没有防范措施。

(4) 相关规定：事务所不得向属于公众利益实体的审计客户提供与财务报告相关的内部控制审计服务。

(5) 会计师事务所禁止通过广告或其他营销方式招揽业务。

3.

【答案】

事项序号	是否违反（违反/不违反）	理由
(1)	不违反	A注册会计师应当在有权处置时立即处置甲公司股票，否则将因自身利益对独立性产生严重不利影响
(2)	违反	B注册会计师在冷却期不应参与甲公司的审计业务，否则将因密切关系或自身利益对独立性产生严重不利影响
(3)	违反	C的妻子在甲公司审计业务期间/执行审计期间担任丙公司财务总监，将因自身利益、密切关系或外在压力对独立性产生严重不利影响
(4)	不违反	D不是甲公司审计项目组成员，其母亲与甲公司董事的合作不属于被禁止的商业关系
(5)	违反	丁公司共享服务中心承担甲公司的财务职能/所涉及的财务系统构成甲公司财务报告内部控制的重要组成部分/生成的信息对甲公司财务报表影响重大，为共享服务中心提供设计和实施服务将因自我评价对独立性产生严重不利影响
(6)	违反	ABC会计师事务所收取与甲公司有关的介绍费/收到的政府奖励实质构成介绍费/可能对客观和公正原则/专业胜任能力和应有的关注原则产生严重不利影响

【答案解读】

(1) 相关规定：事务所、项目组成员及其主要近亲属通过继承、馈赠或因合并获得经济利益，应立即处置全部（或处置全部直接+足够的间接）。

(2) 相关规定：关键审计合伙人任职时间：执行公众利益实体审计业务的关键审计合伙人任职时间不得超过5年。

(3) 相关规定：项目组成员的主要近亲属，是审计客户的董、高、特，或在业务期间或报表涵盖期间曾担任上述职务，将对独立性产生非常严重的不利影响，只有将其调离。

(4) 相关规定：项目组成员的主要近亲属在与客户或其控股股东、董事、高级管理人员共同开办的企业中拥有经济利益，应评价不利影响，必要时采取防范措施。

(5) 相关规定：会计师事务所承担审计客户的管理层职责，将对独立性产生非常严重的不利影响，导致没有防范措施能够将其降至可接受的低水平。这些不利影响包括因自我评价、自身利益和密切关系产生的不利影响。

(6) 相关规定：会计师事务所禁止收取介绍费。

4.

【答案】

（1）违反。因针对甲公司的审计业务具有连续性，2×13年度审计报告出具后至2×14年度审计工作开始前期间仍属于业务期间，A注册会计师的妻子在该期间持有甲公司的股票，因自身利益对独立性产生严重不利影响。

（2）不违反。B注册会计师在成为公众利益实体的关键合伙人后还可以继续服务2年。

（3）违反。该评估结果对甲公司合并财务报表影响重大，因自我评价对独立性产生严重不利影响。

（4）违反。C注册会计师作为高级合伙人在离职后12个月内加入甲公司担任董事，因外在压力对独立性产生严重不利影响。

（5）违反。该服务不属于日常性和机械性的工作，将因自我评价对独立性产生严重不利影响。

（6）违反。XYZ公司和丁公司以双方的名义捆绑提供服务，因自身利益/外在压力对独立性产生严重不利影响/上述关系属于守则禁止的商业关系。

【答案解读】

（1）相关规定：事务所、项目组成员、主要近亲属不得在审计客户中拥有直接经济利益或重大间接经济利益，将没有防范措施。

（2）相关规定：审计客户成为公众利益实体的关键合伙人后还可以继续服务2年。

（3）相关规定：会计师事务所承担审计客户的管理层职责，将对独立性产生非常严重的不利影响，导致没有防范措施能够将其降至可接受的低水平。这些不利影响包括因自我评价、自身利益和密切关系产生的不利影响。

（4）相关规定：高级合伙人加入审计客户担任董、高、特，将因外在压力产生不利影响，除非该高级合伙人离职已超过12个月，否则独立性将被视为受到损害。

（5）相关规定：会计师事务所承担审计客户的管理层职责，将对独立性产生非常严重的不利影响，导致没有防范措施能够将其降至可接受的低水平。这些不利影响包括因自我评价、自身利益和密切关系产生的不利影响。

（6）相关规定：事务所与审计客户捆绑提供服务属于守则禁止的商业关系。

5.

【答案】

（1）是。收购日后乙公司成为甲公司的关联实体，A注册会计师及其主要近亲属不得在乙公司拥有直接经济利益/应在收购生效日前处置该直接经济利益/得知持有该直接经济利益后立即处置该利益，否则将因自身利益对独立性产生严重不利影响。

（2）是。该交易金额对B注册会计师而言较大，可能因自身利益对独立性产生不利影响。

【答案解读】

（1）相关规定：事务所、项目组成员、主要近亲属不得在审计客户中拥有直接经济利益或重大间接经济利益，将没有防范措施。

（2）相关规定：会计师事务所、项目组成员或其主要近亲属从审计客户购买商品或服务，只要是按照正常的商业程序进行公平交易，则不影响独立性；如交易性质特殊或金额较大，应评价不利影响，必要时采取防范措施。

(3) 否。由审计项目组以外的人员提供该税务服务，且未承担管理层职责，一般不会对独立性产生不利影响。

(4) 是。XYZ公司为甲公司寻找、识别收购对象，可能承担管理层职责，将因自我评价/过度推介对独立性产生不利影响。

(5) 是。该项服务属于内审服务，因其涉及与财务报告相关的内部控制，将因自我评价对独立性产生严重不利影响。

(6) 是。属于职业道德守则禁止的商业关系，将因自身利益/外在压力对独立性产生严重不利影响。

(3) 相关规定：项目组成员为审计客户提供税务服务且未承担管理层职责，不影响审计的独立性。

(4) 相关规定：会计师事务所承担审计客户的管理层职责，将对独立性产生非常严重的不利影响，导致没有防范措施能够将其降至可接受的低水平。这些不利影响包括因自我评价、自身利益和密切关系产生的不利影响。

(5) 相关规定：事务所不得向属于公众利益实体的审计客户提供与财务报告相关的内部控制审计服务。

(6) 相关规定：在与客户或其控股股东、董事、高级管理人员共同开办的企业中拥有经济利益，可能因自身利益或外在压力产生严重的不利影响。

6.

【答案】

(1) 否。A注册会计师按正常商业条件在甲银行开立账户并购买甲银行的产品，且交易金额不大。该理财产品投资的各类债券基金也属于不重大的间接经济利益。因此，上述事项不会对独立性产生不利影响。

(2) 是。作为甲银行2×11年度审计报告签字注册会计师，B注册会计师适用职业道德守则对项目合伙人/审计关键合伙人的规定。其离职加入甲银行下属分行担任财务负责人的时间，早于甲银行发布2×12年已审财务报表之日，尚在"冷却期"内，因此将因密切关系或外在压力对独立性产生严重不利影响。

【答案解读】

(1) 相关规定：会计师事务所、项目组成员或其主要近亲属如按正常的商业条件在银行或类似金融机构客户开立账户开立，不产生不利影响.

(2) 相关规定：除非该合伙人不担任关键审计合伙人后，该公众利益实体发布了已审计财务报表，其涵盖期间不少于12个月，并且该合伙人不是该财务报表的审计项目组成员，否则独立性将视为受到损害。

(3) 否。乙保险公司是甲银行的关联实体（即姐妹实体），单因其不是 ABC 会计师事务所的审计客户，且 XYZ 咨询公司为其提供内部审计服务结果不会构成 ABC 会计师事务所对甲银行实施审计程序的对象，因此不会因自我评价产生不利影响。鉴于由乙保险公司承担管理层职责，因此该服务也不存在其他对独立性的不利影响。

(4) 是。为甲银行的关联实体提供非审计服务的合伙人 C 及其主要近亲属不得在甲银行中拥有任何直接经济利益，否则将因自身利益对独立性产生严重不利影响。

(5) 否。虽然 D 注册会计师与甲银行均拥有丁公司的股票，但因其持有的经济利益并不重大，且甲银行不能对丁公司施加重大影响，上述投资不被视为损害独立性。

(6) 是。重新设计后的财务信息系统所生成的信息对会计记录或被审计单位财务报表影响重大，因此 XYZ 咨询公司不能为甲银行重新设计财务信息系统，否则将因自我评价对独立性产生严重不利影响。

(3) 相关规定：事务所不得向属于公众利益实体的审计客户提供与财务报告相关的内部控制审计服务。XYZ 咨询公司为其提供内部审计服务结果不会构成 ABC 会计师事务所对甲银行实施审计程序的对象，因此不会因自我评价产生不利影响。

(4) 相关规定：为关联实体提供非审计服务的合伙人及其主要近亲属不得在审计客户中拥有任何直接经济利益，否则将因自身利益对独立性产生严重不利影响。

(5) 相关规定：会计师事务所、项目组成员或其主要近亲属与审计客户在股东有限的实体中拥有经济利益，如果这种商业关系对双方均不重要，且经济利益对投资者不重大，不能控制该实体，通常不会对独立性产生不利影响。

(6) 相关规定：会计师事务所承担审计客户的管理层职责，将对独立性产生非常严重的不利影响，导致没有防范措施能够将其降至可接受的低水平。这些不利影响包括因自我评价、自身利益和密切关系产生的不利影响。

7.

【答案】

(1) 不违反。担任甲公司关键审计合伙人没有超过 5 年，不违反有关独立性要求。

(2) 违反。会计师事务所不得向审计客户（甲公司）支付业务介绍费。

(3) 违反。审计项目组成员 B 授权给理财顾问管理的经济利益（股票投资）属于 B 所拥有的直接经济利益，审计项目组成员不得在其审计客户拥有直接经济利益，否则对独立性产生严重不利影响。

【答案解读】

(1) 相关规定：关键审计合伙人任职时间：执行公众利益实体审计业务的关键审计合伙人任职时间不得超过 5 年。

(2) 相关规定：会计师事务所禁止收取介绍费。

(3) 相关规定：会计师事务所、审计项目组成员或其主要近亲属不得在审计客户中拥有直接经济利益。

（4）违反。审计项目组成员C的妻子曾在2×11年财务报表审计涵盖期间担任能对财务报表的编制施加重大影响的职务，对独立性产生严重不利影响。 （5）违反。该交易不属于公平交易，将对独立性产生不利影响。 （6）违反。财务经理涉及管理层职责，短期借调员工不得承担甲公司的管理层职责，否则对独立性产生不利影响。	（4）相关规定：项目组成员的主要近亲属，是审计客户的董、高、特，或在业务期间或报表涵盖期间曾担任上述职务，将对独立性产生非常严重的不利影响，只有将其调离。 （5）相关规定：会计师事务所、项目组成员或其主要近亲属从审计客户购买商品或服务，没有按照正常的商业程序进行公平交易，将影响独立性。 （6）相关规定：会计师事务所承担审计客户的管理层职责，将对独立性产生非常严重的不利影响，导致没有防范措施能够将其降至可接受的低水平。这些不利影响包括因自我评价、自身利益和密切关系产生的不利影响。